Wolfgang Ludwig Schneider
Objektives Verstehen

AF155728

Wolfgang Ludwig Schneider

Objektives Verstehen

Rekonstruktion eines Paradigmas:
Gadamer, Popper, Toulmin, Luhmann

Westdeutscher Verlag

Die Deutsche Bibliothek – CIP-Einheitsaufnahme

Schneider, Wolfgang Ludwig:
Objektives Verstehen: Rekonstruktion eines Paradigmas:
Gadamer, Popper, Toulmin, Luhmann / Wolfgang
Ludwig Schneider. – Opladen: Westdt. Verl., 1991
    ISBN 3-531-12259-2

ISBN 978-3-531-12259-5   ISBN 978-3-322-99355-7 (eBook)
DOI 10.1007/978-3-322-99355-7
Der Westdeutsche Verlag ist ein Unternehmen der Verlagsgruppe Bertelsmann International.

Alle Rechte vorbehalten
© 1991 Westdeutscher Verlag GmbH, Opladen

Das Werk einschließlich aller seiner Teile ist urheberrechtlich geschützt.
Jede Verwertung außerhalb der engen Grenzen des Urheberrechts-
gesetzes ist ohne Zustimmung des Verlags unzulässig und strafbar. Das
gilt insbesondere für Vervielfältigungen, Übersetzungen, Mikrover-
filmungen und die Einspeicherung und Verarbeitung in elektronischen
Systemen.

Umschlaggestaltung: Horst Dieter Bürkle, Darmstadt
Titelbild: Bettina Kruse-Schneider: Ganz subjektiv! – 1990, Tusche auf Karton

Gedruckt auf säurefreiem Papier
Printed in Germany

MEINEN ELTERN
IN DANKBARKEIT
GEWIDMET

Inhalt

Einleitung

Hermeneutik und funktionale Analyse gelten üblicherweise als konträre Methodenoptionen, denen unterschiedliche Theoriekonzeptionen entsprechen. Verstehende Übernahme der *subjektiven* Perspektive von Akteuren (bzw. Autoren), Explikation ihrer Überzeugungen, Ziele und Bedeutungsintentionen einerseits, Analyse der *objektiven* Folgen von Handlungen im Hinblick auf systemische Strukturen andererseits, markieren unterschiedliche Zugangsweisen zur Untersuchung sozialen Handelns, zwischen denen keine Berührungspunkte zu bestehen scheinen. - Genaueres Hinsehen läßt jedoch Überschneidungen und Parallelen erkennen, die eine Überprüfung dieses Urteils nahelegen:
Wie aus Mertons Unterscheidung zwischen latenten und manifesten Funktionen abgelesen werden kann, gehört auch die Untersuchung intendierter Handlungsfolgen zum Kompetenzbereich funktionaler Analyse. Umgekehrt distanziert sich die philosophische Hermeneutik Gadamers ausdrücklich von einer als "romantisch" apostrophierten Hermeneutik, die das Ziel verstehender Auslegung auf die Explikation 'subjektiv vermeinten' Sinnes reduziert. - Weitgehende Übereinstimmung statt bündiger Disjunktion zwischen beiden Methoden lassen die Positionsbeschreibungen dieser beiden Autoren vermuten.
Die vorliegende Arbeit geht dieser Vermutung nach. In ihr soll versucht werden zu zeigen, daß hermeneutische Interpretation und funktionale Analyse auf einer gemeinsamen analytischen Kernfigur beruhen - der Figur von *Frage und Antwort* bzw. von *Problem und Problemlösung*. Auf dieser Basis angestrebt wird die *systematische Verknüpfung* beider Methoden als Erscheinungsformen *objektiven Verstehens*.
Differenzen erscheinen demgegenüber als sekundär, oder genauer: Sie sind zu entschlüsseln als Folge einer komplementär beschränkten Anwendung der gemeinsamen analytischen Grundfigur. Ihre Marginalisierung läßt sich nachzeichnen anhand der Rekonstruktion einer Reihe maßgeblicher theoretisch-methodologischer Beiträge, in denen die traditionellen Differenzlinien aufgeweicht und schließlich soweit verschoben werden, daß eine zwanglose Verbindung der Leistungen von Hermeneutik und funktionaler Analyse zu einem einheitlichen methodischen Instrument empirischer Forschung möglich wird.

Der Gang der Darstellung bewegt sich zunächst auf zwei Ebenen, die eng miteinander verbunden sind: einerseits auf der Ebene einer Theorie des Verstehens und daraus abzuleitender methodologischer Folgerungen; andererseits auf der Ebene der bedeutungstheoretischen Annahmen, deren Erfüllung dabei vorausgesetzt ist. - Die vor diesem Hintergrund durchgeführte Diskussion verschiedener theoriegeschichtlich bedeutsamer Beiträge folgt systematischen Gesichtspunkten und ist deshalb äußerst selektiv angelegt. Nicht die umfassende Erörterung der einschlägigen Literatur, sondern nur die Freilegung eines Argumentationsstranges wird angestrebt, der die Möglichkeit der beabsichtigten Integration von Hermeneutik und funktionaler Analyse eröffnet.

Beginnend mit einer kurzen Skizze der Hermeneutik Schleiermachers, über die Rekonstruktion von Gadamers philosophischer Hermeneutik einschließlich ihrer bedeutungstheoretischen 'Anleihen' bei Collingwood, bis hin zu Poppers Konzeption des situationslogischen Verstehens stehen dabei zwei eng verknüpfte Argumentationslinien im Mittelpunkt:

a) die Basierung objektiven Verstehens auf die bedeutungstheoretische Grundfigur von Frage und Antwort bzw. Problem und Problemlösung;

b) die Distanzierung des Verstehens von der bloßen Nachzeichnung subjektiver Bedeutungsintentionen zugunsten der Rekonstruktion "objektiver" Sinnbeziehungen; "Objektivität" meint dabei *nicht* - wie hier vorsorglich zu vermerken ist - eine generelle Perspektivenunabhängigkeit von Sinnbeziehungen, sondern steht im Gegenteil für die Annahme, daß Sinn als soziale Tatsache konstituiert wird durch die *objektive Realität unterschiedlicher Perspektiven der Interpretation.*

Mit Poppers Drei-Welten-Lehre und der darin vorgenommenen Generalisierung der Relation von Problem und Problemlösung zum Basisschema evolutionärer Prozesse sowohl im organisch-materiellen Bereich wie im Falle objektiver Sinnbeziehungen wird schließlich die Möglichkeit eröffnet, die funktionale Betrachtungsweise der Biologie und die hermeneutische Interpretation von Texten und Handlungen miteinander zu verknüpfen. Als konsequenter Versuch zur Entfaltung dieser Möglichkeit kann Toulmins Konzeption der Struktur und Entwicklung "rationaler Unternehmungen" gelten. Die Rekonstruktion von Toulmins Ansatz, soweit er unter diesem Gesichtspunkt aussichtsreich erscheint, bildet daher gleichsam einen 'Knotenpunkt' dieser Arbeit, an dem Hermeneutik und funktionale Analyse zusammentreffen.

Toulmins Konzeptualisierung rationaler Unternehmungen, ausgeführt am Beispiel der Wissenschaft, operiert primär auf der Ebene sozialer Teilsysteme. Die daran anschließende Diskussion der Luhmannschen Systemtheorie dehnt die Analyse auf die Ebene der Gesellschaft aus. Sie zeichnet nach, wie Luhmann durch konsequente Anwendung des Schemas von Problem und Problemlösung dazu kommt, auch soziale Strukturen als Lösungen eines Problems - des

Problems der Komplexitätsreduktion - zu rekonstruieren. Gesellschaft wird dabei gedacht als objektiver Sinnzusammenhang, dem kein einheitliches Korrelat in den Vorstellungen individueller Akteure (etwa im Sinne eines Wertekonsenses, wie ihn der Strukturfunktionalismus Parsonscher wie Mertonscher Prägung noch unterstellt) mehr entspricht.

Mit der Rekonstruktion der Handlungstheorie Dantos schließlich wendet sich die Untersuchung zurück zur mikroanalytischen Ebene, um auch hier zu zeigen, inwiefern die Bedeutung einzelner Handlungen von den Intentionen ihres Urhebers unabhängig ist, daß Handlungsinterpretationen mit der Figur von Problem und Problemlösung operieren und insofern als funktionale Interpretationen verstanden werden können. Über Dantos Konzept der "temporalen Struktur" wird sodann versucht, den Anschluß an das systemtheoretische Konzept selbstreferentiellen Operierens herzustellen und damit einen möglichen Verknüpfungspunkt von Handlungs- und Systemtheorie zu identifizieren.

Den Abschluß der Untersuchung bildet die Diskussion der Frage, welche Rolle den subjektiven Sinnvermeinungen von Autoren bzw. Akteuren im Rahmen objektiven Verstehens zuzuweisen ist, nachdem sie ihre Funktion als Garanten des Sinns von Äußerungen, Handlungen, Texten und sozialen Einrichtungen verloren haben.

Das Grundgerüst für die im folgenden versuchte Integration von Hermeneutik und funktionaler Analyse ist damit im wesentlichen umrissen. Seine weitere Ausfüllung muß dem Gang der Argumentation überlassen bleiben. Nicht alle dabei vorzutragenden Überlegungen fügen sich jedoch ohne Überstand in diesen Rahmen ein. Eine - scheinbare - Seitenlinie, die mit Poppers Überlegungen aufs engste verbunden ist, muß hier vor allem erwähnt werden. Poppers Methode des situationslogischen Verstehens wurde von ihm selbst, besonders aber von Lakatos als Methode zur normativ-methodologischen Rekonstruktion der Wissenschaftsgeschichte angewendet. Die Nachzeichnung dieser Versuche und der in diesem Zusammenhang stehenden Kontroverse mit der nicht-normativ verfahrenden Wissenschaftshistoriographie Kuhns ist dabei in doppelter Hinsicht besonders instruktiv:

a) Wissenschaftliches Handeln ist ein funktional spezifischer Handlungstypus. Institutionell bezogen auf die Erfüllung universeller Standards, die als normative Kriterien für die Bewertung von Handlungen nach Maßgabe ihrer *funktionslogischen Angemessenheit* zugrunde gelegt werden können, ist wissenschaftliches Handeln Gegenstand funktionaler Analyse. Die Möglichkeit der situationsabhängig variierenden Spezifikation universeller Standards, die weitgehend von der jeweiligen Deutung der Anwendungssituation abhängt, erfordert zugleich die hermeneutische Rekonstruktion der jeweiligen Problemsituation als Voraussetzung einer funktionslogischen Bewertung wissenschaftlicher Handlungen. Wie sich daran zeigen läßt, müssen die Leistungen funktionaler Analyse und hermeneutischer Interpretation geradezu zwangsläufig miteinander verknüpft werden, wenn Handlungen untersucht werden, die in den institutionellen Geltungsbereich funktionsspezifischer Handlungslogiken fallen. Die wissenschaftstheoretische Diskussion über die Beziehungen zwischen normativ-methodologischen und historisch-hermeneutischen Rekonstruktionsversuchen der Wissenschaftsgeschichte kann deshalb in zentralen Aspekten gelesen werden als eine Auseinandersetzung über die geeignete Form der Integration von Hermeneutik und funktionaler Analyse, aus der sich verallgemeinerungsfähige methodologische Feststellungen für die Rekonstruktion von Handlungslogiken gewinnen lassen.

b) Besonders in der Auseinandersetzung zwischen Lakatos und Kuhn zeichnen sich dabei unterschwellige Konvergenzen ab, deren Bündelung die Integration von Hermeneutik und funktionaler Analyse zu einer Methode der *Erklärung* von Handlungen verspricht. Diese Konvergenz liegt im Begriff des "impliziten Wissens" bzw. im Modell des implizit regelgeleiteten Handelns. - Diesem Modell zufolge wird die Ausführung funktional spezifisch gerichteter Handlungen durch professionelle Akteure gesteuert durch *habitualisierte Handlungsregeln*, die weitgehend *funktionslogisch adäquat*, den Akteuren selbst jedoch nicht introspektiv zugänglich sind. Wie die eingeborenen Sprecher einer Sprache, so verfügen professionelle Akteure über diese Regeln nur auf der Ebene des praktischen 'Könnens' und entsprechender intuitiver Angemessenheitsurteile über die 'grammatische' Korrektheit ausgeführter Handlungen. Ihre eigenen Explikationsversuche dieser Regeln verhalten sich zu diesem impliziten Wissen wie die Regelhypothesen eines externen Beobachters: d.h. ihr Status ist theoretischer und damit fallibler Art. Ein 'falsches Bewußtsein' von diesen Regeln ist prinzipiell ebenso verträglich mit richtigem Handeln, wie die korrekte Beherrschung einer Sprache bei fehlerhaften (expliziten!) Grammatikkenntnissen. Nicht die Gründe, die professionelle Akteure auf Befragen hin als Handlungsmotive nennen, sind deshalb für die Erklärung von Handlungen heranzuziehen. Erklärungsrelevant sind vielmehr die hypothetisch zu erschließenden implizit handlungsleitenden Regeln, deren Rekonstruktion Aufgabe einer *struktural* verfahrenden und *funktionalistisch instruierten* Hermeneutik ist.

Deutlich wird damit das konstitutionstheoretische Fundament, das die angestrebte Integration von Hermeneutik und funktionaler Analyse über die oben bereits angeführten kategorialen Parallelen hinaus tragen soll: Trotz mancher Anleihen bei Luhmann setzen wir hier auf das *strukturalistisch gedeutete* Konzept intersubjektiver Regelbefolgung.[1]

Im Hinblick auf dieses Fundament wie die darauf gegründete Zielsetzung weiß sich die vorliegende Untersuchung der von Ulrich Oevermann und seinen Mitarbeitern entwickelten Methode der "objektiven Hermeneutik" verpflichtet.[2] Eigene forschungspraktische Erfahrungen im Umgang mit dieser Methode und die ständig begleitende Auseinandersetzung mit ihren theoretisch-methodologischen Implikationen bilden den 'historisch-genetischen' Hintergrund der hier entwickelten Überlegungen, ohne daß dies jedoch durch Literaturhinweise hinreichend explizit gemacht werden konnte.

Eine Vielzahl von Anregungen verdanke ich den Diskussionen mit Kollegen, deren Einwände mich immer wieder zur Überprüfung und Präzisierung meiner Überlegungen zwangen. Für Unterstützung und hilfreiche Kritik bin ich dabei vor allem Bernd Giesen, der die Entstehung dieser Arbeit in allen Phasen kommentierend begleitete, sowie Peter Fuchs, Kay Junge, Christian Kritschgau und Michael Pils verpflichtet.

1   Vgl. dazu etwa Bourdieu 1979, S.139ff und 1987, S.97ff. Zur Kritik des systemtheoretischen Sinnbegriffs aus der Perspektive des Wittgensteinschen Gedankens der notwendigen Intersubjektivität jeder Regelbefolgung vgl. besonders Habermas 1971b, S.188ff. - Es soll allerdings nicht verschwiegen werden, daß unser Votum mit gewissen Vorläufigkeiten behaftet ist, steht doch die Untersuchung einiger interessanter Parallelen zwischen Sytemtheorie und (Neo)strukturalismus, die die hier einfach unterstellte wechselseitige Exklusivität in einem anderen Licht erscheinen lassen könnte, noch aus.
2   Vgl. dazu besonders Oevermann u.a. 1979 sowie Oevermann 1981, 1983 und 1986.

1. Zum Verhältnis von hermeneutischer Interpretation und funktionaler Analyse bei J. Habermas

Der Versuch, Hermeneutik und funktionale Analyse miteinander zu verknüpfen, begibt sich mit wohletablierten Grenzziehungen in Konflikt. Warum solche Grenzziehungen durchaus übersprungen werden können, soll zunächst anhand der Diskussion der wohl prononciertesten Position in Grundzügen dargelegt werden, die eine unaufhebbare Differenz zwischen Hermeneutik und funktionaler Analyse behauptet: der Position von Jürgen Habermas.

Im Gegensatz zu der in der vorliegenden Arbeit versuchten *Integration* von Hermeneutik und funktionaler Analyse bestimmt Habermas das Verhältnis dieser Methodenkonzeptionen zueinander *dichotom*. Zwar gründen auch für Habermas beide auf einem Sinnbegriff, der jeder verhaltenstheoretischen Reduktion entgegensteht. Ihre Zuständigkeiten erscheinen dennoch komplementär differenziert: Hermeneutische Interpretation wird auf den Bereich des *"subjektiv vermeinten* Sinnes" eingeschränkt, funktionaler Analyse die Rekonstruktion *objektiver* Sinnzusammenhänge als primäres Tätigkeitsfeld zugewiesen. - Schon in seiner Studie "Zur Logik der Sozialwissenschaften"[3] installiert Habermas diese Grenzziehung, deren analytische Klarheit durchaus besticht und die, zwar weiter ausgearbeitet, in ihren hier bedeutsamen Grundzügen jedoch unverändert, auch in die "Theorie kommunikativen Handelns" eingegangen ist.[4] So einleuchtend sie auf den ersten Blick erscheinen mag, findet sie dennoch keinen Anhalt an den Selbstbeschreibungen prominenter Vertreter beider Methodenkonzeptionen:[5]

---

3 Erstmals erschienen 1967, im folgenden zitiert nach der 3. Aufl. von 1973; vgl. besonders S. 184ff.
4 Vgl. Habermas 1981, Bd. 2, S.179f und S.222ff.
5 Um einem naheliegenden Einwand gegen die Etikettierung der Hermeneutik als *Methode* gleich hier zu begegnen: Diese Redeweise ist inosfern problematisch, als gerade Gadamer hermeneutisches Verstehen als universales, jeder wissenschaftlichen Methodisierung vorausliegendes Phänomen begreift, das sich auf die Festlegung auf ein begrenztes Repertoire kanonisierter methodologischer Regeln entzieht. Wir tragen dem dadurch Rechnung, daß wir den Begriff der Methode in einem weiteren Sinne verwenden, der auch Anleitungen in der Form lockerer Kunstregeln einschließt, die zu ihrer Anwendung der jeweils fallspezifischen Spezifikation oder Modifikation bedürfen, also keine abgeschlossene Bestimmtheit, Invarianz
(Fortsetzung...)

In offensichtlichem Widerspruch steht die von Habermas vorgenommene Grenzziehung zur Position Gadamers, der zwischen der historisch-psychologisch zu rekonstruierenden *Meinung* des Autors und seiner Zeitgenossen über den Sinngehalt eines Textes und der *faktisch erfüllten* Textbedeutung, zwischen *Meinungs*verstehen einerseits und *Sach*verstehen andererseits, strikt unterscheidet, und die primäre Aufgabe hermeneutischer Interpretation gerade als die Auslegung eines Textes im Hinblick auf seinen *sachlichen* (= objektiven) Sinn bestimmt.[6] - Wie Mertons bekannte Differenzierung zwischen manifesten (d.h.wahrgenommenen und beabsichtigten) und latenten (d.h. weder beabsichtigten noch wahrgenommenen) Funktionen von Handlungen zeigt, kann umgekehrt auch die Rekonstruktion von "subjektiv vermeinten" Sinnanteilen dem Kompetenzbereich der funktionalen Analyse zugeordnet werden.[7] Ausgeschlossen werden durch Mertons Unterscheidung nur diejenigen subjektiv intendierten Sinnanteile, denen kein Korrelat auf der Ebene objektiver Folgen entspricht. Nicht in den grundbegrifflichen Voraussetzungen oder der Zielrichtung des applizierten methodischen Instrumentariums sind demnach die maßgeblichen Differenzen zu suchen, sondern eher in der Art der untersuchten Objekte: Im Falle der Hermeneutik sind dies traditionell vor allem überlieferte Texte, die je für sich als individualisierte Sinngestalten auszulegen sind. Demgegenüber formuliert Merton als Grundvoraussetzung für jede funktionale Analyse, "daß der Gegenstand der Analyse *standardisiert* ist (d.h. daß er strukturiert und repetitiv auftritt), wie etwa soziale Rollen, institutionelle Muster, soziale Prozesse, kulturelle Muster, kulturell strukturierte Emotionen, soziale Normen, Gruppenorganisationen, Sozialstruktur, Einrichtungen für die Sozialkontrolle usw.".[8] Als Ziel funktionaler Analyse gilt es, den Beitrag eines solchermaßen standardisierten Gegenstandes zur Erhaltung (bzw. Beeinträchtigung) reproduktionsfähiger Strukturen (Systeme) zu ermitteln.[9] Wie zu zeigen sein wird, sind diese Scheidungen jedoch kontingent: Nicht allein standardisierte, sondern auch individualisierte Objekte können auf typische Elemente hin untersucht werden, die bestimmte soziale Funktionen erfüllen. Und umgekehrt erlaubt erst die Untersuchung der Funktionsbeziehungen, in denen individualisierte Objekte stehen, die unbeschränkte Erschließung ihres objektiven Sinngehaltes.

---

5 (...Fortsetzung)
  und Vollständigkeit beanspruchen. - Mit dieser Einschränkung versehen erscheint uns die Rede von Hermeneutik als Methode nicht nur unproblematisch, sondern als eine Charakterisierung, die schwer zu vermeiden ist, wenn funktionale Analyse als potentiell konkurrierende Form der Untersuchung von Sinnkonfigurationen diskutiert wird.
6 Vgl. Gadamer 1965, besonders S.276ff und S.354f.
7 Vgl. Merton 1973, S.195.
8 Vgl. Merton 1973, S.194 - Hervorhebung im Original.
9 Vgl. Merton 1973, S.194ff.

18

Damit ist der Gegensatz zwischen der in dieser Arbeit entwickelten Auffassung zur Position von Habermas in der Frage, wie sich Hermeneutik und funktionale Analyse zueinander verhalten, in seiner Grundgestalt umrissen. Zu klären ist nun, welche abweichenden Voraussetzungen es sind, die Habermas zu einer Bestimmung dieses Verhältnisses kommen lassen, die den Selbstinterpretationen maßgeblicher Vertreter beider Methodenkonzeptionen widerspricht.

In seinem Buch "Zur Logik der Sozialwissenschaften" diskutiert Habermas einige grundsätzliche Anforderungen, denen soziologische Theoriebildung zu genügen habe. Ausgehend von der Bestimmung sozialen Handelns "als ein Handeln unter geltenden Normen"[10] und der Spezifikation, daß die Soziologie "es nur mit institutionalisierten Werten zu tun" habe, formuliert er die Frage: "Wie sind allgemeine Theorien des Handelns nach institutionalisierten Werten (oder geltenden Normen) möglich?"[11] Habermas gibt darauf die folgende Antwort: "Die geforderten Theorien müssen Annahmen über den empirischen Zusammenhang geltender Normen gestatten. Dieser Zusammenhang geht einerseits über den subjektiv vermeinten Sinn derjenigen, die unter Normen handeln hinaus; als eine reale Verknüpfung von Normen teilt er aber mit diesen das Moment des Sinnhaften. Der Zusammenhang ist von den handelnden Subjekten nicht intendiert und gleichwohl intentional. Wir können auch sagen, daß der in Regeln und Rollen institutionalisierte Sinn manifest ist, während der Sinn des objektiven Zusammenhanges dieser Rollen latent bleibt."[12] Habermas unterscheidet hier zwischen dem subjektiv vermeinten oder manifesten und dem objektiven oder latenten Sinn, der konstituiert wird durch institutionalisierte Normen (Regeln,Rollen). Als "objektiv" oder "latent" gelten ihm diejenigen Sinnkomponenten, die aus dem *"empirischen"* Zusammenhang, der *"realen"* Verknüpfung von Normen resultieren. Dem subjektiv vermeinten Sinn wären demnach die *symbolischen* Beziehungen zuzuordnen, die zwischen Normen bestehen. Habermas betrachtet es als spezifische Leistung des Funktionalismus, den empirischen (Sinn-)Zusammenhang von Normen als Elemente sich selbst erhaltender Systeme zu rekonstruieren, in denen sie bestimmte Funktionen erfüllen.[13] Funktionale Analyse bleibt dabei allerdings angewiesen auf die hermeneutische Leistung der Interpretation tradierter Sinngehalte, soweit diese in institutionalisierten Rollen und Normen verkörpert sind.[14] Umgekehrt kann sprachverstehende Soziologie den Sinnhorizont der Handelnden nicht auf die empirischen Sinnbeziehungen hin

---

10 Vgl. Habermas 1973, S.165.
11 Vgl. Habermas 1973, S.166.
12 Vgl. Habermas 1973, S.166.
13 Vgl. Habermas 1973, S.170.
14 Vgl. Habermas 1973, S.176ff.

überschreiten, die außerhalb ihrer Weltauslegung und ihrer Situationsdeutungen liegen. Die sprachverstehende Soziologie "erklärt soziales Handeln aus Motiven, die mit Situationsdeutungen des Handelnden selber, also mit dem sprachlich artikulierten Sinn, an dem er sich orientiert, zusammenfallen. Der subjektive Ansatz, gleichviel, ob er phänomenologisch, linguistisch oder hermeneutisch begründet wird, schließt deshalb eine Trennung der beobachtbaren Verhaltenssegmente von den Interpretationen der Handelnden aus."[15] Sofern soziologische Theorie nicht in einen "Idealismus der Sprachlichkeit"[16] verfallen will, der glaubt, die Totalität des gesellschaftlichen Zusammenhanges vollständig aus der Binnenperspektive der kulturellen Überlieferung erfassen zu können, und andererseits objektive Sinnbeziehungen, die über die Grenzen sprachlich symbolisierter Bedeutungen hinausragen, nicht auf den naturalistischen Rahmen reiz-stimulierten Verhaltens reduziert werden sollen, bedarf es deshalb funktionaler Analyse.

Die behauptete Blickverengung auf den Bezirk des subjektiv vermeinten Sinnes, die Habermas als notwendige Folge der immanenten Schranken sprachverstehender Wirklichkeitsauslegung begreift, gründet in einer spezifischen Auffassung des Verhältnisses von Sprache und Realität: Sprache sowie sprachlich konstituiertes soziales Handeln ist demnach eingespannt in und abhängig von *faktischen* Zwängen, die sich aus den Bedingungen der materiellen Reproduktion durch gesellschaftliche Arbeit und der Sicherung von Herrschaft herleiten. Auf der Seite der Handelnden werden diese Zwänge überführt in Triebversagung und Triebzensur, durch die Motivanteile abgespalten, dem Bewußtsein der Handelnden entzogen und aus dem Bereich des sprachlich symbolisierten Sinnes ausgeblendet werden.[17] Arbeit, Herrschaft und Triebrepression wirken auf die kulturelle Überlieferung ein und bilden zugleich den Rahmen, in dem sie bestimmte Funktionen erfüllt, "ohne daß sie *in* ihr und *als solche* ausgesprochen würden".[18] Der Text, durch dessen Auslegung eine sprachverstehende Soziologie soziale Strukturen und Prozesse freilegen will, scheint entstellt, die deformierenden Gewalten unsichtbar, die hermeneutisch aufschließbaren Bedeutungsgehalte auf die Selbstdeutungen der Akteure beschränkt. Alles, was die Grenzen des manifesten, subjektiv vermeinten Sinnes transzendiert, muß deshalb den Rahmen hermeneutischer Interpretation überschreiten. Auch die psychoanalytische Rekonstruktion verdrängter Motive findet - durchaus folgerichtig - hier keinen Platz. Habermas deutet die Freudsche Metapsychologie als "funktionalistischen

---

15 Vgl. Habermas 1973, S.293.
16 Vgl. Habermas 1973, S.289.
17 Vgl. Habermas 1973, S.182f.
18 Vgl. Habermas 1973, S.305 - Hervorhebungen im Original.

Rahmen", der jeder hermeneutisch angeleiteten Revision unzugänglich[19] - als Interpretationsgerüst fungiert, das es dem Arzt erlaubt, die verstümmelten Mitteilungen des Patienten zu ergänzen und zu einem vollständigen Text zusammenzufügen.[20]

Daß jeder Text dem Interpreten nur das mitteilen kann, was der Autor - sei es explizit oder implizit, bewußt oder unbewußt - schon weiß, dies ist die zentrale Voraussetzung, von deren Triftigkeit es abhängt, inwiefern die von Habermas behauptete Spezialisierung hermeneutischer Interpretation auf subjektiven Sinn besteht. - In seiner Antwort auf Habermas bestreitet Gadamer genau diese Voraussetzung, wenn er sagt:

"Die Wirklichkeit geschieht nicht 'hinter dem Rücken der Sprache', sondern hinter dem Rücken derer, die in der subjektiven Meinung leben, die Welt zu verstehen (oder nicht mehr zu verstehen), und sie geschieht auch in der Sprache".[21] - Für Gadamer fällt die Differenz zwischen subjektiv intendiertem und objektivem Sinn nicht zusammen mit der Grenze zwischen sprachlich symbolisierter und außersprachlich determinierter Wirklichkeit, sondern bestimmt sich als Differenz zwischen dem objektiv *in Sprache* verkörperten Sinn und den Sinn*vermeinungen* der Sprechenden. Verstümmelung und Entstellung durch ideologische oder psychopathologische Beeinträchtigungen zerstören nicht den Text, der Gegenstand hermeneutischer Auslegung ist, sondern machen es dem Autor eines Textes, der solchen Beeinträchtigungen unterworfen ist, unmöglich, den wahren Sinn seines Textes richtig zu erfassen.[22] Freilich ist damit nicht behauptet, daß die ideologischen Befangenheiten und unbewußten Motive eines Autors aus seinen Äußerungen in vollständig explizierter Form entnommen werden könnten. Diese These besagt vielmehr, daß ein Text mehr verraten kann, als sein Autor sagen wollte und zu sagen wußte, daß er also auch als 'Symptomtext' gelesen werden kann.

'Symptom' meint hier allerdings nicht den Hinweis auf eine verborgene Krankheit, sondern jedes Anzeichen für etwas, das im Text nicht explizit mitgeteilt worden ist. Solche Anzeichen weisen über das ausdrücklich Gesagte hinaus. Ihre Bedeutung wird erst dann voll verständlich, wenn das, worauf sie verweisen, expliziert worden ist. Jeder Text ist bezogen auf einen bestimmten Kontext, den er nicht selbst ausspricht, mit dem er nur durch solche Verweisungen verbunden ist. Dieser prinzipiell *indexikalischen Qualität* ist es zuzuschreiben, daß Texte bei intensiver Auslegung immer auch als Symptomtexte gedeutet

---

19 Vgl. Habermas 1973, S.300.
20 Vgl. Habermas 1973, S.301.
21 Vgl. Gadamer 1971, S.76; Gadamer bezieht sich hier auf Habermas 1973 (1. Aufl. 1967), S.289.
22 U. Oevermann hat dies wiederholt gegen Habermas geltend gemacht; vgl. etwa Oevermann u.a. 1979, S.371 oder Oevermann 1986, S.81, Anmerk. 25.

werden *müssen*. Kontextelemente, deren Explikation erst den Sinn bestimmter Textbestandteile einsichtig macht, sind als pragmatische Präsuppositionen mit dem Text verknüpft. Pragmatische Präsuppositionen definieren Kontextbedingungen, deren empirische Erfüllung die Voraussetzung für die Wirklichkeitsangemessenheit eines Textes ist. Diese Präsuppositionen müssen dem Autor eines Textes nicht bewußt oder bekannt sein und sind dennoch Teil der Textbedeutung.

Als 'Texte', die einer solchen Auslegung zugänglich sind, sind nicht nur schriftliche Dokumente, sondern - unabhängig von ihrer jeweiligen materiellen Realisierungsform - Sinnkonfigurationen jeglicher Art zu betrachten, so z.B. auch Werke der bildenden Kunst, Handlungen oder soziale Institutionen. Auch soziale Institutionen können als Sinnzusammenhänge u.U. erst dadurch verständlich werden, daß mit ihnen verbundene Präsuppositionen, deren Gehalt den Akteuren nicht bekannt zu sein braucht, expliziert werden. Max Weber gibt hierfür ein Beispiel, wenn er in seiner Studie über den Hinduismus und Buddhismus die Karmanlehre als eine solche Präsupposition darstellt, durch die erst die Institution der Kastenordnung als Sinnzusammenhang einsichtig wird.[23] Dieser aus der Perspektive des einzelnen Hindu u.U. teilweise latente Sinnzusammenhang tritt den Akteuren als objektive Gewalt gegenüber, die Möglichkeiten und Grenzen des Handelns bestimmt und deren Prägewirkung - vermittelt über Sozialisationsprozesse - sich bis in die Persönlichkeitsstruktur der Individuen erstreckt. Auch wenn dem Einzelnen die kulturellen Determinanten seines Handelns verborgen sein mögen, hinterlassen sie darin Spuren, die einer hermeneutischen Aufklärung zugänglich sind. Dem Bereich des subjektiv intendierten Sinnes sind solche Bedeutungskomponenten nicht mehr unmittelbar zuzurechnen, wohl aber noch dem weiten Feld sprachlich symbolisierten und tradierten Sinnes, dessen Auslegung und Aneignung nach Habermas Aufgabe der Hermeneutik ist. Habermas verwischt diese Differenz, wenn er die spezifische Form von Handlungserklärungen im Rahmen einer sprachverstehenden Soziologie im allgemeinen und der Hermeneutik im besonderen dahingehend charakterisiert, daß sie "soziales Handeln aus Motiven (erkläre - W.L.S.), die mit Situationsdeutungen des Handelnden selber, also mit dem sprachlich artikulier-

---

23 Vgl. Weber 1978, Bd.II, S.120f: "Denn der unentrinnbar abrollenden Karman-Kausalität entspricht die Ewigkeit der Welt, des Lebens und vor allem: der Kastenordnung. .. Daß der einzelne fromme Hindu die pathetischen Voraussetzungen dieser die Welt in einen streng rationalen, ethisch determinierten Kosmos umwandelnden Karmanlehre .. nicht immer in ihrem Gesamtzusammenhang vor Augen zu haben pflegte, ist für das uns interessierende praktische Wirkung ohne Belang. Er blieb hineingebannt in das Gehäuse, welches nur durch diesen ideellen Zusammenhang sinnvoll wurde und die Konsequenzen davon belasteten sein Handeln."

ten Sinn, an dem er sich orientiert, zusammenfallen".[24]
Der Kontext, aus dem heraus ein Text verständlich wird, erschöpft sich jedoch nicht in sprachlich symbolisiertem und zu institutionalisierten Normen verdichtetem Sinn. Auch die sachlichen Realitätszwänge, auch die Anforderungen, die den "Systemen der Arbeit und Herrschaft"[25] entstammen, sind Teil des Kontextes, auf den Texte indexikalisch verweisen. Eigentümlichkeiten der Kommunikation am Arbeitsplatz wie die häufige Verletzung bestimmter Regeln der Höflichkeit - z.B. wenn ein Handwerker seinen Kollegen mit der Äußerung "Hammer!" auffordert, ihm das genannte Werkzeug zu reichen und es unterläßt, die prompte Ausführung seiner Aufforderung mit einem höflichen "Danke." zu quittieren - erhalten ihren Sinn u.U. durch kommunikations*technische* Anforderungen der Kooperation. Die Erfüllung entsprechender sachlicher Kontextbedingungen kann als pragmatische Präsupposition eines Kommunikationsstils betrachtet werden. Wird ein solches Kommunikationsverhalten auch in anderen Kontexten beibehalten, so muß nach anderen pragmatischen Präsuppositionen gesucht werden, deren Erfüllung im jeweiligen Zusammenhang es sinnvoll erscheinen läßt: Fordert der erwähnte Handwerker am Mittagstisch einen Lehrling mit der Äußerung "Salz!" dazu auf, ihm das Salz herüberzureichen, um gleich darauf seinen ebenfalls am Tisch sitzenden Meister höflich zu fragen, ob er bitte den Pfeffer haben könne, so liegt die Vermutung nahe, daß die betriebliche Hierarchie zumindest eine wesentliche Kontextbedingung ist, die den Sinn dieses Verhaltens verständlich macht. Um so mehr gilt dies, wenn sich ein solches Kommunikationsgebaren als typisch für den Umgang zwischen Angehörigen verschiedener Hierarchiestufen innerhalb eines Betriebes erweist und Abweichungen von diesem Muster negativ sanktioniert werden. Die Form der Kommunikation könnte so verstanden werden als Mittel zur Symbolisierung und Element der Reproduktion innerbetrieblicher "Herrschafts"-beziehungen. Ob dies den Handelnden ganz, teilweise oder gar nicht bewußt ist, ist dabei ohne Belang. Maßgeblich ist allein die faktisch befolgte und hermeneutisch rekonstruierbare Handlungsregel, die die betreffende Form der Kommunikation mit bestimmten Kontextbedingungen zu einem Sinnzusammenhang verknüpft. Ob diese Kontextbedingungen aus handlungsorientierenden Normen bestehen, die in kulturell überlieferten Deutungsmustern verankert sind, oder den Zwängen von Arbeit und Herrschaft entspringen, macht keinen Unterschied für die Methodik der Rekonstruktion. Sie geht in jedem Falle darauf aus zu verstehen, inwiefern Handlungen in Relation zur Struktur einer gegebenen Problemsituation als angemessen zu betrachten sind.

---

24 Vgl. Habermas 1973, S.293.
25 Vgl. Habermas 1973, S.289.

Die Differenz zwischen objektivem und subjektiv vermeintem Sinn findet auch keinen zureichenden Anhalt in der Unterscheidung von *symbolischen* Sinnbeziehungen zwischen Handlungsnormen, die einer rein logischen Analyse zugänglich sind einerseits, und den *empirisch* vermittelten Sinnbeziehungen, die sich durch die objektiven Folgen normengeleiteten Handelns im Hinblick auf die Erfüllung oder Verletzung anderer Handlungsnormen ergeben andererseits. Wie das Webersche Beispiel zeigt, können auch die symbolischen Zusammenhänge, durch die die Motive eines Handelnden verknüpft sind mit der kulturellen Überlieferung, für den Handelnden selbst latent bleiben. Ebenso wie dem Willen und Bewußtsein des Handelnden entzogene und insofern "objektive" Sinnbeziehungen auf symbolischer Ebene bestehen können, fällt umgekehrt ein großer Teil der "empirischen" Folgen normengeleiteten Handelns in den Bereich des von den Akteuren wahrgenommenen und beabsichtigten manifesten Sinnes. In Anbetracht dieses Befundes entbehrt die Habermassche Einordnung der Hermeneutik als Methode zur Aufklärung subjektiv vermeinten und funktionaler Analyse als Instrument für die Aufdeckung objektiven Sinnes der analytischen Konsistenz. Die Zuständigkeit für die Explikation latenter symbolischer Beziehungen müßte dann nämlich der funktionalen Analyse aufgetragen werden. Der Bereich "empirisch" gestifteter Sinnbeziehungen würde dadurch überschritten. Umgekehrt sind mit dem Bereich der subjektiv intendierten Handlungsfolgen auch solche Sinnzusammenhänge der Hermeneutik zugänglich, die nicht ausschließlich symbolisch konstituiert sind. Die scheinbar klaren analytischen Differenzierungen, mit denen Habermas operiert, erweisen sich als nicht hinlänglich trennscharf, um die von ihm vorgeschlagenen Zuordnungen zu tragen.

In der "Theorie kommunikativen Handelns" greift Habermas die in "Zur Logik der Sozialwissenschaften" versuchten Unterscheidungen in kaum modifizierter Form wieder auf. Habermas unterscheidet hier zwischen der Betrachtung von Gesellschaft aus der "Binnen- oder Teilnehmerperspektive von Angehörigen einer Lebenswelt" einerseits, und der "systemtheoretischen Beobachterperspektive" andererseits. In den zitierten Formulierungen koppelt Habermas die "methodologische Differenz von Innen- und Außenbetrachtung" mit unterschiedlichen theoretischen "Begriffsstrategien", den Paradigmen von Lebenswelt und System.[26] Als "methodologisch" apostrophiert Habermas die Unterscheidung der beiden Betrachtungsperspektiven von Gesellschaft, weil er, wie schon in früher, alle Ausprägungen einer "verstehenden" Thematisierung sozialen Handelns unauflöslich gebunden sieht "an die Perspektive der Selbstauslegung der jeweils untersuchten Kultur". Die objektiven Beziehungen zwischen Handlungen

---

26 Vgl. Habermas 1981, Bd.2, S.229.

erscheinen ihm dagegen weiterhin nur aus der Distanz des funktionalistischen Beobachters zugänglich.[27] 'Ontologisches' Kriterium der zugleich theoretisch und methodologisch gedeuteten Unterscheidung zwischen Binnen- und Beobachterperspektive ist die jeweils unterstellte Form der Integration von Gesellschaft: Aus der Binnenperspektive werden Handlungen durch Prozesse der Verständigung über subjektiv handlungsleitende Orientierungen koordiniert, aus der Beobachterperspektive dagegen "durch die nicht-normative Steuerung von subjektiv unkoordinierten Einzelentscheidungen integriert".[28] Die in "Zur Logik der Sozialwissenschaften" verwendete Unterscheidung zwischen dem "subjektiv vermeinten" oder manifesten Sinn einerseits und dem "objektiven", für die Handelnden latenten, durch die reale Verknüpfung von Normen gestifteten Sinn andererseits,[29] findet hier ihre Entsprechung. Habermas folgt den Implikationen dieser Position weiterhin konsequent. Sozialwissenschaftliche Analyse aus der "Binnenperspektive von Angehörigen sozialer Gruppen" zu betreiben, erfordere vom Interpreten, "das eigene Verständnis hermeneutisch an das Verständnis der Teilnehmer anzuschließen". Dabei "kommen die Vorgänge der materiellen Reproduktion .. nur aus der Perspektive der handelnden Subjekte, die zielgerichtet ihre Situation bewältigen, in den Blick - ausgeblendet werden alle kontraintuitiven Aspekte des gesellschaftlichen Reproduktionszusammenhanges. Diese Grenze bringt eine immanent ansetzende Kritik am hermeneutischen Idealismus der verstehenden Soziologie zu Bewußtsein".[30]

Darin, daß die Bindung an die Perspektive der Handelnden die ihnen verborgenen objektiven Zusammenhänge dem Blick des Interpreten ebenfalls entziehen muß, ist Habermas zweifellos zuzustimmen. Bestritten werden kann allerdings die Annahme, daß hermeneutische Interpretation auf die vollständige und ausschließliche Übernahme dieser Perspektive verpflichtet ist. Dem ist mit Gadamer entgegenzuhalten, daß "auch dort Sinn erfahren wird, wo er nicht als intendierter vollzogen wird".[31] Texte besagen mehr über ihren Autor und die

---

27 Vgl. Habermas 1981, Bd.2, S.223.
28 Vgl. Habermas 1981, Bd.2, S.226.
29 Vgl. Habermas 1973, S.166.
30 Vgl. Habermas 1981, Bd.2, S.226.
31 Gadamer fährt fort: "Es verkürzt die Universalität der hermeneutischen Dimension, wenn ein Bereich des verständlichen Sinnes ('kulturelle Überlieferung') gegen andere, lediglich als Realfaktoren erkennbare Determinanten der gesellschaftlichen Wirklichkeit abgegrenzt wird. Als ob nicht gerade jede Ideologie, als ein falsches sprachliches Bewußtsein, sich nicht nur als verständlicher Sinn gäbe, sondern gerade auch in ihrem 'wahren' Sinn, z.B. dem des Interesses der Herrschaft *verstanden* werden kann. Gleiches gilt für die unbewußten Motive, die der Psychoanalytiker zum Bewußtsein bringt. ..... Der Sache nach aber erscheint es von der hermeneutischen Problemstellung aus geradezu als absurd, daß die realen Faktoren von Arbeit und Herrschaft außerhalb ihrer Grenzen liegen sollen. Was sind denn die Vorurteile, auf die es in der hermeneutischen Bemühung zu reflektieren gilt, anderes? Woher sollen sie sonst kommen? Aus kultureller Überlieferung? Sicher auch. Aber woraus bildet sich diese? Der
(Fortsetzung...)

Bedingungen ihrer Erzeugung, als dieser wissentlich in sie hineinlegt. Die Differenz zwischen objektiven und subjektiv intendierten Sinnanteilen fällt deshalb nicht zusammen mit der Grenze zwischen sprachlich konstituierten und empirisch induzierten Sinnzusammenhängen. Sie besteht vielmehr innerhalb eines Textes selbst, oder genauer, sie ergibt sich aus der Beziehung der subjektiven Bedeutungsintentionen des Autors zu dem vollständigen Bedeutungsgehalt seines Textes.[32]

Die Koppelung von theoretischer Begriffsstrategie und Methode ist deshalb zu kompakt. Allenfalls für das Konzept der Lebenswelt trifft zu, was Habermas zum Universalitätsanspruch der Hermeneutik feststellt: darin spiegele sich "nur das Selbstverständnis der Laien, die verständigungsorientiert handeln".[33] Wenn aber die Hermeneutik mit guten Gründen die Explikation objektiver Sinnstrukturen als ihre wesentliche Aufgabe betrachten kann, dann bricht auch die von Habermas behauptete Schranke zwischen Hermeneutik und funktionaler Analyse zusammen. Die Differenz der Paradigmen von System und Lebenswelt braucht deshalb nicht unbedingt bestritten zu werden. Sie ist mit dem Hinweis auf die Existenz zweier unterschiedlicher "Klassen von Mechanismen der gesellschaftlichen Integration: Tausch und Marktmechanismen vs. konsensbildende Mechanismen" unabhängig begründet.[34] Aufgegeben werden muß aber die Annahme, sie ließe sich unmittelbar auf die methodologische Ebene projizieren. Eine jüngere Bemerkung von Habermas, in der er auf kritische Anmerkungen McCarthys zur Lebenswelt-System-Unterscheidung antwortet,[35] macht deutlich, daß er selbst diese Sichtweise zumindest ein Stück weit teilt: "Die funktionale Analyse ist, wie McCarthy noch einmal zeigt, für eine Analyse gesellschaftlicher Phänomene unter *beiden* Aspekten (System und Lebenswelt - W.L.S.) gleichermaßen relevant. *Nicht diese Methode ist das, was zwischen den beiden Betrachtungsweisen diskriminiert, sondern die Verbindung dieser Methode mit dem System-Umwelt-Modell.*"[36]

Nicht revidiert hat Habermas jedoch die Beschränkung der Zuständigkeit hermeneutischer Interpretation auf den Bereich subjektiv vermeinten (Geltungs)sinnes. Nur insoweit es um die Untersuchung manifester Funktionen geht, bestehen demnach für Habermas Überschneidungen zwischen Hermeneutik und

---

31 (...Fortsetzung)
   Idealismus der Sprachlichkeit wäre in Wahrheit eine groteske Absurdität .. ." Vgl. Gadamer 1971, S.70f - Hervorhebung im Original.
32 Vgl. dazu Oevermann u.a. 1979, S.370ff.
33 Vgl. Habermas 1981, Bd.2, S.225.
34 Vgl. Habermas 1986, S.379.
35 Vgl. McCarthy 1986, bes. S.209ff.
36 Vgl. Habermas 1986, S.381; erste Hervorhebung im Original, zweite Hervorhebung von mir - W.L.S..

funktionaler Analyse. Der Bereich latenter Funktionen bleibt der exklusiven Zuständigkeit der funktionalen Analyse weiterhin vorbehalten.[37]
Die vorstehenden Überlegungen sollten in einem ersten Schritt Plausibilitäten gegen eine solche Aufspaltung von methodologischen Zuständigkeitsbereichen sammeln, um die hier versuchte Integration von Hermeneutik und funktionaler Analyse vorzubereiten. Dabei wurden bereits im Vorgriff kategoriale Unterscheidungen verwendet, die im Fortgang dieser Arbeit erst zu entfalten sind. Den größten Teil der Beweislast trägt dabei die Differenzierung zwischen dem subjektiv vermeinten und dem objektiven Sinn von Äußerungen bzw. Handlungen. Dabei erscheint die Identifikation hermeneutischer Interpretation mit der Explikation subjektiv intendierten Sinnes als besonders tief verankerte allgemeine methodologische Grundüberzeugung. Sie gilt es daher zunächst und vor allem zu erschüttern. - Wegweisend ist hier die philosophische Hermeneutik Gadamers. Wie zu zeigen sein wird, vollzieht Gadamer die Auflösung des Junktims

---

37 Weil die These, Habermas reduziere hermeneutisches Verstehen auf das Verstehen intendierten Geltungssinnes, in verschiedenen Diskussionen heftigen Widerspruch erregte, hier einige zusätzliche Belege.
In 1971d, S.132 charakterisiert Habermas die Grenzen hermeneutischen Verstehens wie folgt: "Einerseits stoßen wir auf nicht-triviale Grenzen des Anwendungsbereichs hermeneutischen Verstehens in Fällen, die die Psychoanalyse und soweit es sich um kollektive Zusammenhänge handelt, die Ideologiekritik aufzuklären beansprucht. Beide haben es mit umgangssprachlichen Objektivationen zu tun, *in denen das Subjekt, das diese Lebensäußerungen hervorbringt, seine eigenen Intentionen nicht wiedererkennt.*" (Hervorhebung von mir - W.L.S.) - Die darin implizierte Behauptung der Bindung hermeneutischen Verstehens an die Möglichkeit, (1) die Intentionen eines Autors bzw. Akteurs zu verstehen und (2) diese genauso zu verstehen, wie dieser sie selbst verstanden hat, steht völlig in der Linie der "romantischen Hermeneutik" (Gadamer), wie sie etwa in der Formel des "Verstehens von bereits Verstandenem" zum Ausdruck kommt.
Daß Habermas diese Auffassung nicht revidiert hat, zeigt das folgende Zitat aus Habermas 1981, Bd.I, S.191, Fußn. 214, wo er im Anschluß an W. Kuhlmann feststellt: " Das Verstehen eines Textes verlangt die Verständigung *mit dem Autor*, der solange er als zurechnungsfähiges Subjekt gilt, keineswegs ganz objektiviert werden kann. Denn Zurechnungsfähigkeit als die Fähigkeit, sich an Geltungsansprüchen, die auf intersubjektive Anerkennung zielen, zu orientieren, bedeutet, daß *der Autor* gegenüber dem Interpreten ebenso müßte recht behalten, wie er seinerseits aus einer vom Interpreten geübten Kritk an seinen Präsuppositionen grundsätzlich müßte lernen können." (Hervorhebungen von mir - W.L.S.) - Habermas deutet hier die Interpretation von Texten nach dem Muster der kommunikativen Herstellung eines inter-*subjektiven* Konsenses über Geltungsansprüche. Die Interpretation opaker Äußerungen gilt ihm dementsprechend als Versuch, "die gestörte Kommunikation zwischen dem Autor, dessen Zeitgenossen und uns wieder in Gang zu bringen" (a.a.O., S.191). Hermeneutisches Verstehen wird so reduziert auf die Rekonstruktion und die Bewertung des vom Autor intendierten Geltungssinnes.
Zu dieser Koppelung zwischen Textbedeutung, der Rekonstruktion und Diskussion von Geltungsansprüchen und den subjektiven Sinnvermeinungen des Autors vgl. abschließend die beiden folgenden Zitate: "Der Interpret kann den Bedeutungsgehalt eines Textes nicht verstehen, solange er nicht in der Lage ist, sich die Gründe, die *der Autor* unter geeigneten Umständen hätte anführen können, zu vergegenwärtigen." (A.a.O., S.191; Hervorhebung von mir - W.L.S.). - "Nur in dem Maße wie der Interpret *Gründe* einsieht, die die Äußerungen des Autors als *vernünftig* erscheinen lassen, versteht er, was der Autor *gemeint* haben könnte." (A.a.O., S.190; Hervorhebungen im Original!).

von Sinn und Intention konsequent. Er tut dies in ausdrücklicher Distanzierung gegenüber der hermeneutischen Tradition, die in der Nachfolge Schleiermachers steht, und die er unter dem Etikett der "romantischen Hermeneutik" zusammenfaßt. Mit der Darstellung des intentionalistisch gebundenen Konzeptes von Bedeutung und Verstehen im Rahmen der "romantischen Hermeneutik" als Kontrastfolie für den im Anschluß daran einzuführenden objektiven Sinnbegriff soll deshalb die Diskussion fortgeführt werden.

2. Bedeutung und Verstehen in der "romantischen Hermeneutik":[38] F. Schleiermacher

In der Einleitung zum ersten Teil seiner Schrift "Hermeneutik und Kritik mit Beziehung auf das Neue Testament" bestimmt Schleiermacher Hermeneutik als die Kunst des Verstehens komplementär zur Rhetorik, der Kunst zu reden. Die Rede wiederum gilt ihm nur als "..die äußere Seite des Denkens", als "..der gewordene Gedanke selbst".[39] Sie vermittelt die Gemeinschaftlichkeit des Denkens, als dessen fixierter Ausdruck sie der Rückübertragung durch Auslegung bedarf: "Die Zusammengehörigkeit der Hermeneutik und Rhetorik besteht darin, daß jeder Akt des Verstehens die Umkehrung eines Aktes des Redens ist, indem in das Bewußtsein kommen muß, welches Denken der Rede zum Grunde gelegen."[40] Mündliche wie schriftliche Sprache erscheint hier als Äußerung eines subjektiven Inneren, dieses Innere als Bedeutung der Äußerung. Das Verständnis eines sprachlichen Ausdrucks fällt mit dem Verstehen seines Autors ineins.

Jede Rede steht in einem doppelten Zusammenhang. Sie bringt die originäre Besonderheit eines in seinem Lebenszusammenhang eingebetteten Denkens zum Ausdruck und prägt so dem Allgemeinen der Sprache den Stempel der Individualität ein. Da aber das Denken selbst nur innere Rede ist, sich also von vornherein innerhalb des semantischen Horizontes einer Sprache konstituiert, "..so finden wir, daß alle Akte des Redens nur eine Art sind, wie die Sprache in ihrer eigentümlichen Art zum Vorschein kommt, und jeder Einzelne nur ein Ort ist, in dem die Sprache erscheint..".[41] Zwei Wege werden so dem Verstehen der Rede gewiesen:

---

38 Die Bezeichnung "romantische Hermeneutik" übernehme ich von Gadamer (1965, S. 162ff). Trotz der Kritik von Manfred Frank, nach der "Gadamers Schleiermacherbild Züge der Fiktion aufweist" (vgl. seine Einleitung zu Schleiermacher 1977, S.60), halten wir diese Kennzeichnung und die damit verbundene Deutung der Hermeneutik Schleiermachers im Kern für zutreffend. In welchem Sinne wir sie verstehen, soll im folgenden expliziert werden. Wir halten uns dazu an die von Frank besorgte Ausgabe von Schleiermachers "Hermeneutik und Kritik".
39 Vgl. Schleiermacher 1977, S.76.
40 Vgl. Schleiermacher 1977, S.76.
41 Vgl. Schleiermacher 1977, S.78.

Einerseits das Verstehen aus dem gesamten Denken und Leben eines Autors, anderseits ihre Deutung aus der Totalität des sprachlichen Systems, in dem sich der Autor artikuliert. Ersteres nennt Schleiermacher die *psychologische* letzteres die *grammatische* Interpretation. Das *psychologische* Verstehen rekonstruiert die subjektive Seite, den Prozeß der Erzeugung eines sprachlichen Gebildes im Denken und aus den Lebensumständen seines Autors. Das *grammatische* Verstehen entschlüsselt die Bedeutung des so entstandenen Produktes gemäß den Regeln der Sprache.

Beide Interpretationsweisen verhalten sich zueinander als im Prinzip gleichgeordnete Momente eines Ganzen.[42] Unterschiedlich ist nur das Gewicht, das beiden für die Erschließung einzelner Texte zukommen kann: Ist der Verfasser eines Textes unbekannt oder weiß man nur wenig über ihn, dann erscheint eine psychologische Interpretation kaum möglich. Bei anderen Gegenständen des Verstehens, wie z.B. mathematischen Lehrsätzen, mag eine psychologische Auslegung ohne Interesse sein. Im idealisierten Grenzfalle einer gleichermaßen vollständigen Durchführung beider Betrachtungsweisen jedoch müssen nicht nur ihre Resultate miteinander verträglich sein, sondern soll jede die andere ersetzen können: "Vollkommen ist aber jede nur dann, wenn sie die andere überflüssig macht und Beitrag gibt, um sie zu konstruieren..".[43]

Aus der Kenntnis des subjektiven Produktionsprozesses soll die intersubjektiv gültige Bedeutungsstruktur des Produktes abgeleitet, und umgekehrt soll aus der Struktur des Produktes auf den Prozeß seiner inneren Erzeugung zurückgeschlossen werden können. Beide erscheinen vollständig durch einander bestimmt, ein Überschuß des objektivierten Bedeutungsgehaltes gegenüber den subjektiv-intentional erzeugten Bedeutungen ist daher ausgeschlossen.[44] Nur in umgekehrter Richtung erscheint eine Abweichung möglich, insofern nicht jedes sprachliche Gebilde den gesamten Umfang und die Aufeinanderfolge der Gedankenreihen erkennen läßt, die zu seiner Entstehung führten.[45]

---

42 "Beide stehen einander völlig gleich, und mit Unrecht würde man die grammatische Interpretation die niedere und die psychologische die höhere nennen." Vgl. Schleiermacher 1977, S.79.

43 Vgl. Schleiermacher 1977, S.80.

44 Vgl. dazu auch die folgende Interpretationsregel: "Allgemeine methodologische Regel: a) Anfang mit allgemeiner Übersicht (um einen Überblick des zu interpretierenden Ganzen zu erhalten - W.L.S.); b) Gleichzeitiges Begriffensein in beiden Richtungen (der Auslegung - W.L.S.), der grammatischen und psychologischen; c) Nur, wenn beide genau zusammentreffen in einer einzelnen Stelle, kann man weitergehen; d) Notwendigkeit des Zurückgehens, wenn sie nicht zusammenstimmen, bis man den Fehler im Kalkül gefunden hat"; Schleiermacher 1977, S.97.

45 "In einem philosophischen Kunstwerk kann ich, je strenger wissenschaftlich es ist, desto weniger die Genesis der Gedanken des Verfassers erkennen. Diese ist versteckt. Was an der Spitze des Systems steht, hat der Verf. nicht unmittelbar gefunden, sondern ist das Produkt einer großen Menge von Gedankenreihen. Um ein solches Werk in seiner Genesis als Tatsache des Gemüts
(Fortsetzung...)

Einen Schriftsteller *anders* zu verstehen, als dieser sich selbst verstand, muß unter diesen Voraussetzungen als *Miß*verständnis gedeutet werden.[46] Von Schleiermacher zustimmend zitiert wird dagegen die nur scheinbar verwandtes meinende Formel "..die höchste Vollkommenheit der Auslegung sei die, einen Autor *besser*[47] zu verstehen, als er selbst von sich Rechenschaft geben könne".[48] Schleiermacher rekurriert auf diesen Topos[49] im Kontext ästhetischer Kritik, als deren höchste Leistung er es wertet, "..ein erhöhtes Verständnis von dem inneren Verfahren der Dichter und anderer Künstler der Rede von dem ganzen Hergang der Komposition vom ersten Entwurf an bis zur letzten Ausführung" zu geben.[50] Der Anspruch des Besser-Verstehens richtet sich demnach an die *psychologische* Interpretation. Nicht über die *grammatisch* zu entschlüsselnde Sprachbedeutung eines Textes soll der Interpret ein den Autor übertreffendes Verständnis erlangen können, sondern über dessen *subjektive* Seite, *den Prozeß seiner Produktion.*

Hintergrund dieses Gedankens ist die Lehre von der genialen künstlerischen Produktion: Je weniger ein Schriftsteller auf kodifizierte Stilmittel und Kompositionstechniken zurückgreift, je stärker seine schöpferische Originalität ausgeprägt ist, desto höher muß die *unbewußte* Komponente seines Schaffens veranschlagt werden, die vom Interpreten freizulegen ist.[51] Angesprochen ist hier die Unterscheidung zwischen implizit regelgeleitetem Handeln und der expliziten Kenntnis der befolgten Regeln, die in der neueren Sprachphilosophie auch unter den Titeln des "knowing how" und des "knowing that"[52] firmiert. Wie das

---

45 (...Fortsetzung)
   seines Verfassers zu verstehen, muß etwas anderes gegeben sein, ein Werk freier Mitteilung. Ohne das kann die Aufgabe (des psychologischen Verstehens -W.L.S.) nur durch eine Menge von Analogien gelöst werden"; Schleiermacher 1977, S.181.
46 "Das Mißverstehen ist entweder Folge der Übereilung oder der Befangenheit. .. So erklärt man hinein oder heraus, was nicht im Schriftsteller (!) liegt"; Schleiermacher 1977, S.93. - Diese für die romantische Hermeneutik bis hin zu Dilthey charakteristische Auffassung kontrastiert augenfällig mit den Äußerungen eines ihrer Vorgeschichte zuzurechnenden Autors wie Chladenius, der das vollkommene Verstehen einer Rede oder Schrift klar vom Verstehen ihres Autors abhebt, wenn er sagt, "..weil die Menschen nicht alles verstehen können, so können ihre Worte, Reden und Schriften etwas bedeuten, was sie selbst nicht willens gewesen zu reden oder zu schreiben"; deshalb "..kann man, indem man ihre Schriften zu verstehen sucht, Dinge, und zwar mit Grund dabey gedenken, die denen Verfassern nicht in den Sinn gekommen sind"; vgl. J.M. Chladenius 1742, §86, zitiert nach Gadamer 1965, S.175.
47 Hervorhebung von mir hinzugefügt, W.L.S.
48 Vgl. Schleiermacher 1977, S.325; vgl. auch a.a.O., S.94.
49 O.F. Bollnow gibt Belege für die Verwendung dieser Formulierung bis zurück zu Kant und vermutet, sie sei wohl noch früheren Ursprungs und habe sich zuerst im "..mündlichen Umgang der Philosophen herausgebildet"; vgl. Bollnow 1982, S.48-72 sowie Gadamer 1965, S.180ff, der sich zu Bollnows Ursprungsthese kritisch äußert.
50 Vgl. Schleiermacher 1977, S.324f.
51 Vgl. Schleiermacher 1977, S.325, wo auch die besonderen Schwierigkeiten behandelt werden, die sich für den Interpreten stellen, der es mit dem Werk eines vorbildlos schaffenden genialen Autors zu tun hat.
52 Vgl. dazu Ryle 1969, 2. Kap., S.26ff.

Sprechen der Muttersprache primär auf unbewußter Beherrschung ihrer syntaktischen, semantischen und pragmatischen Regeln beruht, so auch die Anwendung insbesondere neuer Verfahren der literarischen Komposition durch den innovativen Dichter. Die ausdrückliche Formulierung der dabei befolgten Regeln ist in beiden Fällen erst das Ergebnis einer sekundären Tätigkeit der Rekonstruktion. Sie fügt der impliziten Beherrschung dieser Regeln nichts substantiell Neues hinzu, sondern verändert nur das Niveau ihrer subjektiven Repräsentation, sofern sie dem Sprecher oder Autor zur Kenntnis gebracht wird. Der Handelnde, dessen Tätigkeit vorher der Kontrolle seines *impliziten* Angemessenheitsurteiles unterlag, weiß nun "besser", d.h. *explizit* anzugeben, was er tut. Nur in diesem Sinne versteht der Interpret, der solches Wissen rekonstruktiv gewonnen und dem Autor eines sprachlichen Gebildes voraus hat, diesen besser, als sich der Autor in seinem Handeln selbst verstand. Auch dieses Besser-Verstehen bleibt also gebunden an den Bezirk des vom Handelnden selbst intentional realisierten. Dessen Grenzen sind allerdings weiter gesteckt als die des ausdrücklich Bewußten.[53] Konzentriert auf die Betrachtung von Texten, deren Vorbildcharakter feststeht, antizipiert die romantische Lehre der genialen Produktion die vom Strukturalismus generalisierte Entkoppelung zwischen dem reflektierten Selbstverständnis eines Autors oder Akteurs und der tatsächlichen Gestalt der handlungsleitend wirksam werdenden Regeln. Durch die These der letztendlichen Kongruenz des vollendeten grammatischen und psychologischen Verstehens wird die objektive Bedeutung eines Textes dabei vollständig zurückgeführt auf die unbewußt befolgten Regeln seiner Erzeugung. Dem psychologischen Verstehen kann so die doppelte Leistung der historisch-genetischen Rekonstruktion und der Bedeutungsexplikation ohne Einschränkung zugeschrieben werden.

Schleiermachers Deutung der Formel vom "besseren Verstehen" wird in der Folge vielfach paraphrasiert. Analoge Auslegungen finden sich u.a. bei Boeckh, Steinthal und Dilthey.[54] In ihrer genieästhetisch geprägten Interpretation

---

53 'Unbewußt' ist das implizite Wissen, von dem hier die Rede ist, selbstverständlich nur im kognitiven, nicht aber im psychoanalytischen Sinne.

54 "Der Philologe versteht den Redner und Dichter besser, als dieser sich selbst und besser, als ihn die Zeitgenossen schlechthin verstanden haben. Denn er macht klar und bewußt, was in jenem nur unbewußt und tatsächlich vorlag"; vgl. Steinthal 1881, zitiert nach Gadamer 1965, S.181. Analog formuliert Dilthey in seinem Aufsatz "Die Entstehung der Hermeneutik" (vgl. 1962, S.331): "Das letzte Ziel des hermeneutischen Verfahrens ist, den Autor besser zu verstehen, als er sich selber verstanden hat. Ein Satz, welcher die notwendige Konsequenz der Lehre vom unbewußten Schaffen ist." In dieser Formulierung, mit der Dilthey seine Darstellung der Schleiermacherschen Unterscheidung von grammatischer und psychologischer Auslegung abschließt, weist er der letzteren deutlich den Vorrang gegenüber ersterer zu. Er bestätigt damit eine Rangfolge, die für die romantische Hermeneutik nach Schleiermacher insgesamt charakteristisch ist. - Diese Reduzierung des Verstehens auf die Rekonstruktion des Erzeugungsprozesses, in der die Entstehung eines Textes gleichsam wiederholt wird, entspricht
(Fortsetzung...)

resümiert sie zugleich das Vollkommenheitsideal und die Beschränkung der romantischen Hermeneutik, in deren Auffassung das Verstehen des *sachlichen* Gehaltes symbolischer Objektivationen zurücktritt hinter die Aufschlüsselung ihres *Ausdrucksgehaltes*, d.h. die *Rekonstruktion des Erzeugungsprozesses im psychologischen Verstehen*. Die Wirkung dieses Ideals reicht bis an die Gegenwart heran.[55]

2.1 Der Zirkel des Verstehens in der "romantischen Hermeneutik"

Aus der Bindung der romantischen Hermeneutik an den Sinnhorizont des Autors folgt die Forderung an den Interpreten, die Vormeinungen und Befangenheiten, die ihn mit dem geschichtlich-geographischen Ort seiner eigenen Existenz verbinden, abzustreifen, und sich ganz in die innere wie äußere Situation des Urhebers eines zu verstehenden Sinngebildes zu versetzen. Damit ist jedoch nur ein Leistungsanspruch angemeldet, von dem nicht klar wird, wie er überhaupt erfüllt werden kann. Wenn es nicht dem Postulat eines mysteriösen kongenialischen Vermögens überlassen bleiben soll, intuitiv und treffsicher die Einfühlung in die Lebens-und Gedankenwelt eines Autors zu ermöglichen, so muß der Interpret dafür Sorge tragen, daß er sich mit seinem Kenntnisstand "..vor der Anwendung der Kunst (der Auslegung - W.L.S.) .. auf der objektiven und subjektiven Seite dem Urheber gleichstellt. Auf der objektiven Seite .. durch Kenntnis der Sprache, wie er (der Urheber - W.L.S.) sie hatte .. . Auf der subjektiven in der Kenntnis seines inneren und äußeren Lebens. Beides kann aber erst vollkommen durch die Auslegung selbst gewonnen werden. Denn nur aus den Schriften eines jeden kann man seinen Sprachschatz kennenlernen und

---

54 (...Fortsetzung)
　　ihrem Gehalte nach dem (bei G.B. Vico allerdings umgekehrt in seiner Geltung ausdrücklich auf die Sphäre *geschichtlichen* Handelns beschränkten) naturwissenschaftlich-operationalistischen Erkenntnismodell, dessen Genese bis zurück in die Philosophie des Spätmittelalters und der Renaissance verfolgt werden kann und demzufolge wir nur das verstehen, was wir machen können; vgl. dazu D. Böhler 1981, S.483-511 sowie die dort angegebene Literatur.
55 Vgl. dazu exemplarisch Betti (1962), der sich kritisch mit Gadamers "Wahrheit und Methode" auseinandersetzt und dabei in verschiedenen Passagen mit Formulierungen operiert, die sich mit dem Selbstverständnis der romantischen Hermeneutik decken. So z.B., wenn Betti es als die Aufgabe des Interpreten bestimmt, in den von ihm auszulegenden "..Objektivationen (des Geistes - W.L.S.) den beseelenden Schöpfergedanken wiederzuerkennen, die Auffassung nachzudenken (!) bzw. die Anschauung wiederzufinden, die sich in ihnen bekundet. Hier also ist das Verstehen ein *Wiedererkennen* und *Nachkonstruieren* ... Es geht demnach eine *Umkehrung* (Inversion) des Schaffensprozesses vor sich: eine Umkehrung, derzufolge der Interpret auf dem hermeneutischen Wege den schöpferischen Weg in umgekehrter Richtung durchlaufen soll, dessen Nach-Denken er in seiner Innerlichkeit durchzuführen hat"; Betti 1962, S.12f - Hervorhebungen im Original.

ebenso seinen Charakter und seine Umstände".[56] Der in diesem Zitat enthaltene Zirkel[57] scheint seine vitiöse Struktur durch das Prädikat 'hermeneutisch' kaum mehr verbergen zu können.[58] Er ist von doppelter Art: Der Interpret soll als Vorbedingung jeder Auslegung sich dem Autor gleichstellen, kann dies aber nur durch die Auslegung seiner Schriften. Grund dieser Forderung ist ein zweiter Zirkel, der das Verhältnis von Sinnganzem und Sinnelement betrifft: Demnach wird die Bedeutung aller Sinnelemente durch ihre Stellung innerhalb des Sinnganzen bestimmt, das sie zugleich konstituieren. *Deshalb* muß der Interpret, um eine Aussage korrekt verstehen zu können, über die Kenntnis des Sprach-schatzes sowie des "..inneren und äußeren Lebens" eines Autors schon verfügen, die er doch am besten durch dessen Schriften soll kennenlernen können.[59]

Gilt dieser zweifache Zirkel, dann kann mit der Auslegung entweder gar nicht oder nur gestützt auf fehlerhafte, weil aus dem Lebenszusammenhang des Interpreten stammenden Vorannahmen begonnen werden, die den Zugang zum Verständnis eines Autors von vornherein verstellen. Überhaupt nicht oder falsch zu verstehen, so lautet demnach die wenig attraktive Alternative.

Eine Auflösung dieser Schwierigkeit scheint Diltheys Begründung für die Möglichkeit allgemeingültiger Interpretationen zu enthalten. Dilthey zufolge "..stehen sich die Individualität des Auslegers und die seines Autors nicht als zwei unvergleichbare Tatsachen gegenüber: auf der Grundlage der allgemeinen Menschennatur haben sich beide gebildet, und hierdurch wird die Gemein-schaftlichkeit der Menschen untereinander für Rede und Verständnis ermög-licht".[60] Die gemeinsame Teilhabe an der "allgemeinen Menschennatur" sichert ein·Vorverständigt-Sein zwischen Autor und Interpret über die geschichtliche

---

56 Vgl. Schleiermacher 1977, S.94.
57 Stegmüller hält es für korrekter, hier nicht von einem Zirkel, sondern von einem Dilemma der Interpretation zu sprechen; vgl. Stegmüller 1975, S.70f.
58 Schleiermachers Auskunft, daß wegen dieses Zirkels "..kein Auszulegendes auf einmal verstanden werden kann, sondern jedes Lesen .. uns erst, indem es jene Vorkenntnisse (die zur geforderten Gleichstellung mit dem Urheber nötig sind - W.L.S.) bereichert, zum besseren Verstehen instand" setzt, die zur Auslegung notwendigen Kenntnisse also selbst durch vorangegangene Auslegungen gewonnen und mit jedem neuen Interpretationsversuch erweitert würden, mag zwar eine zutreffende Beschreibung hermeneutischer Praxis geben. Die Auflösbarkeit des zuvor konstruierten Zirkels wird dadurch jedoch nicht nachgewiesen, sondern vielmehr vorausgesetzt; vgl. Schleiermacher 1977, S.95.
59 Die Empfehlung, statt der Schriften des Autors andere Quellen und Auskunftsmittel zu Rate zu ziehen, kann hier keine Abhilfe schaffen, da deren Auslegung ja den gleichen widersprüch-lichen Anforderungen unterliegt.
60 Vgl. Dilthey 1961, S.329. - Dilthey fährt fort: "Hier können die formelhaften Ausdrücke Schlei-ermachers psychologisch weiter aufgeklärt werden. Alle individuellen Unterschiede sind letztlich nicht durch qualitative Verschiedenheiten der Personen voneinander, sondern nur durch Gradunterschiede ihrer Seelenvorgänge bedingt. Indem nun aber der Ausleger seine eigene Lebendigkeit gleichsam probierend in ein historisches Milieu versetzt, vermag er von hier aus momentan die einen Seelenvorgänge zu betonen und zu verstärken, die anderen zurücktreten zu lassen und so eine Nachbildung fremden Lebens in sich herbeizuführen"; vgl., a.a.O., S.329f.

Partikularität ihrer lebensweltlich gebundenen Horizonte hinweg. Vom Interpreten muß deshalb nicht mehr gefordert werden, daß er sich gleichsam in einem metaphysischen Sprung aus seiner Lebenswelt befreit und in den inkommensurablen Horizont eines fremden Lebenszusammenhanges versetzt. Das im Prinzip je schon vorhandene verständigungsermöglichende transhistorische Vorverständnis des Interpreten muß nurmehr von den zeitgebundenen Deutungsschemata gelöst und rein zur Geltung gebracht werden. Wie dies jedoch geschehen soll, bleibt unklar. Deutlich wird nur, daß diese Scheidung im Prozeß der Auslegung selbst vonstatten gehen soll.[61] Dilthey kann so zwar den vitiösen Zirkel nicht zum Verschwinden bringen, in den sich das psychologische wie grammatische[62] Verstehen von Texten verstrickt. Seine Formulierung kündigt aber eine Problemverschiebung an, die durch Heidegger und die an ihn anschließende philosophische Hermeneutik Gadamers explizit vollzogen und zur Grundlage einer Lösung gemacht worden ist.

---

61 Vgl. Dilthey 1961, S.330.
62 Für die grammatische Auslegung besteht die gleiche Schwierigkeit insofern, als sie einen Text aus dem Kontext der *zeitgenössischen* Sprache zu verstehen sucht. Hier wiederholt sich deshalb das Dilemma, daß die historisch gebundenen Sprachbedeutungen nur über die Kenntnis des Lebenszusammenhanges, in dem sie wurzeln, die Kenntnis dieses Lebenszusammenhanges wiederum nur mit Hilfe der aus ihm überlieferten Texte erlangt werden kann.

3. Bedeutung und Verstehen in der philosophischen Hermeneutik H.G. Gadamers

3.1 Gadamers Anschluß an Heideggers ontologische Deutung des hermeneutischen Zirkels

Heidegger analysiert das Verstehen als grundlegende Vollzugsform menschlicher Existenz, die auch der einfachen Sinneswahrnehmung eignet.[63] Noch das schlichte Sehen trägt in sich die Struktur der Auslegung eines Seienden auf seine Möglichkeiten hin, nimmt ein gesehenes Etwas *als* Etwas wahr, faßt es als ein Bestimmtes auf, deutet z.B. etwas dünnes, weißes, leicht erscheinendes als ein Stück Papier oder Stoff, als Serviette oder Kleiderfetzen, je nachdem, wo es auftaucht und welche Beschaffenheit es sonst noch aufweist. Nie begegnet uns ein Etwas als vollkommen Unbestimmtes, allenfalls als ein gegenwärtig nicht eindeutig Bestimmbares, das jedoch schon umstellt ist von Möglichkeiten. Selbst in der Ratlosigkeit und Irritation, die uns überfallen mag, angesichts eines so bisher nie Gesehenen oder Gehörten, das sich jeder Einordnung zu entziehen scheint, bestätigt sich dies, reflektiert sie doch das Abprallen aller positiven Bestimmungsversuche an dem Wahrgenommenen, das in seiner Anonymität verharrt, allein negativ bestimmt durch das, was es nicht zu sein scheint.

Das Verstehen von Texten unterscheidet sich von Sinneswahrnehmungen darin nicht grundsätzlich. Wie für die Wahrnehmung, so gilt auch für die Deutung symbolischer Gehalte, daß der Gegenstand der Betrachtung nie isoliert für sich, sondern immer als ein Etwas angesehen wird, das Teil einer "Bewandtnisganzheit" ist: das runde, rechtwinkelige, in etwa einem Meter Höhe an einer senkrecht stehenden Holzplatte angebrachte Eisenstück als Türklinke -, die grüne, mit Halmen bestandene Fläche als Wiese oder Feld - , ein Satz als Teil eines Gedichtes, einer Erzählung, eines Briefes oder amtlichen Dokumentes, bei denen es jeweils um eine bestimmte Sache geht usf.. Die Erfassung eines Symbolzusammenhanges ist, wie die Wahrnehmung von Dingen und Ereignissen, immer schon kategorial vorstrukturiert, d.h. 'theoriegeladen' und somit hypothetisch verfaßt. Das lebensgeschichtlich erworbene und historisch gebundene Vorverständnis des Interpreten wird so zur *Bedingung der Möglichkeit* jedes Verstehens. Die darin begründeten 'Vorurteile' des Auslegers sind es, die

---

63 Vgl. zum folgenden Heidegger 1967, S.148ff.

es ihm ermöglichen, einzelne Textelemente auf ein antizipiertes Ganzes hin auszulegen, als deren Teile sie vorgestellt werden. Anders ist keine Deutung möglich. Der Status der auslegungsleitenden 'Vorurteile' ist historisch kontingent und transzendental zugleich. Der Zirkel, in den das Verstehen dadurch gerät, ist nicht - wie es im Kontext der romantischen Hermeneutik noch erschien - methodologischer Art, er ist vielmehr ontologischer Natur.

Gadamer schließt an die von Heidegger vorgetragene Reformulierung der Zirkelstruktur des Verstehens an.[64] Die Deutungshypothesen, die ein bedeutungstragendes Element auf einen möglichen Sinnzusammenhang hin auslegen, sind nach Gadamer die Abkömmlinge eines allgemeinen Vorverständnisses, das ebenso verständnisbehindernde und den wirklichen Bedeutungsgehalt verstellende wie auch die verständnisermöglichenden 'Vorurteile' enthält. Beides sind deshalb 'Vor-Urteile', weil sie durch die auszulegende Sache zu Beginn des Interpretationsvorganges noch nicht gedeckt sein können, für sie also eine hinreichende Begründung nicht gegeben werden kann. Doch sind sie unerläßlich, um den Prozeß der Interpretation überhaupt in Gang zu bringen.

Die bei Dilthey unbeantwortete Frage, wie das verständnisermöglichende Vorverständnis, über das jeder Interpret qua Partizipation an der "gemeinsamen Menschennatur" verfügen soll, geschieden werden kann von den lebensweltlich gebundenen Vorurteilen, die nur den Blick des Interpreten auf den Eigensinn eines Textes verstellen, findet so ihre einfache Lösung. Eine vorgängige Trennung zwischen angemessenen und unangemessenen Vorverständniselementen ist weder möglich noch notwendig. Es genügt, daß sie "ins Offene gestellt", d.h. als Hypothesen behandelt werden, die scheitern oder sich bewähren können. Der vitiöse Charakter, der dem Zirkel des Verstehens anzuhaften schien, verschwindet damit. Die Totalität des vergangenen Sprach- und Lebenszusammenhanges, aus dem alle ihm zugehörigen Ausdrucksgestalten zu verstehen sind und die andererseits diese Totalität doch erst konstituieren, erscheint nicht mehr hermetisch verriegelt, zugänglich nur für den, dessen Vorverständnis durch sie schon vollständig bestimmt und deshalb auf diese Lebenswelt - aber auch nur auf sie - zugeschnitten ist. Der Interpret kann über die Grenzen seines eigenen Lebenszusammenhanges hinausgelangen, ohne jedoch aus ihm sich vollständig lösen und ganz in einen anderen eintauchen zu müssen. Er bewegt sich immer im Horizont seiner Lebenswelt. Dieser Horizont aber ist nicht stationär gebunden. Erprobung der eigenen Vor-urteile um festzustellen, ob sie zureichen, dem fremden Symbolgebilde einen einheitlichen Sinn zuzuweisen, dem alle seine Teile konsistent eingeordnet werden können; immer neue Projektionen veränderter Antizipationen des Sinnganzen vor dem Hintergrund des nach der

64 Vgl. Gadamer 1965, S.250ff.

eigenen Erfahrung Möglichen, bis keines der neu in der Auslegung begegnenden Elemente mehr Widerspruch anmeldet und eine Revision erzwingt; diese Verfahrensweise, die durchaus mit den Forderungen der Popperschen Falsifikationslehre in Einklang gebracht werden kann, erlaubt es, in sukzessiver Annäherung an das fremde Sinngebilde die Konturen des eigenen Horizontes soweit zu verschieben, daß sie schließlich an den lebensweltlichen Horizont, dem dieses Sinngebilde angehört, heranreichen, mit ihm 'verschmelzen'.[65]

"Horizontverschmelzung" ist hier keine bloße Variation des Postulates der romantischen Hermeneutik und des Historismus, nach dem der Interpret seine vorurteilsbedingte Befangenheit abstreifen und sich ganz in den geschichtlichen Kontext versetzen sollte, dem der Gegenstand der Auslegung angehört. Mit diesem Begriff bezeichnet Gadamer nicht eine in dieser Form unerfüllbare *Ausgangs*bedingung korrekten Verstehens, sondern vielmehr dessen *Resultat*, das erst dann erreicht ist, wenn die beschriebene hypothetisch-konstruktive Bewegung in einer konsistenten Gesamtinterpretation des Deutungsgegenstandes zur Ruhe kommt.

Den Horizont, aus dem ein Text spricht und aus dem allein er adäquat verstanden werden kann, bestimmt Gadamer näher als seinen *Fragehorizont*.[66] Die Bedeutung eines Textes zu verstehen heißt deshalb zu erkennen, auf welche Fragen er antwortet. Gadamer knüpft hier an Überlegungen Collingwoods an[67], die er jedoch aus ihrer historistischen und idealistischen Einkleidung löst und in solchermaßen revidierter Form zum bedeutungstheoretischen Zentrum seiner philosophischen Begründung der Hermeneutik macht. Erst durch die Auflösung des romantischen Junktims zwischen der Struktur des subjektiven Erzeugungsprozesses und dem objektiven Bedeutungsgehalt eines Textes, zwischen *historisch-psychologischem* Verstehen und *sachlich* gerichtetem Verstehen, mit Hilfe einer neuen Bedeutungstheorie, die er durch die Reformulierung von Collingwoods "Logik von Frage und Antwort" gewinnt, versetzt sich Gadamer in die Lage, die Aporien des Verstehenszirkels aufzulösen.

Gadamer entfaltet die bedeutungstheoretischen Grundlagen seiner Position allerdings nur unzureichend. In unmittelbarer Auseinandersetzung mit Collingwoods "Logik von Frage und Antwort" sowie einiger zentraler Einwände, die besonders A. Donagan dagegen vorgebracht hat, soll deshalb die Tragfähigkeit der von Collingwood bereitgestellten Basis zunächst unabhängig geprüft, die notwendigen Revisionen markiert und die von Collingwood darauf gegründete Konzeption des Verstehens umrissen werden, um die Darstellung der philosophi-

---

65 Vgl. Gadamer 1965, S.288-290.
66 Vgl. Gadamer 1965, S.332.
67 Vgl. Collingwood 1955b, insbes. S.30-43.

schen Hermeneutik Gadamers als Integration der gewonnenen bedeutungs- und
verstehenstheoretischen Einsichten vorzubereiten.

3.2 Zum bedeutungstheoretischen Fundament der philosophischen Hermeneutik: Collingwoods "Logik von Frage und Antwort" und ihre Kritik durch Donagan

In Kontinuität zur romantische Hermeneutik unterstellt Collingwood, daß die
wahre Bedeutung eines Textes der Intention seines Autors entsprechen müsse.
Auch ihm gilt deshalb jede Interpretation eines Textes, die von der Meinung
seines Autors abweicht, als fehlerhaft. In den Grenzen dieser Voraussetzung
entwickelt Collingwood die ihm eigentümliche Auffassung, daß die Bedeutung
einer Aussage, eines Aussagenzusammenhanges oder eines Handlungskomplexes
davon abhänge, welche Fragen damit beantwortet bzw. welche Probleme dadurch
gelöst werden sollen.[68] Verstehen ist deshalb nur möglich, wenn die Frage oder
allgemeiner, die Problemsituation, vor die sich ein Autor bzw. Akteur gestellt
sah, rekonstruiert worden ist.[69] Nur unter dieser Voraussetzung ist es auch
möglich darüber zu entscheiden, ob eine Aussage wahr ist oder zwei Aussagen
einander ausschließen. Zueinander in Widerspruch stehen können nur solche
Aussagen, die auf die gleiche Frage antworten.
Collingwood illustriert dies am Beispiel eines Kästchens, das einen Satz
Schachfiguren enthält und über das - analog zu der metaphysischen Aussage, daß
die Welt Eines und daß sie zugleich Vieles sei - festgestellt werden könne, es
enthalte ein einziges Ding, und es enthalte viele Dinge. Diese Feststellung sei
nur dann widersprüchlich, wenn man sie auf die Frage beziehe, "Ist der Inhalt
dieses Kästchens ein X oder Viele X", nicht aber dann, wenn sie als Antwort auf
die beiden Fragen gegeben worden sei, "Enthält dieses Kästchen einen Satz
Schachfiguren oder mehrere?" und "Enthält dieses Kästchen eine Schachfigur
oder mehrere Schachfiguren?".[70]

---

68 Vgl. Collingwood 1955b, S.33f und S. 69f.
69 Collingwood kann insofern als Ahnherr des Popperschen Verfahren situationslogischen
Verstehens gelten, wobei er aber darauf beharrt, die Struktur der Situation so zu rekonstruie-
ren, wie sie dem Akteur selbst erschien. Siehe dazu auch Popper 1984, S.193f; Poppers Vorhalt,
daß für Collingwood der Rekonstruktion der Problemsituation nur sekundäre Bedeutung als
Mittel für das eigentliche Ziel des einfühlenden Nachvollzuges subjektiver Erlebnisse und
Empfindungen zukomme, beruht allerdings auf einem Mißverständnis; vgl. dazu Popper, a.a.O.,
Anmerk. 31.
Neben Popper greift W. Dray in seiner Konzeption der rationalen Erklärung ausdrücklich
auf Collingwood zurück; vgl. Dray 1957, S.121ff.
70 Vgl. Collingwood 1955b, S. 41f.

Hängt die Wahrheit oder Falschheit, die Widersprüchlichkeit oder Konsistenz eines Aussagenkomplexes davon ab, auf welche Fragen er antworten soll, dann können mit Hilfe einiger Phantasie oder durch fehlerhafte Rekonstruktion wahre in falsche, konsistente in widersprüchliche Aussagen umgemünzt werden. Collingwood zieht daraus die Folgerung, daß die Verwendung des Prädikates "wahr" für einzelne Aussagen mindestens vier Voraussetzungen enthält, deren Erfüllung damit per Implikation unterstellt wird[71]:

Die Aussage ist Teil eines Frage-Antwort-Gefüges (a), in dem sie auf eine *bestimmte* Frage antwortet (b). Dabei muß es sich um eine *gültige* Frage handeln[72], um eine Frage also, die keine fehlerhaften Präsuppositionen enthält (c).[73] Eine Frage, die diese Bedingungen erfüllen soll, darf insbesondere keine falschen Tatsachenfeststellungen enthalten. Die an einen Junggesellen gerichtete Erkundigung nach dem Befinden seiner Gattin verletzt diese Gelingensbedingung beispielsweise, und ist deshalb als ungültig einzustufen. Als letzte zu erfüllende Bedingung schließlich, muß eine Aussage als Antwort zu einer gültigen Frage *passen* (d).

Die vorstehenden Anforderungen sind nicht als eine Liste hinreichender Bedingungen aufzufassen, deren Erfüllung sicherstellt, daß eine Aussage wahr ist. Vielmehr formuliert Collingwood hier *Sinn*bedingungen, man könnte auch sagen: Bedingungen des korrekten Gebrauches, für das Prädikat "wahr". Nur wenn diese Voraussetzungen erfüllt sind, kann eine Aussage überhaupt "wahr" genannt werden, was jedoch nicht ausschließt, daß die so bewertete Aussage falsch ist. Sind diese Voraussetzungen dagegen nicht erfüllt, dann ist die Verwendung des Prädikates "wahr" genauso verfehlt, wie es die Anwendung eines Farbprädikates auf eine nicht-materielle Entität (z.B. 'X hatte eine grüne Idee') wäre. Eine Aussage als "wahr" oder "falsch" zu bezeichnen, verliert dann seinen Sinn.[74] Die Frage nach ihrer Wahrheit oder Falschheit "erhebt sich nicht", weil die darin enthaltenen Präsuppositionen unerfüllt bleiben.

Collingwoods bedeutungstheoretischen Überlegungen blieben jedoch nicht

---

71 Vgl. Collingwood 1955b, S.38f.
72 In Collingwoods Worten: um "..eine annehmbare oder gescheite Frage, sie ist keine dumme Frage, d.h. in meiner Terminologie, 'sie erhebt sich'"; Collingwood 1959b, S.39.
73 "To say that a question 'does not arise' is the ordinary english way of saying that it involves a presupposition which is not in fact being made. A question that 'does not arise' is thus a nonsense question: not intrinsically nonsensical, but nonsensical in relation to its context, and specifically to its presuppositions"; vgl. Collingwood 1957, S.26.
74 Verdeutlicht werden kann die Differenz zwischen einer nur unzutreffenden und einer unangemessenen Verwendung des Prädikates "wahr" auch anhand der verschiedenen möglichen metasprachlichen Beschreibungen beider Vorkommnisse. Für den ersten Fall könnte sie lauten, "Die Feststellung 'p ist wahr' ist falsch "; im zweiten Fall, " Die Feststellung 'p ist wahr' ist unverständlich (sinnlos, fehlerhaft,..) ".

unwidersprochen. In seinem Buch über Collingwoods Spätphilosophie[75] unterzieht Alan Donagan die Logik von Frage und Antwort einer eingehenden Kritik, in der er die Geltung ihrer zentralen Annahme - die Abhängigkeit des Wahrheitswertes einer Aussage von einer vorauszusetzenden Frage, auf die sie antwortet - bestreitet. In Übereinstimmung mit der von Collingwood attackierten traditionellen Aussagenlogik behauptet Donogan, daß die Prädikate "wahr" und "falsch" isolierten Aussagen unabhängig davon zugesprochen werden, auf welche Fragen bzw. ob sie überhaupt auf irgendeine Frage antworten. Um die Wahrheit einer elementaren Aussage wie 'Pferde sind Grasfresser' zu beurteilen, bedürfe es keiner Überlegung, welche Frage ihr vorausgegangen ist oder sein könnte.[76] Nimmt man des weiteren an, wie im Gefolge der Tarskischen Wahrheitssemantik üblich,[77] daß die Bedeutung eines Satzes bestimmt ist durch seine Wahrheitsbedingungen, wir also einen Satz genau dann verstehen, wenn wir wissen, welche Sachverhalte seine Wahrheitsbedingungen erfüllen, so würde daraus unmittelbar die Hinfälligkeit von Collingwoods Kernthese folgen, nach der eine Aussage verstehen bedeutet: zu wissen, auf welche Frage sie antwortet.

Donogans Beispiel ist für den angestrebten Beweiszweck allerdings nur dann adäquat, wenn plausibel gemacht werden kann, daß die zitierte Aussage *allein* aufgrund ihrer *syntaktisch-semantischen* Eigenschaften als wahr zu bewerten ist. Diese Forderung ist nur dann erfüllt, wenn kein einziger Frage-Kontext angegeben werden kann, in dem mit der Äußerung dieser Aussage in ernsthafter und wörtlicher Form eine Feststellung vollzogen wird, die als zwar angemessene aber falsche Antwort bewertet werden muß. Wenn auch nur eine einzige Verwendungsinstanz denkbar ist, die diese Bedingungen nicht erfüllt, dann ist damit nachgewiesen, daß die Wahrheitsbedingungen des Beispielsatzes nicht absolut unabhängig sind von den möglichen *pragmatischen* Kontexten seines Gebrauchs. Allenfalls die Indifferenz seines Wahrheitswertes gegenüber einer großen Anzahl möglicher Verwendungssituationen kann dann noch behauptet werden. Damit aber wäre das Beweisziel schon verfehlt. Um die Wahrheit der unter bestimmten Kontextbedingungen formulierten Behauptung 'Pferde sind Grasfresser' feststellen zu können, muß dann sichergestellt werden, daß die faktisch erfüllte Verwendungssituation in der (unbestimmt großen) Klasse der möglichen Verwendungssituationen enthalten ist, in denen der Gebrauch dieser Aussage zur Erzeugung einer wahren Behauptung führt. Dies wiederum verlangt die Rekonstruktion des (Frage-)Kontextes, in dem eine Behauptung steht.

---

75 Vgl. Donagan 1962.
76 Vgl. Donagan 1962, S.58.
77 Vgl. dazu Dummet 1979.

Man muß sich diese Verteilung der Beweislast deutlich vor Augen führen, um nicht in den Fehler zu verfallen, ein einzelnes Gegenbeispiel als irrelevante Ausnahme gegenüber einer jederzeit konstruierbaren Vielzahl anders gelagerter Fälle einzustufen und abzuwehren.

Mindestens ein Fragekontext ist nun vorstellbar, in dem die konstative Verwendung[78] der Aussage 'Pferde sind Grasfresser' *wie auch beliebiger anderer Aussagen*, deren Wahrheit uns zweifelsfrei festzustehen scheint, zur Erzeugung einer falschen Feststellung führt. Dann nämlich, wenn die Frage lautet, 'Welche Aussage kann als Beispiel einer evidentermaßen als "falsch" geltenden Aussage genannt werden?'. Jede Verwendung einer normalerweise als wahr geltenden Aussage, um auf diese Frage zu antworten, führt notwendig zu einer falschen Feststellung.

Als naheliegende Replik gegenüber dieser Konstruktion erscheint der Einwand, daß hierbei der Sinn der ursprünglichen Aussage durch die Hinzufügung neuer Elemente in sein Gegenteil verkehrt werde. Durch die Verknüpfung mit der zitierten Frage werde die Aussage 'Pferde sind Grasfresser' eingebettet in die davon völlig verschiedene Behauptung,'"Pferde sind Grasfresser" ist ein Beispiel für eine evidentermaßen als "falsch" geltende Aussage'. Darüber hinaus bewege sich die konstruierte Frage auf metasprachlicher Ebene, da sie sich nicht auf ausgesagte Sachverhalte, sondern auf Geltungsansprüche beziehe, die mit der Darstellung von Sachverhalten verbunden sind. Daraus aber ergebe sich die folgende Paradoxie: Als Voraussetzung des Einwandes gegen Donagans Argumentation, der aus diesem Beispiel abgeleitet werden solle, müsse gerade anerkannt werden, was mit seiner Hilfe widerlegt werden soll - die These nämlich, daß isolierte Aussagen für sich genommen wahr oder falsch sind. Denn nur, wenn zuvor akzeptiert wird, daß die Aussage 'Pferde sind Grasfresser' als wahr zu gelten habe, könne behauptet werden, die expandierte Aussage '"Pferde sind Grasfresser" ist eine evidentermaßen falsche Aussage', sei ihrerseits falsch.

Beide Teile dieser möglichen Replik sind jedoch nicht stichhaltig. Entgegen dem Eindruck, den Donagans Präsentation seines Beispielsatzes erweckt, steht dieser nicht allein für sich, ohne jeglichen Fragekontext. Die Rolle, die er in Donagans Argumentation spielt, ist ja gerade die einer Antwort auf die Frage, 'Welche Aussage kann als Beispiel einer evidentermaßen für sich allein als "wahr" geltenden Aussage genannt werden?'. Auch in seiner Darstellung erschöpft sich also der Sinn der Aussage 'Pferde sind Grasfresser' nicht in dem so aus-

---

78 "Konstative Verwendung" steht hier als Kürzel für "Verwendung zur Ausführung eines konstativen Sprechaktes". Gemäß der universalpragmatischen Sprechakttypologie von J. Habermas dienen konstative Sprechhandlungen dazu, "..den Sinn der kognitiven Verwendung von Sätzen auszudrücken". Als prototypischer Akt für den assertorischen Gebrauch von Aussagen gelten Behauptungen. Vgl. Habermas 1971a.

gedrückten Sachverhalt, sondern erscheint eingebettet in die keineswegs identische metasprachliche Behauptung, '"Pferde sind Grasfresser" ist ein Beispiel für eine Ausage, die evidentermaßen für sich allein als "wahr" gelten kann'. Der von Donagans Position aus möglich scheinende Einwand trifft ihn demnach selbst, und zwar härter noch als die Argumentation, gegen die er erhoben werden könnte, zeigt sich doch daran, daß Donagan gezwungen ist genau das zu tun, was er zu bestreiten versucht: Er verwendet die Aussage 'Pferde sind Grasfresser' *als Antwort auf eine Frage*, deren richtige Beantwortung nur möglich wäre durch die Anführung einer Aussage, die auf keine Frage antwortet. Donagan verwickelt sich so in einen *pragmatischen Selbstwiderspruch*, der dadurch zustande kommt, daß er sein eigenes sprachliches Handeln systematisch ausblendet.[79] Mit seinem Beispiel versucht er zu widerlegen, was er als Bedingung der Möglichkeit seiner eigenen Argumentation zugleich voraussetzen muß: daß eine Aussage Teil eines Frage-Antwort-Zusammenhanges sein muß, um sinnvoll "wahr" oder "falsch" genannt werden zu können. Außerhalb *jedes* Problemkontextes aber kann die *Frage* nach der Wahrheit einer Aussage nicht einmal erhoben werden.

Mit dieser Auskunft ist nur der erste Teil der gedankenexperimentell konstruierten Replik Donagans auf unsere Verteidigung von Collingwood entkräftet. Schwerer wiegt der zweite mögliche Einwand, daß die Bewertung der Aussage 'Pferde sind Grasfresser' als falsche Antwort auf die Frage, 'Welche Aussage kann als Beispiel einer evidentermaßen falschen Aussage gelten?', ihrerseits die Wahrheit der zu widerlegenden Annahme voraussetze, die isolierte Aussage 'Pferde sind Grasfresser' könne sinnvoll "wahr" oder "falsch" genannt werden. Doch auch hier ist Abhilfe möglich:

---

79 Pragmatische Selbstwidersprüche sind nicht als notwendige Folge einer - gemäß der Russelschen Typentheorie prinzipiell unzulässigen - Verknüpfung von Aussagen zweier Sprachebenen (objektsprachlicher und metasprachlicher Aussagen bzw. Aussagen unterschiedlicher Metaebenen) in einem Satz bzw. derselben Äußerung zu erklären. In natürlichen Sprachen sind derartige Beziehungen der Reflexivität strukturell eingebaut, ohne daß daraus Inkonsistenzen resultieren müßten; vgl. dazu K.O. Apel 1976a, S.44f. Deutlich wird dies im explizit performativen Vollzug eines Sprechaktes mit Hilfe der Formel, 'Ich .. *hiermit* daß p', z.B. 'Ich behaupte *hiermit*, daß Pferde Grasfresser sind' oder 'Ich verspreche Dir *hiermit*, daß ich morgen kommen werde'. Der performative Teil einer solchen Äußerung bestimmt den Verwendungssinn der im subordinierten Teilsatz enthaltenen Proposition als Behauptung des darin ausgedrückten Sachverhaltes oder als Versprechen, daß der Sprecher diesen Sachverhalt herbeiführen werde etc. Er steht damit in metasprachlicher Beziehung zum propositionalen Teil der Äußerung; vgl. Apel, a.a.O., S.32f. - Zu einem *pragmatischen Selbstwiderspruch* kommt es besonders dann, wenn im propositionalen Gehalt einer Äußerung Voraussetzungen bestritten werden, die zugleich als Gelingensbedingungen des illokutionären Aktes vorausgesetzt werden müssen, der den Verwendungssinn des propositionalen Gehaltes festlegt. So z.B. in dem Satz, 'Ich behaupte (*hiermit*), daß ich prinzipiell keine Wahrheitsansprüche erhebe', der nur als gültige Behauptung verstanden werden kann, wenn damit ein Wahrheitsanspruch angemeldet werden soll. Zur Struktur (transzendental-)pragmatischer Selbstwidersprüche vgl. besonders Kuhlmann 1985, insbes. die Abschnitte 2.3-2.5.

Die Wahrheit dieser Aussage zu unterstellen schließt nämlich nicht notwendig ein, daß ihre Wahrheit *ohne jeden* Bezug auf *mögliche* Fragen angenommen werden kann. - Diese Formulierung enthält allerdings schon eine notwendige Modifikation der These Collingwoods. Eine Aussage kann nicht nur dann wahr oder falsch genannt werden, wenn zugleich eine Frage angegeben wird, deren *faktische* Antwort sie ist. Die intuitive Plausibilität von Donagans Gegenbeispiel könnte sonst kaum erklärt werden. Daß wir uns zutrauen, die Wahrheit vieler Aussagen auch ohne den Versuch zur Explikation der sie motivierenden Fragen zu beurteilen, kann besser als Folge eines Interpretationsvorganges gedeutet werden, bei dem wir diese Aussagen nur auf solche *möglichen* Fragen *implizit* beziehen, die unserem vertrauten Erfahrungs- und Erwartungshorizont entspringen, die mit dem Wortlaut einer Aussage ohne umfangreiche Zusatzannahmen zu vereinbaren sind, und die dadurch richtig beantwortet werden. 'Pferde sind Grasfresser' erscheint so als korrekte Auskunft über die Ernährungsweise von Pferden, nicht aber als zweifellos falsche Antwort auf die Erkundigung, zu welchem Stamm der biologischen Tiersystematik denn die Pferde gehören.[80] Umgekehrt wird die isolierte Aussage, 'Pferde sind Fleischfresser', wahrscheinlich als falsche Feststellung über die Ernährungsweise von Pferden gedeutet werden, kaum aber als richtige Antwort auf die Frage, zu welcher Tiergruppe Pferde in einer Welt zu rechnen sind, in der Pferde nur Frösche fressen. Beide Aussagen widersprechen einander nur insoweit, wie sie als Antworten auf dieselbe Frage verstanden werden können.

Donagan bestreitet allerdings auch die letztere Implikation von Collingwoods Logik der Frage und Antwort mit der Präsentation eines weiteren Gegenbeispiels:[81]

Angenommen, jemand zeigt auf eine Reihe von Gebäuden und fragt, "Welches davon ist der 'Bodleian'?" und erhält die von einer Zeigegeste begleitete Antwort, "Dieses Gebäude ist der 'Bodleian'"; bei einer späteren Gelegenheit zeigt dieselbe Person auf dasselbe Gebäude und fragt, "Was ist das für ein Gebäude?" und erhält die Antwort, "Auf keinen Fall der 'Bodleian'". - Beide Antworten richten sich auf unterschiedliche Fragen. Dennoch aber widersprechen sie einander. Collingwoods Position sei deshalb in der behaupteten Allgemeinheit nicht zu halten. Nur für einige Aussagen, wie u.a. Collingwoods Schachfigurenbeispiel (s.o.), könne sie Gültigkeit beanspruchen.

---

80 'Pferde sind Wirbeltiere', wäre die darauf richtige Antwort.
81 Vgl. Donagan 1962, S.61. Nach eigenem Bekunden knüpft Donagan damit an ein von J. Cook Wilson stammendes Beispiel an, das Collingwood (1938, S.265) zustimmend zitiert und demzufolge der Satz, 'Dieses Gebäude ist der Bodleian', zwei verschiedene Propositionen ausdrückt, je nach dem, ob damit auf die Frage, 'Welches davon ist der Bodleian?', oder auf die Frage, 'Was ist das für ein Gebäude?', geantwortet werde.

Auch diesem Einwand Donagans kann jedoch mit der schon dargestellten Modifikation von Collingwoods Grundthese begegnet werden: Nicht auf *faktisch ausgesprochene*, sondern nur auf *objektiv mögliche* Fragen müssen Antworten bezogen werden, um verstanden und als wahr oder falsch beurteilt werden zu können. Für die Feststellung, daß zwei unterschiedliche Aussagen einander widersprechen, genügt es deshalb, daß sie auf dieselbe *objektiv mögliche Frage* bezogen werden können, gleichgültig, ob diese gestellt wurde oder nicht. Objektiv mögliche Fragekontexte werden durch die Struktur einer Aussage selbst angezeigt. An den zu vollständigen Propositionen ergänzten Antworten auf die beiden Beispielfragen kann dies verdeutlicht werden: "Dieses Gebäude (= X_i) ist der 'Bodleian'"; "X_i ist auf keinen Fall der 'Bodleian'". Die zweite Aussage unterscheidet sich von der ersten nur durch den Negationsteil 'auf keinen Fall'. Jedes Element der beiden Aussagen kann gelesen werden als Bestimmung eines *potentiell fraglichen Sachverhaltes* durch Ausschluß anderer Möglichkeiten. Mit Hilfe der Betonung kann bei der Verwendung einer der beiden Propositionen in der Ausführung eines konstativen Sprechaktes der realiter als problematisch erachtete Aspekt akzentuiert werden, über den er Sicherheit verschaffen soll. Wird so der referentielle Ausdruck X_i hervorgehoben, so deutet dies auf eine Kontrastierung zu anderen Gebäuden hin, auf die mit den Ausdrücken X_j oder X_k etc. referiert werden kann. "X_i ist (bzw.: ist auf keinen Fall) der 'Bodleian'" wäre demnach zu interpretieren als "X_i (*und nicht* X_j oder X_k oder ...) ist (bzw.: ist auf keinen Fall) der 'Bodleian'". Die darin ausgeschlossenen Möglichkeiten müssen nur als offene Möglichkeiten formuliert werden, um zur ersten der beiden Beispielfragen zu gelangen: "Ist X_i oder X_j oder X_k oder ... der 'Bodleian'?"[82], was bedeutungsäquivalent ist zu "Welches $X \in (X_i; X_j; X_k; ..)$ ist der 'Bodleian'?". Wird dagegen der Ausdruck 'Bodleian' hervorgehoben, so verschiebt sich der Akzent des Ausschlusses anderer Möglichkeiten in das Feld alternativer Namensgebungen: "X_i ist (bzw.: ist auf keinen Fall) der 'Bodleian'" wäre dementsprechend zu deuten als "X_i ist (bzw.: ist auf keinen Fall) der 'Bodleian' ((und nicht (bzw.: sondern) der 'Lange Max' oder die 'Dicke Berta' oder ...))". Werden diese Möglichkeiten wiederum offen gelassen und auf unbestimmte Weise formuliert, so ergibt dies die zweite Beispielfrage "Was ist das für ein Gebäude?".

Damit ist gezeigt, daß in den beiden von Donagan genannten Beispielaussagen die beiden von ihm konstruierten Fragekontexte *objektiv indiziert* sind, *beide*

---

82 Ausschluß heißt Negation von Möglichkeiten; Aufhebung des Ausschlusses durch Öffnung dieser Möglichkeiten bedeutet die Negation dieser Negation; vgl. Luhmann 1971b, S.36. Durch die Aufhebung des Ausschlusses von Möglichkeiten wird auch der Negationsteil der zweiten Aussage ('ist auf keinen Fall') negiert und taucht deshalb in der Frage, die mit Hilfe dieser Operation konstruiert werden kann, nicht mehr auf.

Aussagen also auf dieselben Fragen bezogen werden und insofern auch einander widersprechen können. Durch Betonungsverschiebung kann jeweils ein bestimmter Fragezusammenhang fokussiert werden, wohingegen die übrigen Fragemöglichkeiten latent bleiben.

Ausgeschlossen werden können objektiv mit einer Aussage verbundene *Fragemöglichkeiten* nur insoweit, wie der *reale* Fragekontext Präsuppositionen verletzt, die für bestimmte *Fragemöglichkeiten* konstitutiv sind. Dies wäre bespielsweise dann der Fall, wenn mit der Aussage, "X_i ist der 'Bodleian'", die wirklich gestellte Frage beantwortet werden sollte, "Wie würdest Du zu X_i sagen, wenn der 'Bodleian' das höchste Gebäude der Stadt wäre und X_i diese Bedingung erfüllte?". Die in dieser Frage enthaltene *kontrafaktische* Voraussetzung einer möglichen Verwendungsregel des Namens 'Bodleian' steht in Widerspruch zu der Präsupposition, die empirisch geltende Verwendungsregel dieses Namens bilde den anzunehmenden Hintergrund, der in den Fragen, "Was ist X_i für ein Gebäude?" und "Welches $X \in (X_i;X_j;X_k;..)$ ist der 'Bodleian'?", unterstellt ist.[83] Deshalb kann die Aussage, "X_i ist der 'Bodleian'", *entweder* nur

---

83 Gemäß der hier verteidigten These gilt selbstverständlich auch für die Aussagen, in denen diese Präsuppositionen formuliert und miteinander konfrontiert werden, daß sie nur insofern einander widerstreiten, als sie auf dieselbe Frage bezogen werden können. Diese würde etwa lauten: "Welche Regeln der Verwendung für den Namen 'Bodleian' sollen als Voraussetzung der Frage unterstellt werden, welches Gebäude (X_i oder X_j oder X_k ..) bzw. ob das Gebäude X_i der 'Bodleian' ist?". Wie jede Frage, so enthält auch diese wiederum spezifische Präsuppositionen, die als Aussagen formuliert werden können, zugleich als Antworten auf weitere mögliche Fragen zu deuten sind und so fort. Der Gefahr des infiniten Regresses begegnet Collingwood mit dem Postulat einer Gruppe sogenannter "absoluter Präsuppositionen", hinter die nicht zurückgefragt werden kann, die nur als Voraussetzungen von Fragen unterstellt werden, niemals jedoch als Antwort auf eine Frage stehen können, die also weder verifizierbar noch falsifizierbar sind, auf die infolgedessen die Prädikate 'wahr'oder 'falsch' keine sinnvolle Anwendung finden können und die daher nicht als Aussagen (Propositionen) eingestuft werden können, selbst wenn sie in die entsprechende grammatische Form gebracht werden; vgl. Collingwood 1957, S.29ff.
Die Kandidaten, die Collingwood als Beispiele absoluter Präsuppositionen anführt, sind durchweg zweifelhafter Art. Diese Lücke erscheint heute jedoch ausfüllbar durch die transzendentalpragmatische Rekonstruktion der Bedingungen der Möglichkeit des Fragens, Zweifelns oder Behauptens, genauer: durch die Aufdeckung der unvermeidlichen Präsuppositionen, die wir notwendig anerkennen und als erfüllt unterstellen müssen, wann immer wir den Geltungsanspruch einer Äußerung thematisieren, zu begründen, zu bestreiten oder zu widerlegen versuchen, d.h. uns im Sprachspiel der Argumentation bewegen. Für die sprachpragmatischen Regeln, deren Befolgung unerläßliche Gelingensbedingung für die genannten Sprechhandlungen sind, gilt, daß sie weder ohne aktuellen Selbstwiderspruch bestreitbar sind (denn der Versuch, die Geltung der Handlungsregeln des Bestreitens zu bestreiten bringt sich selbst zum Scheitern), noch auf andere Voraussetzungen zurückgeführt und aus diesen deduktiv begründet werden können, ohne dabei in eine petitio principii zu verfallen. Weder kann also die Wahrheit dieser Voraussetzungen mit Hilfe empirischer Belege und/oder deduktionslogischer Ableitung erwiesen noch deren Falschheit auch nur gültig behauptet werden. Sie entsprechen damit den von Collingwood formulierten Kriterien absoluter Präsuppositionen (s.u.). Weder wahr noch falsch zu nennen in der üblichen Bedeutung dieser Prädikate, müssen sie als *Sinnbedingungen* allen Fragens und Antwortens vorausgesetzt werden und können aus diesem Grunde nicht Antwort auf eine Frage sein. Ihr gelungener Aufweis
(Fortsetzung...)

auf die kontrafaktische Bedingungsfrage, *oder* auf die *beiden* letzteren Fragen bezogen werden, welche sich untereinander nicht ausschließen.

Allgemein besteht nach der hier versuchten Reformulierung von Collingwoods Position der folgende Zusammenhang zwischen Fragen, Antworten und Aussagen:
Aussagen schließen alternative Möglichkeiten durch die in ihnen enthaltenen Bestimmungen aus. Die ausgeschlossenen Bestimmungsmöglichkeiten sind Elemente von Möglichkeitsfeldern, die mit den gewählten Bestimmungen verknüpft sind. Durch die Setzung von Bestimmungen werden diese spezifischen Möglichkeitsfelder zugleich aktual konstituiert und in die Komplementärmengen des objektiv als wirklich Behaupteten und des aktual Ausgeschlossenen transformiert. Diese Negation anderer Möglichkeiten durch Selektion bestimmter Möglichkeiten kommt objektiv der Beantwortung all derjenigen Fragen gleich, welche die ausgeschlossenen Möglichkeiten als *offene* Möglichkeiten ansprechen könnten.[84]
Die beobachtungstheoretische Sprache, die Luhmann in seinen jüngeren Veröffentlichungen verwendet,[85] erlaubt eine präzisere Darstellung dieses Sachverhalts. Jede Aussage kann danach gelesen werden als eine *Serie von Bezeichnungen*. Jede dieser Bezeichnungen markiert eine Seite einer *Unterscheidung*, deren andere Seite unbestimmt bleibt. Jede Bezeichnung in einer Aussage evoziert deshalb potentiell verschiedene Unterscheidungen, in denen sie als eine der Seiten fungieren kann: "Dieses Gebäude" etwa kann unterschieden werden von "jenem Gebäude" oder auch von "dieser Straße", "diesem Park" etc.; "ist" kontrastiert gegen "war" bzw. "wird", wenn es um die Frage der zeitlichen Lokalisierung geht, oder gegen "könnte sein", wenn die Verläßlichkeit der Aussage, "Dieses Gebäude ist der Bodleian", in Frage steht. Jede Frage, auf die eine Antwort bezogen werden kann, fokussiert mindestens eine der sequentiell verknüpften Unterscheidungen. Zugleich beschränkt sie die Möglichkeiten, die als Komplement zur bezeichneten Seite dieser Unterscheidung in betracht

---

83 (...Fortsetzung)
   zeigt vielmehr die Grenzen allen Fragens, Bezweifelns und Bestreitens auf. Er demonstriert, daß die Fragen, auf die sie antworten, als *offene* Fragen gar nicht gestellt werden können, und hebt sich so als Antwort zugleich selbst auf. - Als zusammenfassende Darstellung der von K.O. Apel inaugurierten Transzendentalpragmatik vgl. bes. Kuhlmann 1985; zur Integrierbarkeit der Logik von Frage und Antwort in eine sprachpragmatisch gewendete Transzendentalphilosophie vgl. Kuhlmann 1975, S.105ff.
84 Zur Bedeutung der Begriffe Wirklichkeit (bzw. Aktualität) und Möglichkeit, Selektion und Negation für die Konstruktion eines subjektunabhängigen Sinnbegriffes vgl. bes. Luhmann 1971b, 1984, Kap.2 und 1990b, S.21ff.
85 Vgl. zuletzt 1990a, bes. S.68ff, 1990b, S.14ff und 1990c. Beobachten wird dabei analysiert als paradoxe Einheit von Unterscheiden und Bezeichnen; vgl. ausführlicher unten, Abschn. 7.2.1.

kommen. Dies geschieht, indem sie die *Bezugseinheit beider Seiten der Unterscheidung* in der Form eines *Problems* zur Sprache bringt: "Welches *Gebäude* (bzw. *Objekt*) heißt 'Bodleian'?", "Zu *welcher Zeit* heißt bzw. hieß dieses Gebäude (bzw. Objekt) 'Bodleian'?". Eine Aussage als Antwort zu verstehen bedeutet demnach im Gegenzug die *Auflösung der Einheit des Problems* durch die - im Bezeichnen vollzogene - Markierung eines Unterschiedes. *Die Frage steht dabei als paradigmatische Explikationsform (=Einheit) eines Spektrums alternativer Möglichkeiten (=bezeichenbarer Unterschiede). Die Grenzen des Möglichkeitsspektrums sind fixiert durch die Präsuppositionen von Fragen.*[86] Unwichtig ist, ob irgendeine bzw. welche dieser Möglichkeiten durch eine *wirklich ausgesprochene oder gedachte* Frage "ins Offene gestellt" und zum Anlaß für die Formulierung einer Aussage genommen wurde. Maßgeblich ist allein, daß die Präsuppositionen einer *tatsächlichen* Frage nicht den Präsuppositionen der Fragen widersprechen, die im Hinblick auf die isoliert betrachtete Aussage als deren objektiv *möglicher* Fragehintergrund erscheinen. Soweit diese Kompatibilitätsbedingung erfüllt ist, gilt die These, daß Aussagen immer mehr mögliche Fragen beantworten als nur die, zu deren Beantwortung sie tatsächlich *erzeugt* wurden. Objektive und intendierte Bedeutung sind demnach - im Gegensatz zu der Annahme der romantischen Hermeneutik, der auch Collingwood verpflichtet bleibt - nicht deckungsgleich.

3.3 Collingwoods Konzeption des Verstehens und dessen historistische Beschränkungen

Kommen Fragen die von Collingwood behauptete Funktion für die Deutung von Aussagen bzw. Aussagenkomplexen zu, dann muß jede Interpretation eines Textes vor allem klären, worauf er antwortet bzw. antworten soll. In der Regel, so unterstellt Collingwood, fehlen entsprechende Auskünfte des Autors oder sind zumindest unvollständig. Der Fragehorizont, aus dem allein ein Text doch nur verstanden werden kann, muß dann aus demselben Text zugleich erschlossen werden. Gelöst werden kann diese Aufgabe nach Collingwoods Auffassung nur dann, wenn der Autor die ihn bewegenden Fragen *richtig* beantwortet hat.[87] Für die Aufgabe der Interpretation folgt daraus, daß eine Aussage oder ein Aussagenkomplex erst dann verstanden worden ist, wenn (mindestens) eine

---

86 Zur Rolle von Präsuppositionen vgl. ausführlicher unten, Abschn. 4.2.
87 Wie J. Watkins zeigt, ist diese These nur unter der verschärften Voraussetzung gültig, daß der Interpret über *keinerlei* unabhängige Evidenzen für die Rekonstruktion der Problemsituation verfügt, in der sich ein Autor (bzw. ein Akteur) befand; vgl. dazu Watkins 1970, S.168ff.

Frage identifiziert werden kann, die dadurch als gelöst erscheint.[88]
Frage und Antwort müssen durch *hinreichende Gründe* miteinander verbunden sein. Nur unter dieser Voraussetzung kann eine Aussage als Antwort auf eine Frage im vollen Sinne verstanden und als *rational motiviert* eingesehen werden. Wenn der Interpret glaubt, die Frage erkannt zu haben, ihm aber die Antwort dennoch falsch erscheint, dann hat er dieses Ziel noch nicht erreicht. Denn unverständlich muß ihm bleiben, welche Gründe es waren, die den Autor veranlassen konnten, seine Äußerungen als zureichende Lösung zu erachten.[89] Die Rekonstruktion der Frage ist dann fehlerhaft. Sie stimmt mit der *Wahrnehmung des Autors* nicht überein. Zwar kann ein Autor die Tragweite seines Problems aus der Sicht des Interpreten unterschätzen, sich irren in den Voraussetzungen, deren Erfüllung er unterstellt, unterschiedliche Aspekte fälschlich miteinander identifizieren usf. All dies ist jedoch Bestandteil seines Problems, so wie er es sieht. Durch derartige 'Fehlleistungen' wird die Frageperspektive des Autors mit Präsuppositionen angereichert, die in Widerspruch zum *Sachverständis des Interpreten* treten. Im Blickfeld des Interpreten hebt sich so die Problemsituation des Autors als *Meinung* von der tatsächlich (nach Auffassung des Interpeten) bestehenden Problemsituation ab. Dementsprechend bewegt sich die Auslegung aus der Sphäre des *Sachverstehens*, in der im Grenzfall Einverständnis mit dem Autor erreicht werden kann, in den Bereich des bloßen *Meinungsverstehens*, in dem es nur noch um die An-sicht des Autors geht.[90]
Bloßes Meinungsverstehen beschränkt sich auf den Nachweis, daß die Äußerungen eines Autors, gemessen an seinen eigenen Problemen und Voraussetzungen,

---

88 "Angenommen, Leibniz wäre beim Schreiben dieses Abschnittes so verwirrt gewesen, daß er in seinem Bemühen, das Problem zu lösen, alles durcheinander brachte, so hätte er ganz sicher auch dessen Spuren so vollständig verwischt, daß kein Leser mehr feststellen könnte, welches sein Problem war. Denn aus einem Text, der die Lösung eines Problems bietet, kann zugleich nachgewiesen werden, wie das Problem lautete, und die Tatsache, daß wir sein Problem identifizieren können, ist daher Beweis genug, daß es auch wirklich gelöst ist. Wir kennen also ein Problem nur dann wirklich, wenn wir von der Lösung her darauf zurückschließen"; vgl. Collingwood 1955b, S.69.

89 Und daß der Autor von dieser Annahme ausging, muß solange unterstellt werden, wie keine deutlichen Belege für das Gegenteil sprechen, wenn anders nicht eine bequeme Generalklausel zur Rettung unzureichender Interpretationen geschaffen werden soll. Es kann natürlich auch der Fall eintreten, daß ein Autor selbst ausdrücklich feststellt, daß es ihm - allen Bemühungen zum Trotz - nicht gelungen ist, eine befriedigende Lösung seines Problems zu finden. Die vom Interpreten zu lösende Aufgabe besteht dann darin, seine Äußerungen als Lösungsversuch plausibel und zugleich auch die Mängel einsichtig zu machen, die als hinreichende Begründung für das Scheitern dieses Versuches gelten können. Anders formuliert besagt dies, daß der Interpret einen solchen Text als zureichende Antwort auf die Frage ausdeuten muß, "Inwiefern genügt diese Darstellung nicht den Anforderungen einer vollständigen Lösung des Problems P?".

90 Zur Unterscheidung von Sach- und Meinungsverstehen, die bei Collingwood in dieser Form nicht auftaucht, vgl. Gadamer 1965, S. 278f.

rational verstanden, d.h. als "richtige"[91] Antwort gewertet werden können. Dabei enthält sich der Interpret der weitergehenden Stellungnahme gegenüber der Triftigkeit der Frage und der mit ihr verbundenen Voraussetzungen. In diesen Grenzen kann eine Abhandlung über die Anzeichen, an denen man eine Hexe zuverlässig erkennen, und die Mittel, wie man sie geständig machen oder ihrem bösen Zauber entgehen kann, ebensogut rational gedeutet werden, wie ein moderner Text über ein naturwissenschaftliches Problem.

Darin, daß er den Interpreten verpflichten will, diese Grenzen nicht zu überschreiten, kommt Collingwoods Bindung an den Historismus zum Vorschein.[92] Für Collingwood muß der Aberglaube eines Menschen genauso wie die gegenständlichen Bedingungen seines Handelns als historisches Faktum hingenommen und als Teil seiner Situation begriffen werden, deren Struktur zwar nachvollzogen und dargestellt werden kann, demgegenüber aber der Interpret sich eines eigenen *sachlichen* Urteils zu enthalten hat.[93]

Dazu steht die von Collingwood mit Nachdruck vertretene Behauptung in widersprüchlichem Kontrast, daß ein Text nicht anders verstanden werden könne, denn als *gültige Lösung* (mindestens) eines Problems (s.o.), oder eine Handlung nur dann rekonstruiert werden könne, wenn sie *erfolgreich* war, d.h. den Kriterien *objektiver Richtigkeit* vollständig entsprach:[94] Nur dann, wenn der Interpret alle Voraussetzungen als gültig anerkennen kann, die darüber entscheiden, wie der Autor seine Problemsituation wahrnahm, ist die Frage, auf die der Autor zu antworten sucht, auch für den Interpreten eine Frage, die 'sich erhebt'. Die

---

91 "Richtig" bedeutet *hier* folgerichtig und hat mit der Wahrheit einer Aussage nichts zu tun. Von Wahrheit und Falschheit kann ja für Collingwood, wie oben dargestellt, nur dann die Rede sein, wenn eine Aussage aus der Perspektive des Interpreten auf eine Frage antwortet, die 'sich erhebt', die also keine Präsuppositionsfehler enthält. Diese Bedingung muß aber für das bloße Meinungsverstehen nicht erfüllt sein.

92 Vgl. Collingwood 1955a, S.330.

93 "Es wäre Torheit, wenn der Historiker einem Menschen der Vergangenheit, der sich schwer entschließen konnte, das Gebirge zu durchwandern, weil er sich vor Teufeln fürchtete, die nach seiner Überzeugung in ihm hausten, ... eine Predigt zu halten und zurufen wollte :'Das ist ja purer Aberglaube! Es gibt überhaupt keine Teufel .. '. Aber für den Menschen der Vergangenheit, der die Teufel fürchtet, ist es umgekehrt Tatsache, daß es Teufel gibt .. . Der Geschichtsforscher hält dieses Denken natürlich für unrichtig, aber unrichtige Gedanken sind ja nicht weniger Fakten als richtige, und sie bestimmen die Situation des Trägers (die ja immer eine im Denken gegebene Situation ist!) im gleichen Maß wie diese." Collingwood 1955a, S.331.

94 Vgl. Collingwood 1955b, S.69f: "Wir kennen also ein Problem nur dann wirklich, wenn wir von der Lösung her darauf zurückschließen ... Wie aber können wir das taktische Problem rekonstruieren, das Nelson sich bei Trafalgar stellte? Nur durch das Studium der Taktik, die er in der Schlacht anwandte. Wir schließen also von der Lösung auf das Problem zurück... Seekriegshistoriker halten es für sinnvoll, sich über Nelsons Schlachtplan bei Trafalgar Gedanken zu machen, weil er die Schlacht gewann. Dagegen erscheint es ihnen unwichtig, Villeneuvs Plan zu erörtern, weil er ja nicht durchgeführt wurde; weshalb man niemals wissen wird, wie er aussah. Wir können höchstens Vermutungen darüber anstellen. Und Vermutungen sind keine Geschichte." Die erfolgreiche Durchführung eines Plans zur Voraussetzung für seine Rekonstruierbarkeit zu machen, bedeutet die Einschränkung verstehender Deutung auf absichtsgemäß *gelungene* Handlungen.

Sinnbedingungen dafür, daß die Antwort als wahr oder falsch beurteilt werden kann, sind damit erfüllt. Die Verknüpfung zwischen der Problemsituation des Autors und seinen Äußerungen als intern folgerichtigen Frage-Antwort-Zusammenhang zu verstehen, schließt so zugleich das Einverständnis zwischen Autor und Interpret darüber ein, daß die Frage auch *sachlich richtig*, d.h. mit einer *wahren* Aussage beantwortet wurde. *Richtigkeit und Wahrheit, Meinungs-und Sachverstehen, Verstehen und Einverständnis kommen hier zur Deckung.*
Nur für diesen Indifferenzpunkt allerdings trifft Collingwoods Auffassung im strikten Sinne zu, daß die "historische" Frage nach dem Aussagegehalt eines Textes oder einer Theorie nicht von der Geltungsfrage getrennt werden kann, ob der Autor "recht hatte".[95] Die Beantwortung der "historischen" Frage kann unter *diesen* Umständen nur dann gelingen, wenn auch die Geltungsfrage positiv beantwortet werden kann. Stimmen die Präsuppositionen der Frage bzw. des Lösungsweges, deren Erfüllung der Autor unterstellte, dagegen nicht mit den Präsuppositionen des Interpreten überein, differiert also beider Wahrnehmung der Problemsituation, dann kann kein Einverständnis in der behandelten Sache erreicht werden. Verstehen kann dann nur noch heißen, die interne Konsistenz der Meinungen des Autors aufzuweisen und - im äußersten Falle - deren Genese rational zu rekonstruieren.
Collingwoods Historismus verbietet es, Sachverstehen von Meinungsverstehen, die Problemperspektive des Interpreten von der des Autors und somit auch: die objektive Bedeutung eines Textes von den subjektiven Voraussetzungen seiner Erzeugung, zu unterscheiden, und dennoch jeweils *beide* Pole dieser Differenzen als Konstituenten einer Interpretation zu betrachten. Dort, wo diese Differenzen aufbrechen, beharrt Collingwood auf der alleinigen Maßgeblichkeit der Autoren-(bzw. Aktoren-)perspektive. Er übergeht damit die von Gadamer herausgearbeitete konstitutive Bedeutung des *sachlichen Vorverständnisses des Interpreten* für die Auslegung, das als heuristische Interpretationsfolie den Anknüpfungs- und Bezugspunkt bildet für die Darstellung der Wahrnehmungsperspektive eines Autors (bzw. Akteurs) - auch und gerade dann, wenn diese abweicht von den Normalitätserwartungen des Interpreten. Darüber hinaus jedoch führt diese Option geradewegs zu den bekannten Konsequenzen jedes Historismus. Der objektivistische Ausschluß jeder Stellungnahme des Interpreten zur Gültigkeit der Voraussetzungen, deren Erfüllung ein Autor oder Akteur unterstellt, hat den historischen Relativismus zur Folge: Zwischen konkurrierenden Annahmen kann nicht entschieden werden. Das Verstehen findet seine Grenze an der Feststellung divergierender Weltsichten.
In Collingwoods Position ergibt sich daraus der folgende Widerspruch:

---

95 Vgl. Collingwood 1955b, S.68f.

Einerseits behauptet Collingwood die Untrennbarkeit von Interpretation und Geltungsprüfung, wenn er es zur Aufgabe jeder Interpretation erklärt, die Fragen zu rekonstruieren, als deren Lösung ein Text betrachtet werden könne. Andererseits verlangt er vom Interpreten, daß er die Überzeugungen eines Autors nicht an seinen eigenen Sachüberzeugungen messe. Demnach wäre vom Interpreten etwa zu fordern, sich vorbehaltlos auf den Standpunkt des Autors zu begeben und dessen Überzeugungen als kontingenten Ausgangspunkt der Deutung zugrunde zu legen. Die Schwierigkeiten, einer solchen Aufforderung nachzukommen, wurden oben bereits dargestellt. In seiner Logik von Frage und Antwort verschließt Collingwood darüber hinaus jedoch selbst dem Interpreten die Möglichkeit, Fragestellungen mit *beliebigen* Präsuppositionen als Bezugspunkt für die Auslegung eines Textes zu akzeptieren. Denn zugelassen sind hier nur solche Fragen, die 'sich erheben', die also keine offensichtlich 'falschen' Präsuppositionen enthalten. Um Fragen mit fehlerhaften Präsuppositionen aussondern zu können, bedarf es aber einer wertenden Stellungnahme des Interpreten, die doch gerade ausgeschlossen werden sollte.

Collingwood löst den skizzierten Widerspruch durch die Einführung einer transsubjektiven Ebene allgemeiner Voraussetzungen, die als quasi-transzendentale Bezugspunkte jeder Auslegung fungieren:

Die Fragen und Probleme, die philosophischen Argumentationen und geschichtlichen Aktionen ihren Sinn verleihen, gründen für ihn auf *"absoluten Präsuppositionen"* mit metaphysischem Status,[96] die zwar historischer Wandlung unterworfen sind, die aber als letzte Voraussetzungen jeder Frage und jedes Problems selbst niemals deren Antwort oder Lösung sein, und die deshalb weder wahr noch falsch sein können.[97] Diese Eigenschaft absoluter Präsuppositionen würde es dem Interpreten ermöglichen, die auf ihnen gründenden Fragen und Probleme auch dann als solche zu begreifen, die 'sich erheben', wenn er diese Präsuppositionen nicht teilt. Abweichungen auf der Ebene *"relativer Präsuppositionen"*[98] werden gemäß dieser Konstruktion dem Verständnis des Interpreten ebenfalls zugänglich, wenn sie als folgerichtige Antworten auf Fragen rekonstruierbar sind, die in letzter Instanz wiederum von differierenden absoluten

---

96 Collingwood gibt folgende Definition für absolute Präsuppositionen: "Def. 6. An absolute presupposition is one which stands, relatively to all questions to which it is related, as a presupposition, never as an answer." Vgl. Collingwood 1957, S.32.

97 "Absolute presuppositions are not propositions. This is because they are never answers to questions (def. 6); whereas a proposition (def. 1) is that which is stated, and whatever is stated (prop.1) is stated as an answer to a question. .. the distinction between truth and falsehood does not apply to absolute presuppositions at all, that distinction being (see def. 1) peculiar to propositions." Vgl. Collingwood 1957, S.32.

98 Collingwood gibt folgende Definition für relative Präsuppositionen: "By a relative presupposition I mean one which stands relatively to one question as its presupposition and relatively to another question as its answer." Vgl. Collingwood 1957, S.29.

Präsuppositionen getragen werden.[99]

Damit ist vorgezeichnet, wie die Wahrnehmungsperspektiven des Interpreten und des interpretierten Autors (oder Akteurs) aufeinander zu beziehen sind: Zurückhaltung des eigenen Urteils ist vom Interpreten kategorisch zu verlangen, wenn er sich auf der Ebene abweichender *absoluter* Präsuppositionen bewegt. Sie hat er als kontingenten Ausgangspunkt jedes Deutungsversuches ohne irgendeine Möglichkeit der kritischen Stellungnahme zu akzeptieren. Die Verknüpfung zwischen einzelnen Handlungen oder Aussagen über eine Stufenfolge vorausgehender Fragen, deren Präsuppositionen, den Fragen, die durch den Aussagegehalt dieser Präsuppositionen beantwortet werden usf. mit bestimmten *absoluten* Präsuppositionen jedoch muß dem Urteil des Interpreten standhalten und sich als eine lückenlose Sequenz gültiger Fragen und richtiger Antworten rekonstruieren lassen, wenn eine durchgängige Deutung möglich sein soll. Jede Aussage oder Handlung erscheint dann als Element eines *logisch-deduktiv aufgebauten und in sich geschlossenen Systems, dessen Axiome die absoluten Präsuppositionen sind.* Zwischen verschiedenen dieser Systeme kann es Überschneidungen, jedoch keine rationale Verbindung geben. Allein die interne logische Struktur, die universalen Regeln der Konstruktion eines jeden Systems, erlauben intersubjektives Verstehen in den Grenzen der jeweils als letztgültig unterstellten Prämissen.[100] Menschliche Erfahrung wird so logifiziert. Erfahrungsurteile müssen als Ergebnis einer Folge deduktiver Beweisschritte aus bestimmten absoluten Voraussetzungen und gegebenen Erfahrungsdaten

---

99 Die Explikation der absoluten Präsuppositionen ist nach Collingwood Gegenstand der Metaphysik. Da diese Präsuppositionen jedoch als wahrheitsunfähig und historisch wandelbar vorgestellt werden, wird die Metaphysik so zu einer historischen Wissenschaft mit zugleich quasi-transzendentalem Status: Ihre Aufgabe ist es, die historisch-kontingent gedachten Bedingungen der Möglichkeit und intersubjektiven Gültigkeit hermeneutischer Interpretation zu rekonstruieren.
In diesem Fluchtpunkt seiner Ausführungen zu einer Theorie der Bedeutung und der Auslegung konvergiert Collingwoods Position mit der von Max Weber:
Webers 'leitende Wertideen' erfüllen eine analoge Funktion für das Verstehen, wie Collingwoods 'absolute Präsuppositionen'. Für beide gilt, daß sie als unbegründbar und veränderlich angenommen werden. Wie Weber dem Idealtypus objektiver Zweck- und Richtigkeitsrationalität explizit zentrale methodologische Bedeutung für das Verstehen zuspricht (vgl. Weber 1951, S.432ff), so Colligwood implizit und in rationalistischer Übersteigerung, wenn er nur solche Handlungen oder Äußerungen für rekonstruktionsfähig hält, die erfolgreich waren bei der Lösung des Problems, zu dessen Lösung sie ausgeführt wurden. In Entsprechung schließlich zu Collingwoods Projekt einer historisch-rekonstruktiven "Metaphysik" (vgl. Collingwood 1957, Teil 1) können Webers universalgeschichtliche Untersuchungen zur Religionssoziologie unter anderem auch gedeutet werden als eine historisch genetische Rekonstruktion derjenigen letzten und unbegründbaren Wertideen, aus denen die sinnverstehenden Wissenschaften die Bedingungen ihrer Möglichkeit durch die wertbeziehende Konstitution ihres Gegenstandes gewinnen.
100 Vgl. dazu auch die kritischen Ausführungen von Toulmin 1983, S.87ff.

abgeleitet werden können,[101] soweit sie dem deutenden Verstehen eines Interpreten zugänglich sein sollen. Unterschiedliche Ausdeutungen gegebener Erfahrungsdaten können ebenfalls nur dann rational rekonstruiert werden, wenn sie in unterschiedlichen letzten Voraussetzungen gründen. Bei identischen absoluten Präsuppositionen müssen sie demgegenüber in den Bereich des Irrationalen verwiesen werden, das dem Verstehen unzugänglich bleibt. Die logifizierte Erfahrung erscheint so eingespannt zwischen zwei Polen der Irrationalität: zwischen den verschiedenen Konstellationen absoluter Präsuppositionen, die als axiomatische Basis jeder Begründung selbst keiner Begründung zugänglich sind, demnach nur kraft kontingenter Selektion gelten, einerseits und den unverständlich bleibenden Abweichungen zwischen Erfahrungsurteilen, die sich auf identische Daten und absolute Voraussetzungen stützen, andererseits. Was sich der deduktionslogischen Ableitung entzieht, muß einem dieser Pole zugewiesen und damit dem Korpus absoluter Präsuppositionen einverleibt oder aus dem Bereich des Verständlichen ausgeschieden werden.

3.4 Die "Logik von Frage und Antwort" als Angelpunkt der Gadamerschen Hermeneutik

Die Schwierigkeiten, die der Versuch einer konsequenten Ausformulierung der Annahmen Collingwoods zu einer Theorie der Interpretation aufdeckt, vermeidet Gadamer durch die Aufgabe der historistischen Prämissen, die in Collingwoods Argumentation enthalten sind. Gadamer verzichtet auf das problematische Konzept der absoluten Präsupposition und läßt die Stellungnahme des Interpreten gegenüber dem Wahrheitsgehalt eines Textes zu. Die Bestätigung der Wahrheit durch den Interpreten markiert den idealisierten Grenzfall vollständigen Verstehens, das im Einverständnis zwischen Autor und Interpret terminiert. Das kontrafaktische Ideal vollständigen Verstehens fungiert im Prozeß der Interpretation als *regulatives Prinzip*: Wird Einverständnis nicht erreicht, so verweist dies auf Unterschiede in der Wahrnehmung der Problemsituation

---

101 Dazu muß allerdings angenomen werden, daß die verschiedenen Präsuppositionen einer Frage ihrerseits untereinander in eine hierarchische Ordnung gebracht und so durch eine lineare Folge von Ableitungsschritten miteinander verknüpft werden können: "Ordinarily a question involves large numbers of them (presuppositions - W.L.S.). But a distinction should be made between what a question involves directly and what it involves indirectly. Directly or immediately, any given question involves one presupposition and only one, namely that from which it directly 'arises' (see Def. 2). This immediate presupposition, however, has in turn other presuppositions, which are thus indirectly presupposed by the original question." Vgl. Collingwood 1957, S.25.

zwischen Autor und Interpret, deren Explikation Teil der Auslegung sein muß, wenn die Autorenperspektive in ihrer Besonderheit angemessen zur Geltung gebracht werden soll. Die in den Fragen des Autors enthaltenen Präsuppositionen, seine Anforderungen, denen mögliche Lösungen genügen müssen, überhaupt alle Voraussetzungen, die seine Deutung der Problemsituation bestimmen und die von den Normalitätsunterstellungen des Interpreten abweichen, sind dann kenntlich zu machen. Sie zeigen an, wo und wie die Meinung des Autors vom sachlichen Vorverständnis des Interpreten differiert. Dieses Vorverständnis aber *muß* dazu systematisch ins Spiel gebracht werden. Nur so können die Grenzen des erreichbaren Verständnisses ausgelotet und kann durch die Ausmessung der verbleibenden Distanzen ihr Verlauf genau bestimmt werden: Das Fremde tritt in dem Maße in den Blick, als sein Gegensatz zum Vertrauten offenbar wird. Die Konturen des Vertrauten werden sichtbar im Lichte des Unerwarteten.

Steht der Wortlaut eines Textes in Widerstreit zu Sinnerwartungen des Interpreten, die sich auf Sachunterstellungen gründen, dann zwingt dies noch nicht zur resignativen Beschränkung auf das Verstehen der abweichenden *Meinung* des Autors als kontingentem Ausgangs- und Bezugspunkt für die Deutung seiner Äußerungen und Handlungen. Der Interpret kann versuchen, die Genese dieser Meinung bis zu einem Punkt zurückzuverfolgen, wo sie mit seinen eigenen Sachannahmen noch übereinstimmt, um dann festzustellen, inwieweit es möglich ist, von hier aus die Auffassungen eines Autors als Ergebnis eines erfahrungsgeleiteten Lernprozesses rational zu rekonstruieren. Gelingt ihm dies, dann wird der Grad der sachlichen Berechtigung der fremden Meinung für ihn einsichtig, die sich von seinen Sachauffassungen unter Umständen nur dadurch unterscheidet, daß sie korrekte Beobachtungen aus anderen Erfahrungszusammenhängen fälschlich generalisiert. Möglich ist dabei aber auch eine Umkehrung der Situation, denn indem der Interpret sein Vorverständnis bei der Auslegung ins Spiel bringt, setzt er es zugleich aufs Spiel. Es kann sich nicht nur als ungeeignet für die Erschließung des Textsinnes, sondern darüber hinaus auch in seinem sachlichen Gehalt als falsch erweisen. Was zunächst als unverständliche Meinung eines Autors erschien, mag sich so schließlich als überlegene Sacheinsicht herausstellen, von der sich der Interpret belehren lassen muß. Gleichgültig aber, ob es dem Interpreten möglich ist, einen Text so auszulegen, daß er zu einem Einverständnis mit dem Autor in der behandelten Sachfrage gelangt - die Problemsituation, in die sich der Autor gestellt sah, also mit der Problemperspektive des Interpreten zur Deckung kommt - oder der Fragehorizont und die Antwortalternativen, die der Autor in betracht zieht, sich als Andersmeinung abheben: Stets ist der Interpret gehalten, die Auslegung zunächst unter der Prämisse zu beginnen, daß Einverständnis in der Sache herzustellen sei. Diese

Forderung drückt nur auf andere Weise aus, daß der Interpret sich bei der Deutung eines Textes von Sinn-Erwartungen leiten lassen muß, die in seinen eigenen sachlichen 'Vor-urteilen' gründen. Soll ein Text in allen seinen Teilen soweit als irgend möglich verstanden werden, dann darf seinem Autor nicht von vornherein eine Sondermeinung unterstellt werden, die sich der sachlichen Rechtfertigung entzieht. Wer dennoch so verfährt, beschränkt die Möglichkeiten des Verstehens ohne Not. Nur dann, wenn der Interpret sich von den Sinnerwartungen leiten läßt, die ihm aus dem eigenen sachlichen Vorverständnis zuwachsen, dementsprechende Deutungshypothesen entwirft, sie fortlaufend an den Aussagen des Textes prüft und revidiert, und sich so in immer neuen Zyklen von Conjekturen und Korrekturen allmählich an den Eigen-Sinn des Textes annähert, nimmt er dessen Geltungsanspruch[102] ernst und schöpft damit alle Möglichkeiten des Verstehens aus.

Die mit dieser Verfahrensweise verknüpfte, empirisch nur im idealisierten Grenzfall erfüllte und deshalb in der Regel kontrafaktische Präsupposition vollständiger sachlicher Begründbarkeit und Verständlichkeit eines Textes nennt Gadamer den *"Vorgriff der Vollkommenheit"*.[103] Er stellt sicher, daß rationalen Deutungsmöglichkeiten prinzipiell der Vorzug gegenüber Interpretationen eingeräumt wird, die mit Irrationalitätsunterstellungen arbeiten, solange beide mit dem Inhalt eines Textes gleichermaßen zu vereinbaren sind. Die methodologische Bedeutung des "Vorgriffs - " bzw. - wie Gadamer auch formuliert - des *"Vorurteils* der Vollkommenheit" läßt sich dahingehend resümieren, daß der Interpret *zunächst* immer versuchen muß, einen Aussagenzusammenhang als richtige Antwort auf eine Frage zu rekonstruieren, deren Präsuppositionen er darüber hinaus teilt. Sein Status ist der eines allgemeinen Rationalitätsprinzips, wie es auch Poppers später zu erörternder Methode der "situationslogischen

---

102 Wenn bisher und auch im weiteren Text nur der Geltungsanspruch Wahrheit ausdrücklich erwähnt ist, so sollen damit die übrigen von Habermas explizierten universalpragmatischen Geltungsansprüche keineswegs ausgeschlossen, sondern es soll nur die Darstellung vereinfacht werden. 'Wahrheit' steht hier und im weiteren als bequemes pars pro toto für alle universalpragmatischen Geltungsansprüche.

103 Vgl. Gadamer 1965, S.278: "Auch das ist offenbar eine formale Voraussetzung, die alles Verstehen leitet. Sie besagt, daß nur das verständlich ist, was wirklich eine vollkommene Einheit von Sinn darstellt. So machen wir denn diese Voraussetzung der Vollkommenheit immer, wenn wir einen Text lesen, und erst wenn diese Voraussetzung sich als unzureichend erweist, d.h. der Text nicht verständlich wird, zweifeln wir an der Überlieferung und suchen zu erraten, wie sie zu heilen ist. .. Und wie wir Nachrichten eines Korrespondenten glauben, weil er dabei war oder es sonst besser weiß, so sind wir der Möglichkeit offen, daß ein überlieferter Text es besser weiß, als die eigene Vormeinung gelten lassen will. Erst das Scheitern des Versuchs, das Gesagte als wahr gelten zu lassen, führt zu dem Bestreben, den Text als die Meinung eines anderen - psychologisch oder historisch - 'zu verstehen'." Gadamer (a.a.O., S.352) identifiziert den von ihm als "Axiom aller Hermeneutik" herausgestellten "Vorgriff der Vollkommenheit" mit Collingwoods These, nach der die Frage, auf die ein Text antwortet, nur aus diesem selbst gewonnen werden kann, dazu aber wiederum die Angemessenheit der Antwort vorausgesetzt werden muß.

Rekonstruktion" zugrunde liegt.

Die Befolgung dieses Rationalitätsprinzips schließt für Gadamer jedoch in keiner Weise die Annahme ein, daß dem so ermittelten Sinn eines Textes (oder Handlungszusammenhanges) entsprechende psychische Dispositionen zu rationalem Handeln auf Seiten des Autors (bzw. Akteurs) korrespondieren. Darin kommt Gadamers Abkehr von zentralen Prämissen der romantischen Hermeneutik und des Historismus zum Ausdruck: Das, was so verstanden wird, ist der Sinn des *Textes*, der keineswegs übereinstimmen muß mit dem Sinn, den sein Urheber ihm beilegte. Die Frage, auf die ein Text wirklich antwortet, muß nicht identisch sein mit dem Problem, dessen Lösung er nach Meinung seines Autors war. *Textsinn und subjektiv vermeinter Sinn, Sachverstehen und Meinungsverstehen treten somit auseinander.* Ersteres erhält Vorrang vor letzterem. Gegenüber dem Verstehen des Textsinnes erscheint "..die Rekonstruktion der Gedanken eines Autors" als "eine ganz andere Aufgabe".[104] Sie kann, muß jedoch nicht behandelt werden.

Als selbständiges Problem gerät sie insbesondere dann in den Blick, wenn sich der Text dem Sachverstehen zu entziehen scheint, d.h. keine Frage gefunden werden kann, deren Voraussetzungen auch der Interpret teilt, und die er richtig beantwortet. Die Ebene des Meinungsverstehens, die dann betreten werden muß, eröffnet nochmals zwei voneinander zu unterscheidende Wege der Interpretation, die wiederum in ein hierarchisches Verhältnis zueinander gebracht werden können.[105] Dem *psychologischen* Verstehen vorgeordnet ist das *historische* Verstehen, das einen Text vor dem Hintergrund der Überzeugungen und Normalitätserwartungen auslegt, die gebunden sind an dessen historisch-

---

104 Vgl. Gadamer 1965, S.354.
105 Schematisch können die verschiedenen Formen des Verstehens, die Gadamer unterscheidet, folgendermaßen dargestellt werden:

Sachverstehen

Meinungsverstehen

historisches
Verstehen

psychologisches
Verstehen

Gadamer selbst nennt das psychologische und das historische Verstehen als Formen des Meinungsverstehens, ohne sie in eine Rangfolge zu bringen, oder ihre Beziehung zueinander näher zu untersuchen. Vgl. Gadamer 1965, S.278.

kulturellen Entstehungskontext. Das *historische* Verstehen erschließt den Sinn eines Textes vor dem Hintergrund der Sach-Meinungen seiner Ursprungsepoche, versucht also dessen Bedeutungsgehalt aus der Perspektive eines virtuellen und in seiner Deutungskapazität idealisierten Zeitgenossen zu explizieren, ohne dabei das Bewußtsein der unaufhebbaren Differenz zu verlieren, die zwischen der real zeitgenössischen und der historisch interpretierenden Perspektive besteht. In dem Wissen darum, daß die Präsuppositionen einer vergangenen Epoche[106] nicht mehr geteilt werden können, weil sie den Sachüberzeugungen des Interpreten zuwider laufen, findet dieses Bewußtsein der Differenz seinen deutlichsten Niederschlag.

Das *psychologische* Verstehen hat es demgegenüber zu tun mit der Rekonstruktion des gedanklichen Erzeugungs*prozesses* und der Bedeutungs*intentionen*, die mit der Abfassung eines Textes zum Ausdruck gebracht werden sollten. Wie von den Sinnerwartungen, die der Interpret aus seinem eigenen sachlichen Vorverständnis schöpft, so kann sich der subjektiv vermeinte Sinn eines Textes auch von den kontexttypischen Sach-Überzeugungen seines historisch-kulturellen Entstehungszusammenhanges abheben. Und ebenso, wie der Interpret gehalten ist, die Ebene bloßen Meinungsverstehens erst dann zu betreten, wenn alle Möglichkeiten einer sachlich konsistenten Deutung erschöpft sind, steht das psychologische Verstehen unter der Forderung, erst dort subjekt*spezifische* Sinnvermeinungen anzunehmen, wo die bekannten historisch-kulturell typischen Normalitätsunterstellungen zu keiner konsistenten Interpretation führen. Fehlen nähere Kenntnisse über den geschichtlichen Zusammenhang, dem ein Text entstammt und muß deshalb der Sinnhorizont, aus dem er verstanden werden kann, durch gedankenexperimentelle Konstruktion entworfen werden, dann bleibt unsicher, ob der so gewonnene Deutungshintergrund primär die Vorstellungswelt des historischen Milieus oder die individualspezifische Denkweise seines Autors charakterisiert. Gehören Autor und Interpret demselben Lebenszusammenhang an, dann entfällt das historische Verstehen, es sei denn, dem Interpreten gelänge es, durch reflexive Distanzierung geltender Normalitätserwartungen mit Hilfe allgemeinerer Kriterien der Rationalität, Teile des eigenen Traditionszusammenhanges ihres kontingenten *Meinungs*gehaltes zu überführen. Soweit der Interpret die Überzeugungen seiner Lebenswelt teilt, bewegt sich die Auslegung eines zeitgenössischen Textes entweder auf der Ebene sachlichen oder, sofern eine konsistente Interpretation so nicht gefunden werden kann, psychologischen

---

106 Genau genommen enthält diese Redeweise, ebenso wie der Ausdruck 'historisches Verstehen', eine nicht gerechtfertigte Auszeichnung der zeitlichen Distanz zwischen Text bzw. Autor und Interpret. Maßgeblich ist diese nur insofern, wie sie mit entsprechenden kulturellen Differenzen, die im übrigen ebensogut zwischen verschiedenen kontemporären Milieus bestehen können, einhergeht.

Verstehens.

Sachverstehen, historisches Verstehen und psychologisches Verstehen dürfen keinesfalls mißdeutet werden als verschiedene Methoden der Auslegung, die beliebig zur Wahl stehen. Sie bezeichnen vielmehr unterschiedliche Bezugsebenen der Explikation und Lokalisation von Sinn, die in geordneter Folge miteinander verbunden werden müssen, wenn die gesamte Sinnfülle eines Textes erschlossen werden soll. Dabei kommt dem Sachverstehen die Führungsrolle zu, weil erst die Konfrontation des Textwortlautes mit dem sachlichen Vorverständnis des Interpreten die Spezifikation der Deutungsprobleme ermöglicht, die durch die historische und psychologische Auslegung zu lösen sind. Abweichungen des Textes gegenüber dem Sachverständnis des Interpreten verlangen nach der Offenlegung der besonderen kulturtypischen oder individualspezifischen Präsuppositionen, von denen her sie als sinnvoll verstanden werden können. Übereinstimmungen werfen dagegen die oftmals schwerer zu beantwortende Frage auf, inwieweit sie tatsächlich als Ausdruck deckungsgleicher Sachüberzeugungen zu betrachten sind oder als nur zufällig gleichlautende Konklusionen aus unterschiedlichen lebensweltlich oder subjektivgebundenen Prämissen angesehen werden müssen.

Die transzendentale Funktion des sachlichen Vorverständnisses für jede Interpretation und die darin begründete Führungsrolle des Sachverstehens gegenüber dem historischen und psychologischen Meinungsverstehen hat nach Gadamer zur Implikation, daß das Verstehen eines Textes notwendig dessen Anwendung auf die gegenwärtige Situation des Interpreten einschließt.[107] Anwendung oder Applikation in dem so bezeichneten Sinne darf nicht, wie Gadamers paradigmatische Auszeichnung der theologischen und juristischen Hermeneutik in diesem Zusammenhang nahelegt, verstanden werden als *praktische* Aktualisierung durch Ableitung normativ verbindlicher Handlungsorientierungen für die Gegenwart.[108] Das verstehenskonstitutive Moment der Anwendung liegt vielmehr darin, daß der Text auf den Sinnhorizont bezogen werden muß, der durch die Situation des Interpreten bestimmt ist.[109] Nur insofern schließt jede Textauslegung zugleich dessen Anwendung - oder richtiger

---

107 Vgl. Gadamer 1965, S.291.

108 Diese Deutungsmöglichkeit der Gadamerschen Darstellung der Applikation als Bestandteil hermeneutischer Interpretation wurde zum Anknüpfungspunkt vielfach wiederholter Kritik. Vgl. dazu u.a. Betti 1962, S.48-52; Apel 1971a, S.31ff; Böhler 1981, S.504ff.

109 Vgl. Gadamer 1965, S.323: "Applikation ist keine nachträgliche Anwendung von etwas gegebenem Allgemeinen, das zunächst in sich verstanden würde, auf einen konkreten Fall, sondern ist erst das wirkliche Verstehen des Allgemeinen selbst, das der gegebene Text für uns ist."

und weniger mißverständlich - dessen "situationsbezogene Aneignung" ein.[110] Der Sinn eines Textes ist deshalb nichts statisches, das ein-für-alle-mal festliegt, sondern verändert sich in Abhängigkeit von der Situation des Interpreten, aus der er gedeutet wird. Das Wissen um die historische Unabgeschlossenheit des Textsinnes, seine ständige Offenheit für neue Auslegungen, die andere Bedeutungsaspekte freilegen, ist Teil des "wirkungsgeschichtlichen Bewußtseins", in dem das Verstehen seiner geschichtlichen Bedingtheit inne wird.[111]

Zusammen mit dem "Vorgriff der Vollkommenheit" lassen sich die Bedeutung der Applikation und der Wirkungsgeschichte für das Verstehen als unmittelbare Konsequenz der Logik von Frage und Antwort darstellen, die sich somit als der zentrale Angelpunkt von Gadamers Rekonstruktion der Bedingungen der Möglichkeit hermeneutischer Interpretation erweist:

Einen Text so auszulegen, daß er als richtige Antwort auf eine Frage verstanden werden kann, deren Präsuppositionen mit dem sachlichen Vorverständnis des Interpreten übereinstimmen, zeigte sich als Voraussetzung für die Ausschöpfung aller Möglichkeiten des Verstehens. Die Befolgung dieser Maxime unterstellt die Deutung eines Textes objektiv der Annahme, daß er noch über den historisch-kulturellen Abstand hinweg dem Interpreten etwas Wahres mitteilen könne. Dieses "Vorurteil der Vollkommenheit" schließt die Applikation des Textes auf die Situation des Interpreten als Aneignung aus dem Horizont seines sachlichen Vorverständnisses ein und überträgt dem Sachverstehen die Führungsrolle gegenüber dem historischen bzw. psychologischen Meinungsverstehen. Dadurch wird der Sinn eines Textes veränderlich in Abhängigkeit von der Situation des Interpreten, aus der heraus er verstanden wird. Im Verstehen bringt sich so die Wirkung der Geschichte zur Geltung[112], die mit dem Wandel der verständnisleitenden 'Vorurteile' zugleich neue Möglichkeiten der Deutung öffnet und andere

---

110 Vgl. Böhler 1981, S.506: "Insofern die Übersetzung eines Textes über die historische Differenz eine notwendigerweise aktualisierende Erschließung ist, enthält sie eine situationsbezogene Aneignung, die jedoch keine direkte Anwendung eines, vorweg als verbindlich gesetzten, handlungsleitenden Sinns ist."

111 Vgl. Gadamer 1965, S.448. - Den Begriff "Wirkungsgeschichte" wählt Gadamer als Titel für die Aufgabe "im Verstehen selbst die Wirklichkeit der Geschichte aufzuweisen" (a.a.O., S.283.).

112 Der Begriff der "Wirkungsgeschichte" soll neben diesem Sachverhalt auch darauf hinweisen, daß die Wirkung der Geschichte auf das Verstehen zugleich die Auswirkungen einschließt, die von Texten auf die Tradition ausgehen, in der sie selbst stehen und an deren vorläufigem Endpunkt die Gegenwart des Interpreten steht. Insofern jede neue Interpretation eines Textes zugleich ein Beitrag zur Fortsetzung und zur Transformation der Tradition ist, der er angehört, addieren sich die Folgen seiner Rezeption zur "Wirkung der Wirkungsgeschichte" ("Wirkungsgeschichte" hier in ihrem konventionell literaturwissenschaftlichen Sinne), der jeder Interpret unterliegt. Vgl. Gadamer 1965, S.284f.

Sinnbezüge des Textes freilegt.[113] Die sich so vollziehende geschichtliche Erweiterung der Sinnfülle von Texten (und Handlungen)[114] kann begriffen werden als Erweiterung des Fraglichen, auf das hin sie als wirkliche Antwort verstanden werden können.[115] Von der subjektiven Sinnvermeinung seines *Urhebers* unterscheidet sich der Sinn eines *Textes* dann und insofern, wie er auf *andere* Fragen antwortet, als der Urheber zu beantworten meinte. Damit wird die zentrale Annahme der romantischen Hermeneutik, die Identifikation des subjektiv repräsentierten mit dem symbolisch objektivierten Sinn, verabschiedet. An ihre Stelle tritt der Gedanke der Ungleichmächtigkeit oder Differenz von Sinn und Intention[116]. Diesen Gedanken einer systematischen Differenz, die ihm als notwendige Folge des Zeitenabstandes gilt, resümiert Gadamer in der These, daß Verstehen nicht - wie die romantische Hermeneutik annahm - auf *Besser-Verstehen* ausgehe, daß man vielmehr *anders* verstehe, wenn man überhaupt verstehe.[117]

Von der Rekonstruktion des Erzeugungsprozesses symbolischer Gebilde kann deshalb keine erschöpfende Auskunft über deren Sinngehalt mehr erwartet werden. Psychologische und grammatische Interpretation, historisch-genetische Rekonstruktion und Bedeutungsexplikation erscheinen als gegeneinander selbständige, jedoch nicht völlig unabhängig voneinander zu lösende Aufgaben: Erst nach der Auslegung des objektiven Textsinnes kann die genetische Frage nach dessen subjektiven Erzeugungsbedingungen gestellt und durch psychologische Interpretation beantwortet werden.[118] Dagegen kann der objektive Sinn eines Textes expliziert werden, ohne die Frage nach dessen Genese auch nur berühren zu müssen.

Über die analytische Grundfigur von Frage und Antwort gelangt die philosophische Hermeneutik Gadamers zur Ablösung des Bedeutungsbegriffes von den

---

113 "Jede Aneignung der Überlieferung ist eine geschichtlich andere - was nicht heißt, daß eine jede nur eine getrübte Erfassung derselben wäre: eine jede ist vielmehr die Erfahrung einer 'Ansicht' der Sache selbst." Vgl. Gadamer 1965, S.448. - Wie sich später zeigen wird, läßt sich von hier aus eine direkte Verbindungslinie zu Luhmanns These der Beobachterabhängigkeit kommunikativen Verstehens ziehen. Vgl. dazu unten, Abschn. 7.2.1 und 7.2.3.

114 Wie schon verschiedentlich angemerkt, gilt die Logik von Frage und Antwort in allen ihren Implikationen nicht nur für sprachliche Äußerungen oder Texte, sondern für Handlungen jeglicher Art.

115 Vgl. Gadamer 1965, S.354ff.

116 'Intentionalität' in der hier zugrunde gelegten Bedeutung schließt sowohl bewußte wie auch - im kognitiven oder im psychoanalytischen Sinne - unbewußte Intentionen ein.

117 Vgl. Gadamer 1965, S.280. - Dabei muß der differenzerzeugende Abstand zwischen Urheber und Interpret nicht notwendig in der Zeitdimension verankert sein: "Der Abstand erweist sich sehr wohl auch in Gleichzeitigkeit als ein hermeneutisches Moment, z.B. in der Begegnung zwischen Personen, die im Gespräch erst den gemeinsamen Grund suchen, und vollends in der Begegnung mit Personen, die dabei fremde Sprachen sprechen oder in fremden Kulturen leben." Vgl. Gadamer 1985, S.9.

118 Vgl. Gadamer 1965, S.354.

subjektiven Intentionen der Urheber von Texten. In Popper und seiner Konzeption des situationslogischen Verstehens hat Gadamer einen überraschenden "Nachfolger" gefunden, der die Konsequenzen der von Gadamer vollzogene Objektivierung des Verstehens entlang der Relation von Problem und Problemlösung weiter entfaltet. Dabei beginnt Popper mit der Erörterung der Frage, welcher Stellenwert theoretischen Problemen für das Verstehen und die Kritik wissenschaftlicher Theorien zukommt.

4. Drei-Welten-Lehre, Rekonstruktion der Problemsituation und objektives Verstehen bei K.R. Popper

Poppers Überlegungen zur Bedeutung von Problemen für die Interpretation und Kritik wissenschaftlicher Theorien können unmittelbar angeschlossen werden an die bisherige Diskussion der Logik von Frage und Antwort.

Wenn für Collingwood eine Aussage, ein Text oder eine Handlung nur im Hinblick auf die Fragen oder Probleme verstanden werden kann, die durch sie gelöst werden sollen, so kann für Popper über die Wahrheit einer Theorie nicht vernünftig gestritten werden, solange ungeklärt ist, zur Lösung welcher Probleme sie konzipiert wurde.[119] Wie Gadamer die Fragen, die ein Text wirklich beantwortet, von den Fragen unterscheidet, die sein Urheber damit zu beantworten versuchte, so differenziert Popper zwischen den Problemen, die ein Wissenschaftler durch die Konstruktion einer Theorie zu lösen beabsichtigte und den Problemen, die durch die Theorie wirklich gelöst werden.[120]

Popper dramatisiert die Objektivität von Problemen gegenüber jeglichem subjektiven Bewußtsein ihrer Existenz über Gadamer hinaus, wenn er noch die biologische Evolution als einen Prozeß beschreibt, in dem Organismen durch die Veränderung ihrer organischen Struktur Probleme bewältigen, von deren Lösung die Überlebenschancen der Art abhängen.[121] So wie oft erst in der Rückschau deutlich werde, welches Problem ein Wissenschaftler durch die Entwicklung einer Theorie löste, so könne deshalb rückblickend auch von einer Amöbe gesagt werden, daß sie einige Probleme löse, ohne dabei unterstellen zu müssen, sie werde dieser Probleme auf irgendeine Weise gewahr.[122] Nur für die

---

119 "Should anybody present us with Newton's equations, or even with his arguments, without explaining to us first what the problems were which his theory was meant to solve, then we should not be able to discuss its truth rationally -no more than the truth of the *Book of relevation*. .. In other words every *rational* theory, no matter whether scientific or philosophical, is rational in so far as it tries to *solve certain problems*. A theory is comprehensible and reasonable only in its relation to a given *problem-situation*, and it can be rationally discussed only by discussing this relation." Vgl. Popper 1981, S.198f - Hervorhebungen im Original.

120 Vgl. Popper 1984, S.166, 185 und 257.

121 "Es gibt keine Lebewesen, seien es Pflanzen oder Tiere, ohne Probleme und ihre versuchsweisen Lösungen, die Theorien entsprechen .. . Das Leben schreitet also wie die wissenschaftliche Forschung von alten Problemen zur Entdeckung neuer und ungeahnter Probleme fort." Vgl. Popper 1984, S.151.

122 Vgl. Popper 1984, S.256f, 151 und 153.

Explikation von Problemen muß hier noch Bewußtsein vorausgesetzt werden. Die *Existenz* von Problemen erscheint dagegen völlig bewußtseinsunabhängig, gebunden allein daran, daß selbstreproduktive Strukturen vorhanden sind, gleichgültig, ob es sich dabei um organische, psychische oder Sinnstrukturen handelt. Durch diese Generalisierung des Problembegriffes eröffnet Popper die theoriestrategische Möglichkeit, die funktionsanalytische Betrachtungsweise der Biologie mit der hermeneutischen Interpretation von Texten und Handlungen in einen gemeinsamen konzeptuellen Rahmen zu spannen.[123] Dabei vermeidet Popper jeden Anklang an mentalistische oder gar physikalistische Reduktionsversuche von Bedeutungszusammenhängen. Entsprechende Versuche weist Popper im Rahmen seiner Drei-Welten-Lehre ausdrücklich zurück.

4.1 Poppers Drei-Welten-Lehre

In seiner evolutionären Epistemologie[124] entwickelt Popper den Gedanken, daß symbolische Strukturen weder auf psychische Repräsentanzen noch auf physikalische Zustände zu reduzieren sind, und daß sie daher einer autonomen ontologischen Ebene zugeordnet werden können. Popper führt diese Ebene als "Welt 3" ein. Zu den "Bewohnern" von Welt 3 rechnet er "Erzeugnisse des menschlichen Geistes, wie Erzählungen, Mythen, Werkzeuge, wissenschaftliche Theorien (wahre wie falsche), wissenschaftliche Probleme, soziale Einrichtungen und Kunstwerke".[125] Denken als subjektiv gebundene Aktivität, das Haben von Vorstellungen, Wünschen, Absichten und Empfindungen, gehören demgegenüber der "Welt 2" an. Physikalische Gegenstände und Prozesse schließlich werden der "Welt 1" zugerechnet. Mit der Unterscheidung dieser drei Welten wendet sich Popper gleichermaßen gegen physikalistische Versuche der Reduktion psychischer bzw. mentaler Zustände und Prozesse (Welt 2) auf organische Abläufe (Welt 1), wie gegen jede Form einer intentionalistischen Reduktion symbolischer Gebilde und Beziehungen (Welt 3) auf subjektive Vorstellungen und Empfindungen (Welt 2).

Im Mittelpunkt von Poppers epistemologischen Überlegungen steht die Untersuchung der Beziehungen zwischen Welt 2 und Welt 3. Die der Welt 3 angehörenden Entitäten sind dabei einerseits Produkte menschlichen Han-

---

123 Erst bei Toulmin jedoch wird diese Möglichkeit in den Grundzügen entfaltet; vgl. dazu bes. unten Abschn. 6.-6.3.
124 Vgl. zum folgenden besonders Popper/Eccles 1982 und Popper 1984.
125 Vgl. Popper/Eccles 1982, S.64.

delns.[126] D.h. sie verdanken ihre Existenz grundsätzlich Erzeugungsprozessen, die der Welt 2 zuzuordnen sind bzw. aus dem Zusammenwirken von Welt 2 und Welt 1-Entitäten - wie z.B. bei der Verfertigung eines Werkzeuges oder der Niederschrift einer Theorie - entstehen. Andererseits aber weisen die so erzeugten Gebilde emergente Eigenschaften auf, die nicht auf Merkmale des Herstellungsprozesses zurückgeführt werden können. Das Produkt kann deshalb nicht als bloße Vergegenständlichung von Herstellungsakten begriffen werden. Einmal in die Welt 3 gesetzt, wachsen ihm aus den Beziehungen zu anderen symbolisch geprägten Objektivationen Eigenschaften zu, die keinen Bezug mehr zu den Bedingungen seiner Erzeugung aufweisen müssen: Die von einem Wissenschaftler experimentell gewonnenen und dann schriftlich fixierten Ergebnisse können beispielsweise unvereinbar mit einer wissenschaftlichen Theorie sein, ohne daß dies von dem Experimentator oder dem Autor der Theorie bemerkt würde, ja ohne daß beide von der Arbeit des anderen überhaupt wissen. Die Bedeutung der dokumentierten Beobachtungen als Gegenbeispiele zu der betreffenden Theorie ist dennoch *objektiv gegeben* und kann zum Gegenstand einer späteren Entdeckung werden. Ebenso kann den Beobachtungsergebnissen durch spätere Ereignisse eine *gänzlich neue Bedeutung* zuwachsen. So z.B., wenn sie zunächst als belanglose Anomalie neben anderen eingestuft wurden, dann aber durch eine konkurrierende Theorie erfolgreich erklärt, als Nachweis größeren empirischen Gehaltes reklamiert und nachträglich in den Rang eines "experimentum crucis" erhoben werden.[127] Obwohl Produkte menschlichen Denkens und Handelns, erzeugen symbolische Objektivationen auf diese Weise nicht-intendierte Effekte, die wiederum auf die Handelnden zurückwirken können.

Objektive Wissensbestände (Welt 3) gehen als kognitive Komponente in intentionale Handlungen (Welt 2) ein. Durch Handlungen wiederum intervenieren psychische Systeme (Welt 2) in materielle Prozesse (Welt 1). Allein auf dem Wege über Welt 2 können Welt 1 und Welt 3 miteinander in Beziehung treten. Möglich wird dies dadurch, daß psychische Systeme im Vollzug intentionaler Handlungen Bedeutungsgehalte in koordinierte Bewegungsabläufe übersetzen und umgekehrt Sinneswahrnehmungen durch sprachliche Interpretation in symbolische Gehalte konvertieren können, ja sogar müssen, denn intentionales Handeln ohne kognitive und damit theoretische Komponente ist ebensowenig möglich wie bewußtes Wahrnehmen ohne jede Interpretation.

---

126 Vgl. Popper 1984, S.116.
127 Nach Lakatos ist es die Regel, daß "der entscheidende Charakter von entscheidenden Experimenten erst nach Jahrzehnten erkannt wird"; vgl. Lakatos 1974a, S. 153. - Wie oben dargestellt, belegt Gadamer solche historisch induzierten Bedeutungsveränderungen mit dem Begriff der "Wirkungsgeschichte".

Zum Zusammenhang zwischen intentionalem Handeln (Welt 2) und der Erzeugung neuer symbolischer Beziehungen lassen sich daran die folgenden Überlegungen anschließen:

Schlägt eine Handlung fehl, dann stimmen der vom Akteur angestrebte und antizipierte Zielzustand und der faktisch erfüllte Endzustand nicht überein. Auf die Ebene der Welt 3 bezogen heißt dies, daß der propositionale Gehalt der Absicht bzw. Antizipation im Widerspruch steht zu dem propositionalen Gehalt einer Beschreibung der Handlungsfolgen. Inkonsistenzen dieser Art erzeugen Deutungsprobleme, die jedoch nicht unbedingt sofort und im vollen Umfange erkannt werden müssen. Aber auch dann, wenn sie übersehen werden, existieren sie objektiv und können jederzeit aufgegriffen und bearbeitet werden. Unerwartete Wahrnehmungen und fehlgeschlagene Handlungen bilden die *Problemgeneratoren*, durch deren Beschreibung neue Symbolisierungen erzeugt werden, die mit den bereits etablierten Bewohnern der Welt 3 unverträglich sind. Nur an *symbolischen Inkonsistenzen* kann abgelesen werden, daß irgend etwas an den Theorien und Interpretationen, die sich auf die Welt 1 (oder auch auf Welt 2) beziehen, 'nicht stimmt'. Solange Handlungen und Wahrnehmungen in diesem Sinne zu überraschenden Resultaten führen, steht die Welt 3 unter ständigem Druck zur Veränderung. Völlige Stabilität könnte hier erst erreicht werden, wenn alle Spannungen beseitigt wären und keine neuen Inkonsistenzen mehr erzeugt würden, d.h. Beobachtungen und Handlungen immer zu den antizipierten Resultaten führen würden. Dieser Transformationsdruck bleibt freilich so lange latent, wie er keinen Eingang in die Welt 2 findet, d.h. von Akteuren wahrgenommen und zum Anlaß für Fehlersuche und Korrekturen genommen wird.

Probleme erscheinen bei Popper als besonders wichtige Bewohner der Welt 3. Sie bilden den Bezugspunkt für die Einführung, Bewertung und Modifikation von Theorien und geben ständigen Anstoß zur Transformation symbolischer Strukturen. Veränderungsprozesse verlaufen dabei in Zyklen, ausgehend von einem gegebenen Problem (P_1), für dessen Lösung Hypothesen entwickelt werden. Die so gewonnenen vorläufigen Theorien (VT) werden alsdann einer kritischen Bewertung unterzogen, Irrtümer werden aufgedeckt und eliminiert. Damit jedoch ist das ursprüngliche Problem nicht endgültig gelöst. Popper ist vielmehr der Ansicht, "daß selbst die besten Lösungen ... bald Anlaß zu neuen Schwierigkeiten, neuen Problemen geben".[128] Ergebnis der Fehlerelimination (FE) ist daher ein verändertes Problem (P_2), das wiederum zum Anlaß für die Entwicklung neuer Theorien wird usf. Erkenntnisfortschritt vollzieht sich demnach durch die Verkettung immer weiterer Zyklen der Form P_1-VT-FE-P_2.

---

128 Vgl. Popper 1984, S.270.

Popper beschreibt die Entwicklung unseres Wissens als einen Prozeß der Auslese im Sinne der Darwinschen Evolutionstheorie:
"Das alles läßt sich so ausdrücken, daß das Wachstum unseres Wissens das Ergebnis eines Vorganges ist, der dem sehr ähnlich ist, was Darwin 'natürliche Auslese' nannte; es gibt also eine *natürliche Auslese von Hypothesen*: Unser Wissen besteht zu jedem Zeitpunkt aus denjenigen Hypothesen, die ihre (relative) Tüchtigkeit dadurch gezeigt haben, daß sie bis dahin in ihrem Kampf ums Dasein überlebt haben; in einem Konkurrenzkampf, der die untüchtigen Hypothesen eliminiert".[129] - Nicht einer biologistischen bzw. instrumentalistischen Reduktion der Wahrheit von Theorien, etwa auf ihre Tauglichkeit als Mittel im Kampf ums Überleben, redet Popper damit das Wort.[130] Statt dessen wendet er die Analogisierung in entgegengesetzter Richtung und deutet Organbildungen und Verhaltensweisen als "biologische Vorläufer" wissenschaftlicher Theorien.[131] Die zentrale Differenz zwischen Theorien und ihren organisch verkörperten

---

129 Vgl. Popper 1984, S.273 - Hervorhebungen im Original.
130 Von einer solchen Auffassung distanziert sich Popper ausdrücklich; vgl. Popper 1984, S.276.
131 Vgl. Popper 1984, S.151: "In den Sinnesorganen sind die Äquivalente von primitiven und unkritisch angenommenen Theorien enthalten, die weniger umfassend geprüft sind als wissenschaftliche Theorien."
Ch. S. Peirce, den Popper in anderem Zusammenhang als einen "der größten Philosophen aller Zeiten" bezeichnet (vgl. Popper 1984, S.220), hat schon 1883 den interessanten Versuch unternommen, physiologische Prozesse als Entsprechungen der logischen Schlußformen zu interpretieren. Eine dafür maßgebliche Passage sei hier ohne weiteren Kommentar zitiert: "2.711 Die Erkenntnis einer Regel vollzieht sich nicht notwendigerweise bewußt, sondern sie ist von der Natur einer, erworbenen oder angeborenen, Verhaltensgewohnheit. Die Erkenntnis eines Falles (im Sinne des Untersatzes eines Syllogismus im Modus Barbara) ist von der Natur einer Sinnesempfindung; d.h. es ist etwas, das im Gegenwartsbewußtsein aufscheint. Die Erkentnis eines Resultats (im Sinne des Schlußsatzes eines Syllogismus im Modus Barbara!) ist von der Natur eines Entschlusses, bei gegebener Gelegenheit in einer spezifischen Weise zu handeln (hier verweist P. in einer Fußnote auf die Pragmatische Maxime von 1887). In der Tat findet virtuell ein Syllogismus im Modus *Barbara* statt, wenn wir den Fuß eines enthaupteten Frosches reizen. Die Verbindung zwischen der afferenten und der efferenten Nervenbahn, wie immer sie zu denken sein mag, konstituiert eine Verhaltensgewohnheit (nervous habit), eine Regel des Handelns, welche das physiologische Analogon der allgemeinen Prämisse im Syllogismus ist. Die Störung des Gleichgewichtes im Gangliensystem, welche durch die Reizung verursacht wird, ist die physiologische Form dessen, was psychologisch betrachtet, eine Sinnesempfindung, und was, logisch betrachtet, das Auftreten eines Falles ist. Die Entladung durch die efferente Nervenbahn ist die physiologische Form dessen, was psychologisch eine Willensrealisierung (volition), logisch das Erschließen eines Resultats ist. Wenn wir von den niederen zu den höchsten Formen der Innervation übergehen, entgehen die physiologischen Äquivalente leicht unserer Aufmerksamkeit. Aber bei psychologischer Betrachtungsweise finden wir immer noch: 1.Verhaltensgewohnheit - welche in ihrer höchsten Form Verstehen ist und der allgemeinen Prämisse in *Barbara* entspricht; 2. Gefühl (feeling), oder Gegenwartsbewußtsein, in Entsprechung zum Untersatz in *Barbara*, und 3. Willensentschluß (volition), in Entsprechung zur Konklusion in *Barbara*. Mögen diese Analogien, wie alle weitgehenden Verallgemeinerungen, auf den ersten Blick sehr phantastisch erscheinen, so werden sie doch - davon bin ich überzeugt - je länger der Leser über sie nachdenkt, um so tiefer und wahrer erscheinen. Sie verleihen dem antiken System der formalen Logik eine Bedeutung, wie sie keinem anderen sonst zukommt." - Vgl. Ch. S. Peirce 1883, § 2.711, zitiert nach Apel 1967, S.228f, Anmerk. 15.

Korrelaten besteht im Modus der Auslese. Solange 'Annahmen' über die Struktur der Welt nicht von ihrem biologischen Substrat getrennt und durch Symbolisierung zu autonomen Gegenständen der Welt 3 objektiviert werden können, vollzieht sich die Eliminierung von Irrtümern auf dem Wege des Aussterbens derjenigen Organismen, die 'Träger' falscher 'Hypothesen' sind.[132] Durch die Entstehung der Sprache jedoch wird mit der symbolischen Objektivierung von Theorien auch deren Ablösung von ihren 'Trägern' möglich. An die Stelle der Vernichtung von Organismen kann deshalb die Widerlegung von Hypothesen durch kritische Prüfung im Lichte der Idee der Wahrheit treten. Beide Formen der Evolution sind jedoch weiterhin grundsätzlich darstellbar als fortschreitender Prozeß der Problemlösung, in dem vorläufige Theorien bzw. organische und Verhaltensstrukturen auf Probleme antworten, anschließender Fehlerelimination unterworfen werden und als Ergebnis dieses Vorgangs neue Probleme auftauchen usf.

Probleme können betrachtet werden als ökologische Nischen:[133] Theorien konkurrieren um deren Besetzung auf gleiche Weise wie Organismen. Bessere Anpassung eröffnet selektive Vorteile. Veränderungen in der Struktur von Theorien bzw. Organismen erzeugen wiederum durch Rückwirkungen Veränderungen der Probleme und damit der ökologischen Nische, um deren Besetzung sie konkurrieren. Die Gestalt der Probleme, die jeweils zu lösen sind, hängt daher ab von vorausgegangenen Lösungsversuchen mehr oder minder divergierender Vorläuferprobleme. Obwohl durch vorausgegangene Lösungsversuche erzeugt, sind sie gleichwohl für die Nachfolger objektiv gegeben. Probleme und Lösungsversuche bedingen einander wechselseitig. Ein 'erstes' Problem, das unabhängig von und vor jeder Theorie bzw. jedem Organismus existiert haben könnte, ist nicht vorstellbar. Nur vor dem Hintergrund bestimmter theoretischer Annahmen können Erklärungsprobleme entstehen, und nur als Antworten auf Probleme können Theorien interpretiert werden. Nur weil Organismen existieren, gibt es Probleme der Anpassung und des Überlebens, und ebenso gilt umgekehrt, daß die physiologische Struktur eines Organismus nur als Lösung von Anpassungsproblemen *verstanden* werden kann.

Die besondere Hervorhebung der Objektivität von Problemen bringt Popper - wie bereits festgestellt - in enge Nähe vor allem zu Gadamer. Im Gegensatz zu Gadamer und Collingwood bleibt der Problembegriff bei Popper allerdings ohne bedeutungstheoretische Verankerung auf der Ebene der Interpretation elementarer Aussagen. Neben der immer wieder erneuerten These, daß wissenschaft-

---

132 Vgl. Popper 1984, S.274.
133 Vgl. Popper 1984, S.150 und S.254, Fußn. 53.

liche Theorien nur insoweit rational, verständlich und kritisierbar seien, als sie bestimmte Probleme zu lösen versuchten (s.o.), steht das betonte Festhalten an einer korrespondenztheoretischen Theorie der Wahrheit im Sinne Tarskis, die 'Wahrheit' als 'Übereinstimmung mit den Fakten' expliziert.[134] Um eine Aussage als wahr oder falsch beurteilen zu können, genügt es demnach im Prizip festzustellen, ob das, was sie aussagt, auch tatsächlich der Fall ist. Zu Collingwoods Kritik einer derartigen, ausschließlich *semantischen* Formulierung des Wahrheitsbegriffes, in der die *pragmatischen* Voraussetzungen unberücksichtigt bleiben, deren Erfüllung als Sinnbedingung für die *Verwendung* der Prädikate 'wahr' und 'falsch' unterstellt werden müssen,[135] fehlt bei Popper eine direkte Entsprechung. Die Anwendung des Tarskischen Wahrheitskonzeptes scheint ihm unabhängig von der Rekonstruktion eines wirklichen oder möglichen Fragekontextes zu sein, auf den eine Aussage als Antwort bezogen werden kann. Erst für die Interpretation und die kritische Beurteilung wissenschaftlicher Theorien wird es für ihn notwendig zu klären, welche Probleme durch sie gelöst werden sollen.[136]
Hinweise auf eine möglich Verknüpfung dieser beiden Argumentationsebenen enthalten Poppers Ausführungen zur Struktur des Beobachtens und deren Verallgemeinerung im Rahmen seiner evolutionären Erkenntnistheorie.

4.2 Korrespondenztheoretische vs. problemrelative Deutung der Wahrheit von Aussagen im Kontext von Poppers Theorie der Erkenntnis

Jede Beobachtung ist nach Popper ein aktiver Vorgang, der bestimmte Erwartungen voraussetzt, die in die Form einer Frage gefaßt werden können. Mit Hilfe der Beobachtung wird diese Frage beantwortet und die ihr zugrunde liegenden Erwartungen bestätigt oder korrigiert:

---

134 Vgl. Popper 1981, S.223f.
135 Nicht die 'Falschheit' des korrespondenztheoretischen Wahrheitsbegriffes soll damit behauptet werden, sondern seine Ergänzungsbedürftigkeit durch (universal)pragmatische *Kriterien*, die berücksichtigt werden müssen, wenn geprüft werden soll, ob eine Aussage oder Theorie die semantische Definition der Wahrheit erfüllt.
136 "Only if it is an answer to a problem - a difficult, a fertile problem, a problem of some depth does a truth, or a conjecture about the truth, become relevant to science." Vgl. Popper 1981, S.230. - Diese Feststellung zeigt deutlich, daß die Verwendung des Wahrheitsbegriffes für Popper *konstitutionslogisch* nicht an Frage-Antwort-Zusammenhänge gebunden und damit vom Problembegriff unabhängig ist: Nicht für die Anwendbarkeit der Prädikate 'wahr' und 'falsch', sondern nur für die Relevanz wahrer Feststellungen für die Wissenschaft gilt es als entscheidend, daß Theorien als Antworten auf Probleme verstanden werden können. - Vgl. dazu auch Popper 1984, S.183.

"In der Beobachtung haben wir es mit einer Wahrnehmung zu tun, die planmäßig vorbereitet ist, die wir nicht 'haben', sondern 'machen', wie die deutsche Sprache ganz richtig sagt. Der Beobachtung geht ein Interesse voraus, eine Frage, ein Problem - kurz, etwas Theoretisches; können wir doch jede Frage in Form einer Hypothese formulieren, mit dem Zusatz: 'Ist es so? Ja oder nein?'."[137]

Als die angemessene sprachliche Form für die Explikation des hypothetischen Gehaltes einer Beobachtung erscheint hier die *Satz*frage. Der objektive Vermutungscharakter der Beobachtung, die sich durch die Aussage 'Dieses Pferd frißt Gras' wiedergeben läßt, wird so kenntlich, wenn man den Aussagegehalt als Satzfrage: 'Frißt dieses Pferd Gras?', oder als Hypothese: 'Dieses Pferd frißt Gras', mit dem Zusatz, 'Ist es so? Ja oder nein?', formuliert.[138] Zugleich aber deckt diese Transformation den impliziten theoretischen Hintergrund, die Frage, das Problem auf, das die Beobachtung motivierte und leitete, und worauf der Protokollsatz, 'Dieses Pferd frißt Gras' eine Antwort gibt.[139] Soweit Popper diese Struktur der gezielten Beobachtung zugrunde legt, kann er Aussagen nach dem Modell von Basissätzen behandeln, die auf beobachtungsleitende Fragen anworten, und zugleich an einem korrespondenztheoretischen Wahrheitskonzept festhalten, nach dem über die Wahrheit von Aussagen entschieden werden kann, ohne dazu die Fragen ausdrücklich berücksichtigen zu müssen, die sie beantworten. Denn Frage und Antwort sind ihrem propositionalen Gehalt nach nicht voneinander unterschieden. Daß mit der Äußerung *desselben* Aussagesatzes auf

---

137 Popper 1984, S.356. Vgl. auch a.a.O., S.358: "Beobachtung setzt immer bereits Erwartungen voraus. Diese Erwartungen können in Form einer Frage gefaßt werden, und die Beobachtung wird benützt, um diese Erwartungen zu bestätigen oder zu korrigieren."
138 Vgl. Popper 1984, S.73: "Ich meine, daß sich jede Beobachtung auf bestimmte typische Situationen - Regelmäßigkeiten - bezieht, *zwischen denen sie entscheiden möchte*." (Hervorhebung von mir - W.L.S.) - Popper unterstellt anscheinend, daß *jede* Beobachtung schon eine *vollständig bestimmte* Antizipation ihrer möglichen Ergebnisse enthält, die in Form einer Ja/Nein-Alternative formuliert werden können.
139 Vgl. Popper 1984, S.271f: "Denn ich möchte veranschaulichen, daß wir, wenn wir beobachten wollen, eine bestimmte Frage im Auge haben müssen, die wir vielleicht durch Beobachtung entscheiden können. Das wußte Darwin, als er schrieb: "Wie seltsam, daß nicht jeder einsieht, daß jede Beobachtung notwendig für oder gegen eine Auffassung gemacht wird .." (Weder 'beobachte!' (ohne Angabe, *was*) noch 'beobachte diese Spinne!' ist eine klare Anweisung. Dagegen wäre 'beobachte, ob diese Spinne aufwärts klettert oder abwärts, wie ich es erwarte!' hinreichend klar.) - Eine entsprechende jedoch präzisere Bestimmung des Beobachtens gibt Luhmann (vgl. bes. 1990a, S.68ff) wenn er Beobachten als das Anlegen einer Unterscheidung (wie z.B. nach oben/unten klettern) begreift, bei dem eine Seite der Unterscheidung bezeichnet wird ('Die Spinne klettert nach *oben*'). Vgl. auch die obigen Schlußbemerkungen zu Abschn. 3.2; ausführlicher dazu unten, Abschn. 7.2.1.
Beobachtungen, die eine *unbestimmte* Menge möglicher Alternativen ins Auge fassen (z.B. 'beobachte, *wohin* diese Spinne klettert' bzw. 'beobachte, *was* diese Spinne tut', scheinen von Popper nicht vorgesehen. Beobachten erscheint so immer als Form der Hypothesenprüfung, nicht aber als Modus der Exploration.

verschiedene Fragen geantwortet werden kann und damit unterschiedliche Behauptungen ausgeführt werden können, deren Wahrheitsbedingungen nicht identisch sind, bleibt außer acht. Beobachtungsaussagen erscheinen nur als Bestätigungen von Vermutungen mit gleichem Inhalt wie sie selbst oder als Widerlegung (bestimmte Negation) von Erwartungen konkurrierenden Gehalts. Die sprach*pragmatische* Dimension des Frage- oder Problemkontextes wird so zwar berücksichtigt, dabei aber jeder eigenständigen Bedeutung entkleidet. Sie verschwindet hinter der scheinbar unumschränkten Geltung der semantischen Wahrheitsdefinition.

Vor dem Hintergrund einer darwinistischen Reformulierung erkenntnistheoretischer Grundannahmen subsumiert Popper auch die elementaren Sinneswahrnehmungen sowie jegliches Verhalten bzw. Handeln seiner allgemeinen Strukturbeschreibung der Beobachtung.[140] Wahrnehmung, Beobachtung, Verhalten und Handeln gelten so gleichermaßen als Formen aktiver Auseinandersetzung mit der Umwelt, die geleitet sind durch Erwartungen, Vorurteile und Theorien bzw. deren präreflexiven Äquivalente wie angeborene Handlungsschemata und Organbildungen. Letztere können als verkörperte Hypothesen über die Struktur der Welt betrachtet werden, deren Bestätigung oder Widerlegung durch natürliche Auslese erfolgt. Erst die deskriptive und argumentative Funktion[141] der menschlichen Sprache sowie die Ausdifferenzierung und soziale Institutionalisierung wissenschaftlichen Handelns ermöglichen es, das evolutionäre Junktim von Wahrheit und Überlebenserfolg, von Falschheit und Tod zu lösen und durch die Praxis ständiger Prüfung und Korrektur unseres Wissens zu ersetzen.[142]

Poppers Darstellung der Struktur der Beobachtung und die darin enthaltenen Hinweise, wie Tarskis semantische Definition der Wahrheit von Aussagen mit einer Auffassung integriert werden kann, die der Rekonstruktion der Problemsituation für das Verstehen und die Kritik von Theorien eine Schlüsselstellung zuweist, bleiben unbefriedigend:

Singuläre Aussagen werden darin ausschließlich als Antworten auf *Satz*fragen

---

140 "Die klassische Erkenntnistheorie, die unsere Sinneswahrnehmungen als 'gegeben' nimmt, als 'Daten', aus denen unsere Theorien durch einen Induktionsvorgang zu konstruieren sind, kann nur als vordarwinistisch gekennzeichnet werden. Sie übersieht, daß die angeblichen Daten in Wirklichkeit Anpassungsreaktionen und daher Interpretationen sind, die Theorien und Vorurteile einschließen und, wie Theorien, mit vermuteten Erwartungen durchsetzt sind; sie übersieht, daß es keine reine Wahrnehmung, keine reinen Daten geben kann." Vgl. Popper 1984, S.150.
"In den Sinnesorganen sind die Äquivalente von primitiven und unkritisch angenommenen Theorien enthalten.. ."; vgl. Popper, a.a.O., S.151.
141 Um die argumentative Funktion erweitert Popper Karl Bühlers Theorie der Sprachfunktionen.Vgl. dazu u.a. Popper 1972, S.153f und S.295.
142 Vgl. Popper 1984, S.258: "So können wir also sagen, die kritische oder rationale Methode bestehe darin, daß wir unsere Hypothesen anstelle von uns selbst sterben lassen: Es ist ein Fall exosomatischer Evolution."

gedeutet. Damit bleibt außer acht, daß Aussagen ebensogut verwendet werden können, um *Wort*fragen zu beantworten (z.B. *'Was* fressen Pferde?'), d.h. um Satz*funktionen* (z.B. 'Pferde fressen ..?..') zu vollständigen Sätzen bzw. Aussagen zu ergänzen. Dadurch wird suggeriert, daß jede Beobachtung oder Frage notwendig eine *geschlossene Menge* klar geschnittener alternativer Ereignismöglichkeiten als Erwartungshintergrund enthält. Ausgeschlossen werden so explorative Weisen des Beobachtens bzw. Fragens, bei denen die gesuchte Antwort nicht schon vorweg vollständig spezifiziert, sondern nur der Kontext angegeben werden kann, in den sie sich einfügen muß. Satzfragen enthalten Vermutungen, die nur bestätigt oder widerlegt werden können. Wortfragen verlangen demgegenüber nach Vervollständigung durch Unbekanntes. Mit ihrer Beantwortung fügen wir unserem Wissen substantiell neues Wissen hinzu.[143] Auch Neuentdeckungen bewegen sich freilich innerhalb des Bereichs *kategorial vorstrukturierter* Erfahrung. Kategoriale Vorstrukturierung bedeutet jedoch nicht notwendig erschöpfende Schematisierung alternativer Möglichkeiten. Sie unterstellt nur die prinzipielle *Bestimmbarkeit* von tatsächlich eintretenden Sachverhalten als selektive Realisierung aus einem offenen Möglichkeitshorizont. Dadurch, daß Popper singuläre Aussagen schließlich als Antworten auf Satzfragen *desselben propositionalen Gehaltes* deutet, scheinen Wahrheit und Bedeutung unabhängig feststellbar zu sein von darüber hinausreichenden Kontexteinbettungen. Es ist diese Unterstellung, von deren Triftigkeit es im wesentlichen abhängt, ob eine hermeneutische Rekonstruktion der Problemsituation für die Interpretation (singulärer) Aussagen prinzipiell unterbleiben kann oder nicht.

Die dem entgegenzusetzende Position besagt, daß auch in der Auslegung scheinbar einfachster Aussagen mögliche Bezüge zu Elementen des Fragekontextes berücksichtigt werden müssen, die nicht im propositionalen Gehalt der Aussage selbst gegeben sind oder logisch daraus abgeleitet werden können. Gemäß dieser Position enthalten selbst die elementaren Leistungen des Sprachverstehens eine hermeneutische Komponente, die häufig relativ einfacher Art sein mag, niemals jedoch völlig übersprungen werden kann. Gegen diese These spricht die Art und Weise, wie kontextrelative Veränderungen der Bedeutung von Sätzen in der Linguistik und Sprachphilosophie analysiert werden. Dort ist es üblich, derartige Bedeutungsvariationen als semantische Mehrdeutigkeit, metaphorische Bedeutungsverschiebung o.ä. zu behandeln. Davon strikt getrennt wird die *wörtliche* Bedeutung eines Satzes, die ihm völlig unabhängig von irgendeinem bestimmten Kontext zukommen soll, allein aufgrund der Wörter

---

143 Eine ausführliche Erläuterung der unterschiedlichen Struktur und Funktion von Satzfragen und Wortfragen gibt Kuhlmann 1975, S.94-112.

bzw. Morpheme, aus denen er gebildet ist, sowie der syntaktischen und semantischen Regeln ihrer Verknüpfung.[144] Die wörtliche Bedeutung eines Aussagesatzes relativ zu einem 'leeren' oder 'Null-Kontext' bestimmt demnach seine Wahrheitsbedingungen, die für alle denkbaren Äußerungskontexte gelten.[145] Im Vollzug einer Feststellung wörtlich geäußert, ist ein Aussagesatz genau dann wahr, wenn er diese Bedingungen erfüllt.

J.R. Searle hat anhand einiger einfacher, scheinbar eindeutig und kontextunabhängig interpretierbarer Beispiele gezeigt[146], daß in jede Interpretation dieser Aussagen *pragmatische Hintergrundannahmen* eingehen, die *nicht* als Teil ihrer *semantischen* Bedeutung repräsentiert werden können. Die Verletzung solcher Annahmen durch einen gegebenen Äußerungskontext hat zur Folge, daß nicht mehr entschieden werden kann, unter welchen Voraussetzungen die Wahrheitsbedingungen eines Satzes erfüllt sind. Searle versucht damit die - hier in Anschluß an Collingwood und Gadamer vertretene - These zu begründen, daß auch die wörtliche Bedeutung eines Satzes nicht ohne impliziten Bezug auf ein bestimmtes Hintergrundwissen angegeben werden kann, dessen Gültigkeit in den jeweiligen Äußerungssituationen vorausgesetzt werden muß. Die Anzahl derartiger Hintergrundannahmen ist unbestimmt. Jeder Versuch, sie zu explizieren, muß darüber hinaus, um verständlich zu sein, weitere dieser Annahmen machen.[147] Eine vollständige Darstellung dieser Annahmen erscheint deshalb kaum möglich. Jedem Versuch droht ein infiniter Regress.

Mit dieser Position Searles vollständig in Übereinstimmung stehen Poppers Ausführungen zum Charakter von Basissätzen. Popper betont ausdrücklich, daß "..Sätze über Beobachtungen und Versuchsergebnisse immer *Interpretationen* der beobachteten Tatsachen sind und daß sie *Interpretationen* im *Lichte von Theorien* sind".[148] Die Anerkennung von Basissätzen, die ja die Voraussetzung für jede Nachprüfung einer Theorie ist, ist also ihrerseits daran gebunden, daß bestimmte theoretische Annahmen (die ihrerseits wiederum durch weitere Beobachtungsaussagen zu prüfen wären usf.) von allen Beteiligten übereinstimmend als Grundlage der Deutung von Tatsachen akzeptiert werden. In einen

---

144 Eine typisierende Darstellung und ausführliche Kritik dieser Position gibt Searle 1982a. Wir schließen hier an diese Kritik an.
145 Gleiches gilt für die "Befriedigungsbedingungen" ("conditions of satisfaction") anderer Satztypen, wie z.B. die Befolgungsbedingungen eines Befehlssatzes oder die Erfüllungsbedingungen eines Wunschsatzes. Vgl. Searle 1982a, S.149. - Wie schon oben erwähnt, wird die Diskussion der Frage- oder Kontextrelativität von Satzbedeutungen nur aus Gründen der Ökonomie auf Aussagesätze und die mit ihrer Äußerung verbundenen Wahrheitsansprüche beschränkt. Für die dabei gewonnenen Resultate wird darüber hinausreichende Geltung beansprucht.
146 Vgl. Searle 1982a.
147 Vgl. Searle 1982a, S.150f.
148 Vgl. Popper 1966, S.72, Anmerkung *2, Hervorhebungen im Original; vgl. auch Popper 1981, S.41, Anmerk. 8.

schlechten Zirkel gerät dabei die Überprüfung einer Theorie solange nicht, wie die Annahmen der Prüftheorien mit den beobachtungstheoretischen Voraussetzungen, welche in die Formulierung von Basissätzen eingehen, nicht identisch sind.

Jede Einigung zwischen verschiedenen Beobachtern über die Anerkennung oder Verwerfung von Basissätzen ist gebunden an eine vorausliegende Übereinstimmung über die Regeln des Gebrauchs derjenigen sprachlichen Ausdrücke, aus denen diese Sätze gebildet werden. In die Regeln für die Verwendung der Beobachtungssprache eingelassen sind die theoretischen Hintergrundannahmen, deren implizite Anerkennung die Bedingung der Möglichkeit dafür ist, daß ein Konsens über die Geltung von Basissätzen - und damit auch über die Ergebnisse der Prüfung von Theorien - erreicht werden kann. Weil Basissätze universelle Ausdrücke enthalten, universelle Ausdrücke aber Dispositionsbegriffe implizieren, die nur mit Hilfe von Annahmen über das gesetzmäßige Verhalten von Gegenständen expliziert werden können, ist eine unmittelbare Konfrontation von Theorien und Tatsachen im Sinne der Korrespondenztheorie der Wahrheit ausgeschlossen.[149] Eine vollständige Prüfung der Verwendungsregeln universeller Ausdrücke im Hinblick darauf, ob die in ihnen enthaltenen theoretischen Voraussetzungen der Wirklichkeit entsprechen, der Gebrauch dieser Begriffe zur Beschreibung von Beobachtungen und experimentellen Ergebnissen den Tatsachen also überhaupt gerecht werden kann, ist deshalb ausgeschlossen.[150] Die Angemessenheit der Sprache, der sich die Beobachter bedienen, muß von ihnen unterstellt werden. Eine Kritik *einzelner* beobachtungssprachlich verwendeter Begriffe und ihrer theoretischen Voraussetzungen ist dabei zwar jederzeit möglich. Die Verwandlung beobachtungstheoretischer Hintergrundannahmen in zu prüfende Theorien kann jedoch ihrerseits nur auf der Grundlage einer unproblematisch geteilten Sprache erfolgen, die eine Konfrontation dieser Theorien mit Beobachtungssätzen ermöglicht. Welche Annahmen zum unproblematischen Hintergrund gerechnet werden und welche Hypothesen als prüfungsbedürftig eingestuft werden, ist deshalb immer auch eine Frage von Konvention und Tradition, nur zum Teil Ergebnis kontrollierter wissenschaftlicher Prüfung.[151] Das in der Sprache aufgehobene geteilte Wissen überschreitet immer die Grenzen wissenschaftlich gesicherter Geltungsansprüche. Als ein Wissen, das den wissenschaftlichen Rationalitätsanforderungen als Bedingung der Möglichkeit jeder Einigung zwischen Beobachtern über die anzuerkennenden Basissätze vorausliegt, macht es *wissenschaftliches* Wissen

---

149 Vgl. Popper 1966, S.61 und S.378f; Popper 1972, S.118f, 214, 277-79 und 387f sowie Habermas 1972, S.241ff.
150 Vgl. dazu Popper 1958, Bd.II, Kap. I, Abschn. II, insbes. S.26f.
151 Vgl. dazu Popper 1966, S.70f.

überhaupt erst möglich. Es bildet den vorwissenschaftlichen lebensweltlichen Hintergrund, der in jede Formulierung und jede Interpretation von Aussagen mit eingeht und deren Bedeutungsgehalt zusammen mit dem besonderen Problemkontext, in dem sie steht, prägt.

Um die Bedeutung einer Aussage angemessen entschlüsseln zu können und zu wissen, welches ihre Wahrheitsbedingungen sind, bedarf es deshalb einer *hermeneutischen* Leistung. Was eine Aussage besagt, kann nur durch die Kenntnis von *Hintergrund* und *Problemkontext* bestimmt werden. Mit deren Veränderung verändert sich auch der Gehalt einer Aussage. Die benötigten hermeneutischen Leistungen mögen in vielen Fällen bis zur Grenze des Vernachlässigbaren gering erscheinen, weil das vorausgesetzte Hintergrundwissen trivial und der aktuelle Problemkontext einfach und offensichtlich ist. Sie sind gleichwohl konstitutiv.

Was offensichtlich, unmittelbar einleuchtend und damit trivial zu sein scheint, kann allerdings leicht in die Irre führen. So etwa erscheint die Aussage (a) 'Die Erde ist eine Kugel' als unmißverständliche Feststellung, die auf die Frage nach der Form unseres Planeten antwortet. Nach den bereits erwähnten Annahmen der an Tarski anschließenden Wahrheitssemantik kennen wir die Bedeutung eines Satzes nur dann, wenn wir seine Wahrheitsbedingungen angeben können. Die Wahrheitsbedingungen eines Satzes zu kennen, schließt deshalb das Wissen um diejenigen Sachverhalte ein, die *nicht* der Fall sein dürfen, wenn dieser Satz wahr ist. Nur so kann zwischen Erfüllung und Nicht-Erfüllung seiner Wahrheitsbedingungen unterschieden werden. Daraus folgt, daß nur der einen Satz versteht, der beurteilen kann, welche Sätze zu ihm in Widerspruch stehen.[152] Üblicherweise wird nun die Aussage (a) so verstanden, daß sie die Wahrheit der Aussage (b) 'Die Erde ist eine Scheibe' notwendig ausschließt. Dies ist jedoch nur dann korrekt, wenn wir mit der Frage nach der Form der Erde die *implizite Hintergrundannahme* verbinden, daß diese Form *konstant* sei. Der Widerspruch zwischen beiden Aussagen ist nicht mehr zwingend, wenn wir diese pragmatische Präsupposition aufgeben. Die Erde könnte sich ja wie ein pulsierender Körper verhalten, dessen Gestalt ständig zwischen zwei Grenzzuständen oszilliert: zwischen dem Zustand einer Scheibe und dem einer Kugel, der erreicht wird über die allmähliche Aufwölbung der Ober- und Unterseite der Scheibe. Zu einem Zeitpunkt t_1 könnte so die Erde als Scheibe, zu t_2 eiförmig, zu t_3 als Kugel und zu t_5 wieder als Scheibe erscheinen. Zu jedem Zeitpunkt t_i wären die

---

152 Vgl. in diesem Zusammenhang auch Poppers Hinweis darauf (1966, S.39), daß universelle Allsätze als Negationen universeller Existenzsätze dargestellt und Naturgesetze deshalb als Ausschließungsregeln oder "Verbote" aufgefaßt werden können, die festlegen, was nicht existiert. Es ist diese logische Eigenschaft der Allsätze, die ihre Falsifikation furch Basissätze ermöglicht.

Wahrheitsbedingungen einer anderen Beschreibung ihrer Form erfüllt.

Das Beispiel illustriert, daß selbst die Bedeutung einer äußerst einfachen Aussage entsprechend den wahrheitssemantischen Anforderungen nur dann verstanden werden kann, wenn sie auf einen *Problemkontext* bezogen wird, der *implizit vorausgesetzte Hintergrundannahmen* einschließt, deren Explikation eine hermeneutische Anstrengung verlangt. Überflüssig werden könnten solche hermeneutischen Bemühungen nur dann, wenn es möglich wäre, wissenschaftliche Aussagen ausschließlich aus explizit und vollständig definierten Ausdrücken einer Kunstsprache zu bilden. Daß dieses Ziel prinzipiell erreichbar ist, bestreitet Popper selbst jedoch ausdrücklich:

"We need many undefined terms whose meaning is only precariously fixed by usage - by the manner in which they are used in the context of theories, and by the procedures and practices of the laboratory. Thus the meaning of these concepts will be changeable. But this is so with all concepts, including defined ones, since a definition can only reduce the meaning of the defined term to that of undefined terms."[153]

Schon die Interpretation und Prüfung einfacher singulärer Aussagen ist deshalb gebunden, ihren *Hintergrund* und *Problemkontext* zu berücksichtigen.

4.3 Das situationslogische Verstehen von Theorien und Handlungen

Anders als bei Aussagen, deren korrespondenztheoretische Auffassung die Notwendigkeit ihrer hermeneutischen Deutung fast völlig verdrängt, nennt Popper für die Interpretation und Kritik wissenschaftlicher *Theorien* die Rekonstruktion der Probleme, die sie zu lösen versuchen, als unerläßliche Voraussetzung. Eine direkte Ableitung des Fragekontextes einer Theorie aus ihr selbst erscheint nicht möglich. Statt dessen betont Popper die Notwendigkeit einer *historischen* Untersuchung von Theorien und ihren Problemen.[154] Theorien werden demnach nicht als bloße Aggregationen von Aussagen gedacht, sondern als Entitäten mit einer eigenen Bildungs*geschichte* vorgestellt, deren Verlauf nicht unberücksichtigt bleiben darf, wenn das entstandene Gebilde verständlich

---

153 Vgl. Popper 1981, S.279.
154 Vgl. Popper 1984, S.183: "Jeder Versuch (außer dem allertrivialsten), eine Theorie zu verstehen, muß eine historische Untersuchung über diese Theorie und ihr Problem in die Wege leiten, die damit zu einem Teil des Untersuchungs*gegenstandes* werden." Vgl. auch Popper 1981, S.230.

und einer rationalen Beurteilung zugänglich werden soll. Prozeß und Struktur erscheinen untrennbar miteinander verbunden. Rationalität gilt als Eigenschaft der Struktur im Kontext ihrer Genese, die als Problemlösungsprozeß vorgestellt wird, der sich spiralförmig von einer gegebenen Problemsituation (P_1) über die Projektierung vorläufiger Lösungen (VL_1; VL_2; .. ;VL_n) und anschließender Fehlerelimination (FE) hin zu einer veränderten Problemsituation (P_2) usf. bewegt.[155]

Eine Theorie ist nur dann als rationale Konstruktion zu beurteilen, wenn sie den Anforderungen der Problemsituation, auf die sie antworten soll, angemessen Rechnung trägt. Dabei ist die Erfüllung solcher Anforderungen analytisch unabhängig von der Wahrheit einer Theorie. Wahre Theorien können das Ergebnis unkontrollierter Spekulation, falsche Theorien die Folge rationaler Problemlösungsversuche sein. Die hypothetische Rekonstruktion einer historischen Problemsituation nennt Popper deshalb als das Hauptziel des (historischen) Verstehens im Allgemeinen und des Verstehens wissenschaftlicher Theorien im Besonderen.[156]

Durch menschliche Tätigkeit können Probleme gelöst, verschärft oder neu geschaffen werden, ohne daß dazu entsprechende Ziele, Absichten oder Einsichten auf Seiten der Akteure erforderlich wären.[157] Um den Sinngehalt geistiger Gebilde zu erschließen, ist es daher weder hinreichend noch unbedingt notwendig, die individuellen Motive, Vorstellungen und Überzeugungen ihrer Erzeuger in Erfahrung zu bringen: nicht hinreichend, weil darin die objektiven Bedeutungsüberschüsse nicht enthalten sind; nicht unbedingt notwendig, weil die Kenntnis der Absichten und Antizipationen des Urhebers zwar den Zugang zum Sinngehalt seines Werkes erleichtern, in vielen Fällen jedoch auch den Blick für dessen *objektive* Bedeutung verstellen kann. Popper unterstellt, daß Handelnde, solange sie noch nach einer Lösung suchen, selten fähig seien, das Problem ihres Handelns klar zu formulieren. Meist könne erst aus der Retrospektive - von der gefundenen Lösung her - angegeben werden, worin es im Einzelnen bestand.[158] Doch sei auch dann noch ein Irrtum möglich.[159] Von Problemen spricht Popper

---

155 Popper verwendet das Schema P_1 - VL - FE - P_2 gleichermaßen zur Beschreibung biologischer Evolutionsprozesse wie für die Evolution von Theorien und unterstreicht damit die behauptete Entsprechung zwischen organischen und kognitiven Strukturen. Vgl. insbes. Popper 1984, S.170 und S.252f.

156 Vgl. Popper 1984, S.176.

157 Vgl. Popper 1984, S.165f.

158 Vgl. Popper 1984, S.257; siehe dazu auch Luhmann 1990a, S.419f, der die Unterscheidung von Problem und Problemlösung deshalb als ein "reformuliertes Paradox" kennzeichnet.

159 "Kepplers bewußtes Problem etwa war die Entdeckung der Harmonie der Welt; doch wir können sagen, das Problem, das er löste, war die mathematische Beschreibung der Bewegung in einer Menge von Zweikörper-Planetensystemen. Ebenso irrte Schrödinger in dem Problem, das er gelöst hatte, als er die (zeitunabhängige) Schrödinger-Gleichung fand: Er hielt seine
(Fortsetzung...)

deshalb ".. in einem objektiven oder nicht-psychologischen Sinne".[160] Vorrangige Aufgabe des Verstehens muß es demnach zunächst sein, eine Rekonstruktion der *objektiven* Problemsituation zu erreichen, auf die ein Sinngebilde antwortet, ohne sich dabei von eventuell abweichenden Deutungen seines Urhebers beeinflussen zu lassen. Die Aufklärung möglicher Differenzen zwischen der objektiven Struktur einer Problemsituation und der subjektiven Situationswahrnehmung des Handelnden bezeichnet ein darüber hinausreichendes Verstehensproblem, dessen Bearbeitung die Lösung der ersteren Aufgabe voraussetzt. Beide Fragen sind Teil der von Popper sogenannten Methode der *Situationslogik* bzw. *Situationsanalyse*.[161]

Kern dieser Methode ist die Voraussetzung, daß Handlungen jeglicher Art als *rationale* Reaktion auf eine gegebene Problemsituation verständlich gemacht werden können. Diese Voraussetzung hat im Rahmen situationsanalytischen Verstehens nicht den Status einer falsifizierbaren theoretischen Annahme.[162] Sie fungiert vielmehr als regulatives Prinzip, das die Selektion bzw. Konstruktion möglicher Deutungshypothesen anleitet.[163] Ausgeschlossen werden dadurch von vornherein solche Interpretationen, die eine Handlung irrational erscheinen lassen. Popper unterstreicht die Bedeutung dieser Voraussetzung, wenn er sagt,

---

159 (...Fortsetzung)
Wellen für solche der Ladungsdichte eines veränderlichen kontinuierlichen elektrischen Ladungsfeldes. Später gab Max Born eine statistische Interpretation der Schrödingerschen Wellenamplitude an; eine Interpretation, die Schrödinger entsetzte und die er verabscheute, solange er lebte. Er hatte ein Problem gelöst - aber nicht das, das er gelöst zu haben glaubte. Das wissen wir heute in der Rückschau." Vgl. Popper 1984, S.257.
160 Vgl. Popper 1984, S.256.
161 Vgl. Popper 1984, S.184; vgl. dazu auch Popper 1958, Bd.II, Kap.4; Popper 1965, Abschn. 31 und 32; Popper 1972, These 24-27.
162 Der Versuch, eine derartige 'Immunisierung' methodischer Voraussetzungen im Interesse unvoreingenommener Prüfung all unserer theoretischen Voraussetzungen zu vermeiden, hätte selbstzerstörerische Folgen. Da es kaum eine methodische Präsupposition geben dürfte, deren Annahme automatisch die Erzeugung sich bewährender Hypothesen sichert, hätte die Forderung, jede Prüfung einer empirischen Hypothese zugleich als Prüfung der methodischen Voraussetzungen zu betrachten, die in ihre Formulierung eingehen, die Konsequenz, daß so rasch *alle nur vorstellbaren* methodischen Voraussetzungen falsifiziert würden und schließlich auf die Formulierung und Prüfung von Hypothesen vollständig verzichtet werden müßte. - Kontrovers ist allerdings, welcher Status einem *Rationalitätsprinzip* im Rahmen der Methode situationslogischer Analyse zugesprochen werden soll, das es verlangt, jedes Verhalten als rationale Reaktion auf eine gegebene Problemsituation zu rekonstruieren, wenn es nicht als einfache empirisch falsifizierbare Annahme betrachtet werden kann. Die vorgeschlagenen Interpretationen reichen hier von seiner Deutung als empirisch beinahe leere 'Nullhypothese' (vgl. Popper 1967, S.144) oder Weberschem Idealtypus bis hin zu der Auffassung, ein solches Prinzip sei zu betrachten als empirisch gehaltvoller "hard core" eines Forschungsprogramms im Sinne Lakatos', und seine *unmittelbare* Falsifikation sei infolge dessen ausgeschlossen (vgl. dazu Koertge 1975). - Als umfassende und kritische Erörterung zu dieser Frage vgl. Schmid 1979, S.16ff sowie Schmid 1979a.
163 J. Farr kennzeichnet die Rolle des Rationalitätsprinzips treffend, wenn er feststellt: "It serves as a *regulative maxim* of social inquiry. It is an *a priori* principle which we use to regulate situational analysis, and social research generally." Vgl. Farr 1983, S.170.

daß sich die Methode der Situationsanalyse geradezu als eine Anwendung des Rationalitätsprinzips auffassen lasse.[164] Das Rationalitätsprinzip kann demnach als Kern einer Suchstrategie verwendet und verstanden werden. Diese Strategie zielt darauf, diejenige(n) mögliche(n) Interpretation(en) einer komplexen Bedingungskonstellation zu ermitteln, welche die hypothetische Konstruktion einer (oder mehrerer) Problemsituation(en) gestattet (bzw. gestatten), bezogen auf die eine Handlung, eine Äußerung oder eine Theorie zumindest als rationaler Lösungsversuch gedeutet werden kann.

Jede Interpretation einer Bedingungskonstellation als Problemsituation verfährt selektiv. Notwendige Voraussetzung dafür, daß eine Faktorenkonstellation überhaupt zur Einheit einer Situation zusammengeschlossen werden kann, ist die Einnahme einer bestimmten Wahrnehmungsperspektive. Diese Perspektive wird gestiftet durch mögliche Zwecke des Handelns. Zwecksetzungen zeichnen eine begrenzte Menge von Faktoren und Ursache-Wirkungsverknüpfungen als bedeutsam aus. Bedingungen können so als zweckdienliche Mittel oder Hindernisse, Wirkungen als anzustrebende Ergebnisse oder zu vermeidende Nebenfolgen bewertet und aus einer unbestimmten Zahl irrelevanter Faktoren und Folgewirkungen hervorgehoben werden.[165] Wie und mit welchem Ergebnis dies geschieht, hängt neben den Zwecksetzungen ab von theoretischen Annahmen des Handelnden, den normativen Beschränkungen, denen er sich unterwirft, dem Grad seines Überblickes und der Korrektheit seiner Überlegungen bei der Verknüpfung der verschiedenen Elemente zum Gesamtbild einer Situation. In jeder dieser Dimensionen sind Abweichungen möglich zwischen der (hypothetisch) rekonstruierbaren *objektiven* Struktur einer Situation und ihrer Interpretation durch *den Handelnden*: Dessen Ziele können im Gegensatz stehen zu institutionalisierten oder als legitim zugelassenen Zwecksetzungen; seine theoretischen Überzeugungen können fehlerhafte Annahmen enthalten; er kann normative Restriktionen ablehnen, wichtige Elemente der Situation übersehen sowie Fehler begehen bei ihrer Bewertung und Aggregation.

Da Handlungen oder Theorien angemessen sein können im Hinblick auf die wirkliche Situation, in der sich ihr Urheber befand, obwohl die Situationswahrnehmung des Akteurs mit der objektiven Struktur der Situation nicht übereinstimmt, muß zwischen der objektiven Bedeutung eines symbolischen Gebildes und seiner subjektiv repräsentierten Bedeutung, d.h. dem Motivierungszusammenhang unterschieden werden, der seiner Erzeugung zugrunde lag. Ganz wie bei Gadamer, der sich darin ausdrücklich gegenüber der von ihm so genannten "romantischen Hermeneutik" distanziert, fällt für Popper rationales Verstehen

164 Vgl. Popper 1984, S.185.
165 Vgl. Luhmann 1977, S.44f.

von Handlungen oder Theorien nur im Falle vollständiger Übereinstimmung der Perspektiven des Handelnden und des Interpreten zusammen mit der Rekonstruktion ihres subjektiven Erzeugungsprozesses.

4.3.1 Poppers situationslogische Rekonstruktion von Galileis Theorie der Gezeiten

Eine exemplarische Demonstration seiner Methode der Situationsanalyse oder situationslogischen Rekonstruktion[166] liefert Popper mit der Untersuchung von Galileis Theorie der Gezeiten. Dieses Beispiel ist deshalb besonders gut geeignet, die Fruchtbarkeit von Poppers Methode vor Augen zu führen, weil es sich hier um den Fall einer gescheiterten Theorie handelt, die von Annahmen Gebrauch macht, welche schon zur Zeit ihrer Formulierung in Widerspruch zu den erfolgreichen Gesetzeshypothesen Keplers über die Bewegung der Planeten standen. Erklärungen von Galileis Gezeitentheorie sehen sich deshalb häufig genötigt, die Verwendung der problematischen theoretischen Annahmen auf - nach Poppers Ansicht: der rationalen Erklärung nicht zugängliche - psychische Handlungsdispositionen wie Dogmatismus, Ehrgeiz, Eifersucht etc. zurückzuführen. Demgegenüber versucht Popper zu zeigen, daß Galilei vollständig rational verfuhr im Hinblick auf die Problemsituation, in der er sich befand. Popper gibt folgende Darstellung:[167]

Galileis Problemsituation wird gebildet durch drei Komponenten, nämlich das *Erklärungsproblem*, den theoretischen *Hintergrund* dieses Problems und den theoretischen *Bezugsrahmen*, mit dessen Hilfe Galilei sein Problem zu lösen versuchte. Galileis *Problem* bestand offensichtlich in der Erklärung der Gezeiten, jedoch in einer bestimmten Funktion: Der motivierende Hintergrund für die Wahl gerade dieses Problems war die Frage nach der Wahrheit oder Falschheit der Kopernikanischen Theorie, derzufolge die Erde nicht ruhte, sondern sich um die Sonne bewegte. Galilei habe gehofft, "..eine erfolgreiche Theorie der Gezeiten als entscheidendes Argument zugunsten der Kopernikanischen Theorie verwenden zu können".[168] Die Kopernikanische Theorie war, wie zuvor schon die Ptolemäische, ein primär geometrisches Modell der Bewegung der Gestirne. Als Physiker habe Galilei es jedoch als seine Aufgabe betrachtet, "..eine mechanische (oder vielleicht trans-mechanische) physikalische Erklärung zu

---

166 Popper zieht die erste Bezeichnung vor, weil die zweite als Ausdruck einer deterministischen Auffassung menschlichen Handelns mißdeutet werden könnte. Vgl. Popper 1984, S.184.
167 Vgl. zum folgenden Popper 1984, S.177ff.
168 Vgl. Popper 1984, S.178.

finden".[169] In den Trägheitsgesetzen und dem entsprechenden Erhaltungsgesetz für Drehbewegungen entdeckte er wesentliche Elemente einer derartigen Erklärung. Auf diesem engen *Bezugsrahmen* gründete Galilei - im vollen Bewußtsein der Unvollständigkeit seines Wissens, wie Poper annimmt - seine Physik und deshalb auch seine Theorie der Gezeiten.

Popper zeigt nun, daß die "Fehler" in Galileis Gezeitentheorie, die Anlaß gaben, nach psychologischen Erklärungen zu suchen, rational gerechtfertigt werden können in Anbetracht der skizzierten Problemsituation. Die ausschließliche Verwendung des beschränkten theoretischen Bezugsrahmens rechtfertigt Popper im Sinne seiner falsifikationistischen Methodologie deshalb als rational, weil allein die maximale Ausbeutung unserer Theorien zu Erklärungszwecken deren harte Prüfung sicherstelle und es uns ermögliche aus ihrem Scheitern zu lernen.[170] Den Gedanken an einen Einfluß des Mondes auf die Gezeiten habe Galilei aus zwei Gründen verworfen: Zum einen war er unvereinbar mit seinem Bezugsrahmen; das mechanische Erhaltungsprinzip für Drehbewegungen, mit dem Galilei arbeitete, schloß interplanetarische Einflüsse aus; zum anderen war er ein Gegner der Astrologie, welche die Planeten mit Göttern gleichsetzte und den Einfluß des Mondes auf die Gezeiten vor diesem Hintergrund behauptete.[171] Daß Galilei schließlich an der Anahme einer kreisförmigen Bewegung der Planeten festhielt, obwohl er die Arbeiten Keplers kannte, deutet Popper ebenfalls als folgerichtige Konsequenz aus dem verwendeten Bezugsrahmen: Im Gegensatz zu elliptischen Bahnen konnte Galilei kreisförmige Bewegungen aus seinen Erhaltungsgesetzen erklären.[172] - Dem nun noch möglichen Einwand, daß es unter diesen Voraussetzungen nicht unbedingt vernünftig war, sich auf einen Bezugsrahmen zu kaprizieren, der es ausschloß, den Ergebnissen der Kepler- schen Forschungen Rechnung zu tragen, begegnet Popper mit zwei weiteren Argumenten: Kepler versuchte ein *geometrisches* Problem, Galilei dagegen ein *physikalisches* Problem zu lösen. Gleichwohl sei sich Galilei der Tatsache wohlbewußt gewesen, daß er mit geometrischen Übervereinfachungen arbeitete, die mit den Beobachtungen nicht genau übereinstimmten. Er habe jedoch geglaubt, "..die offengebliebenen *rein geometrischen Probleme* könnten nur *zusammen mit den physikalischen Problemen* gelöst werden".[173] Darüber hinaus sei auch noch Keplers geometrische Lösung nur eine Nährung, mithin also ebenfalls eine Übervereinfachung gewesen.

Die Behauptung, Galileis Vorgehen könne - gemessen an seiner Problem-

---

169 Vgl. Popper 1984, S.178.
170 Vgl. Popper 1984, S.179.
171 Vgl. Popper 1984, S.179 und S.182.
172 Vgl. Popper 1984, S.179.
173 Vgl. Popper 1984, S.181, Anmerk. 23, Hervorhebungen im Original.

situation - als rational gelten, schließt nicht aus, daß auch davon abweichenden Verfahrensweisen Rationalität zugebilligt werden kann, sofern nur die jeweilige Problemsituation entsprechende Modifikationen enthält. Keplers Hypothese elliptischer Planetenbahnen war ebenso angemessen im Hinblick auf das ihn beschäftigende *geometrische* Problem, wie Galilei berechtigt war, zur Lösung seines *physikalischen* Problems an der Annahme kreisförmiger Bahnen vorläufig festzuhalten.[174] Newtons Entscheidung, den von Galilei ausgeschlossenen Einfluß des Mondes in die Theorie der Gezeiten wieder aufzunehmen, wurde rational möglich, weil Newton den von Galilei zugrunde gelegten Bezugsrahmen der Erhaltungsgesetze erweiterte und dadurch "..eine revolutionierende Änderung in der Problemsituation", in die sich noch Galilei gestellt sah, herbeiführte.[175]

Poppers Rekonstrunktion von Galileis Gezeitentheorie wirft einige methodologi-sche Fragen auf, deren Erörterung Popper schuldig bleibt. Unklar ist im besonderen der Status, den Poppers Explikation von Galileis Problemsituation beanspruchen kann. Durch die häufige Verwendung intentionaler Verben[176] suggeriert Popper, daß er Galileis Problemsituation so darstellt, wie dieser sie selbst gesehen hat. Die Ableitung der verschiedenen "Fehler" von Galileis Gezeitentheorie als folgerichtige Konsequenz aus seiner Problemsituation könnte dementsprechen zugleich als *rationale Rechtfertigung* und *intentionale Erklärung* seines Verhaltens durch die Explikation der ihn leitenden Motive, oder kürzer, als *rationale Handlungserklärung* gelesen werden. Insofern Galileis Erklärungszie-le sich innerhalb des Möglichkeitshorizontes der sich ausdifferenzierenden Naturwissenschaften bewegten und seine Bewertungen der Problemsituation (gemessen an den Anforderungen einer Entscheidung unter Bedingungen der Unsicherheit) als rational gelten können, bestünde demnach keine Differenz zwischen der subjektiven Wahrnehmung und der objektiven Struktur seiner Problemsituation.

Diese Deutung von Poppers Rekonstruktion trifft jedoch auf Schwierigkeiten. Das zentrale Element seiner Rechtfertigung Galileis ist die Begründung dafür, warum Galilei rational handelte als er versuchte, seine Gezeitentheorie lediglich

---

174 Vgl. Popper 1984, S.180f sowie Popper 1981, S.188.
175 Vgl. Popper 1984, S.181.
176 "Galilei *hoffte*, eine erfolgreiche Theorie der Gezeiten als entscheidendes Argument zugunsten der Kopernikanischen Theorie verwenden zu können. .. Er *wußte*, daß das eigentliche Problem war, ... eine physikalische Erklärung zu finden" (Popper 1984, S.178); "..er *versuchte*, so weit wie nur möglich mit dem rationalen Erhaltungsgesetz für Drehbewegungen zu kommen" (Popper 1984, S.180); "Ich nehme an, Galilei ließ *bewußt* das Problem offen, das sich aus seiner Übervereinfachung des Kopernikanischen Systems ergab .. und er *glaubte*, die offengebliebenen rein geometrischen Probleme könnten nur zusammen mit den physikali-schen Problemen gelöst werden (Popper 1984, S.181, Anmerk. 23; - alle Hervorhebungen von mir - W.L.S.).

auf den Bezugsrahmen der Trägheitsgesetze und des entsprechenden Erhaltungsgesetzes für Drehbewegungen zu gründen. Fast alle weiteren Argumente Poppers setzen die Gültigkeit dieser Rechtfertigung voraus. Die Gründe, die er hier anführt, entstammen jedoch der Methodologie des Falsifikationismus. Poppers Galilei-Rekonstruktion als *rationale Erklärung* zu deuten würde demnach heißen, sich auf die Annahme einzulassen, Galilei habe die methodologischen Regeln des Falsifikationismus *intentional befolgt*. Popper selbst hat diese gewagte Hypothese allerdings an keiner Stelle ausgesprochen.[177]

Eine mögliche Auflösung des Problems findet sich in Poppers anschließenden allgemeinen Erläuterungen zu seiner Welt 3-Methode des Verstehens.[178] Er unterscheidet dort strikt zwischen "den Problemen und Theorien der Wissenschaftler", deren Tätigkeit Gegenstand rationaler Rekonstruktion durch den Wissenschaftshistoriker ist, und den "Metaproblemen des Wissenschaftshistorikers", die Teil seiner hermeneutischen Bemühungen um das Verstehen wissenschaftlichen Handelns sind. Im Allgemeinen gäbe es keine Probleme, die beiden Ebenen gemeinsam seien.[179] Darüber hinaus könne "..der Metatheoretiker zur Interpretation einer Theorie alles heranziehen, was einen Nutzen verspricht.. Einige der Welt 3-Strukturelemente, die die Metatheorie bilden, können also völlig verschieden von denen sein, aus denen die zu interpretierende und zu verstehende Theorie besteht."[180] Durch diese Formulierungen gedeckt ist die Möglichkeit, die falsifikationistische Methodologie als Metatheorie zur Interpretation wissenschaftlicher Theorien völlig unabhängig davon zu verwenden, ob sich Entsprechungen zum Falsifikationismus auf der Ebene der subjektiven Problemwahrnehmung und Theorien von Wissenschaftlern ausmachen lassen.[181] Er

---

177 Popper trägt sein zentrales Argument folgendermaßen vor: "Galilei versuchte kühn, seine Physik lediglich auf diese beiden Erhaltungsgesetze aufzubauen, obwohl er sich durchaus darüber im klaren war, daß sein physikalisches Wissen große Welt 3-Lücken aufweisen mußte. Unter methodischen Gesichtspunkten hatte Galilei völlig recht, alles auf dieser schmalen Grundlage erklären zu wollen, denn nur, wenn wir versuchen, unsere fehlbaren Theorien aufs äußerste auszubeuten und zu prüfen, können wir hoffen, aus ihrem Scheitern etwas zu lernen." Vgl. Popper 1984, S.179.
178 Vgl. Popper 1984, S.182ff.
179 Vgl. Popper 1984, S.183.
180 Vgl. Popper 1984, S.184; siehe auch S.194, wo Popper zu Collingwoods Beispiel der Interpretation des Codex des Theodosius ausführt: "Was ich als wesentlich betrachte ist nicht der Nachvollzug (der ursprünglichen Erlebnisse des Kaisers - W.L.S.), sondern die Situationsanalyse. Die Situationsanalyse des Historikers ist seine historische Vermutung, in diesem Fall eine Metatheorie über die Überlegungen des Kaisers. Sie liegt auf einer anderen Ebene als diese und vollzieht sie nicht nach, sondern versucht eine idealisierte und durchdachte Rekonstruktion dieser Überzeugungen, wobei Unwesentliches weggelassen und *vielleicht Neues hinzugefügt* wird" (Hervorhebung von mir - W.L.S.).
181 Für die Interpretation von Kunstwerken, deren Bedeutung nach Popper zumindest "in einigen Fällen" ebenfalls durch die Methode der Situationsanalyse ermittelt werden kann, formuliert H.G. Gadamer eine analoge These: "Die moderne Mode, die Selbstinterpretation eines Schriftstellers als Kanon der Interpretation zu verwenden, ist die Folge eines falschen
(Fortsetzung...)

könnte sich insofern dazu berechtigt glauben, Galileis Handeln mit falsifikationistischen Argumenten als rational auszuweisen, selbst dann, wenn sich stichhaltige Belege dafür fänden, daß Galilei selbst völlig entgegengesetzten - beispielsweise induktivistischen - methodologischen Vorstellungen zuneigte.[182] Unter diesen Voraussetzungen kann Poppers Galilei-Rekonstruktion dann allerdings nicht mehr als Versuch einer rationalen *Erklärung* interpretiert werden. Mit dem Nachweis, daß Galileis Verwendung eines eng begrenzten theoretischen Bezugsrahmens zur Lösung seines Forschungsproblems völlig unabhängig von den kausal effektiven Gründen, die ihn dazu veranlaßten, methodologisch *gerechtfertigt* werden kann, hat Popper nur die *objektive Rationalität* von Galileis Handeln demonstriert. Die methodologische Verknüpfung von Galileis Problem und dessen Hintergrund mit der Wahl des theoretischen Bezugsrahmens repräsentiert dabei nur einen *funktionalen* Zusammenhang.[183] Welche Handlungs-

---

181 (...Fortsetzung)
Psychologismus. Auf der anderen Seite kann aber die 'Theorie', z.B. der Musik oder Poetik und Redekunst, sehr wohl ein legitimer Kanon der Auslegung sein." Vgl. Gadamer 1965, S.181, Anmerk. 1.

182 K.O. Apel (dem in diesem Zusammenhang nachdrücklich zuzustimmen ist, wenn er bei Popper die Tendenz zur Verwischung der Differenz zwischen einer möglichen Rechtfertigung von Galileis Handeln mit möglichen guten Gründen einerseits und Galileis tatsächlichen Handlungsgründen andererseits feststellt) bemerkt zu Galileis methodologischem Selbstverständnis, es fänden sich in seinen Schriften einige Hinweise auf einen naiven Empirismus. Vgl. Apel 1981, S.42.

183 Kann die Angemessenheit einer Handlung oder eines Handlungsereignisses in Relation zur objektiven Struktur einer Problemsituation nachgewiesen werden, obwohl die subjektive Repräsentation der Handlungssituation mit der objektiven Situation nur partiell übereinstimmt, dann kann diese Handlung *objektiv rational* genannt werden, sofern die erreichten Handlungsergebnisse den Interessen bzw. Zielen des Akteurs entsprechen. Einen Grenzfall objektiver Rationalität stellen solche Fälle dar, in denen Handlungen geeignet sind, Zwecke zu erfüllen, die von den Akteuren zwar nicht intentional angestrebt werden, deren Realisierung jedoch sachlich notwendig ist, wenn ein subjektiv intendiertes Ziel erreicht werden soll.
Sind die subjektiven Ziele und Interessen eines Akteurs dagegen völlig verschieden von den hypothetischen Zwecksetzungen, die von einem Beobachter zugrunde gelegt und die in einer gegebenen Handlungssituation objektiv erfüllt werden, dann ist eine situationsangemessene Handlung als *funktional* zu bezeichnen. Objektiv rationale Handlungen enthalten immer funktionale Elemente. Funktionale Beziehungen explizieren jeweils diejenigen Glieder einer rationalen Rekonstruktion, durch die begründet werden kann, warum eine Handlung im Hinblick auf bestimmte Aspekte einer gegebenen Problemsituation objektiv angemessen war, für die jedoch nicht unterstellt werden kann, daß sie das Handeln eines Akteurs intentional leiteten und die für dessen intentionale Erklärung deshalb irrelevant sind.
Jede Analyse, die darauf gerichtet ist zu untersuchen, welche Regeln, Normen oder möglichen Zielprojektionen Handlungen objektiv erfüllen, bzw. welche Konsequenzen im Hinblick auf bestimmte Regeln, Normen, Ziele oder wertbeziehend ausgezeichneten Quasi-Zielzustände (Soll-Werte) daraus erwachsen können, ohne sich dabei um die Intentionen der Handelnden zu kümmern, rekonstruiert *funktionale* Beziehungen. Erst die Einbeziehung der subjektiven Motive in die Analyse erlaubt Aussagen darüber, inwiefern die funktionalen Aspekte von Handlungen Entsprechungen auf den Ebenen objektiver und subjektiver (Zweck-)Rationalität finden.
Vgl. in diesem Zusammenhang auch Webers Unterscheidung zwischen "subjektiver Zweckrationalität" und "objektiver Richtigkeitsrationalität" eines Handelns (Weber 1951, S.432ff).
(Fortsetzung...)

84

motive diesen Zusammenhang empirisch vermittelten, läßt Poppers Rekonstruktion offen. Sie steht deshalb nicht notwendig in Konkurrenz zu sozialhistorischen oder psychologischen Erklärungsversuchen, gegen die Popper sie auszuspielen versucht.[184] Wenn Galilei nicht aus den methodologischen Gründen, die Popper zu seiner Rechtfertigung anführt, auf der Verwendung seiner schmalen Erklärungsbasis beharrte, so kann nicht von vornherein ausgeschlossen werden, daß psychische Dispositionen wie Ehrgeiz, Eifersucht oder Dogmatismus dafür ausschlaggebend waren. Diese Feststellung bedarf freilich noch der näheren Qualifizierung. Um die Gründe zu verstehen, die Popper veranlaßt haben könnten, der Verwendung psychologischer Deutungen für die Erklärung von Galileis Verhalten in Bausch und Bogen zurückzuweisen, muß zunächst geklärt werden, welchen Status Popper psychologischen Erklärungen zubilligt.

4.3.2 Psychologische Erklärung und situationslogisches Verstehen bei Popper

Popper unterscheidet strikt zwischen der Erklärung einer Handlung mit Hilfe situationslogischer Analyse und psychologischen Handlungserklärungen.
Erstere ist eine Welt 3-Methode des Verstehens, weil sie in erster Linie logische Beziehungen untersucht.[185] Wie schon erwähnt, begreift Popper die Methode der Situationsanalyse geradezu "..als eine Anwendung des Rationalitätsprinzips".[186] Während das situationsanalytische Verstehen sich auf die Welt "objektiver

---

183 (...Fortsetzung)
Weber nennt ein Handeln dann "objektiv rational" (a.a.O., S.434), wenn es sich dem Richtigkeitstypus annähert, d.h. den (aus der Perspektive des Forschers) gültigen Annahmen über die Bedingungen der Handlungssituation *faktisch* Rechnung trägt: "Eine faktisch weitgehende Annäherung des realen Ablaufs eines Handelns an den Richtigkeitstypus, als *faktische objektive* Richtigkeitsrationalität, ist aber sehr weit davon entfernt, notwendig zusammenzufallen mit subjektiv zweckrationalem, d.h. nach eindeutig vollbewußten Zwecken und vollbewußt als 'adäquat' gewählten Mitteln orientiertem Handeln." Vgl. Weber, a.a.O., S.434 - Hervorhebungen im Original. - Weber differenziert *terminologisch* nicht zwischen objektiver (Richtigkeits-)Rationalität und Funktionalität von Handlungen, er gebraucht allerdings Formulierungen, die dieser Unterscheidung nahe kommen: "Auf der einen Seite steht eine unbemerkte ('uneingestandene') relativ weitgehende Rationalität des scheinbar gänzlich zweckirrationalen Verhaltens: 'verständlich' ist es wegen jener Rationalität. Auf der andern Seite die hundertfach (namentlich in der Kulturgeschichte) zu belegende Tatsache: daß scheinbar direkt zweckrational bedingte Erscheinungen in Wahrheit durch ganz irrationale Motive historisch ins Leben gerufen waren und nachher, weil veränderte Lebensbedingungen ihnen ein hohes Maß von technischer 'Richtigkeitsrationalität' zuwachsen ließen, als 'angepaßt' überlebten und sich zuweilen universell verbreiteten." Vgl. Weber, a.a.O., S.435.
184 Vgl. dazu auch Apel 1981, S.42f.
185 Vgl. Popper 1984, S.184.
186 Vgl. Popper 1984, S.185.

Denkinhalte"[187] richtet, bewegen sich - nach Poppers Auffassung - sowohl die traditionelle Hermeneutik wie auch psychologische Erklärungen überhaupt in der Welt 2 subjektiver Erlebnisse und Gefühle, für die es keine Welt 3-Korrelate gibt. Erlebnisse, Stimmungen und Gefühle erscheinen so als die Welt des Irrationalen, zuverlässige Kommunikation ausschließenden und deshalb tendenziell nur privatim zugänglichen, der die Welt der "intelligibilia", der "mögliche(n) Gegenstände des Denkens"[188] als Ort kontrolliert herstellbarer Intersubjektivität in schroffer ontologischer Abgrenzung gegenübersteht. Weil Welt 3-Inhalte und -Beziehungen Objekte von Denk*prozessen* (die zur Welt 2 gehören) sein und menschliches Handeln auf diesem Wege beeinflussen können, ist es möglich, Handlungen durch *rationale* situationslogische Rekonstruktion *intentional zu erklären.*

Dagegen scheint die rationale Rekonstruktion genuin psychischer Vorgänge, wie sie Erlebnisse, Stimmungen und Gefühle repräsentieren, durch deren fehlende Entsprechungen auf der Ebene von Welt 3, ausgeschlossen. In diesem Bereich regiert allein die Subjektivität des einfühlenden Nachvollzuges von Bewußtseinsprozessen, die durch keine Möglichkeit gültiger Prüfung davor geschützt ist, Projektionen der eigenen Phantasie mit dem vermeintlich intuitiven Verstehen der Innenwelt anderer Menschen zu verwechseln. Vermutlich vor dem Hintergrund dieser Erwägungen formuliert Popper an anderer Stelle (jedoch in einem analogen Kontext) die Behauptung, psychologisch-charakterologische Hypothesen seien (im Gegensatz zu situationslogischen Rekonstruktionen) kaum je durch rationale Argumente kritisierbar.[189]

Am nämlichen Ort entwickelt Popper jedoch auch eine *methodologische* Deutung der Konkurrenz zwischen psychologischer Erklärung und situationslogischer Analyse, die nicht mehr an die Annahme einer *ontologischen* Differenz der jeweils erklärungsrelevanten Typen von Tatsachen gebunden ist. Demnach soll die situationslogische Analyse die psychologischen Momente ausschalten, indem sie .."die Situation des handelnden Menschen hinreichend analysiert, um die Handlung aus der Situation heraus ohne weitere psychologische Hilfe zu erklären". Dazu ist die Situation so weitgehend zu analysieren, "..daß die zunächst anscheinend psychologischen Momente, z.B. Wünsche, Motive, Erinnerungen und Assoziationen, in Situationsmomente verwandelt" werden. "Aus dem Mann mit diesen oder jenen Wünschen wird dann ein Mann, zu dessen Situation es gehört, daß er diese oder jene objektiven Ziele verfolgt. Und aus dem Mann mit

---

187 Vgl. Popper 1984, S.161.
188 Vgl. Popper 1984, S.159.
189 Vgl. Popper 1972. - Zur Kritik an Poppers Psychologiebegriff, der seiner Ablehnung psychologischer Erklärungen zugrunde liegt, vgl. Vanberg 1975, S.113 sowie Schmid 1979a, S.503ff.

diesen oder jenen Erinnerungen oder Assoziationen wird dann ein Mann, zu dessen Situation es gehört, daß er objektiv mit diesen oder jenen Theorien oder mit diesen oder jenen Informationen ausgestattet ist."[190]
Diese programmatische Charakterisierung des situationslogischen Verstehens ist umfassend genug, um selbst den Bereich psychopathologischen Verhaltens mit einzuschließen. Wahnvorstellungen können ohne weiteres in diesem Sinne als "Theorien" behandelt und als Bestandteil der Situation eines Handelnden berücksichtigt werden. "Verrückte" Verhaltensweisen lassen sich so als situationsangemessen verstehen. Sie werden einsichtig als folgerichtige Konsequenz einer gegenüber dem Beobachter abweichenden Bewertung der eigenen Handlungssituation. Als irrational und Symptom psychischer Krankheit erscheinen dann nur noch die Prämissen, die solchen Situationsdeutungen zugrunde liegen. Doch ist die Reichweite situationslogischer Analysen damit keineswegs erschöpft. Funktion und Arbeitsweise des gesamten Arsenals psychoanalytischer Abwehrmechanismen etwa können auf diese Weise erläutert werden.[191] Abwehrmechanismen sind demnach psychische Strategien der Problemlösung, deren Gebrauch das Ergebnis biographischer Lernprozesse ist und zur Vermeidung von Gefühlen der Unlust, Peinlichkeit, Ohnmacht etc. dient, die in bestimmten Situationen drohen. Jede Deformation der realen Situation kann unter entsprechenden Umständen angemessen sein, wenn es in erster Linie darum geht, psychische Konflikte zu vermeiden. Ob ein Verhalten rational ist, hängt davon ab, zu welchen Zielen es dienen soll. Dazu ist es nicht unbedingt notwendig, daß dieses Ziel *bewußt* angestrebt wird.[192] Zur Illustration dieses Zusammenhanges sei hier ein Beispiel von J. Watkins wiedergegeben:[193]
Die Mitglieder einer religiösen Sekte erwarten eine große Flut, die von ihrem Führer und Propheten vorausgesagt wurde. Diese Flut soll um Mitternacht die Stadt zerstören und alle Einwohner ertränken. Allein die Gläubigen und Anhänger des Propheten sollen nach dessen Weissagung durch fliegende Untertassen gerettet werden. Doch die Flut kommt nicht. Die Anhänger des Propheten reagieren darauf nicht mit Zweifeln an seinen Lehren, sondern deuten das Ausbleiben der Katastrophe als Bestätigung seiner Macht und Heiligkeit und sehen sich in ihrem Glauben bestärkt. - Irrational erscheint dieses Verhalten nur dann, wenn der Gewinn verläßlichen Wissens als wesentliches Ziel der Akteure unterstellt wird. Vergegenwärtigt man sich dagegen die wahrscheinlichen Folgen, die die Aufgabe des ursprünglichen Glaubens nach sich ziehen würde - Verlust des Führers, Auflösung der Glaubensgemeinschaft, Entwertung aller

---

190   Vgl. Popper 1972, S.120.
191   Vgl. dazu Smelser 1987.
192   Vgl. dazu sowie zum anschließenden Beispiel Watkins 1970, S.175.
193   Watkins übernahm dieses Beispiel nach eigenem Bekunden von Festinger; vgl. Watkins 1970.

affektiven Bindungen, die durch den gemeinsamen Glauben gestiftet und getragen wurden, Verlust von Geborgenheit und Lebenssinn - und nimmt man darüberhinaus an, die Vermeidung der psychischen Kosten, die jeder Einzelne als Folge der Aufgabe des gemeinsamen Glaubens tragen müßte, sei das für alle wichtigere Ziel, dann ist die Steigerung der Glaubensintensität objektiv rational, d.h. angemessen im Hinblick auf die so geartete Problemsituation.[194]

In den spezifischen Kategorien der Psychoanalyse könnte dieser Fall als ein Beispiel für die Abwehr durch Verleugnung gedeutet werden. In einer allgemeineren psychologischen Charakterisierung könnte man diese Reaktion auch als "dogmatisch", als kritikimmunes, starres Festhalten an übernommenen Anschauungen bezeichnen. Diese Kennzeichnung ist durchaus deskriptiv adäquat.[195] Sie als Erklärung zu verwenden hieße jedoch, einen Kategorienfehler zu begehen, dessen Ergebnis die Produktion offener oder versteckter Tautologien wäre; so z.B. wenn angenommen würde, dogmatisches Verhalten sei Ausdruck einer entsprechenden charakterlichen Anlage oder psychischen Disposition, für die Indikatoren festgelegt und die dann auch in anderen Verhaltenskontexten nachgewiesen werden könnten. Derartige "Erklärungen" sind nicht mehr als hypostasierte Beschreibungen, die notwendig schuldig bleiben, was sie zu leisten vorgeben. Sie sind ähnlich aufschlußreich wie die Feststellung, das Gewicht eines Gegenstandes sei Ausdruck der ihm eigenen Schwere oder die einschläfernde Wirkung des Opiums beruhe auf einer ihm innewohnenden einschläfernden Kraft.

Nicht immer jedoch sind psychologische Charakterisierungen von Verhaltenseigenschaften ohne informativen Erklärungsgehalt. Dies zeigen u.a. die Begriffe 'Ehrgeiz' und 'Eifersucht', deren Verwendung Popper - zusammen mit dem Vorwurf des 'Dogmatismus' - als überflüssig verwarf, um Galileis Vorgehen bei der Konstruktion seiner Gezeitentheorie zu erklären. Diese Begriffe geben nicht nur beschreibende Charakterisierungen, sondern enthalten in erster Linie Zuschreibungen handlungsleitender Ziele:

'Ehrgeizig' zu sein heißt, nach sozialer Anerkennung zu streben, Situationen vor dem Hintergrund dieses Zieles zu bewerten und systematisch solche Handlungsalternativen zu bevorzugen, die zu diesem Zweck geeignet scheinen. 'Eifersucht' umschreibt eine feindselige, von Rivalität geprägte Haltung gegenüber Personen, mit denen man sich in Konkurrenz um Liebe, Gunst oder Anerkennung anderer Personen wähnt, und von denen man befürchtet, übertroffen zu werden. Feindseligkeit ist dabei eine Funktion der Rivalität. Dem Gegner

---

194 Was freilich die *subjektive Irrationalität* dieses Verhaltens einschließt, sofern dieser Zusammenhang der bewußten Einsicht der Akteure entzogen ist.

195 Sie enthält neben deskriptiven zweifellos auch evaluative Elemente. Dies ist im gegenwärtigen Zusammenhang jedoch sekundär.

Schlechtes zu wünschen oder Schaden zuzufügen, ist Ausdruck und Mittel der Konkurrenz. Ehrgeiz verbindet sich deshalb leicht mit der Eifersucht auf die Erfolge anderer, die gleiche oder ähnliche Ziele anstreben.

Die kurzen Bedeutungsexplikationen beider Begriffe können gelesen werden als *allgemeine Situationsskizzen*. Um daraus empirische Situationsbeschreibungen zu gewinnen, müssen die Kontextbedingungen ergänzt, d.h. die Gegenstände ehrgeizigen Strebens, die dramatis personae, die Foren und Randbedingungen der Konkurrenz, die durch diese Konstellation geprägten Ziele der Handelnden etc. in die Situationsskizze eingetragen werden. Solche Situationsbeschreibungen sind der logischen Analyse ohne weiteres zugänglich. Die Ziele, auf die sich der Ehrgeiz eines Akteurs richtet, können realistisch gewählt oder nach einsichtiger Lagebeurteilung unerreichbar sein; die eingesetzten Mittel können geeignet oder untauglich, Überlegungen, Einschätzungen und Berechnungen korrekt oder fehlerhaft sein; eifersüchtige Reaktionen können unbegründet, übertrieben, verblendet, unklug, aber auch angemessen und gerechtfertigt sein. Der Rahmen situationslogischer Rekonstruktion, der solche Bewertungen erlaubt, besteht - neben den Regeln zweckrationalen Handelns - hauptsächlich aus konstitutiven Regeln im Sinne Searles[196], die Kriterien der sozialen Angemessenheit von Handlungen festlegen und die Erfüllungsbedingungen "institutioneller Tatsachen" definieren, die neben "natürlichen Tatsachen" zu den situativen Voraussetzungen sowie zu Ergebnissen und Folgen von Handlungen gehören.

Damit ist - in Übereinstimmung mit Poppers *methodologischer* Deutung der Differenz zwischen situationslogischen und psychologischen Erklärungen - gezeigt, daß Zuschreibungen von affektiv verankerten Haltungen bzw. Motiven wie Dogmatismus, Ehrgeiz oder Eifersucht nicht notwendig die Verwendung psychologischer Erklärungen einschließen, sondern ebensogut Bestandteile situationslogischer Rekonstruktionen sein können.[197] Ihrer Verwendung in der rationalen Erklärung von Galileis Gezeitentheorie stünde demnach nichts im Wege. Doch scheinen Poppers Vorbehalte noch durch einen weiteren, bisher nicht erwähnten Grund motiviert zu sein.

Sein Argument gegen Erklärungsversuche, die darauf hinauslaufen, Galileis Verhalten auf Dogmatismus, Ehrgeiz oder Eifersucht zurückzuführen, besteht nicht in einer ausführlichen Kritik psychologischer Erklärungen, sondern in dem Hinweis, daß sie durch seine Situationsanalyse "überflüssig" würden.[198] Darauf,

---

196 Vgl. Searle 1976, S.54ff sowie Schneider 1981, Teil I.
197 Daß auch Gefühlsgehalte zum Gegenstand objektiven Verstehens werden können, räumt Popper selbst zwar ausdrücklich ein. Er weist solchen Fällen jedoch den Status der Ausnahme gegenüber dem angenommenen Regelfalle zu, in dem Gefühle als Gegenstände der Welt 2 zu betrachten und damit dem objektiven Verstehen unzugänglich sind. Vgl. Popper 1984, S.172f.
198 Vgl. Popper 1984, S.180.

daß diese Einschätzung möglicherweise falsch ist, weil sie voraussetzt, Galileis Handeln sei durch Poppers Situationsanalyse nicht nur logisch gerechtfertigt, sondern auch intentional erklärt worden, wurde schon hingewiesen. Diese Entgegnung trifft den Gehalt von Poppers Argument jedoch nur zum Teil. Popper setzt darüber hinaus anscheinend voraus, daß die erklärende Einführung von außerwissenschaftlichen Handlungsmotiven hier solange inadäquat ist, wie sich vernünftige Gründe aus dem Bereich wissenschaftlichen Handelns finden lassen, die für eine Erklärung ausreichen. Er gibt demnach solchen möglichen Interpretationen in einer situationslogischen Erklärung den Vorzug, die - gemessen an der *institutionalisierten Situationsdefinition* - im Bereich des regulär zu erwartenden und als sozial angemessen Geltenden liegen. Handlungsmotive, die diesen Rahmen überschreiten, d.h. *individualspezifische Abweichungen* zwischen sozial konventionalisierten und subjektiv repräsentierten Situationsdeutungen voraussetzen, werden erst dann zugelassen, wenn anders eine hinreichende Erklärung nicht möglich erscheint. Diese "Sparsamkeitsregel"[199] erlaubt es, schon vor jeder Falsifikation über die Vorzugswürdigkeit konkurrierender Interpretationsmöglichkeiten nach Unterschieden ihres Voraussetzungsgehaltes zu entscheiden. Sie reguliert die Applikation des Rationalitätsprizips nach Kriterien der Einfachheit[200] in Übereinstimmung mit *sozial* konstituierten Standards typischen Verhaltens und beugt so der Gefahr vor, daß beliebig viele Interpretationen durch ungezügelte Spekulation über idiosynkratische Motive und Vorstellungen von Akteuren erzeugt und durch immer mögliche ad-hoc Ergänzungen gegenüber Widerlegungsversuchen immunisiert werden.

---

199 Als "Grundsatz des sparsamsten Hypothesengebrauchs" bezeichnet Popper die methodologische Regel, keine Hilfshypothesen zur Rettung eines Systems von Hypothesen zuzulassen, die den Falsifizierbarkeitsgrad des Systems verringern; vgl. dazu Popper 1966, S.50f, S.105 und S.218. Zur "Sparsamkeitsregel" im Kontext hermeneutischer Interpretation vgl. Oevermann u.a. 1979, S.419 und 1980, S.25.
200 Als Maßstab der Einfachheit gilt für Popper der Falsifizierbarkeitsgrad von Hypothesen bzw. Theorien; vgl. Popper 1966, S.100f. - Ich verdanke die Anregung zu dieser Deutung des Kriteriums der Einfachheit im Rahmen situationslogischer Analysen Bernard Giesen.

5. Methodologien der Wissenschaft als hypothetische Rekonstruktionen professioneller Handlungskompetenz

Wie die Diskussion von Poppers Galilei-Rekonstruktion sowie seiner programmatischen Aussagen über die Methode der Situationsanalyse ergab, können situationslogische Rekonstruktionen funktionale Begründungselemente enthalten, für die keine inhaltsgleiche Entsprechung auf der Ebene subjektiv handlungsleitender Motive eines Akteurs nachgewiesen werden muß.[201] Darüber hinaus wurde gezeigt, daß Popper sich bei der Suche nach möglichen rationalen Rechtfertigungen bzw. Erklärungen von Handlungen und Theorien von einer "Sparsamkeitsregel" leiten läßt, welche Interpretationen, die mit kontextrelativ gültigen Rationalitätsanforderungen übereinstimmen, systematisch privilegiert gegenüber konkurrierenden Deutungsmöglichkeiten, die mit institutionalisierten Rationalitätsstandards konfligieren.

Imre Lakatos' Ausführungen zu einer Methodologie historiographischer Forschungsprogramme[202] lassen sich als konsequente Explikation der Folgerungen lesen, die aus diesen Voraussetzungen für das Unternehmen einer rationalen Rekonstruktion der Wissenschaftsgeschichte gezogen werden können. Lakatos geht dabei jedoch einen wesentlichen Schritt weiter als Popper. Er verwendet methodologische Regeln nicht nur als Welt 3-Theorie, die den Hintergrund für die funktionale Interpretation der Handlungen bzw. Urteile von Wissenschaftlern bildet, wie Popper dies in seiner Galilei-Rekonstruktion vorexerziert. Er betrachtet die Eignung wissenschaftlicher Methodologien zur historiographischen Rekonstruktion der professionellen Werturteile hervorragender Wissenschaftler darüber hinaus als ein *empirisches Bewährungskriterium* für die Entscheidung zwischen kokurrienden methodologischen Programmen. Wie zu zeigen sein

---

201 Diese Feststellung gilt unabhängig davon, ob Galilei *tatsächlich* aus anderen Gründen als den von Popper in seiner rationalen Rechtfertigung gebrauchten an seiner schmalen theoretischen Basis für die Erklärung der Gezeiten festhielt, oder ob er vielleicht doch als überzeugter Falsifikationist handelte, so daß Poppers Rechtfertigung zugleich als intentionale Erklärung von Galileis Handeln anzusehen wäre. Wie bereits erwähnt, läßt es Popper in seinen methodologischen Erläuterungen ausdrücklich zu, daß ein situationslogischer Rekonstrukteur bei der Interpretation einer Handlung oder Theorie von Metatheorien Gebrauch macht, über deren Kenntnis der Urheber der Handlung bzw. Theorie nicht verfügte.
202 Vgl. Lakatos 1974b.

wird[203] eröffnet Lakatos dadurch die Möglichkeit, Methodologien in struktura-
listischem Sinne als Vorschläge zur *empirischen* Rekonstruktion des impliziten
Regelwissens professioneller Akteure zu begreifen, das deren Werturteile über
wissenschaftliche Leistungen auf analoge Weise leitet, wie die Sprachkompetenz
des eingeborenen Sprechers einer Sprache dessen intuitive Grammatikalitätsurteile steuert. Das Verfahren der situationslogischen Analyse wird damit in eine
strukturale Rekonstruktionsmethode umgedeutet.

Werden Methodologien als 'Grammatiken' wissenschaftlichen Handelns
interpretiert, dann ergeben sich daraus schließlich überraschende Berührungspunkte zwischen den Positionen von Popper, Lakatos und Kuhn, die den Versuch
einer partiellen Integration mit Hilfe eines begrifflichen Instrumentariums, das
aus der Grammatiktheorie Chomskys entlehnt wird, aussichtsreich erscheinen
lassen[204].

5.1 Lakatos' Methodologie historiographischer Forschungsprogramme als situationslogische Rekonstruktion der Wissenschaftsgeschichte

Poppers Gebrauch der falsifikationistischen Methodologie als normative Basis
für die rationale Rekonstruktion von Galileis Gezeitentheorie wird von Lakatos
zu einer Funktion jeder Methodologie generalisiert und zugleich als Möglichkeit
ihrer empirischen Kritik erkannt. Lakatos behauptet, "..daß alle Methodologien
als historiographische (oder meta-historische) Theorien (oder Forschungsprogramme) fungieren und daß sie sich kritisieren lassen, indem man die rationale
historische Rekonstruktion kritisiert, zu der sie führen".[205] Je größer der Anteil
der Wissenschaftsgeschichte ist, der rational rekonstruiert werden kann, um so
höher ist nach Lakatos die Güte der historischen Rekonstruktion sowie der
empirische Bewährungsgrad der zugrunde gelegten Methodologie zu veranschlagen.[206]

Darüber, welche Handlungen, Überlegungen und Theorien als Teil der
Wissenschaftsgeschichte zu betrachten sind, soll das Urteil der wissenschaftlichen
Elite entscheiden. Lakatos spricht hier von "Basis-Bewertungen", "Basiswerturteilen" oder "normativen Basissätzen" der wissenschaftlichen Elite, um neben
ihrem evaluativen Charakter zugleich deren besondere Bedeutung als unab-

---

203 Vgl. Abschn. 5.1.2.
204 Vgl. Abschn. 5.2.
205 Vgl. Lakatos 1974b, S.292.
206 Vgl. Lakatos 1974b, S.303.

dingbare Voraussetzung von Wissenschaft zu unterstreichen:[207] In gleicher Weise, wie die Einigung auf die Anerkennung empirischer Basissätze in der Gemeinschaft der Wissenschaftler wissenschaftliche Forschung und Diskussion erst ermöglicht, muß auch Übereinstimmung darüber bestehen, ob eine Handlung oder ein Argument die Regeln wissenschaftlichen Handelns erfüllen, wenn Wissenschaft als ein selbständiger Handlungstypus von anderen Formen des Handelns unterscheidbar sein soll.

Soweit die Geschichte einer wissenschaftlichen Disziplin mit Hilfe einer normativen Methodologie rekonstruiert und objektiver Erkenntnisfortschritt dadurch rational erklärt werden kann, ist sie - nach Lakatos' Definition - "interne Geschichte". Da aber immer nur ein Teil der Geschichte eines Faches auf diese Weise erklärt werden kann, bedarf "..jede rationale Rekonstruktion .. der Ergänzung durch eine empirische (sozio-psychologische) 'externe Geschichte'."[208] Mit dieser Gegenüberstellung von "interner"-und "externer Geschichte" reformuliert Lakatos Poppers Unterscheidung zwischen situationslogischer und psychologischer Erklärung.

Dadurch, daß er die Fähigkeit, einen möglichst großen Anteil der Wissenschaftsgeschichte "internalistisch" erklären zu können, zum empirischen Bewährungskriterium normativer Methodologien erklärt, räumt Lakatos ebenfalls solchen Handlungserklärungen die Priorität gegenüber möglichen Alternativen ein, die zugleich geeignet sind, die Angemessenheit von Handlungen in Übereinstimmung mit den institutionalisierten Situationsdefinitionen zu begründen. Deutlicher als Popper tendiert Lakatos dazu, die Grenzen, die der rationalen Rekonstruktion von Handlungen im Rahmen ihrer institutionell verankerten Typisierung gezogen sind, mit den Grenzen rationaler Rekonstruktion überhaupt zu identifizieren: Handlungen im Bereich der Wissenschaft, die sich nicht mit Hilfe normativer Methodologien als rational gemäß den Standards wissenschaftlichen Handelns rekonstruieren lassen, gelten ihm als nicht- bzw. irrational.[209] Schärfer auch als Popper es in seiner Galilei-Rekonstruktion tut, trennt Lakatos - sich darin ausdrücklich auf Poppers Drei-Welten-Lehre berufend - zwischen der rationalen Rekonstruktion der objektiven Bedeutung wissenschaftlicher Handlungen für den Erkenntnisfortschritt und den (häufig verzerrten) Selbstdeutungen der wis-

---

207 Vgl. Lakatos 1974b, S.294.
208 Vgl. Lakatos 1974b, S.271 sowie S.288.
209 Vgl. Lakatos 1974b, S.274, S.283f und S.305.

senschaftlichen Akteure.[210] Lakatos' "interne Geschichte" beansprucht nicht mehr den Doppelstatus einer rationalen Rechtfertigung und einer intentionalen Erklärung. Die Motive, Überzeugungen und Bewertungen der handelnden Wissenschaftler sind für sie ohne Belang.[211] Abweichungen zwischen seiner Rekonstruktion und den Interpretationen der Akteure registriert der interne Historiker nur "..als eine Tatsache in der zweiten Welt, die eine bloße Karikatur ihres Gegenstücks in der dritten Welt ist. Wie solche Karikaturen zustande kommen, geht ihn nichts an; in einer Anmerkung kann er dem Externalisten das Problem übergeben, warum gewisse Wissenschaftler 'falsche Überzeugungen' über ihre eigene Tätigkeit haben."[212] Anspruch und Leistung einer internalistischen Rekonstruktion beschränken sich demnach auf den Nachweis der *objektiven Rationalität* bzw. *Funktionalität* wissenschaftlicher Handlungen im Hinblick auf das *institutionalisierte Ziel, zum Wachstum objektiven Wissens beizutragen.*[213]

5.1.1 Die Transformation wissenschaftslogischer Bewertungsstandards fertiger Theorien in funktionslogische Imperative wissenschaftlichen Handelns als Bedingung für die Kritisierbarkeit normativer Methodologien

Betrachtet man Lakatos' Vorschlag, die Wissenschaftsgeschichte als Prüfungsfeld für konkurrierende Methodologien zu verwenden, vor dem Hintergrund der klassischen Unterscheidung Humes zwischen Seins- und Sollensaussagen, dann entstehen Zweifel, ob er der logischen Kritik standhalten kann. Wenn Aussagen normativen Typs von empirisch-deskriptiven bzw. -explanativen Aussagen logisch verschieden sind, dann müßte jeder Versuch, normative Ausagen mit empirischen Argumenten zu kritisieren als naturalistischer Fehlschluß zurückgewiesen werden. Normen können demnach nur mit Hilfe anderer Normen begründet

---

210 Vgl. Lakatos 1974b, S.279: "Das 'falsche Bewußtsein' ..ist ein Problem auch für den falsifikationistischen Geschichtsschreiber. .. Es war der Falsifikationist Popper, der, um diese Probleme zu lösen, besser als irgend jemand vor ihm die abgrundtiefe Kluft zwischen objektivem Wissen (in seiner 'dritten Welt') und seinen verzerrten Spiegelungen im Bewußtsein der Individuen herausgearbeitet hat. Er öffnete so den Weg für meine Unterscheidung zwischen interner und externer Geschichte."
211 Vgl. Lakatos 1974b, S.288.
212 Vgl. Lakatos 1974b, S.289.
213 Lakatos gebraucht in eigenen historiographischen Rekonstruktionen allerdings manchmal bis zur Widersprüchlichkeit zugespitzte Formulierungen, die diesen Status interner Rekonstruktionen eher verdunkeln und die Kritik von Wissenschaftshistorikern geradezu herausfordern. So z.B., wenn er bei einer Untersuchung zu Bohrs Forschungsprogramm der Lichtemission Bohr ausdrücklich die *Absicht* zuschreibt, "..hierauf *wollte* er den möglichen 'Spin' des Elektrons in Betracht ziehen..", und in einer erläuternden Anmerkung sogleich dementiert, "Dies ist eine rationale Rekonstruktion. In Wirklichkeit akzeptierte Bohr diesen Gedanken erst in (1926)"; vgl. Lakatos 1974a, S.142; Hervorhebungen von mir - W.L.S.

oder angegriffen werden, Beschreibungen und Erklärungen sind dagegen dem Gebot strikter Wertfreiheit unterstellt.[214] Allenfalls als Quelle auswahlleitender Gesichtspunkte für die Formulierung von Forschungsfragen könnten Normen eine Rolle im Rahmen der empirischen Wissenschaften spielen.[215] Sofern methodologische Standards im Sinne Humes als normativ zu gelten haben, wäre es also logisch ausgeschlossen, sie mit dem Hinweis auf Fakten der Wissenschaftsgeschichte zu kritisieren.

Einen Weg zur präziseren Fassung und zur Lösung des damit angezeigten Problems weist Webers Unterscheidung zwischen Gesinnungs- und Verantwortungsethik:[216] Die *gesinnungsethische* Bewertung von Handlungen mißt diese einzig und allein an der Erfüllung bestimmter Werte bzw. Handlungsnormen. Eine *verantwortungsethische* Bewertung von Handlungen urteilt demgegenüber nach deren Folgen. Im ersteren Falle entscheidet allein die unmittelbare Übereinstimmung zwischen dem propositionalen Gehalt einer Norm und dem propositionalen Gehalt einer Handlungsbeschreibung, in letzterem darüber hinaus die Vereinbarkeit des popositionalen Gehaltes von Folgebeschreibungen mit den propositionalen Gehalten anderer ebenfalls gültiger Normen oder wertend ausgezeichneter Ziele. - In gleicher Weise wie Handlungen können auch Handlungsnormen einer gesinnungs- oder verantwortungsethischen Wertung unterworfen werden. Eine vorgeschlagene Norm kann so gesinnungsethisch allein nach ihrer *logischen* Vereinbarkeit mit übergeordneten Normen bzw. Werten oder verantwortungsethisch nach den *Konsequenzen* beurteilt werden, die ihre Erfüllung *praktisch* für die Erfüllung anderer Normen oder Ziele hat. Die Begriffe "Gesinnungsethik" und "Verantwortungsethik" umschreiben konkurrierende allgemeine und formale Prinzipien für die Interpretation und Kritik von Handlungen bzw. Normen,[217] welche unterschiedlichen subjektiven Werthaltungen zugrunde liegen können, die aber darüber hinaus auch als *institutionalisierte Metanormen* für die Bewertung von Handlungen bzw. Handlungsnormen fungieren können und so sozial ausdifferenzierte Zusammenhänge des *wert*rationalen und des *zweck*rationalen Handelns voneinander unterscheiden.[218] Die klassische Sein/Sollen-Dichotomie differenziert nicht

---

214 Vgl. dazu auch C.G. Hempels Gegenüberstellung von logischer Rechtfertigung und kausaler bzw. statistischer Erklärung im Rahmen einer Wissenschaftstheorie der Geschichtswissenschaften, die als Reformulierung der klassischen Dichotomie Humes verstanden werden kann, in Hempel 1979. - Als Kritik dieser Unterscheidung mit analogem Ausgangspunkt jedoch anderem Ziel und Ergebnis wie die im folgenden zu entwickelnden Überlegungen vgl. Apel 1981, S.7ff.
215 Zu dieser Funktion der "Wertideen" vgl. Weber 1951, S.180f.
216 Vgl. Weber 1951, S.491f.
217 Vgl. Weber 1951, S.490f: "Diese beiden ethischen Maximen sind solche von streng 'formalem' Charakter, darin ähnlich den bekannten Axiomen der "Kritik der praktischen Vernunft".
218 Vgl. dazu Weber 1951, S. 552f.

zwischen den beiden dadurch konstituierten Typen von Sollens-Aussagen und erkennt implizit allein gesinnungsethische bzw. wertrationale Kriterien als Grundlage für die Formulierung und Kritik von Sollens-Aussagen an.[219] Wissenschaftliches Handeln ist eine Form institutionell ausdifferenzierten zweckrationalen Handelns, das darauf verpflichtet ist, einen Beitrag zum Erkenntnisfortschritt zu liefern. An den Konsequenzen, die eine Handlung oder postulierte methodologische Norm in Bezug auf dieses Ziel tatsächlich oder mit voraussichtlich hoher Wahrscheinlichkeit nach sich zieht, ist deshalb abzulesen, wie sie im Kontext der Wissenschaft zu *bewerten* ist.

Diese Behauptung ist allerdings insofern nicht völlig korrekt, als sie unterstellt, daß Mittel und Zweck, die methodologischen Standards und das Ziel des Wachstums theoretischer Erkenntnis, völlig unabhängig voneinander bestimmt sind. Methodologien dienen zur Bewertung fertiger Theorien. Mit ihrer Hilfe kann entschieden werden, ob eine Theorie als gut bewährt bzw. bestätigt oder als Teil eines "progressiven Forschungsprogrammes" gelten kann, ob sie einen größeren empirischen Gehalt aufweist als eventuelle Konkurrenten oder Vorläufer etc. Erfüllt sie eine hinreichende Zahl solcher Kriterien, dann ist ihre Entwicklung als Beitrag zum Erkenntnisfortschritt zu bewerten. Methodologische Standards gehen somit auf ähnliche Weise in die Definition des Zieles wissenschaftlichen Handelns ein, wie die Regeln eines Spieles auch die Festlegung des Spielzieles (z.B. den Mitspieler 'matt' zu setzen; mehr 'Tore' oder 'Punkte' zu erzielen, als die gegnerische Mannschaft etc.) einschließen.[220] Zugleich legen sie meist auch Kriterien fest, nach denen beurteilt wird, ob ein einzelner Spielzug,

---

219 Feyerabends Kritik an der dogmatischen Handhabung der Sein/Sollen-Dichotomie leidet selbst noch darunter, daß sie kategorial nur den Typus wertrationaler Sollens-Aussagen voraussetzt und methodologische Standards diesem Typus zuschlägt. Feyerabend muß deshalb die Möglichkeit der empirischen Kritik methodologischer Regeln gegen die Unterscheidung von Seins- und Sollensaussagen *insgesamt* ausspielen und deren partielle Suspendierung fordern: Um "..ausführbare (methodologische - W.L.S.) Vorschriften von solchen zu trennen, die in die Sackgasse führen..", so Feyerabend, müsse "..die Unterscheidung zwischen dem *Sollen* und dem *Sein* als zeitweise angewandtes Mittel und nicht als grundlegende Grenzlinie verstanden" werden. Vgl. Feyerabend 1976, S.233, Hervorhebungen im Original.
220 Vgl. dazu Popper 1966, S.25 und S.26: "Wir betrachten die methodologischen Regeln als Festsetzungen. Man könnte sie die Spielregeln des Spiels "empirische Wissenschaft" nennen. Sie unterscheiden sich von den Regeln der Logik wie etwa die Regeln des Schachspiels, die man ja nicht als einen Zweig der Logik zu betrachten pflegt ..". (...) "Wir werden also - ähnlich, wie wir etwa das Schachspiel durch seine Regeln definieren - auch die Erfahrungswissenschaft durch methodologische Regeln definieren. Bei der Festsetzung dieser Regeln gehen wir systematisch vor: Wir stellen eine oberste Regel auf, eine Norm für die Beschaffung der übrigen methodologischen Regeln, also eine Regel von *höherem Typus* (Hervorhebung im Original); nämlich die, die verschiedenen Regelungen des wissenschaftlichen Verfahrens so einzurichten, daß eine etwaige Falsifikation der in der Wissenschaft verwendeten Sätze nicht verhindert wird." - Diese Regel höheren Typs ist Bestandteil der Definition des 'Spielzieles', prinzipiell falsifizierbare aber jedem Falsifikationsversuch widerstehende Theorien zu entwickeln, und kontrolliert alle weiteren Regelvorschläge nach Kriterien *funktionslogischer Kompatibilität*.

die Akzeptierung oder die Verwerfung einer einzelnen Tatsachenaussage oder theoretischen Hypothese, regelgemäß ausgeführt wurde. Wenn aber Methodologien zugleich *Wege und Ziele* wissenschaftlichen Handelns festlegen, dann scheint dessen Zweck und Struktur ausschließlich eine Frage *konventioneller Festlegung* zu sein. Es fehlt ein übergreifender Bezugspunkt, der Leistungsvergleiche ermöglicht und einen Maßstab für die Vorzugswürdigkeit konkurrierender Festsetzungen bietet. Konkurrierende Methodologien bilden demnach "verschiedene Systeme von Regeln für das Spiel der Wissenschaft", die zueinander in einer vergleichbaren Beziehung der Ähnlichkeit, der partiellen Überschneidung und gegenseitigen Indifferenz stehen, wie die verschiedenen Spiele einer Familie (z.B. Ballspiele oder Brettspiele).[221] Sie spezifizieren Möglichkeiten des Verhaltens, die von der Existenz methodologischer Regeln logisch abhängig sind. Ohne (zumindest implizit befolgte) methodologische Regeln könnten keine "wissenschaftlichen Spiele" gespielt werden, gäbe es nicht den Unterschied zwischen guten und schlechten, erlaubten und verbotenen, notwendigen und sinnlosen Spielzügen. Und nur mit Hilfe dieser Regeln ist es deshalb möglich, eine angemessene Beschreibung der verschiedenen Spielzüge zu geben.[222] Methodologien erfüllen damit die maßgeblichen Kriterien, um als Systeme "konstitutiver Regeln" im Sinn J.R. Searles gelten zu können.[223] Verschiedene Methodologien scheinen so in monadischer Abgeschlossenheit nebeneinander zu bestehen. Einen Leistungsvergleich zwischen ihnen anzustellen, um so zu einer begründeten Vorzugsentscheidung für eine bestimmte Methodologie zu kommen, scheint dadurch unmöglich.

Die scheinbare Abgeschlossenheit normativer Methodologien beruht im wesentlichen auf ihrer Doppelrolle, zugleich mit dem Ziel wissenschaftlichen Handelns auch die möglichen Wege festzulegen, über die es zu erreichen ist. Dieser Sachverhalt legt den Gedanken nahe, die Doppelrolle aufzuspalten, indem man den Gebrauch normativer Methodologien vollständig auf die Bewertung *fertiger* Theorien beschränkt, ohne daraus Hinweise für die einzelnen Schritte der Entwicklung von Theorien abzuleiten. Ein solcher Schritt ist jedoch weder

---

221 Dies ist die Problemsituation, in der sich nach Lakatos die pragmatisch-konventionalistischen Methodologien befinden, und aus der sein historiographisches Forschungsprogramm einen Ausweg öffnen soll. Nur die von Lakatos sogenannten Rechtfertigungsmethodologien, welche an dem Gedanken der Beweisbarkeit, Bewährung oder der beweisbaren Wahrscheinlichkeit von Sätzen und der Vorstellung festhalten, daß sie die besten Aussichten eröffnen, die Wahrheit zu erreichen, stehen sich hier besser. Dafür setzen sie sich allerdings schweren logischen und erkenntnistheoretischen Einwänden aus, wie Lakatos meint; vgl. Lakatos 1974b, S.291f.

222 Aus eben diesem Grunde *muß* jede Art der Wissenschaftsgeschichtsschreibung notwendig irgendeine Methodologie zumindest implizit zugrunde legen; vgl. dazu Lakatos, 1974b, S.288 und S.290.

223 Vgl. Searle 1976, S.54ff.

möglich (1), noch für eine Entscheidung zwischen konkurrierenden Methodologien notwendig (2), da gerade aus dieser Doppelrolle Möglichkeiten für die empirisch begründete Kritik von Methodologien erwachsen.

(1) Kriterien zur Auszeichnung erfolgreicher Theorien beanspruchen universelle Gültigkeit. Sie müssen deshalb auch zu jedem *Zeitpunkt* einer Folge t_1, t_2, ... , t_n gelten, so daß von jedem Wissenschaftler zu jedem Zeitpunkt die Anwendung dieser Kriterien zu verlangen ist. Auch eine *sachliche* Einschränkung ihres Gebrauchs auf die Bewertung fertiger Theorien ist kaum möglich. Für Popper ebenso wie für Lakatos ist das Wachstum unseres theoretischen Wissens ein Ergebnis der Ablösung bestehender Theorien durch besser bewährte Nachfolgetheorien größeren empirischen Gehalts. In diesem Prozeß gibt es keinen absoluten Nullpunkt, an dem irgendwann der erste Schritt von empirischem Wissen zu theoretischen Verallgemeinerungen vollzogen worden ist oder in einem neuen, bisher unerforschten Gegenstandsbereich noch vollzogen werden könnte.[224] Wie Popper gezeigt hat, gründen selbst elementare Beobachtungsaussagen, insofern sie notwendig universelle Ausdrücke enthalten, für die es eine vollständige Bestätigung durch eine endliche Reihe von Beobachtungsinstanzen niemals geben kann, auf theoretischen Voraussetzungen.[225] Ebenso unterscheidet sich Alltagswissen von wissenschaftlichem Wissen nicht dadurch, daß es 'untheoretischer' wäre als dieses, sondern primär durch den geringeren Explikationsgrad der darin enthaltenen theoretischen Annahmen. Jede wissenschaftliche Theorie hat deshalb Vorläufertheorien, seien diese nun innerwissenschaftlicher oder alltagstheoretischer Abkunft.

Die Differenzen zwischen einer Theorie und ihrem unmittelbaren Vorläufer können minimal sein, so daß wir eher geneigt sind, die Folgetheorie als eine Variante ihres Vorfahren, denn als neue Theorie einzustufen. Die methodologische Bewertung der Folgetheorien richtet sich dann auf ein Gebilde, das sich nur um wenige Elemente, Teiltheorien niederer Ordnung oder einzelne Hypothesen, von seinem Vorgänger unterscheidet. Der Ausgang eines Leistungsvergleiches zwischen Theorien hängt unter solchen Umständen allein von der Leistungssteigerung oder -minderung ab, die durch Abänderung oder Austausch weniger Teilelemente erzielt wird. Umgekehrt bemißt sich die Legitimität einer solchen Modifikation damit automatisch nach ihren Konsequenzen für die Leistung der

---

224 Dem trägt Poppers Schema zu Beschreibung der Wissenschaftsentwicklung: P_1 (=Problemsituation zum Zeitpunkt t_1) --> VT (=vorläufige Theorie) --> FE (=Fehlerelimination) --> P_2 (=Problemsituation zum Zeitpunkt t_2) --> ..... , ebenso Rechnung wie Lakatos' These, derzufolge nicht isolierte Theorien, sondern nur Theoriereihen Gegenstand einer methodologischen Bewertung sein können. Vgl. Popper 1984, S.122ff, 170f, 253f, 300f sowie Lakatos, 1974a, S.115f.
225 Vgl. Popper 1966, S.35ff.

erzeugten Theorievariante. Die Bewertung von einzelnen Hypothesen oder Teiltheorien kann deshalb nicht von der Bewertung vollständiger Theorien abgetrennt werden. Ebensowenig ist es möglich, vorläufige und 'fertige' Theorien ein-für-allemal voneinander zu unterscheiden. - Als 'fertige' Theorien könnten nur solche Theorien gelten, die keiner Veränderung mehr unterworfen sind, d.h. die entweder gänzlich überholt und durch völlig andersartige Theorien ersetzt wurden oder - im Gegenteil - vollständig als Teil des gesicherten wissenschaftlichen Wissens akzeptiert sind. Einstufungen dieser Art unterliegen jedoch ständigen Revisionen, so daß prinzipiell niemals ausgeschlossen werden kann, daß eine ausgeschiedene Theorie in veränderter Form ein "comeback" erlebt[226] oder eine als abgeschlossen betrachtete Theorie tiefgreifende Veränderungen über sich ergehen lassen muß bzw. durch einen Konkurrenten überholt wird und so in die Reihe der Vorläufertheorien zurücktritt. Als Resümee dieser Überlegungen kann festgehalten werden, daß eine trennscharfe Scheidung zwischen einzelnen Schritten des Forschungsprozesses, bei denen über die vorläufige Annahme oder Ablehnung einzelner Hypothesen entschieden werden soll, und der methodologischen Bewertung 'fertiger' Theorien nicht möglich ist. Für die Einschränkung des Gebrauchs methodologischer Kriterien auf die Bewertung abgeschlossener Theorien fehlen damit die Voraussetzungen.

2) Das Postulat der universellen Geltung methodologischer Bewertungsstandards verlangt es, daß diese Standards nicht nur retrospektiv zur Bewertung der einzelnen Exemplare einer Theorienreihe angewendet, sondern darüber hinaus auch von den Konstrukteuren dieser Theorien die Orientierung an diesen Standards hätte gefordert werden können. Damit verbunden ist jedoch ein *Funktionswechsel* methodologischer Regeln: An die Stelle der retrospektiven Bewertung des erkenntnisvermehrenden Gehalts einer Theorie tritt im Forschungsprozeß die Anwendung solcher Standards als Entscheidungskriterien, die es dem Wissenschaftler ermöglichen sollen, zwischen sofort zu verwerfenden und vorläufig zu akzeptierenden Hypothesen bzw. Theorien zu entscheiden, welche als aussichtsreiche Entwürfe der weiteren Forschungsarbeit die Richtung weisen. Die *Ex-post-bewertungsfunktion* und die *forschungsleitende Funktion* methodologischer Standards können miteinander in Konflikt geraten. Dies ist dann der Fall, wenn eine methodologisch völlig akzeptable Theorie T_n, die als wesentlicher Beitrag zur Vermehrung unserers Wissens angesehen wird, den

---

226 Vgl. Lakatos 1974b, S.283. Daß Lakatos, a.a.O., von Forschungsprogrammen spricht, ist eine unerhebliche Abweichung. Wie bei Lakatos, so werden auch hier Theorien als Glieder von Theoriereihen betrachtet, in denen sich wissenschaftliche Forschungsprogramme objektivieren. Das "comeback" einer Theorie in veränderter Form bedeutet deshalb ein comeback des Forschungsprogrammes, dem sie zuzurechnen ist.

vorläufigen Schlußpunkt einer Theorienreihe T_1 - T_{n-1} bildet, in welcher einzelne Exemplare enthalten sind, die einerseits nur durch die Mißachtung derselben methodologischen Standards entwickelt werden konnten, die aber gleichwohl als unverzichtbare Etappen auf dem Weg zu T_n betrachtet werden müssen. Die Beachtung der 'Spielregeln' hätte unter solchen Bedingungen zur Folge, daß das Ziel des 'wissenschaftlichen Spieles', die Vermehrung unseres theoretischen Wissens, nicht in gleichem Maße erreicht werden könnte.

Die Analogisierung von Regeln wissenschaftlichen Handelns mit Spielregeln trägt jedoch nur in engen Grenzen. Wissenschaftliches Handeln ist ein institutionell ausdifferenzierter Typus zweckrationalen Handelns. Vorgeschlagene Regeln sind deshalb danach zu bewerten, ob sie *zweckdienlich* sind. Ansprüche auf Anerkennung können deshalb nur mit solchen Regeln verknüpft werden, deren Befolgung es wahrscheinlicher macht, daß dadurch Beiträge zum Erkenntnisfortschritt geleistet werden können: Zu dem Anspruch *aussagenlogischer Widerspruchsfreiheit* normativer Standards tritt damit notwendig der Anspruch *funktionslogischer Angemessenheit* im Hinblick auf das angestrebte Handlungsziel. Kann deshalb nachgewiesen werden, daß unter bestimmten Voraussetzungen aus der Einhaltung solcher Regeln dysfunktionale Konsequenzen im Hinblick auf dieses Ziel resultieren, dann ist damit deren *universeller* Geltungsanspruch erschüttert. Weil darüber hinaus methodologische Regeln sowohl das Ziel wissenschaftlichen Handelns spezifizieren, als auch den Weg zu diesem Ziel vorschreiben, bedeutet dieser Nachweis, daß die methodologischen Regeln *praktisch* miteinander *inkonsistent* sind. Inkonsistenzen dieser Art können durch rationale historische Rekonstruktion aufgedeckt werden, bei denen vorgeschlagene Methodologien als Leitfaden verwendet werden.[227] Sie indizieren Möglichkeiten eines empirisch fundierten Vergleichs zwischen konkurrierenden Methodologien, durch deren Nutzung Vorzugsentscheidungen auch dann noch begründet werden können, wenn erkenntnistheoretische Argumente und aussagenlogische Konsistenzprüfungen keine Diskriminierungshilfen bereitstellen.

Praktische Inkonsistenzen in Methodologien sind vermittelt durch die *Struktur der Erkenntnisgegenstände*.[228] In einer Welt, in der die Erscheinungen von offen zu tage tretenden Gesetzmäßigkeiten beherrscht würden, erschiene es sinnvoll, weil erfolgversprechend, Abweichungen zwischen unseren Prognosen und

---

227 Vgl. dazu exemplarisch Lakatos' Rekonstruktion der Forschungsprogramme von Prout und Bohr in 1974a, S.134-154 sowie in 1974b, S.296. - Feyerabends These, nach der der methodologische Anarchismus "..zum Fortschritt (der Erkenntnis-W.L.S.) in jedem Sinne beiträgt, den man sich aussuchen mag", läuft letztlich auf die Behauptung hinaus, daß alle Methodologien derartige praktische Inkonsistenzen aufweisen und daher in ihrem Anspruch auf *unbedingte* Geltung zu verwerfen sind; vgl. Feyerabend 1976, S.35f und S.45f.
228 Vgl. zum folgenden auch Feyerabend 1976, S.285f.

Beobachtungen als Anzeichen für Fehler in unseren Theorien zu deuten, die uns dazu veranlassen sollten, die alten Theorien durch neue zu ersetzen. Haben wir dagegen ständig mit Störungen zu rechnen, die zu Diskrepanzen zwischen Gesetzesannahmen und Erscheinungen führen, dann *dürfen* Abweichungen zwischen Vorhersagen und beobachteten Phänomenen *nicht* als hinreichende Bedingung anerkannt werden, um die Verwerfung von Theorien zu fordern, da sonst jede Theorie sofort widerlegt und Erkenntnis unmöglich würde.[229] Die Übereinstimmung von Theorien und Phänomenen kann unter solchen Umständen nur als Ergebnis eines langen Forschungsprozesses angestrebt werden, in dem bestehende Diskrepanzen allmählich aufgeklärt werden, zugleich aber ständig neue Diskrepanzen auftauchen können, deren Auflösung nicht sofort möglich ist. Trotzdem an den methodologischen Standards strikter Falsifikation (im Sinne des "naiven Falsifikationismus"[230]) festhalten zu wollen würde bedeuten, daß das Ziel, die Konstruktion gut bewährter Theorien, unerreichbar bleiben müßte, weil die Beschreitung des Weges, über den dieses - durch die Regeln der Methodologie spezifizierte - Ziel allenfalls zu erreichen wäre, durch dieselben methodologischen Standards zugleich verboten ist. Gelingt es aber, gut bewährte Theorien in einer Welt zu entwickeln, in der Störungen normal sind, dann steht zu erwarten, daß dazu die Regeln strikter Falsifikation oft mißachtet werden mußten.[231] Die darin sich zeigende *praktische Inkonsistenz* einer naiv falsifikationistischen Methodologie zeigt an, daß diese eine inadäquate *Ontologie* als Bedingung ihrer Möglichkeit objektiv voraussetzt.

Ontologische Annahmen, d.h. Annahmen über die Struktur der Welt, können niemals vollständig vermieden werden, denn jede Festlegung der Ziele wissenschaftlichen Handelns muß zumindest voraussetzen, daß die Struktur der Welt nicht von vornherein die Realisierung dieser Ziele ausschließt. Die

---

229 Feyerabend 1976, S.286, spricht in diesem Zusammenhang von einer "kosmologischen Kritik" am "naiven Falsifikationismus", gegründet auf die "Allgegenwart von Störungen".

230 Zur Unterscheidung zwischen "naivem" und "raffiniertem Falsifikationismus" vgl. Lakatos 1974a, S.113ff. - Wie "naiver" und "raffinierter Falsifikationismus" hinsichtlich der Regeln des Falsifizierens voneinander abweichen bestimmt Lakatos, a.a.O., S.113f, wie folgt: "Für den naiven Falsifikationisten wird eine Theorie *falsifiziert* durch einen (erhärteten) 'Beobachtungs'satz, der ihr widerspricht (oder den er als widersprechend zu interpretieren sich entscheidet). Für den raffinierten Falsifikationisten ist eine Theorie T *falsifiziert* dann, und nur dann, wenn eine andere Theorie T' mit den folgenden Merkmalen vorgeschlagen wurde: 1) T' besitzt einen Gehaltsüberschuß im Vergleich zu T, d.h. T' sagt *neuartige* Tatsachen voraus, Tatsachen die im Licht von T nicht wahrscheinlich, ja verboten waren; 2) T'erklärt den früheren Erfolg von T, d.h. der ganze nicht-widerlegte Gehalt von T ist (innerhalb der Grenzen des Beobachtungsirrtums) im Gehalt von T' enthalten; und 3) ein Teil des Gehaltsüberschuß von T' ist bewährt." (Alle Hervorhebungen im Original.)

231 So hätte beispielsweise nach Lakatos' Darstellung die Theorie Prouts, nach der alle Atome Verbindungen von Wasserstoffatomen und die Atomgewichte aller chemischen Elemente als ganze Zahlen auszudrücken sind, schon die ersten Prüfungsversuche nicht überlebt; vgl. Lakatos 1974a, S.134-137. Weitere Beispiele erwähnt Feyerabend 1976, S.254, Fußn. 5.

Erfüllung der entsprechenden Voraussetzungen braucht dabei keineswegs als sicher, sondern nur als *möglich* und plausibel unterstellt zu werden. Aus der Annahme von Möglichkeiten können jedoch keine kategorischen Anweisungen mehr abgleitet werden. An ihre Stelle treten bei Popper (bzw. in Lakatos' Fortentwicklung der Popperschen Position) methodologische Postulate, die als *regulative Ideen* das wissenschaftliche Handeln leiten, ohne Entscheidungen im Einzelfall vollständig zu determinieren. Der "Kausalsatz" (d.h. die ontologische Annahme, das Kausalzusammenhänge in der Natur existieren) wird so substituiert durch die methodologische Regel, "das Suchen nach Gesetzen, nach einem einheitlichen Theoriesystem nicht einzustellen und gegenüber keinem Vorgang, den wir beschreiben können, zu resignieren".[232] Insofern diese Regel nur die Möglichkeit, nicht aber die Gewißheit des Erfolges entsprechender Bemühungen unterstellt, folgt aus ihr *nicht*, daß wissenschaftliche Erklärungen, die nicht auf Gesetzesannahmen bzw. einheitlichen Theoriesystemen gründen, *prinzipiell* zu verwerfen sind. Gefordert wird nur, sich mit solchen Erklärungen nicht zufrieden zu geben, und ihre Verbesserung in Richtung auf das postulierte methodologische Ideal anzustreben. Gleiches gilt nach Lakatos für die Handhabung der Falsifikationsregel: Statt als kategorische Vorschrift, Theorien sofort zu verwerfen, wenn sie anerkannten Basissätzen widersprechen, kann sie gelesen werden als Aufforderung, solche Anomalien *zukünftig* auszumerzen.[233]

Die relgulative Deutung methodologischer Postulate verhindert, daß erreichbare Erfolge blockiert werden durch das Streben nach Zielen, die auf inadäquaten ontologischen Voraussetzungen beruhen. Die Angemessenheit regulativer methodologischer Standards kann dabei allein indirekt daran abgelesen werden, in welchem Grade die zukünftige Forschung sich ihrer Erfüllung annähert. Damit aber entfällt die Möglichkeit, methodologische Standards als absoluten und eindeutigen Maßstab für die Beurteilung der Wissenschaftlichkeit einer Aussage, einer Erklärung oder einer Theorie heranzuziehen. Maßgebliches Kriterium für Wissenschaftlichkeit ist die prinzipielle Anerkennung regulativer Standards als Leitorientierung des Handelns. Zwar bleibt es möglich, konkurrierende Hypothesen und Theorien daraufhin miteinander zu vergleichen, welche von ihnen diese Standards besser erfüllt. Auf diese Weise kann jedoch nur festgestellt werden, welche Hypothesen und Theorien *zum Zeitpunkt des Vergleichs* über einen relativen Vorteil in der Konkurrenz verfügen. Offen bleibt dabei, ob weit zurückliegende Gegner ihren Rückstand nicht zukünftig aufholen können. Methodologische Bewertungen sind demnach immer nur als vorläufig zu

---

232 Vgl. Popper 1966, S.33.
233 Lakatos' "Methodologie wissenschaftlicher Forschungsprogramme" kann ganz in diesem Sinne als konsequente Transformation eines Teils der kategorischen Vorschriften des "naiven Falsifikationismus" in regulative Ideen wissenschaftlichen Handelns gelesen werden.

betrachten und können jeder Zeit revidiert werden.[234] An einer 'überholten' Theorie festzuhalten, ist deshalb durchaus mit den Rationalitätsstandards wissenschaftlichen Handelns zu vereinbaren, solange die Geltung regulativer methodologischer Standards nicht bestritten und auf die bessere Erfüllung dieser Standards hingearbeitet wird. Wer auf abgeschlagene Theorien setzt, wettet auf deren Zukunft. Sein Einsatz ist Arbeit und Reputation, sein Risiko erscheint umso höher, je weiter die Theorie oder das Forschungsprogramm zurückliegt. Die Größe des eingegangenen Risikos darf jedoch nicht mit dem Grad der Rationalität eines Handelns verwechselt werde: "Riskantes Spielen ist völlig rational: Irrational ist es, wenn man sich über die eingegangenen Risiken täuscht."[235] Die Funktion methodologischer Standards wird damit auf die *Spezifikation des Zieles* wissenschaftlichen Handelns und die vergleichende Bewertung von Theorien nach dem relativen Grad der Annäherung an dieses Ziel konzentriert. Aufgegeben wird dagegen der Anspruch, daß aus methodologischen Regeln *definitive* Hinweise über den Weg abgeleitet werden könnten, auf dem dieses Ziel zu erreichen ist.[236] *Praktische Inkonsistenzen* zwischen der *Bewertungs*funktion und der *forschungsleitenden* Funktion methodologischer Standards sind damit ausgeschaltet.

Lakatos' Methodologie wissenschaftlicher Forschungsprogramme vollzieht die hier skizzierte Wendung einer Sublimierung methodologischer Standards zu regulativen Prinzipien wissenschaftlichen Handelns mit allen dargestellten Konsequenzen. Da praktische Inkonsistenzen unter diesen Umständen nicht mehr auftreten können, verschwindet eine wesentliche Möglichkeit der Prüfung, durch deren Nutzung beispielsweise der "naive Falsifikationismus" einer harten empirisch historiographischen Kritik unterworfen werden konnte. Lakatos besetzt diese vakante Position, indem er die Werturteile der wissenschaftlichen Elite über die Qualität wissenschaftlicher Leistungen in den Rang von "Basisurteilen"

---

234 Vgl. Lakatos 1974b, S.283.
235 Vgl. Lakatos 1974b, S.286.
236 Vgl. Lakatos 1974b, S.286: "Sowohl Feyerabend als auch Kuhn vermengen die methodologische Bewertung eines Programms mit harten *heuristischen Ratschlägen* über auszuführende Handlungen." (Hervorhebung im Original.) - Unklar bleibt allerdings, worauf Lakatos nach dieser Feststellung sowie der zuvor zitierten Aussage über die Rationalität riskanten Spielens dann noch die folgenden, im Text unmittelbar anschließenden kategorischen Empfehlungen gründet: "Die Freiheit ist aber nicht so groß, als sie jenen erscheinen mag, die an einem degenerierenden Programm festhalten. ...Herausgeber wissenschaftlicher Journale *sollten* sich weigern, ihre Aufsätze zu publizieren, die im allgemeinen nicht mehr enthalten werden als feierliche Wiederholungen ihrer Position oder Absorption der Gegenevidenz (und selbst der konkurrierenden Programme) mit Hilfe von ad-hoc-linguistischen Adjustierungen. Auch Forschungsstiftungen *sollten* sich weigern, Geld zu diesen Zwecken zu gewähren." (Hervorhebungen von mir - W.L.S.) Ebensowenig wird einsichtig, inwiefern diese Ausführungen geeignet sind "..rationales von irrationalem (oder redliches von unredlichem) Festhalten an einem degenerierenden Forschungsprogramm " zu unterscheiden; vgl. Lakatos 1974b, S.286f. Siehe dazu auch die Kritik Feyerabends (1976, S.272ff).

erhebt, deren Inhalt mit Hilfe der Bewertungsstandards konkurrierender methodologischer Programme in rationaler Rekonstruktion soweit als möglich approximiert werden soll.

5.1.2 "Basiswerturteile" von Wissenschaftlern als Ausdrucksformen impliziten Wissens und Bewährungsinstanz von Methodologien: Eine strukturalistische Interpretation von Lakatos' historiographischem Forschungsprogramm

Die grundlegenden Werturteile anerkannter Wissenschaftler über die Qualität wissenschaftlicher Leistungen sind für Lakatos der Ausdruck der "..wissenschaftlichen Maßstäbe, so wie sie von der wissenschaftlichen *Elite* instinktiv in *besonderen* Fällen angewendet werden".[237] Als Maßstab für die Bewertung konkurrierender Methodologien nennt er deren Eignung, eine möglichst große Menge solcher "Basiswerturteile" rational zu rekonstruieren.[238] Damit eröffnet Lakatos die Möglichkeit einer strukturalistischen Interpretation seines historiographischen Forschungsprogrammes: Methodologien sollen demnach nicht nur funktionslogischen Kriterien genügen, indem nachgewiesen wird, daß die *objektive* Übereinstimmung wissenschaftlichen Handelns mit methodologischen Forderungen zum Erkenntnisfortschritt beiträgt oder methodologische Bewertungen mit den Basiswerturteilen qualifizierter Wissenschaftler nur verträglich sind; sie sollen darüber hinaus das implizite Wissen explizieren, welches die Urteile und Handlungen fähiger Wissenschaftler intuitiv leitet. Methodologien erhalten dadurch den Status von *Kompetenztheorien*, deren Charakteristika paradigmatisch in Noam Chomskys Theorie der generativen Grammatik entfaltet sind. Um prüfen zu können, inwieweit Lakatos' Vorschlag den von Chomsky formulierten Eigenheiten von Kompetenztheorien entspricht, sollen deren Merkmale zunächst am Beispiel der Grammatik skizziert werden.

Nach Chomsky ist die Grammatik einer Sprache zu verstehen "..als Beschreibung der immanenten Sprachkompetenz des idealen Sprecher-Hörers..",[239] der "..in einer völlig homogenen Sprachgemeinschaft lebt, seine Sprache ausgezeichnet kennt und bei der Anwendung seiner Sprachkenntnis in der aktuellen Rede von solchen grammatisch irrelevanten Bedingungen wie begrenztes Gedächtnis, Zerstreutheit und Verwirrung, Verschiebung in der Aufmerksamkeit und im

---

237 Vgl. Lakatos 1974b, S.307; - Hervorhebungen im Original.
238 Vgl. Lakatos 1974b, S.302ff.
239 Vgl. Chomsky 1972, S.15.

Interesse, Fehler (zufällige oder typische) nicht affiziert wird".[240] Von der *Kompetenz*, der Sprach*kenntnis* eines idealen Sprecher-Hörers zu unterscheiden ist der *Gebrauch* einer Sprache (die Sprach*performanz*) in konkreten Situationen.[241] - Diese Konstruktion legt es nahe, die Kompetenz/Performanz Unterscheidung mit der Differenz zwischen einem idealen Sprecher-Hörer und den empirischen Sprecher-Hörern zu identifizieren. Diese Gleichung ist jedoch irreführend. Verständigung zwischen empirischen Sprecher-Hörern ist nur dann möglich, wenn ihr Sprachgebrauch im wesentlichen denselben Regeln folgt. Dieses *gemeinsame Regelwissen*, bereinigt um alle jederzeit möglichen Beeinträchtigungen und Verzerrungen, denen seine Anwendung unterliegen kann, konstituiert die Sprachkompetenz des idealisierten Sprecher-Hörers, der somit als *immanente* Idealisierung der empirischen Sprecher-Hörer betrachtet werden muß. Deutlicher noch wird dieser Zusammenhang im Kontext der besonderen methodologischen Probleme der Grammatiktheorie.

Jeder Versuch eine Grammatik für eine Einzelsprache zu entwerfen gerät bei der Abgrenzung ihres Gegenstandsbereiches in folgendes Dilemma: Entweder muß eine Grammatik für jede beliebige Äußerung von Worten bzw. Lauten, die der Linguist einer bestimmten Sprache intuitiv zurechnet, eine Strukturbeschreibung zur Verfügung stellen. Dann kann die Unterscheidung zwischen richtigem und falschem, zwischen grammatischem und ungrammatischem Gebrauch einer Sprache nicht mehr aufrecht erhalten werden; denn jedes Auftauchen einer Laut- oder Wortkombination, die mit den bisher entwickelten grammatischen Rekonstruktionen unvereinbar wäre, würde nur die Unzulänglichkeit der entworfenen Grammatik demonstrieren, und zu deren Revision Anlaß geben. Oder der Linguist bestimmt selbst, für welche Äußerungen einer Sprache seine Grammatik gelten soll und schließt abweichende Ausdrucksformen als ungrammatisch aus. Dann aber ist er es, der die Differenz zwischen richtiger und fehlerhafter Sprachverwendung nach eigenen impliziten oder expliziten Maßstäben setzt, ohne dafür einen Anhalt in seinem Gegenstandsbereich zu finden. Je nach dem, welche Maßstäbe verschiedene Linguisten dabei zugrunde legen, könnte so eine Vielzahl voneinander abweichender Grammatiken - beispielsweise des Englischen oder Deutschen - entworfen werden, die nur nach internen Konsistenzkriterien überprüft, jedoch nicht unmittelbar miteinander in Geltungskonkurrenz treten könnten. Wie der Wissenschaftstheoretiker bei der Begründung methodologischer Regeln vor dem Hintergrund der Wissenschaftsgeschichte, so steht auch der Linguist bei der Konstruktion einer Grammatik auf der Grundlage empirisch vorgefundener sprachlicher Ausdrucksformen vor der

---

240 Vgl. Chomsky 1972, S.13.
241 Vgl. Chomsky 1972, S.14.

problematischen Wahl zwischen normativem Konventionalismus und der resignativ oder auch (sprach-)anarchistisch-kämpferisch vorgetragenen Option des "anything goes".

Vollständig sind diese beiden Alternativen allerdings nur solange wie außer betracht bleibt, daß die Unterscheidung zwischen korrekten und fehlerhaften Äußerungen im Gegenstandsbereich linguistischer Forschung selbst vorkommt: Die Mitglieder einer Sprachgemeinschaft können unter diesem Gesichtspunkt die von ihnen selbst produzierten bzw. rezipierten Sprachdaten differenzieren; sie sind in der Lage, im Einzelfall intuitiv und ohne Berufung auf allgemeine Regeln grammatische von ungrammatischen Äußerungen mit einem hohen Grad intersubjektiver Übereinstimmung zu trennen. Mit Hilfe der intuitiven Grammatikalitätsurteile von Mitgliedern einer Sprachgemeinschaft kann deshalb die Datenbasis für die linguistische Rekonstruktion bestimmt werden. Aufgabe einer Grammatik ist es dann, Strukturbeschreibungen für alle als grammatisch korrekt beurteilten Sätze - und nur für diese - zur Verfügung zu stellen. Die Grammatikalitätsurteile kompetenter Sprecher-Hörer gehen so als "Basis-Werturteile" in die *Konstitution der Daten* ein. Sie können verstanden werden als Ausdruck *impliziten Regelwissens* empirischer Sprecher-Hörer, dessen Explikation in der Form einer Grammatik das Ziel des Linguisten darstellt. *Implizites* und *explizites* Regelwissen müssen dabei strikt auseinandergehalten werden.[242] Nur das letztere hat einen theoretischen und damit prinzipiell hypothetischen Status. Das erstere dagegen ist *Objekt der Rekonstruktion*.

Auch die Begründungen, die kompetente Sprecher-Hörer für ihre intuitiven Grammatikalitätsurteile mit Hinweis auf *allgemeine* Regeln geben, fallen in den Bereich des expliziten und deshalb hypothetischen Wissens. Ihr Status unterscheidet sich im Prizip nicht von den grammatischen Rekonstruktionsvorschlägen des Linguisten, durch welche dieser die implizite Regelkenntnis der Mitglieder einer Sprachgemeinschaft abzubilden versucht. Obwohl nicht theoretischer Art, können auch die intuitiven Grammatikalitätsurteile kompetenter Sprecher gleichwohl fehlerhaft sein. Solche Urteile abzugeben ist eine reflexive Form der Sprach*verwendung*. Sie gehören daher auf die Seite der Performanz, die gegenüber der idealisierten Kompetenz empirischer Specher-Hörer durch die verschiedensten Faktoren verunreinigt und verzerrt sein kann.[243] Die Umgehung des intuitiven Urteils, um diese Fehlerquellen auszuschließen, ist unmöglich, sofern der Rückfall in das Dilemma zwischen normativem Konventionalismus

---

242 Das implizite Wissen ist notwendige und hinreichende Voraussetzung der 'technischen' Beherrschung einer Sprache im Sinne von Ryles Begriff des "knowing how" im Unterschied zum "knowing that", der expliziten Regelkenntnis, die Ziel der linguistischen Rekonstruktionsbemühungen ist. Vgl. dazu Ryle 1969, S.26ff.
243 Vgl. dazu und zum folgenden auch Oevermann 1973, S.35f.

und grammatischem 'Nihilismus' vermieden werden soll. Allein aus ihren eigenen intuitiven Grammatikalitätsurteilen kann auf das zugrunde liegende implizite Wissen kompetenter Sprecher-Hörer zurückgeschlossen werden. Durch Handlungsentlastung, durch Fixierung und Vergleich zu beurteilender Sätze mit ähnlichen oder kontrastierenden Beispielen, durch den Einsatz mäeutischer Fragetechniken und die Abgleichung zwischen den so gewonnenen Urteilen verschiedener Sprecher-Hörer kann das Fehlerrisiko jedoch minimiert werden.[244] Können durch Anwendung vorgeschlagener grammatischer Regelhypothesen Sätze erzeugt werden, die von kompetenten Sprecher-Hörern als ungrammatisch eingestuft werden, oder werden Sätze intuitiv als korrekt bewertet, die mit den Regelrekonstruktionen des Linguisten nicht zu vereinbaren sind, dann deutet dies darauf hin, daß die grammatische Rekonstruktion das implizite Wissen der Mitglieder einer Sprachgemeinschaft nicht richtig wiedergibt. Im Grenzfall genügt ein einziges Gegenbeispiel, um eine Regelhypothese zu falsifizieren. Die vorgeschlagene Grammatik muß dann entsprechend korrigiert werden, sofern nicht *begründete* Zweifel an der Reinheit des intuitiven Urteils geltend gemacht, d.h. stichhaltige Indizien angeführt werden können, die eine Trübung des Urteils durch performatorische Restriktionen wahrscheinlich erscheinen lassen. Die Rekonstruktion der Grammatik einer Sprache vollzieht sich so in einem ständigen Prozeß der Projektion von Regelhypothesen aufgrund intuitiv als grammatisch bewerteten Sprachmaterials, der Prüfung dieser Regelhypothesen an weiteren unabhängigen Sprachdaten bzw. durch ihre Anwendung zur Erzeugung neuer Sätze, die anschließend dem Urteil kompetenter Sprecher unterworfen werden, sowie der Revision der vorgeschlagenen Regeln, solange eine vollständige Übereinstimmung zwischen intuitiven Grammatikalitätsurteilen und explizierten Grammatikregeln nicht erreicht ist.

Die Grammatik einer Sprache ist dann *deskriptiv* vollständig *adäquat*, wenn sie jedem beliebigen Satz aus einer Menge von Sätzen, die mit den intuitiven Urteilen kompetenter Sprecher kompatibel sind, eine Strukturbeschreibung zuordnen kann.[245] Nicht ausgeschlossen ist dadurch jedoch die Möglichkeit, daß verschiedene Grammatiken entwickelt werden können, die gleichermaßen geeignet sind, eine korrekte Beschreibung aller intuitiven Grammatikalitätsurteile zu liefern. Die Lösung dieses Problems überantwortet Chomsky einer *universalen Theorie der Grammatik*, welche Bedingungen festlegt, denen deskriptiv adäquate Grammatiken genügen müssen. Eine solche linguistische Theorie ist dann *explanativ adäquat*, wenn sie eine Grammatik aus allen Grammatiken auswählen

---

244 Vgl. Chomsky 1972, S.36-39.
245 Vgl. Chomsky 1972, S.15 und S.19.

kann, die mit den relevanten Sprachdaten deskriptiv zu vereinbaren sind.[246] -
Darüber hinaus wird das Verhältnis zwischen den grammatischen Theorien der
Einzelsprachen und der allgemeinen Theorie der Grammatik nach dem
Kriterium theoretischer Einfachheit reguliert: Anzustreben ist es, eine möglichst
große Zahl von Regeln auf die Ebene *universeller* Gültigkeit zu heben, d.h. eine
möglichst reichhaltige, für alle Sprachen gültige linguistische Theorie zu
entwickeln, so daß in den einzelsprachlichen Grammatiken nur noch die jeweils
spezifischen Beschränkungen und zusätzlichen Regeln angegeben werden
müssen, die verschiedene Sprachen innerhalb dieses Rahmens voneinander
unterscheiden.[247] Chomsky unterstellt, daß der Regelapparat einer solchen
Universalgrammatik Teil der angeborenen Sprachfähigkeit des Menschen ist und
im Spracherwerbsprozeß als Bewertungsinstanz fungiert, welche die konstruktive
Selektion einer einzigen Grammatik aus den verschiedenen deskriptiv adädqua-
ten Beschreibungsmöglichkeiten wahrgenommenen Sprachmaterials sichert.[248]
Universale und einzelsprachspezifische Regeln konstituieren so gemeinsam die
Kompetenz empirischer Sprecher-Hörer.

Lakatos' Methodologie historiographischer Forschungsprogramme stimmt in
wesentlichen Zügen mit den skizzierten methodologischen Postulaten von
Chomskys Forschungsprogramm zur Rekonstruktion grammatischer Kompetenz
überein. Wie für Chomsky die Vereinbarkeit mit den intuitiven Urteilen
kompetenter Sprecher das Bewährungskriterium jeder grammatischen Rekonstruktion darstellt, so ist für Lakatos die Übereinstimmung mit den "instinktiven"
Urteilen kompetenter Wissenschaftler das Bewährungskriterium vorgeschlagener
Methodologien. In beiden Fällen sind die zu rekonstruierenden Werturteile nicht
aus expliziten und allgemeinen Regeln abgeleitet, sondern gründen in der
Anwendung impliziten Wissens auf einzelne Fälle.[249] Methodologien könnten so
gedeutet werden als 'Grammatiken' der wissenschaftlichen Urteils- und
Handlungskompetenz. Ihnen wird abverlangt, für einen möglichst großen Teil
der Forschungsbeiträge, die von der wissenschaftlichen Elite als wissenschaftliche
Leistungen anerkannt werden, eine Rekonstruktion geben zu können, die zeigt,
daß diese Leistungen die vorgeschlagenen allgemeinen Standards wissenschaftlicher Rationalität erfüllen.
Eine Falsifikation methodologischer Regeln durch abweichende Basiswerturteile

---

246 Vgl. Chomsky 1972, S.40ff sowie Oevermann 1973, S.28f.
247 Vgl. Oevermann 1973, S.29.
248 Vgl. Chomsky 1972, S.41; - Chomskys Verknüpfung zwischen allgemeiner Grammatiktheorie
     und einer Theorie des Spracherwerbs kann im gegenwärtigen Kontext nicht weiter verfolgt
     werden.
249 Vgl. Lakatos 1974b, S.294 und S.307.

schließt Lakatos freilich ausdrücklich aus. Zwei Gründe sind dafür maßgebend: Zum einen bestreitet Lakatos' Methodologie wissenschaftlicher Forschungsprogramme prinzipiell die Möglichkeit unmittelbarer Falsifikation theoretischer Aussagen durch Basissätze, wie sie für den "naiven Falsifikationismus" charakteristisch ist. Da Anomalien als normal gelten, kann eine Theorie nur durch eine konkurrierende Theorie mit überschüssigem Gehalt 'widerlegt' oder besser, verdrängt werden.[250] Dementsprechend kann auch eine vorgeschlagene Methodologie nur durch eine konkurrierende Methodologie historiographisch "falsifiziert" werden, die eine größere Zahl von Basiswerturteilen rational rekonstruieren kann, als sie selbst.[251]

Zum anderen sind nicht alle Basiswerturteile frei von Fehlern.[252] Trübungen des Urteilsvermögens, performatorische Verzerrungen - wie Chomsky formulieren würde, können auch bei den qualifiziertesten Wissenschaftlern vorkommen. Ihre Untersuchung ist Gegenstand eines flankierenden Forschungsprogrammes, welches die Genesis rational nicht rekonstruierbarer Basiswerturteile durch *externe* Einflußgrößen psychologischer oder sozio-historischer Art zu erklären sucht, die im Gegensatz zu wissenschaftlichen Rationalitätsansprüchen stehen. Chomskys Unterscheidung zwischen *Kompetenz* und *Performanz* findet so ihre Entsprechung in Lakatos' Unterscheidung zwischen *interner* und *externer* Geschichte. Theorien dieser beiden Ebenen ergänzen und entlasten einander wechselseitig. Anomalien die entstehen, wenn Basiswerturteile anerkannter Wissenschaftler im Licht methodologischer Bewertungen unverständlich erscheinen, werden durch erfolgreiche externalistische Erklärung als Resultat performatorischer Beeinträchtigungen erkennbar und dadurch aufgelöst. Nur insoweit Anomalien auf diese Weise durch ein ergänzendes externalistisches Forschungsprogramm absorbiert werden können oder Aussichten auf ihre zukünftige internalistische Aufklärung bestehen (was solange der Fall ist, wie das internalistische Forschungsprogramm voranschreitet), ist der internalistische Rekonstrukteur berechtigt, sie zu ignorieren.[253]

---

250 Vgl. Lakatos 1974a, S.113f.
251 Vgl. Lakatos 1974b, S.302f.
252 Vgl. Lakatos 1974b, S.304.
253 Vgl. Lakatos 1974b, S.304.

5.2 Von Lakatos zu Kuhn: Universale Kriterien wissenschaftlicher Rationalität als Hintergrund für die Ausbildung paradigmaspezifischer Handlungsregeln und Bewertungsstandards.

Die kompetenztheoretische Deutung der Basiswerturteile qualifizierter Wissenschaftler und ihre Verwendung als Bewährungsinstanz konkurrierender Methodologien setzt die prinzipielle Zuverlässigkeit dieser Urteile voraus. Beeinflussung durch Vorurteile, außerwissenschaftliche Erwägungen, Autoritätsgläubigkeit oder die Möglichkeit gegensätzlicher Auffassungen über die Qualität wissenschaftlicher Leistungen innerhalb der wissenschaftlichen Elite müssen deshalb nicht ausgeschlossen werden. Solange solche Fälle in der Minderzahl sind, können sie durch ergänzende externe Erklärungen und durch die Beschränkung interner Rekonstruktionsbemühungen auf weithin unumstrittene Basiswerturteile bewältigt werden, ohne dadurch das zugrunde liegende Forschungsprogramm zu gefährden. Diese kritische Schwelle wäre jedoch überschritten, wenn - wie von Feyerabend[254] und Kuhn[255] behauptet - konkurrierende Bewertungen und deren Prägung durch wissenschaftsexterne Faktoren eher als Regel denn als Ausnahme betrachtet werden müßten.

Kuhns Position ist dabei von besonderem Interesse, weil sie trotz aller Gegensätze zu Lakatos ebenfalls starke Affinitäten zur *kompetenztheoretischen Deutung wissenschaftlichen Handelns* erkennen läßt. Die Existenz unvereinbarer Basiswerturteile innerhalb der wissenschaftlichen Elite ist für Kuhn normal, weil er die grundsätzliche Inhomogenität der wissenschaftlichen Gemeinschaft unterstellt. Sowohl in diachroner als auch in synchroner Perspektive (in letzterem Fall primär in revolutionären Umbruchsphasen der Wissenschaftsentwicklung) sieht Kuhn unterschiedliche Schulen und Traditionen als Träger der Forschung, deren Standards zwar intern ein hohes Maß an Übereinstimmung erkennen lassen, die aber zwischen den verschiedenen Gemeinschaften erheblich voneinander abweichen.[256] Der Zusammenhalt der einzelnen Gruppen beruht dabei nicht auf bestimmten ausdrücklich formulierten und von allen Mitglieder konsentierten Regeln. Versuche, solche *expliziten* Regeln zu ermitteln, offenbaren auch hier divergierende Auffassungen.[257] Als gemeinschaftskonstituierenden Kern der Übereinstimmung identifiziert Kuhn vielmehr eine Reihe kollektiv anerkannter *Musterbeispiele erfolgreicher Problemlösung,*[258] die als verbindliche Orientierungs-

---

254 Vgl. Feyerabend 1976, S.280f.
255 Vgl. Kuhn 1981, bes. Kap. IX.
256 Vgl. Kuhn 1981, Kap. IX.
257 Vgl. Kuhn 1978a, S.399f.
258 Auf solche Musterbeispiele bezieht sich die ursprüngliche und zentrale Bedeutung des Begriffes "Paradigma", den Kuhn selbst mehrdeutig gebraucht. Vgl. dazu Kuhn 1978a sowie Masterman 1974.

grundlage weitere Forschungen und die Bewertung von Forschungsleistungen anleiten. Ähnlichkeitsbeziehungen zwischen den paradigmatischen Problemsituationen und den ungelösten Rätseln eines Forschungsfeldes werden von den Angehörigen einer Disziplin oder Schule intuitiv erfaßt, ähnliche Lösungen werden bevorzugt. Die Einheit der Gemeinschaft kann so gesichert werden, ohne daß dazu ausdrücklich vereinbarte Regeln nötig wären.[259]
Kuhn selbst vergleicht den Erwerbsprozeß des gemeinschaftskonstitutiven Habitus mit der Aneignung einer Fremdsprache durch die Übertragung der Merkmale von Standardbeispielen (wie z.B. exemplarischer Konjugationen oder Deklinationen) auf neue Fälle.[260] Ebensogut stimmt diese Beschreibung überein mit Chomskys Darstellung des primären Spracherwerbs als einem Prozeß des Ablesens und der allmählichen Verinnerlichung von strukturellen Regularitäten, die das Sprachmaterial aufweist, welches die Bezugspersonen eines Kindes innerhalb der sozialisatorischen Interaktion ständig produzieren. Eher stärker noch als Lakatos akzentuiert Kuhn die Bedeutung *impliziten Wissens*, der dadurch geleiteten Handlungen und der darauf gegründeten intuitiven Bewertungen. Diese Parallelität beider Positionen weckt Zweifel an der Behauptung ihrer Unvereinbarkeit.
Wenn Lakatos die Existenz universeller Kriterien wissenschaftlicher Rationalität als Bestandteil der Handlungskompetenz aller qualifizierten Wissenschaftler postuliert, Kuhn dagegen eine weitgehende Übereinstimmung in den Basiswerturteilen kompetenter Wissenschaftler nur innerhalb begrenzter Gemeinschaften feststellt, die über einen gemeinsamen Paradigmenbestand verfügen, so kann dieser Widerspruch durch Differenzierung der Ebenen aufgelöst werden. Die verschiedenen wissenschaftlichen Gemeinschaften Kuhns verhalten sich zueinander wie unterschiedliche Sprachgemeinschaften. Kuhn selbst verwendet diesen Vergleich, wenn er die Verständigungsgrenzen analysiert, welche Schulen und Traditionen gegeneinander abschotten.[261] Vor dem Hintergrund der linguistischen Theorie Chomskys gewinnt diese Zuordnung jedoch eine neue Bedeutung. Sie verweist auf die unbesetzte theoretische Position eines Äquivalentes zu Chomskys Konzeption der *Universalgrammatik*, die durch eine *allgemeine Theorie wissenschaftlicher Rationalität* im Sinne Lakatos' und der traditionellen Wissenschaftstheorie besetzt werden kann. Wie die Universalgrammatik diejenigen Regeln explizieren soll, die allen menschlichen Sprachen gemeinsam sind und die Restriktionen spezifiziert, denen die verschiedenen einzelsprachlichen Grammatiken genügen, so wäre es die Aufgabe einer

---

259 Vgl. Kuhn 1978a, S.400ff sowie Kuhn 1981, S.57ff.
260 Vgl. Kuhns Vorwort zu Kuhn 1978, a.a.O., S.42.
261 Vgl. Kuhn 1981, S.213 sowie Kuhn 1978b, S.443f.

universalen Theorie wissenschaftlicher Rationalität, den gemeinsamen Kernbestand urteils- und handlungsleitender Regeln anzugeben, die verschiedene wissenschaftliche Gemeinschaften miteinander teilen und die zugleich die Grenzen umschreiben, die ihrer Individualisierung und Separierung gegeneinander gezogen sind. Die "interne" Verankerung der Kommunikationsbarrieren zwischen verschiedenen Schulen und Gruppierungen in unterschiedlichen Regeln wissenschaftlichen Handelns könnte somit zugestanden werden, ohne daraus die relativistische Konsequenz ziehen zu müssen, daß es einen universellen und konstitutiven Kern wissenschaftlicher Rationalität dann nicht mehr geben könne. Aufgegeben werden müßte allerdings der Gedanke, daß wissenschaftliches Handeln durch die Applikation universeller Standards unter situativen Randbedingungen *eindeutig und vollständig* determiniert bzw. determinierbar wäre.

Kuhn selbst gibt Hinweise zur weiteren Ausfüllung der vorgezeichneten Analogie.[262] Auf die Frage, welche Eigenschaften eine gute wissenschaftliche Theorie habe, nennt er - ohne Vollständigkeit oder Originalität zu beanspruchen - fünf geläufige Kriterien: Eine Theorie solle in allen ihren Folgerungen mit den beobachteten sowie experimentell erzeugten Tatsachen übereinstimmen; sie solle in sich widerspruchsfrei und auch mit anderen anerkannten Theorien zu vereinbaren sein; sie solle Erklärungen großer Reichweite ermöglichen, eine möglichst einfache Ordnung zwischen vorher scheinbar verworrenen und voneinander isolierten Erscheinungen herstellen sowie neue Erscheinungen und Zusammenhänge aufdecken.[263] Kuhn gesteht diesen fünf Kriterien (Tatsachenkonformität, Widerspruchsfreiheit, Reichweite, Einfachheit, Fruchtbarkeit) durchaus allgemeine Geltung zu. Er bestreitet allerdings, daß diese Gesichtspunkte ausreichen, um daraus *eindeutige Urteile über die Vorzugswürdigkeit von Theorien logisch ableiten* zu können. Seines Erachtens ist dies aus zwei Gründen ausgeschlossen:[264]

(1) Für sich genommen ist jedes einzelne Kriterium zu unscharf, um bei seiner Anwendung auf den Einzelfall immer zu eindeutigen Ergebnissen zu führen. Als Beispiele erwähnt Kuhn hier die Konkurrenz zwischen der Sauerstoff- und der Phlogistontheorie - die beide in der Lage waren, bestimmte Tatsachen besser zu erkären, als die konkurrierende Theorie - und die unterschiedlichen Ergebnisse, zu denen ein Vergleich zwischen der Kopernikanischen und der Ptolemäischen Theorie in Abhängigkeit von variierenden Interpretationen des Einfachheitskrite-

---

262 Vgl. zum folgenden Kuhn 1978b sowie Kuhn 1981, S.210ff.
263 Vgl. Kuhn 1978b, S.422f.
264 Vgl. Kuhn 1978b, S.423ff.

riums führt.[265] Analoge Schwierigkeiten können sich einstellen bei der Untersuchung der Vereinbarkeit konkurrierender neuer Theorien mit anerkannten Theorien, wenn die neuen Theorien unterschiedlichen bisher bewährten Theorien widerstreiten. Wie im Falle der partiellen Inkongruenz des bewährten Tatsachengehalts, bedarf es hier weiterer Kriterien, um Vorzugsentscheidungen zu begründen. Der Rückzug auf die jeweils verbleibenden Urteilskriterien in der Hoffnung, hier zu klareren Aussagen zu kommen, liegt nahe. Dem steht jedoch eine weitere Schwierigkeit entgegen.

(2) Die Anwendung verschiedener Bewertungsstandards kann zu Ergebnissen führen, die nicht miteinander verträglich sind. Zur Illustration verweist Kuhn wiederum auf die Kopernikanische Theorie, die zwar (in einer bestimmten Deutung dieses Begriffs!) einfacher als die Ptolemäische war, dafür aber einer Vielzahl anerkannter Erklärungen irdischer Erscheinungen widersprach, die mit der geozentrischen Astronomie gut übereinstimmten.

Die dargelegte doppelte Unterbestimmtheit der Theoriewahl auf der Ebene *universaler* Kriterien wissenschaftlicher Rationalität verlangt zusätzliche Bestimmungsgründe, um Vorzugsentscheidungen zwischen konkurrierenden Theorien zu motivieren. Diese Bestimmungsgründe können durchaus ebenfalls rationaler Art sein, sind aber in stärkerem Maße kontextabhängig. Aus der mangelnden Eindeutigkeit *universaler* Rationalitätsstandards folgt deshalb keineswegs die These einer *Rationalitätslücke*[266], derzufolge bei jeder Entscheidung zwischen konkurrierenden Theorien *notwendig irrationale* Faktoren ins Spiel kommen *müssen*. Kuhn spricht zwar von "subjektiven" Faktoren, die zu den "objektiven" Kriterien hinzutreten müssen, um eine Theoriewahl zu ermöglichen.[267] "Subjektiv" darf dabei jedoch nicht im Sinne von 'beliebig', 'unbegründbar', 'geschmacksbedingt' mißverstanden werden. Unter den Titel "subjektiv" stellt Kuhn solche Bestimmungsgründe, die mit der Lebenserfahrung eines Wissenschaftlers auf seinem Fachgebiet, mit der Art der verwendeten Methoden, dem Erfolg, der ihm damit beschieden war etc. zusammenhängen und die darüber hinaus personengebundene Präferenzen einschließen, wie beispielsweise die Bevorzugung originellerer aber auch riskanterer Lösungswege gegenüber üblichen und verläßlichen Strategien, oder die Höherwertung weitreichender und einheitlicher Theorien gegenüber begrenzteren Ansätzen, die ein höheres Maß

---

265 Kuhn legt hier allerdings ein konventionalistisches Verständnis der Einfachheit zugrunde, gegen das Popper sich ausdrücklich wendet. Um dieses Problem der beliebigen Ausdeutbarkeit zu lösen, definiert Popper die Einfachheit einer Theorie durch ihren Falsifizierbarkeitsgrad. Vgl. dazu Popper 1966, S.100f.
266 Diesen Begriff gebraucht Stegmüller (1980, S.123) in diesem Zusammenhang, ohne jedoch die damit verknüpfte These zu unterstützen.
267 Vgl. Kuhn 1978b, S.441f.

an Exaktheit erreichen.[268] Erfahrungsabhängige Einschätzungen und individuelle Präferenzen füllen die Lücken aus, die durch die begrenzte Überschaubarkeit der Situation und die Mehrdeutigkeit der universalen Kriterien entstehen. Dadurch können Vorzugsentscheidungen auch dann noch getroffen werden, wenn die jeweiligen Stärken konkurrierender Theorien nur an der Erfüllung unterschiedlicher allgemeiner Bewertungsstandards abgelesen werden können - was eine Entscheidung über deren Gewichtung verlangt, für die *universelle* Maßstäbe fehlen - und über die zukünftigen Entwicklungschancen keine verläßlichen Prognosen möglich sind.

Die Situation der Theoriewahl wird so rekonstruiert als eine *Situation rationalen Entscheidens unter Bedingungen der Unsicherheit.* Die Rolle "subjektiver" Einschätzungen und Werturteile ist dabei unverzichtbar. Durch die Orientierung der Wissenschaftler an den allgemeinen Standards unterliegen sie allerdings der Kontrolle "objektiver" Kriterien. Der Status solcher Einschätzungen ist also provisorischer Art. Durch spätere Erfolge kann eine Theorie nachträglich auch nach den universellen Standards wissenschaftlicher Rationalität eine eindeutig überlegene Position gegenüber ihren Konkurrenten erlangen. In dem Maße, in dem dies gelingt, werden die ursprünglich individualspezifischen (oder durch eine begrenzte Gruppe getragenen) Einschätzungen und Werturteile 'entsubjektiviert'. Gelingt dies nicht und erweist sich die getroffene Entscheidung nachträglich als falsch, dann kann daraus allein kein Rückschluß auf die Irrationalität der Entscheidungsgrundlage abgeleitet werden. Mißerfolge veranschaulichen nur die Risiken, mit denen jede Theoriewahl verknüpft ist.[269]

Die vorstehende Skizze läßt wesentliche Parallelen zu Poppers Konzeption der situationslogischen Rekonstruktion erkennen. Poppers Galilei-Rekonstruktion kann geradezu als Exemplifikation von Kuhns Analyse der Situation der Theoriewahl gelesen werden: Als "subjektive" Elemente, die ihren Niederschlag in Galileis Gezeitentheorie fanden, nennt Popper die Tatsache, daß Galilei Physiker war sowie dessen Ablehnung der Astrologie. Weil Galilei Physiker war, habe er gewußt, daß das eigentliche Problem einer Weiterentwicklung und Stützung der Kopernikanischen Theorie darin bestand, eine mechanische bzw. physikalische Erklärung des bisher primär mit geometrischen Mitteln formulierten kosmologischen Modells auszuarbeiten. Aus diesem Grunde habe Galilei, dessen Ziel es gewesen sei, durch seine Erklärung der Gezeiten ein zentrales Argument zugunsten der Kopernikanischen Theorie zu entwickeln, seine Gezeitentheorie allein auf die wenigen Elemente einer angestrebten mechanischen bzw. physikalischen Erklärung des Kopernikanischen Modells gegründet, über die er

---

268 Vgl. Kuhn 1978b, S.426f und S.442.
269 Vgl. Stegmüller 1980, S.128f.

bereits verfügte: die Trägheitsgesetze und die Erhaltungsgesetze für Dreh-bewegungen.[270] Aus der unterstellten Unvereinbarkeit mit dieser Erklärungsbasis sowie Galileis Ablehnung der Astrologie erklärt Popper, warum Galilei den bereits bekannten Gedanken einer Beeinflussung der Gezeiten durch den Mond verwarf.[271] Popper verbindet mit dieser Rekonstruktion zugleich den Anspruch einer rationalen Rechtfertigung. Für ihn schließt der Einfluß "subjektiver" Faktoren (im Sinne Kuhns) auf forschungsstrategische Entscheidungen deren "objektive" Begründbarkeit demnach ebenfalls nicht aus.

Auch für das Argument Kuhns, daß die verschiedenen Kriterien universaler wissenschaftlicher Rationalität zueinander in Widerstreit geraten können, der nur durch die Entscheidung des Forschers aufgelöst werden kann, gibt Poppers Galilei-Rekonstruktion eine passende Illustration. Wie Popper bemerkt, war Galileis physikalischer Bezugsrahmen "..eine etwas vereinfachte Form des Kopernikanischen Modells des Sonnensystems".[272] Keplers Annahme elliptischer Planetenbahnen war mit diesem Bezugsrahmen nicht zu vereinbaren.[273] Die Vereinfachung hatte eine geringere Übereinstimmung des Modells mit den Beobachtungsdaten zur Folge. Sie erschien Galilei jedoch als ein notwendiger Schritt auf dem Wege zu einer befriedigenden Lösung seiner *physikalischen Probleme*, deren Klärung er als Voraussetzung für die Lösung der offen-gebliebenen *geometrischen Probleme* betrachtete.[274] Popper rechtfertigt diese Entscheidung demnach primär mit der Unterscheidung zwischen geometrischen und physikalischen Problemen.[275] Weil und insofern es der erreichte Wis-sensstand zu erfordern schien, mit einfacheren aber auch ungenaueren Modellen zu arbeiten, um das behandelte physikalische Problem zu lösen, war es durchaus vernünftig, Präzisionsverluste temporär in Kauf zu nehmen.

Die konkreten Anforderungen des *materialen Forschungsproblems* und die aktuell verfügbaren Lösungsmöglichkeiten geben demnach *fallspezifisch gültige Kriterien* an die Hand, durch die Entscheidungen begründet werden können, die *im Widerspruch zu einzelnen universellen Standards wissenschaftlicher Rationalität stehen*. Konflikte zwischen universellen Standards können dadurch aufgelöst werden. Damit wird die prinzipielle Geltung der vernachlässigten Standards jedoch keineswegs aufgehoben. Als regulative Prinzipien oder Werte[276], die

---

270 Vgl. Popper 1984, S.178.
271 Vgl. Popper 1984, S.179.
272 Vgl. Popper 1984, S.181.
273 Vgl. Popper 1984, S.180.
274 So vermutet Popper 1984, S.181, Fußn. 23.
275 Vgl. Popper 1984, S.180, Fußn. 22.
276 Zu den Vorteilen, die sich aus der Behandlung universeller Standards wissenschaftlicher Rationalität als Werte ergeben vgl. Kuhn, 1978b, S.433ff. Analog argumentierte schon Polanyi 1958 (5. Aufl.1978); Polanyi (1978, S.167) erachtet alle formalen Verfahrensregeln
(Fortsetzung...)

wissenschaftliches Handeln leiten, bleiben sie weiterhin in Kraft. Allein die Strategie der Wertbefriedigung wird freigesetzt von dem Druck der Forderung nach der gleichzeitigen und zu jedem Zeitpunkt zu optimierenden Erfüllung aller Standards wissenschaftlicher Rationalität. Befreit von dem Gebot der "instantanen Rationalität"[277] erhalten neue Theorien die Atempause, die sie zur Entfaltung ihrer Möglichkeiten benötigen, können die Gewinne bewährter Theorien aufs Spiel gesetzt werden in der Hoffnung, zusammen mit dem späteren Ertrag auch den Einsatz zurückzuerhalten.

Die referierten Überlegungen Kuhns geben Anlaß zu der Frage, wo seine früheren rationalitätsskeptischeren und stärker historistisch getönten Ausführungen[278] darin noch einen Platz finden können. Kuhn sieht selbst, daß dazu weitere Klärungen notwendig sind,[279] deren Richtung er jedoch nur mit wenigen Hinweisen andeutet. Ein deutlicher Bruch scheint hier insbesondere zwischen der Kuhn zugeschriebenen These eines Relativismus der verschiedenen Paradigmata und seiner nun ausdrücklichen Anerkennung eines Kerns universeller Werte wissenschaftlicher Rationalität zu bestehen. Vor allem Behauptungen wie die, daß verschiedene Paradigmen untereinander *inkommensurabel* seien, daß Entscheidungen zwischen konkurrierenden Theorien oder Paradigmata deshalb nicht durch Beweise gerechtfertigt werden könnten, sondern Methoden der *Überredung* mit Argumenten und Gegenargumenten an deren Stelle treten müßten, daß kein Punkt angegeben werden könne, von dem an der Widerstand der Vertreter eines älteren Paradigmas gegen ein neues als *unlogisch oder unwissenschaftlich* zu bewerten sei, daß der Übergang eines Wissenschaftlers zu einem neuen Paradigma einem *Akt der Konversion* gleichkomme und einen *Gestaltwandel* in seiner Weise, die Welt zu sehen, einschlösse,[280] wurden meist als Plädoyer für einen wissenschaftsphilosophischen Relativismus gelesen.[281]
Dieser Eindruck verdankt sich, neben einigen rhetorischen Überzeichnungen durch Kuhn, vermutlich im wesentlichen einer verengten Rationalitätskonzeption, die wohl die meisten seiner Kritiker zumindest implizit zugrunde legten. Es ist

---

276 (...Fortsetzung)
   wissenschaftlichen Handelns als mehrdeutig und unterschiedlich interpretierbar in Abhängigkeit von den besonderen Vorstellungen über die Natur der Dinge, von denen sich Wissenschaftler leiten lassen. Er schließt daraus jedoch nicht auf die Nutzlosigkeit solcher Regeln, sondern vertritt die 'Kuhnsche' Position, indem er feststellt: "These formal criteria can of course function legitimately as *maxims* of scientific value and scientific procedure"; vgl. Polanyi 1978, S.170; Hervorhebung im Original.
277 Vgl. Lakatos 1974a, S.150ff.
278 Vgl. insbes. Kuhn 1981.
279 Vgl. Kuhn 1978b, S.438.
280 Vgl. Kuhn 1978b, S.421 sowie Kuhn 1981, S.159ff und S.169.
281 Vgl. dazu die Beiträge von Watkins, Toulmin, Popper, Lakatos und Feyerabend in Lakatos/Musgrave 1974.

dies die Gleichsetzung *rationaler Begründung* mit *deduktionslogischer Ableitbarkeit* aus anerkannten Prämissen.[282] Nur die Möglichkeit, Theoriewahlentscheidungen durch deduktionslogisch zwingende Beweisführung zu begründen wird ausgeschlossen durch Kuhns These der (partiellen) Inkommensurabilität der Begriffe, mit denen konkurrierende Theorien arbeiten und der Probleme, deren Lösung ihren Vertretern vordringlich erscheint.[283] Fehlen solche Beweise aber, dann kann das Festhalten an einer historisch überholten Theorie nicht als irrational disqualifiziert werden.

Kuhns Position stimmt darin mit der von Lakatos überein: Der Nachweis, daß eine Theorie mit einer Vielzahl ungelöster Probleme zu kämpfen hat, die von einer Konkurrentin beantwortet werden können, reicht nicht aus, um sie ein-für-alle-mal zu widerlegen. Niemals kann mit Sicherheit ausgeschlossen werden, daß der abgeschlagene Gegner seinen Rückstand noch aufholen und dem anscheinenden Sieger die Führung mit Erfolg streitig machen wird.

Die Übernahme eines neuen Paradigmas durch einen Wissenschaftler, der innerhalb eines anderen Paradigmas aufwuchs, zeigt dabei Ähnlichkeiten zu einem Akt religiöser Bekehrung nur insofern, als das Fehlen eines solchen Nachweises durch subjektive Erfolgsgewißheit (die durchaus auf gute - aber eben nicht auf zwingende Gründe gestützt sein kann) kompensiert und diese 'Glaubensüberzeugung' als motivationale Voraussetzung für die Aneignung eines neuen Paradigmas gewechselt werden muß.[284]

Die Schwierigkeiten der Verständigung über die Grenzen unterschiedlicher Paradigmata hinweg und das Fehlen deduktiver Argumente schließen rationale Diskussion und begründbare Entscheidungen in der Situation der Theoriewahl jedoch nicht vollständig aus. Kuhn nimmt an, daß die Anwendung zumindest einiger universeller Wertkriterien auf die Ergebnisse, die im Rahmen der Arbeit mit konkurrierenden Theorien erzielt werden, in der Regel ohne große Übersetzungsbemühungen möglich ist.[285] Auf völliges und reibungslos zu

---

282 Vgl. dazu auch Toulmin 1983, S.69ff sowie unten Abschnitt 6. - Toulmin (a.a.O.) kritisiert diese Identifikation als absolutistischen "Kult der Systematik", der zum gemeinsamen Erbe der Wissenschaftsphilosophie des 20. Jahrhunderts im Gefolge Freges gehöre und betrachtet den Relativismus als die Kehrseite dieses reduzierten Rationalitätsbegriffs, die immer dann die Oberhand gewinnen kann, wenn es um Fragen wie Theoriewahl oder Ideenwandel geht, die sich einer deduktionslogischen Rekonstruktion entziehen. - Zur parallelen Kritik an den Voraussetzungen einer solchen "monistische(n) Auffassung von wissenschaftlicher Rationalität" aus der Perspektive des *strukturalistischen* Theorienkonzeptes vgl. Stegmüller 1980, S.30f.

283 Vgl. Kuhn 1981, S.159ff.

284 Vgl. Kuhn 1981, S.162.

285 Vgl. Kuhn 1978b, S.444; über die unterschiedliche Brauchbarkeit der von ihm genannten Kriterien für Leistungsvergleiche zwischen konkurrierenden Theorien äußert Kuhn (a.a.O.): "Tatsachenkonformität und Fruchtbarkeit sind am unmittelbarsten anwendbar, dann vielleicht die Reichweite; die Anwendung von Widerspruchsfreiheit und Einfachheit ist wesentlich problematischer." - Im Rahmen des strukturalistischen Konzeptes wissenschaftlicher Theorien
(Fortsetzung...)

erreichendes Einverständnis kann freilich auch auf dieser Ebene nicht gerechnet werden. Zwar unterstellt Kuhn einen transparadigmatischen und invarianten Kernbestand universeller Standards wissenschaftlicher Rationaltät. Innerhalb der verschiedenen Paradigmata können die einzelnen Standards dennoch unterschiedlich gewichtet und interpretiert werden.[286] Den naheliegenden Einwand, daß eine solche Parallelschaltung von Theoriewandel und Wandel der Wertinterpretation einer Rechtfertigung des ersteren auf der Basis allgemeiner Werte den Boden entzöge, beantwortet Kuhn mit dem Argument, daß der Wertewandel gewöhnlich eine spätere Folgeerscheinung des Theoriewandels sei und in der Regel einen geringeren Umfang als dieser erreiche. Diese relative Stabilität reiche aus, um eine Grundlage für die rationale Begründung von Theoriewahlentscheidungen zur Verfügung zu stellen.[287]

Die referierten Äußerungen Kuhns über die Rolle allgemeiner Werte im Wettbewerb unterschiedlicher Paradigmata bleiben auf eigentümliche Weise unbestimmt. Ob und auf welche Weise aus diesen Standards Begründungen für Vorzugsentscheidungen im Einzelfall gewonnen werden können, wird kaum erkennbar. Zumindest teilweise ist diese Unschärfe jedoch sachbedingt. Auf allgemeiner Ebene können nur solche Standards vollständig expliziert und

---

285 (...Fortsetzung)
   wird an der Entwicklung einer formalen Methode der "Reduktion" gearbeitet, die es erlaubt, verschiedene Theorien mit "inkommensurablem" Begriffsapparat miteinander auf ihre Leistungsfähigkeit hin zu vergleichen. Hinweise, die auf eine derartige Präzisierbarkeit von Kuhns Überlegungen zur Rechtfertigbarkeit der Theorienwahl auch unter Bedingungen begrifflicher Inkommensurabilität hoffen lassen, finden sich bei Stegmüller 1980, S.128ff und S.161f. Stegmüller diskutiert darüber hinaus auch den Grenzfall der begrifflichen *und empirischen* Inkommensurabilität konkurrierender Theorien. Dieser Fall ist erfüllt, wenn zwei Theorien T_1 und T_2, die Nachfolgetheorien einer Theorie T_0 sind, weder untereinander noch mit T_0 begrifflich vollständig kommensurabel sind, beide einen gleich hohen empirischen Gehaltsüberschuß gegenüber T_0 aufweisen, der sich jedoch zum größeren Teil auf die Erklärung verschiedener Phänomene erstreckt, so daß nur eine partielle Überschneidung im Gehalt zwischen T_1 und T_2 besteht. T_0 könnte dann auf T_1 und T_2 gleichermaßen - im Sinne des wissenschaftstheoretischen Strukturalismus - "reduziert" werden. Sowohl T_1 als auch T_2 müßten demnach als Fortschritt gegenüber T_0 betrachtet werden, ohne daß dabei die Möglichkeit einer Entscheidung zwischen diesen Alternativen bestünde. Man hätte es hier mit einer potentiell endgültigen Inkommensurabilität zwischen T_1 und T_2 zu tun. Für diese mögliche Situation reserviert Stegmüller (a.a.O., S.132-134 und S.164-166) den Begriff der "Fortschrittsverzweigung". - Zum Problem der Reduktion von Theorien vgl. auch Kanitscheider 1979, S.152ff.
286 Kuhn erwähnt in diesem Zusammenhang, daß wiederholt bedeutende wissenschaftliche Fortschritte auf Kosten der Reichweite erzielt worden seien und das Gewicht dieses Kriteriums für die Theoriewahl sich entsprechend verringert habe. Als Beispiel für Variationen bei der Interpretation universeller Kriterien nennt Kuhn die Tendenz, den Wert der Tatsachenkonformität im Laufe der Wissenschaftsgeschichte immer mehr als quantitative Übereinstimmung zu deuten und dabei manchmal die qualitative Übereinstimmung hintan zu setzen; so z.B. bei der neuen Chemie Lavoisiers, die für die Erklärung von Qualitäten wie Farbe oder Makrostruktur geringere Möglichkeiten bot und ihr im Gegensatz zur älteren Chemie auch keine Bedeutung zumaß. Vgl. Kuhn 1978b, S.439f.
287 Vgl. Kuhn 1978b, S.440.

eindeutig bestimmt werden, die von den Besonderheiten der Einzelfälle, für die sie gelten sollen, unberührt bleiben. Kuhn bestreitet, daß es solche kontextunabhängig präzisierbaren Entscheidungskriterien gibt. Er spricht von *Werten* statt von Regeln wissenschaftlicher Rationalität, um zu verdeutlichen, daß darunter nur allgemeine Leitgesichtspunkte zu verstehen sind, die auf Interpretation und Vervollständigung nach Lage der konkreten Entscheidungssituation notwendig angewiesen sind. Mit der Einführung *kontextsensitiver Bewertungsstandards* wird der Begriff der wissenschaftlichen Rationalität um eine *irreduzible hermeneutische Komponente erweitert*:[288] Die Rationalität von Theoriewahl-

---

288 Vgl. dazu auch Polanyi 1978, S.167: "All formal rules of scientific procedures must prove ambiguous, for they will be interpreted quite differently, according to the particular conceptions about the nature of things by which the scientist is guided." - Lakatos charakterisiert die Position Polanyis, nach der "..man zwar in *besonderen* Fällen rechte, rationale wissenschaftliche Bewertungen treffen könne, daß es aber keine *allgemeine* Theorie der Rationalität gebe", als eine konservative Form des Rationalismus: "So ist Polanyi ein konservativer Rationalist in bezug auf die Wissenschaft und 'Irrationalist' in bezug auf die Wissenschaftsphilosophie. Aber dieser Meta-'Irrationalismus' ist natürlich eine ganz respektable Variante des Rationalismus" (Lakatos 1974b, S.300; Hervorhebungen im Original). Auch Kuhns Überlegungen (vgl. 1978b) wären in diese Charakterisierung einzubeziehen. Ja selbst Feyerabends Parole "anything goes" (die er folgerichtig im Vorwort zur überarbeiteten deutschen Auflage von 1983 ausdrücklich als "ganz ironisch gemeint" deklariert mit der Erläuterung, "anything goes ist nicht mein Grundsatz.., sondern der erschreckte Ausruf eines Rationalisten, der sich die von mir zusammengetragene Evidenz etwas genauer ansieht), kann noch als radikalisierte Pointierung der *Kontextsensitivität* methodologischer Bewertungsstandards gelesen werden. Feyerabend versteht sich nicht als Herold des Irrationalismus, sondern besteht nur darauf, daß keine allgemeinen Regeln angegeben werden können, die *unverändert und gleichartig auf jeden einzelnen Fall* angewendet werden können, ohne in irgend einer Weise durch die besondere Natur der jeweils zu lösenden Probleme berührt zu werden. Feyerabend opponiert damit nur gegen die oben erwähnte deduktionslogische Verengung des Rationalitätsbegriffs, die nur solche Begründungen als rational anerkennt, die der Struktur eines logisch zwingenden Beweises entsprechend als deduktive Ableitung aus gegebenen Prämissen mit Hilfe universell gültiger Regeln rekonstruiert werden können. Dagegen behauptet Feyerabend:
"..Jeder allgemeine Grundsatz hat seine Grenzen, in manchen Fällen ist seine Anwendung dem Fortschritt der Erkenntnis (der Gesellschaft, der Kunst usw.) hinderlich statt förderlich". Um ein Problem zu lösen solle man allgemeine Regeln dennoch in betracht ziehen, "..aber nur als *Faustregeln*, die in einem Fall nützlich sein können, in einem anderen vielleicht gar nicht anwendbar. .. Verhaltensregeln wie die Regeln der Methodologie oder der Logik (sind - W.L.S.) nur vorläufige Anweisungen, die sich als abwegig herausstellen können." - Lakatos' Darstellung von Bohrs Forschungsprogramm der Lichtemission als Beispiel für den "Fortschritt eines Forschungsprogrammes auf kontradiktorischer Grundlage" (vgl. Lakatos 1974a, S.137ff) kann als ausgezeichnete Illustration zu dieser These Feyerabends verstanden werden. Lakatos fordert nicht einmal mehr, daß Widersprüche *unbedingt* vermieden werden müßten. Widerspruchsfreiheit müsse vielmehr "ein wichtiges regulatives Prinzip bleiben", d.h. Widersprüche müssen weiterhin "als Problem angesehen werden" (vgl. Lakatos, a.a.O., S.139; Hervorhebung im Original).
Für die Situation der Arbeit an einem konkreten Problem wird damit bei Lakatos sogar der unbedingte Imperativ der Widerspruchsfreiheit zur "Faustregel" abgeschwächt, deren Verletzung unter Umständen zur Beförderung des Problemlösungserfolges nötig sein kann. Zumindest insoweit ist Lakatos also genauso 'anarchistisch' wie Feyerabend, der deshalb Lakatos' Position als "versteckten Anarchismus" bezeichnet hat (vgl. Feyerabend 1976, S.300f). Allein der Begriff des "regulativen Prinzips" - und dies ist nun allerdings eine nicht gering zu achtende Differenz - unterscheidet hier Lakatos (und mit ihm Kuhn, wenn er von allgemeinen

(Fortsetzung...)

entscheidungen kann nicht durch gleichsam mechanische Anwendung eines Algorithmus vom Wissenschaftstheoretiker überprüft werden, sondern erschließt sich nur einer die Besonderheit des Einzelfalles berücksichtigenden situationslogischen Rekonstruktion.[289] - Neben der These, daß die Übernahme eines neuen Paradigmas durch Wissenschaftler, die vorher im Rahmen des alten Paradigmas arbeiteten, Ähnlichkeiten zu religiösen Bekehrungen aufweise, hat besonders die Feststellung, daß der vollzogene Wechsel zugleich einen Gestaltumsprung in der Wahrnehmung der Erscheinungen einschließe, dazu beigetragen, Kuhn als Irrationalisten und Relativisten bekannt zu machen. Aber auch diese Aussage erlaubt eine Auslegung, die mit der Annahme universeller Rationalitätsstandards zu vereinbaren ist:

Nach Kuhn teilen die Mitglieder einer wissenschaftlichen Gemeinschaft miteinander eine bestimmte Weise, die Welt zu sehen. Ihre Wahrnehmung wird durch die gemeinsame Theoriesprache und die paradigmatischen Modelle der Phänomenbeschreibung und -erklärung geprägt. Gegenstände und Vorgänge werden unwillkürlich auf bestimmte Musterbeispiele projiziert, die Welt wird in Ähnlichkeitsrelationen erfaßt.[290] Die Sozialisation in einer wissenschaftlichen Tradition schließt die allmähliche Eintrainierung solcher Sehweisen ein. Sie funktionieren schließlich automatisch, bedürfen nicht mehr der bewußten Anstrengung und dauernden Kontrolle der Aufmerksamkeit, sondern übernehmen selbst Funktionen der Aufmerksamkeitssteuerung. Nur wer diesen Prozeß durchläuft, wird in der Lage sein, die Möglichkeiten eines Paradigmas bei der Lösung wissenschaftlicher Fragen auszuschöpfen.

Die Aneignung paradigmaspezifischer Regeln der Wahrnehmung und des Denkens auf der Stufe intuitiv angewandten impliziten Wissens etabliert freilich auch Barrieren. Alternative Möglichkeiten, die außerhalb eines Paradigmas liegen, werden ausgefiltert und sind seinen Vertretern oft nur schwer zugänglich. Die Verständigung über die Grenzen verschiedener Paradigmata hinweg wird dadurch stark beeinträchtigt und kann nur gelingen, wenn die Automatisierung des Denkens und der Wahrnehmung zeitweise außer Kraft gesetzt und der Kontrolle der Reflexion wieder unterworfen wird. Durch Übersetzungsversuche

---

288 (...Fortsetzung)
Werten spricht) gegenüber Feyerabend. Daß auch Feyerabend darüber hinaus keine *absolut* rationalitätskritische (= irrationalistische) Position bezieht, zeigt die Fortführung des obigen Zitats: "Die Behandlung von Einzelfällen in diesem Sinne braucht keineswegs willkürlich zu sein; es ist durchaus möglich, daß jeder Schritt sehr streng begründet werden kann. *Doch die Grundsätze dieser Strenge - und das ist der springende Punkt - können sich von einem Fall zum anderen ändern und müssen oft im Verlauf der Diskussion erst aufgestellt werden.* Eine allgemeine Fassung dieser Grundsätze ist daher unmöglich - anything goes." Vgl. Feyerabend 1976, S.45f, Fn. 6; alle Hervorhebungen im Original.
289 Vgl. dazu unten, Abschn. 6.
290 Vgl. Kuhn 1981, S.138ff.

zwischen den verschiedenen Theoriesprachen und die Darstellung konkreter Forschungsergebnisse wird die Anwendung zumindest einiger gemeinsamer Wertkriterien möglich und können ungefähre Leistungsvergleiche unternommen werden. Einige Wissenschaftler können danach zu dem Ergebnis kommen, daß das konkurrierende Paradigma größere Erfolgsaussichten eröffnet, als ihr eigenes. Um ihre Forschungsarbeit im Rahmen des neuen Paradigmas erfolgreich fortsetzen zu können, muß dann jedoch der gleiche Routinisierungsprozeß durchlaufen werden, wie schon bei der Aneignung des ersten Paradigmas. Die ursprünglich fremde Theoriesprache muß zur Muttersprache und die daran gebundenen Deutungsformen der Erscheinungswelt müssen als neue Sehweise in die Struktur der Wahrnehmung integriert werden. Von einem *Gestaltwandel* kann dabei insofern gesprochen werden, als schließlich die neue Sicht der Welt ebenso selbstverständlich und ohne andauernde bewußte Kontrolle funktionieren muß, wie die ältere zuvor.

Dabei wird die Wahrnehmungsweise des alten Paradigmas mit der sinkenden Häufigkeit ihrer Anwendung vermutlich nach und nach verloren gehen. Sie könnte unter Umständen bei fortgesetzter Übung aber auch dauernd beibehalten werden. Wissenschaftler, die beide Theoriesprachen als Muttersprachen beherrschen und beide Wahrnehmungsperspektiven problemlos einnehmen können, wären in besonderer Weise für die Rolle des Übersetzers oder gar des 'Linguisten' qualifiziert. Durch die jederzeit bestehende Möglichkeit des Perspektivenwechsels wären sie im Prinzip dazu in der Lage, wie ein Linguist Regelhypothesen über den Theoriesprachgebrauch in beiden paradigmatischen Gemeinschaften zu entwickeln, sie ständig an ihrer eigenen faktischen Sprachverwendung (in der Rolle des kompetenten Mitgliedes beider Sprachgemeinschaften) zu überprüfen und schließlich (wieder in der Rolle des vergleichenden Sprachwissenschaftlers) Korrespondenzen und Divergenzen zwischen den Regeln beider Theoriesprachen festzustellen.

Gestaltwandel im Sinne Kuhns ist ein Prozeß, der sich auf die Ebene des *impliziten urteils- und handlungsleitenden Wissens* bezieht. An diesem Prozeß sind notwendig extrarationale Komponenten beteiligt. Er ist deshalb jedoch nicht weniger rational, als andere Formen der Aneignung mehr oder weniger weit automatisierbarer Fähigkeiten und Fertigkeiten, wie z.B. Autofahren oder Tennisspielen, deren Erlernung meist mit der intellektuellen Erfassung des Aufbaues und der Zweckmäßigkeit der zu routinisierenden Bewegungsabläufe beginnt. Wie bei diesen Tätigkeiten nach entsprechender Übung ein plötzlicher Umsprung von angestrengt kontrollierter Ausführung einer Vielzahl von Teilbewegungen zum intuitiv koordinierten Gesamtvollzug eintreten kann - und muß, wenn ihre sichere Beherrschung erreicht werden soll, so verbinden sich die verschiedenen Überlegungen und Begründungsschritte bei einem Wissenschaftler, der den Zugang zu einem neuen Paradigma sucht, plötzlich zu einem neuen Bild der Erscheinungswelt. Durch die Beurteilung konkurrierender Theorien oder Paradigmen im Lichte universeller Standards wissenschaftlicher Rationalität können Wahlentscheidungen begründet und rational motiviert werden. Die Automatisierung der Wahrnehmung und des Denkens in den Kategorien eines neuen Paradigmas, die Kuhn mit dem Titel "Gestaltwandel" belegt, ist davon unabhängig, kann aber über Begründungsprozesse eingeleitet und begünstigt, oder auch unterbrochen und der allmählichen Auflösung zugeführt werden.

5.2.1 Übereinstimmung und Differenz im Konzept des impliziten Wissens bei Kuhn und Chomsky

Die vorangegangene Interpretation der Kuhnschen Position bediente sich in wesentlichen Teilen der Chomskyschen Theorie einer generativen Grammatik und des damit verbundenen Konzepts des regelgeleiteten Handelns durch implizites Wissen als Modell und Explikationshilfe. Kuhn selbst verbindet seine Darstellung der Wissenschaftsentwicklung und die darin gezogenen Vergleiche zwischen normalwissenschaftlichen Paradigmata und dem Sprechen einer Sprache bzw. dem Spielen eines (Sprach-)Spiels mit der von Wittgenstein entlehnten Figur der "Familienähnlichkeit". Darüber hinaus finden sich viele Stellen, an denen er die handlungsorientierende Funktion der Paradigmata ausdrücklich *gegen* die Behauptung ausspielt, daß wissenschaftliches Handeln durch ein System zugrundeliegender Forschungsregeln gesteuert werde.[291] Zu prüfen bleibt daher noch, inwiefern diese Feststellungen mit der bisherigen Deutung kompatibel sind.

Die unterschiedliche Leistung und die Priorität der Paradigmata gegenüber gemeinsamen Regeln in einer wissenschaftlichen Gemeinschaft verdeutlicht Kuhn anhand einer Reihe von Schwierigkeiten, auf die jeder Versuch treffe, Regeln aufzufinden, die bestimmte normalwissenschaftliche Traditionen geleitet haben: Übereinstimmung zwischen den Mitgliedern einer wissenschaftlichen Gemeinschaft bestehe zwar oft hinsichtlich der Identifizierung eines Paradigmas, nicht unbedingt jedoch über seine *Interpretation* oder abstrakte Formulierung, sofern überhaupt versucht werde, eine solche zu geben. Trotz dieses Mangels könne ein Paradigma die Forschung führen.[292] Des weiteren lernten Wissenschaftler in ihrer

---

291 Kuhn unterscheidet in diesem Kontext nicht zwischen universellen und den für einzelne wissenschaftliche Gemeinschaften spezifischen Regeln.
292 Vgl. Kuhn 1981, S.58.

122

Ausbildung Begriffe, Gesetze und Theorien niemals *in abstracto*, sondern immer im Kontext ihrer Anwendung auf einen bestimmten Bereich von Naturphänomenen, sowohl in Lehrbuchdemonstrationen, als auch in der eigenständigen Bearbeitung von Übungsaufgaben. Demgegenüber seien die ergänzenden Lehrbuchdefinitionen immer unvollständig und von sekundärer Bedeutung für die Erlernung der Fähgkeit, wissenschaftliche Probleme zu lösen.[293] Auch spreche wenig für die Annahme, daß Wissenschaftler intuitiv Spielregeln für sich selbst abstrahieren. Normalerweise seien sie kaum besser als Laien dazu in der Lage, über Probleme ihrer laufenden Forschungen hinaus *allgemeine* Aussagen über die feststehenden theoretischen Grundlagen, Probleme und Methoden ihres Fachgebietes zu machen.[294]

Regeln würden erst dann wichtig und zum Gegenstand der Diskussion in einer wissenschaftlichen Gemeinschaft, wenn die bisher leitenden Paradigmata nicht mehr unumstritten akzeptiert werden könnten. Solche Diskussionen seien jedoch im wesentlichen auf die Phasen der Auflösung von Paradigmata und daran anschließende wissenschaftliche Revolutionen beschränkt.[295] "Wenn die Wissenschaftler sich nicht einig sind, ob die grundlegenden Probleme ihres Fachgebietes als gelöst zu betrachten sind, erlangt die Suche nach Regeln eine Funktion, die sie normalerweise nicht besitzt. Solange die Paradigmata jedoch gesichert bleiben, können sie ohne Übereinstimmung hinsichtlich ihrer abstrakten Formulierung oder den Versuch einer abstrakten Formulierung überhaupt funktionieren."[296]

In allen vorgetragenen Einwänden gegenüber der Vorstellung von einer

---

293 Vgl. Kuhn 1981, S.60f.
294 Vgl. Kuhn 1981, S.61.
295 Vgl. Kuhn 1981, S.62.
296 Vgl. Kuhn 1981, S.62. - Die Rolle, die Kuhn der Diskussion allgemeiner Regeln für die Periode der Ablösung eines alten Paradigmas durch ein neues zuschreibt, weist Parallelen auf zu Lakatos' Bestimmung der Funktion methodologischer Regeln. Wie für Kuhn erhalten auch für Lakatos methodologische Debatten in der Krisenphase einer wissenschaftlichen Tradition besondere Bedeutung (vgl. dazu Lakatos, 1974b, S.307f). Wenn (mit Kuhn gesprochen) die Paradigmata ihre Führungsfunktion nicht mehr erfüllen können, (in Lakatos' Worten) die "instinktiv" gefällten und auf besondere Fälle bezogenen Basiswerturteile der wissenschaftlichen Elite über die Qualität wissenschaftlicher Leistungen also immer weniger übereinstimmen, dann muß der Ausfall von Orientierungsleistungen durch Methodendiskussion kompensiert werden.
Anders als Kuhn wendet Lakatos diese Feststellung jedoch *normativ* und verbindet sie mit einem Programm der Arbeitsteilung zwischen Wissenschaftlern bzw. Wissenschaftshistorikern einerseits und Wissenschaftstheoretikern andererseits: Wenn eine Tradition degeneriert und die intuitiven Bewertungen der wissenschaftlichen Elite ihre Zuverlässigkeit als Prüfkriterien für konkurrierende methodologische Rekonstruktionsvorschläge verlieren, könne "..das Gesetzesrecht die Autorität der verdorbenen Kasuistik durchkreuzen und den Prozeß der Entartung verlangsamen und vielleicht sogar umkehren. Wenn eine wissenschaftliche Schule zur Pseudowissenschaft degeneriert, dann mag es angebracht sein, eine methodologische Debatte zu erzwingen in der Hoffnung, daß arbeitende Wissenschaftler von ihr mehr lernen werden als Philosophen " (vgl. Lakatos, a.a.O., S.308).

123

prominenten Rolle methodologischer Regeln innerhalb der normalwissenschaftlichen Forschung bis hin zu dieser Hervorhebung ihrer Bedeutung in Krisenphasen der Wissenschaftsgeschichte bringt Kuhn die gemeinsame Stoßrichtung seiner Bedenken klar zur Geltung: Sie richtet sich gegen die Annahme, normalwissenschaftliches Handeln sei durch *allgemeine* und *explizite, in dieser Form subjektiv-intentional repräsentierte und befolgte* (dementsprechend also auch jederzeit *abfragbare*) Regeln geleitet. Die These, daß wissenschaftliches Handeln - ähnlich dem Gebrauch der Sprache - durch *implizites* Regelwissen geleitet ist, durch Regeln also, die *nicht* in allgemeiner und ausdrücklicher Form subjektiv-intentional verfügbar sind, sondern deren Kenntnis sich nur auf dem Wege konkreter, *auf den Einzelfall* bezogener intuitiver Angemessenheitsurteile manifestiert, bleibt demgegenüber unberührt.

Kuhns Skepsis reicht allerdings noch weiter. Bei der Erörterung der Frage, wie Wissenschaftler symbolische Ausdrücke mit der Natur verknüpfen, bestreitet er nicht nur, daß der übliche Hinweis auf Zuordnungsregeln - worunter entweder "operationale Definitionen wissenschaftlicher Begriffe oder ein System notwendiger und hinreichender Bedingungen für ihre Anwendbarkeit" (also wiederum *explizite* Regeln) verstanden werden - als Antwort ausreiche.[297] Darüber hinaus führt er weitere Schwierigkeiten vor Augen, denen sich ein Wissenschaftstheoretiker gegenübersähe, der versuchen würde, die von einer wissenschaftlichen Gemeinschaft (implizit) befolgten Regeln anhand gesammelter Beispiele ihrer bisherigen Tätigkeit zu rekonstruieren. Seine grundsätzlichen Bedenken, die er anhand von Wittgensteins Konzept der "Familienähnlichkeit" ausformuliert, richten sich gegen die Annahme, daß der Gebrauch von Begriffen (seien diese nun wissenschaftlicher oder alltagssprachlicher Herkunft) *vollständig* und *eindeutig* durch Regeln determiniert sei.[298] Es sei ein Irrtum anzunehmen, daß alle Entitäten, auf die ein Begriff (wie z.B. 'Spiel', 'Blatt' oder 'Sessel') angewandt werde, eine genau bestimmbare endliche Reihe von Eigenschaften gemeinsam miteinander teilen müßten. Für die Verwendung eines Ausdrucks genüge es vielmehr, daß jedes Mitglied einer Klasse von Gegenständen oder Tätigkeiten in einigen Merkmalen mit einem anderen übereinstimme. Ein so geartetes Netz einander überschneidender Ähnlichkeiten reiche aus, um die Möglichkeit intersubjektiv übereinstimmender Identifikation zu erklären. - Aus diesen Überlegungen ergeben sich weitere Konsequenzen:

Die Applikation bekannter Begriffe auf neue Entitäten geschieht über die Wahrnehmung von Ähnlichkeiten zwischen der Mehrzahl der Entitäten, die allgemein als Mitglieder der Klasse anerkannt sind, die der Begriff bisher unter

---

297 Vgl. Kuhn 1978a, S.397f.
298 Vgl. zum folgenden Kuhn 1981, S.59 sowie Kuhn 1978a.

sich befaßte. Ähnlichkeit heißt jedoch nicht Identität. Jede Subsumtion eines neuen Gegenstandes oder einer neuen Tätigkeit unter einen gegebenen Begriff inkorporiert deshalb neue Eigenschaften in dessen Bedeutungsspektrum, die ihrerseits als Anknüpfungspunkt bei der Herstellung weiterer Ähnlichkeitsrelationen dienen können. Die Bestimmung der Bedeutung von Begriffen durch Ähnlichkeitsklassen läßt deren Grenzen unscharf und beweglich werden.[299] Über einen allgemein anerkannten Kernbestand von Musterbeispielen hinaus, mit deren Hilfe der korrekte Gebrauch eines Begriffes demonstriert und erlernt werden kann, können jederzeit Beispielfälle vorkommen oder konstruiert werden, für die keine allgemeine Übereinstimmung darüber erzielt werden kann, ob sie noch dem Anwendungsbereich eines Begriffes zuzurechnen sind. Unterschiedliche Ausdeutungen derselben Musterbeispiele sind immer möglich und können verschiedene Gruppen innerhalb einer wissenschaftlichen oder Sprachgemeinschaft voneinander trennen.[300] Aber auch innerhalb solcher Gruppen lassen sich Beispielfälle finden, bei denen kein Konsens über die Anwendbarkeit von Begriffen besteht.

Derartige Zonen der Vagheit umreißen Variationsspielräume des Sprachgebrauchs, die es ermöglichen, überkommene Begriffssysteme an neue Erfahrungen, für die noch keine vollständig passenden Bezeichnungen existieren, durch Verschiebung der Abgrenzungen anzupassen. Wo die neuen Grenzlinien einzuzeichnen sind, hängt von der Art und Häufigkeit auftretender Zweifelsfälle ab, für die eindeutige Zuordnungsmöglichkeiten gefunden werden müssen, und kann deshalb nicht im vorhinein festgelegt werden.

Der Versuch, Unschärfen in der Verwendung eines Begriffes durch die Formulierung einer eindeutigen Gebrauchsregel zu tilgen, die anhand einer begrenzten Anzahl paradigmatischer Anwendungsfälle rekonstruktiv gewonnen wurde, liefe jedoch auf eine solche Festlegung hinaus und würde damit zugleich alle sprachinhärenten Möglichkeiten der evolutionären Anpassung von Begriffssystemen an nicht antizipierte Konstellationen von Sachverhalten ausmerzen. Kuhn will demnach nicht bestreiten, daß die Orientierung einer Sprach- bzw. wissenschaftlichen Gemeinschaft an einer Reihe von Standardbeispielen eine Form regelgeleiteten Verhaltens sei. Die Pointe seiner Argumentation richtet sich vielmehr gegen eine wissenschaftstheoretische Position, in der unterstellt

---

299 Im Rahmen des an Sneed anschließenden "strukturalistischen" Konzeptes wissenschaftlicher Theorien wird dieser Sachverhalt wie folgt reformuliert: "Die Menge der intendierten Anwendungen (einer Theorie - W.L.S.) 'wächst' .. erst hervor aus der Menge der paradigmatischen Beispiele.." (vgl. Stegmüller 1980, S.8). Die intendierten Anwendungen einer Theorie bilden eine offene Menge, die pragmatisch festgelegt wird. Eine ausführlichere und präzisierende Explikation des von Wittgenstein mit dem Begriff der "Familienähnlichkeit" belegten Relationstyps gibt Stegmüller, a.a.O., S.71.

300 Vgl. Kuhn 1981, S.64.

wird, daß die handlungsorientierenden Leistungen anerkannter Musterbeispiele durch äquivalente Regelexplikationen des Wissenschaftstheoretikers (oder einer wissenschaftlichen Gemeinschaft) im Prinzip *vollständig abgebildet* und praktisch *ebensogut*, wenn nicht besser *erfüllt* werden könnten.[301] Diese von Kuhn angegriffene Position muß die Geltung der folgenden Voraussetzung unterstellen, die mit den skizzierten Implikationen des Modells der "Familienähnlichkeit" *nicht* zu vereinbaren sind:

Die Musterbeispiele für den korrekten Gebrauch eines Begriffes bzw. die erfolgreiche Anwendung einer Theorie, die einer Sprachgemeinschaft oder normalwissenschaftlichen Tradition gemeinsam sind, definieren einen einheitlichen und vollständig aufzählbaren (d.h. notwendigen und hinreichenden) Bestand von Anwendungskriterien des Begriffes bzw. der Theorie. Dies impliziert (a), daß für jedes Musterbeispiel eindeutige Anwendungsregeln ermittelt werden können, alternative Deutungsmöglichkeiten also ausgeschlossen sind; (b) daß für alle Musterbeispiele sich eindeutig und vollständig bestimmte Regelexplikationen für alle denkbaren Anwendungsmöglichkeiten angeben lassen, so daß Zweifelsfälle ausgeschlossen werden können; (c) daß die am Gebrauch der Musterbeispiele ablesbaren Regeln keiner Veränderung innerhalb der Geschichte einer Sprachgemeinschaft oder normalwissenschaftlichen Traditon unterliegen.

Nur wenn diese Voraussetzungen vollständig erfüllt wären, könnte der struktuelle Gehalt der Musterbeispiele jeder Sprach- bzw. wissenschaftlichen Gemeinschaft durch genau ein kohärentes, vollständig und eindeutig bestimmtes sowie invariant gültiges allgemeines Regelsystem dargestellt werden und könnte ein solches kodifiziertes Regelsystem infolgedessen anstelle der Musterbeispiele das Handeln der Akteure leiten.

Das im Anschluß an die Grammatiktheorie Chomskys übernommene Konzept des impliziten Regelwissens ist an diese Voraussetzungen im wesentlichen jedoch nicht gebunden. Mit der Änderung einzelsprachlicher Regeln wird hier selbstverständlich gerechnet. Prozesse des Sprachwandels verlaufen meist kontinuierlich. Sie beginnen z.B. mit häufiger werdenden Regelverstößen, die zunächst noch von der Kenntnis des korrekten Gebrauchs und dem Wissen um die Fehlerhaftigkeit der sich einbürgernden Formen begleitet sind, das sich dann aber allmählich auflöst, bis schließlich der neue Sprachgebrauch gleichberechtigt neben dem alten etabliert ist oder diesen gar vollständig verdrängt hat; (so u.a. zu beobachten bei Fällen der allmählichen Verdrängung einer starken durch eine schwache Verkonjugation). Sprachen unterliegen ständigen Veränderungsprozessen und führen deshalb immer einen Bereich der Variation mit sich, in dem alternative

---

301   Vgl. Kuhn 1978a, S.398f, S.410 und S.415.

Formen gleichberechtigt nebeneinander bestehen oder zumindest nicht sicher, d.h. mit der Aussicht auf intersubjektive Übereinstimmung zwischen den Mitgliedern einer Sprachgemeinschaft, unterschieden werden kann, welche der konkurrierenden Formen als korrekt bzw. ungrammatisch einzustufen sind.[302] Solche Zweifelsfälle sind demnach als normal anzusehen. Bei den Mitgliedern einer Dialektgruppe können schließlich Formulierungen verwendet und als korrekt bewertet werden, die in einer anderen Dialektgruppe der gleichen Sprachgemeinschaft als fehlerhaft eingestuft oder in anderer Weise interpretiert werden.[303] Die von Kuhn inkriminierten Annahmen der Regelinvarianz und der Eindeutigkeit jeder Regelung bzw. der Existenz genau einer regulären Interpretationsmöglichkeit für die Verwendung jedes Musterbeispiels finden also in der Grammatiktheorie Chomskys keine Unterstützung.

Abweichungen bestehen allerdings hinsichtlich der Frage, inwieweit die Regeln für die Verwendung von Musterbeispielen *kontextunabhängig* bestimmbar sind und inwiefern die einer Sprach- oder wissenschaftlichen Gemeinschaft gemeinsamen Musterbeispiele durch einen *einheitlichen und vollständig aufzählbaren Kernbestand notweniger und hinreichender Anwendungskriterien* eines Begriffs oder einer Theorie definiert werden können. Wie bereits dargestellt nennt Kuhn bei der Erörterung universeller Kriterien wissenschaftlicher Rationalität[304] zwar eine Reihe notwendiger Werte, die von Handlungen erfüllt werden müssen, um als Vollzug wissenschaftlichen Handelns gelten zu können. Doch sind diese Werte weder als hinreichender Kriterienkatalog zu betrachten, noch sind sie kontextfrei vollständig bestimmbar. Sie bedürfen vielmehr notwendig der situationsabhängigen Spezifikation. Demgegenüber konzipiert Chomsky die universalgrammatischen Regeln der natürlichen Sprachen als ein System notwendiger und hinreichender formaler Eigenschaften sowie materialer Elemente, dic allen menschlichen Sprachen gemeinsam und der vollständigen kontextfreien Explikation zugänglich sind.

Diese Differenz ist vermutlich darin begründet, daß Chomsky grammatische Regeln als autonome formale Strukturen betrachtet und die *universalen*

---

302 Als Beispiel seien hier die beiden Formen "he crazy" und "he's crazy" im New Yorker Dialekt genannt. Die Kopula kann verwendet oder ebensogut weggelassen werden. Dell Hymes, der dieses Beispiel erwähnt, spricht hier von einer "variablen Regel"; vgl. die Diskussionsbemerkung von Dell Hymes in Erwin-Tripp 1974, S.196.

303 Die Verwendung des Passivs in Aussagen wie "Ich muß zusehen, daß ich meine Wäsche heute noch gebügelt kriege" wird beispielsweise im Rheinland ungefähr bedeutungsgleich zu dem Satz "Ich muß sehen, daß ich heute noch mit dem Bügeln meiner Wäsche fertig werde" verstanden, in Hessen dagegen etwa im Sinne von "Ich muß sehen, daß mir heute noch jemand meine Wäsche bügelt" gedeutet.

304 Die hier zur Diskussion stehenden Eigenschaften von Regeln sind indifferent gegenüber der Ebenenunterscheidung von einzelsprachlichen (bzw. für bestimmte wissenschaftliche Schulen oder Traditionen gültigen) Regeln und universellen Sprachstrukturen (bzw. universellen Kriterien wissenschaftlicher Rationalität).

Eigenschaften menschlicher Sprachen auf *biologisch* fixierte Anlagen zurückführt. Vollständige biologische Determination auf der Ebene der genetischen Ausstattung der Gattung aber schließt interindividuell unterschiedliche Interpretation aus und sichert so zugleich die Allgemeinheit und hinreichende Bestimmtheit universalgrammatischer Regeln.[305] Daß grammatische Regeln als rein formale vorgestellt werden, ermöglicht die Starrheit der Universalgrammatik gegenüber historisch variierenden Konstellationen typischer Handlungssituationen, in denen Sprache gebraucht wird, ohne ihre Funktion zu beeinträchtigen. Beide Voraussetzungen treffen im Rahmen *wissenschaftlichen* Handelns nicht zu. Als historisch kontingent ausdifferenzierter Handlungstypus kann für die spezifischen Regeln wissenschaftlichen Handelns keine biologische Determination beansprucht werden. Als pragmatische Regeln bilden sie die konstitutive Grundlage einer institutionalisierten Praxis, die auf die erfolgreiche Bearbeitung einer bestimmten Sorte von Problemen ausgerichtet ist und die auf die besonderen Bedingungen jeder neuen Problemsituation abgestimmt werden können müssen. Problemrelative Ausdeutungsfähigkeit jedoch bedeutet Kontextabhängigkeit und damit mangelnde Bestimmbarkeit jeder allgemeinen Formulierung. Soweit also Differenzen in der Konzeption sprachlicher bzw. wissenschaftlicher Regeln zwischen Chomsky und Kuhn bestehen, können sie - zumindest soweit sie hier von Bedeutung sind - auf den unterschiedlichen Ursprung und Funktionszusammenhang dieser Regeln zurückgeführt werden.[306] Die Diskussion der Position Kuhns soll hier abgebrochen werden. Sie nahm ihren Ausgang von der scheinbaren Unvereinbarkeit zwischen Lakatos' Methodologie historiographischer Forschungsprogramme, welche den fachlichen Werturteilen der wissenschaftlichen Elite die Rolle der Datenbasis zuweist, an deren Rekonstruktion sich konkurrierende methodologische Forschungsprogramme zu bewähren haben, und der These Kuhns, daß die Bewertungen wissenschaftlicher Leistungen durch die Mitglieder verschiedener wissenschaftlicher

---

305 Die unterschiedlichen Möglichkeiten einzelsprachlich-*konventioneller* Realisierung universeller Regeln und die historische Veränderlichkeit dieser Realisierungsformen bleiben davon unberührt.

306 Charakteristischerweise stammen die Sprachbeispiele, die Kuhn verwendet und die er zum Teil auch direkt von Wittgenstein übernimmt, um den Relationstypus der "Familienähnlichkeit" zu erläutern, nicht aus dem Bereich formaler syntaktischer Strukturen, sondern aus dem Bereich der Semantik, der gegenüber dem Einfluß historischer Veränderungen besonders offen ist. Gleichwohl ist festzuhalten, daß die registrierte Differenz zwischen Chomsky und Kuhn nicht zwingend allein aus den unterschiedlichen Handlungsbereichen abgeleitet werden können, wie Lakatos' Methodologie historiographischer Forschungsprogramme zeigt, die - analog zu den formalen Eigenschaften von Chomskys Universalgrammatik - die Existenz universell gültiger, allgemeiner sowie notwendiger und hinreichender Kriterien wissenschaftlicher Rationalität unterstellt. - Ungeachtet dieses zwischen Kuhn und Chomsky bestehenden Unterschiedes gründen beide Positionen auf der Vorstellung der Steuerung des Handelns durch implizites Regelwissen und differenzieren zwischen universell gültigen Regeln sowie variablen Regeln geringerer Reichweite.

Gemeinschaften systematisch voneinander abweichen. Es zeigte sich jedoch, daß daraus nicht auf die prinzipielle Unzuverlässigkeit der Basiswerturteile geschlossen werden kann. Ja mehr noch als Lakatos unterstreicht Kuhn die Bedeutung *impliziten* Regelwissens als gemeinsamer Grundlage wissenschaftlichen Handelns und Urteilens. - Gegenüber Lakatos beharrt Kuhn allerdings auf der Differenzierung zwischen universellen Standards wissenschaftlicher Rationalität und paradigmaspezifischen Bewertungskriterien. Beide Ebenen verhalten sich dabei nicht antagonistisch, sondern komplementär zueinander. Die universellen Standards definieren den kriterialen Rahmen, auf den Handlungen bezogen sein müssen, um als wissenschaftlich gelten zu können. In ihrer unmittelbaren allgemeinen Form sind die universellen Kriterien nicht hinreichend bestimmt, um ohne konkretisierende Interpretation auf besondere Situationen direkt angewendet werden zu können.[307] Kuhn spricht deshalb nicht von Regeln, sondern von allgemeinen Werten, die unter verschiedenen Bedingungen durch die Befolgung unterschiedlicher Normen erfüllt werden können.[308] Verschiedene wissenschaftliche Traditionen, Schulen oder Gruppierungen unterscheiden sich im wesentlichen nur durch abweichende Selektionen, Gewichtungen und Spezifizierungen innerhalb des Rahmens allgemeiner Werte. Insbesondere gegen Popper, aber auch gegen Lakatos insistiert Kuhn damit auf der *Kontextsensitivität* universeller Rationalitätsstandards. Methodisch folgt daraus, daß die rationale Rekonstruktion wissenschaftlicher Werturteile und Handlungen nicht auf dem Wege der Subsumtion einzelner Fälle unter feststehende Regeln möglich ist, sondern in jedem besonderen Fall eine Interpretation universeller Werte im Lichte der je spezifischen Bedingungskonstellation erfordert.

Interessanterweise ist Poppers Methode der *situationslogischen Analyse*, wie seine Galilei-Rekonstruktion erkennen ließ, durchaus dazu geeignet, diese Forderung zu erfüllen. Am Beispiel der rationalen Rechtfertigung von Galileis Gezeitentheorie konnte darüber hinaus abgelesen werden, wie die Interpretation und Gewichtung allgemeiner Werte wissenschaftlicher Rationalität bestimmt wird durch die Struktur des materialen Erklärungsproblems, die besonderen Hintergrundannahmen und die Lösungswege, die in einer solchen Problemsituation zugänglich und aussichtsreich erscheinen.[309] *Probleme bzw. Problemsituationen erhalten damit einen zentralen Stellenwert für die die Konstitution wissenschaftlicher Rationalität.* Kuhns These über die Paradigmaabhängigkeit der Auslegung

---

307 Vgl. Kuhn 1974b, S.321.
308 Vgl. Kuhn 1978b, S.433f.
309 Zur generellen Problemrelativität der Anwendung von Bewertungskriterien beim Vergleich konkurrierender Theorien vgl. Popper 1984, S.147: "Theorien können nur in bezug auf eine Menge schon vorhandener Probleme bewertet und verglichen werden. Auch ihre sogenannte Einfachheit läßt sich nur in bezug auf die Probleme vergleichen, bei deren Lösung sie konkurrieren."

universeller Werte besagt letztlich nichts anderes, denn Paradigmata oder Musterbeispiele in der für Kuhn zentralen Bedeutung dieser Begriffe "..sind konkrete Problemlösungen, die .. als paradigmatisch anerkannt sind"[310] und als Bezugspunkt für die analoge Schematisierung neuer Problemsituationen dienen.[311]

---

310 Vgl. Kuhn 1978a, S.393.
311 Vgl. Kuhn 1978a, S.401.

6. Rationale Rekonstruktion der Wissenschaftsgeschichte als Darstellung von Problemgenealogien: St. Toulmin

Eine systematische Entfaltung der Konsequenzen, die sich aus der Konzentration einer rationalen Rekonstruktion der Wissenschaftsgeschichte auf die historische Abfolge von Problemsituationen ergeben, versucht Stephen Toulmin in seinem Buch "Human Understanding".[312] Toulmin betrachtet wissenschaftliche Disziplinen als "informale Populationen logisch unabhängiger Ideen", die einer "Ideenauslese" nach Maßgabe ihrer relativen Tauglichkeit für die Lösung der "jeweils aktuellen Probleme" unterliegen.[313] Wie Kuhn beharrt Toulmin gegenüber den abstrakten Idealen einer invarianten und universalen Wissenschaftslogik auf der je beschränkten Bewertungsrelevanz der einzelnen normativen Kriterien sowie auf der Notwendigkeit ihrer problemkontextbezogenen Interpretation und der Abwägung zwischen Vor- und Nachteilen theoretischer Veränderungen.[314] Wissenschaftliche Probleme entstehen nach Toulmin jeweils vor dem Hintergrund bestimmter Ideen.[315] Sie folgen aus der Differenz zwischen *Erkenntniszielen oder -idealen*[316] und den *verfügbaren Mitteln*, sie zu erreichen. Die maßgeblichen Erkenntnisziele wiederum ergeben sich aus allgemeinen Vorstellungen über die Struktur eines Gegenstandsbereiches. Bezogen auf die Naturwissenschaften spricht Toulmin hier von "Idealen der Naturordnung", die darüber entscheiden, was als erklärungsbedürftiges Phänomen wahrgenommen und was als nicht weiter erklärungsbedürftiger Normalfall angesehen wird. Die "Ideale der Naturordnung" repräsentieren Normalitätsstandards, hinter die nicht mehr zurückgefragt werden kann und die als Referenzpunkt für die Identifikation und Erklärung 'problematischer' Erscheinungen dienen. Jede Theorie enthält implizit oder explizit einen Bezug auf derartige Standardfälle. Toulmin demonstriert dies u.a. am Beispiel der Aristotelischen und Newtonschen Dynamik:

---

312 Vgl. zum folgenden bes. Toulmin 1983.
313 Vgl. Toulmin 1983, S.269.
314 Vgl. Toulmin 1983, S.180 und S.266ff.
315 Vgl. zum folgenden Toulmin 1983, S.181f sowie Toulmin 1981, S.68f.
316 Toulmin verwendet die Ausdrücke "Erklärungsziele" und "Erklärungsideale" häufig synonym. Die sich daraus sowie aus anderen Fällen schwankenden Begriffsgebrauchs ergebenden Unschärfen, versuchen wir im folgenden so weit als möglich zu vermeiden.

Als Standardfall für die Erklärung beliebiger Bewegungen gibt Aristoteles das Beispiel eines Wagens, der von einem Pferd gezogen wird. Um die Bewegung eines Körpers in Analogie zu diesem Fall zu erklären, sollte man "nach zwei Faktoren Ausschau halten, dem äußeren Agens (dem Pferd), das den Körper (den Wagen) in Bewegung hält, und nach den Widerständen (den Unebenheiten der Straße und der Reibung der Wagenräder), die danach streben, die Bewegung zum Halten zu bringen. Das Phänomen erklären heißt erkennen, daß der Körper sich mit einer Geschwindigkeit bewegt, die einem Gegenstand von seinem Gewicht bei dem herrschenden Verhältnis zwischen Kraft und Widerstand angemessen ist. Eine gleichförmige Bewegung, bei der sich Kräfte und Widerstände ausgleichen, ist das, was man natürlicherweise erwarten sollte. Alles, von dem man zeigen kann, daß es einen solchen Ausgleichsvorgang exemplifiziert, wird eben dadurch erklärt."[317] - Wirken keine Kräfte auf einen Gegenstand, so verharrt er aufgrund seiner natürlichen "Trägheit" im Zustand der Ruhe. Bewegung erfordert also immer eine antreibende Kraft. Hemmende Kräfte treten nur dann und solange auf, wie ein Gegenstand durch antreibende Kräfte in Bewegung gehalten wird. Wirken keine Kräfte mehr, so veranlaßt die "Trägheit" eines Gegenstandes seine Rückkehr zur Ruhe.

Im Gegensatz zu Aristoteles gründet Newton jede Erklärung von Bewegungen auf das *gedankenexperimentell konstruierte* Standardbeispiel eines sich gradlinig und gleichförmig bewegenden Körpers, auf den *keine Kräfte einwirken*, und der die Richtung und Geschwindigkeit seiner Bewegung unbegrenzt beibehält. Eine vollständige *empirische Entsprechung* zu dieser Konstruktion findet sich nicht einmal unter Bedingungen des interstellaren Raumes. *Plausibilität* erhält sie nur durch Beobachtungen, die wir machen können, wenn wir die Reibungskräfte, die die Bewegung eines gegebenen Körpers hemmen, immer mehr verringern (z.B. durch Glättung der Unterlage bzw. Schmierung der Räder). Die daraus durch Idealisierung gewonnene Vorstellung der kräftefreien gleichförmigen Bewegung steht in Widerspruch zu dem erfahrungsnäheren Standardbeispiel, das Aristoteles verwendete. Toulmin verdeutlicht dies an der unterschiedlichen Interpretation, die das Beispiel des Pferdewagens vor dem Hintergrund der beiden Modelle der Bewegung erhält:

"Angenommen, das Geschirr, mit dem ein Pferd einen Wagen zieht, zerreißt, und der Wagen bleibt stehen. Dieses plötzliche Stehenbleiben wäre für Aristoteles vollkommen 'natürlich', weil die Kraft des Pferdes nicht mehr auf den Wagen einwirkt. Natürlich muß der Wagen halten; es wirkt nichts mehr auf ihn ein, und so geht seine Bewegung infolge seiner 'Trägheit' in Ruhe über. Galilei und Newton jedoch haben uns gelehrt, die Beziehung zwischen Pferd und Wagen

---

317 Vgl. Toulmin 1981, S.63f.

anders zu sehen. Sich selbst überlassen, würde der Wagen auf einer ebenen Straße beliebig weit rollen; das Pferd ist nur notwendig, um die Effekte der Reibung, der Schwerkraft und des Luftwiderstandes aufzuheben. Der Umstand, daß der Wagen hält, wenn das Zuggeschirr zerreißt, ist für uns also ein *positives* Phänomen; wenn *nichts* auf ihn einwirkte, würde er in Bewegung bleiben; es muß also die Reibung oder etwas ähnliches sein, was ihn zum Stehen bringt."[318] Nach Toulmins Darstellung ist die Newtonsche Idee der kräftefreien gleichförmigen Bewegung vom aristotelischen Bewegungsmodell her nicht schlüssig rekonstruierbar:

"Es führte zu nichts, wenn man die gleichförmige Bewegung gegen einen Widerstand als Paradigma beibehielt und annahm, daß man später erklären können würde, wie sich Körper bewegen, auf die kein Widerstand wirkt, indem man die Widerstandskräfte nach und nach verminderte: auf diese Weise kam man unvermeidlich zu dem wenig ergiebigen Schluß, daß eine vollkommen widerstandsfreie Bewegung unmöglich sein muß - weil man sich in Widersprüche verwickelt, wenn man sie in den gewohnten Alltagsbegriffen zu beschreiben versucht. (Angenommen, man reduziert die Widerstände nach und nach auf Null, dann wird der Nenner des Bruchs, der das Verhältnis zwischen Antriebskraft und Widerstand beschreibt, Null, und wir sind in der Verlegenheit, etwas durch Null teilen zu müssen.) - Man mußte bei diesem Problem also genau entgegengesetzt verfahren: nämlich die vollkommen widerstandsfreie Bewegung als das Ideal einer vollkommen einfachen und natürlichen Bewegung annehmen, und die Widerstände erst danach einführen - wobei man dann zeigen kann, wie die gleichmäßige Beschleunigung bei zunehmendem Widerstand durch die gleichmäßige Endgeschwindigkeit des Pferd-und-Wagen-Modells ersetzt wird."[319]

Wie Toulmin mit diesem Beispiel zeigen will, führt von einem etablierten "Ideal der Naturordnung" zu einem neuen keine logisch schlüssige Ableitung. Ebensowenig können solche Ideale einfach als 'wahr' oder 'falsch' eingestuft werden. Sie unterscheiden sich vielmehr durch mehr oder weniger große theoretische Fruchtbarkeit.[320] Sie bilden die gemeinsame Basis, auf der unterschiedliche gegenstandsspezifische Theorien errichtet, geprüft, verworfen

318 Vgl. Toulmin 1981, S.97; Hervorhebungen im Original.
319 Vgl. Toulmin 1981, S.70f.
320 Das größere Leistungspotential des Newtonschen Modells liegt letztlich wohl darin begründet, daß es einen Normalitätsstandard zur Verfügung stellt, im Hinblick auf den eine größere Varietät von Ereignissen als problematisch, d.h. zugleich als beobachtbare Abweichung *und* möglicher Unterfall erschien. Es ist dieser Sachverhalt, der die besondere Bedeutung *kontrafaktischer Idealisierungen* für die wissenschaftliche Theoriebildung einsichtig macht. - Ein höheres Leistungspotential ist jedoch nicht mehr als ein Versprechen, über dessen faktische Einlösung erst die erfolgreiche Anwendung des gewählten Normalitätsmodells zur Erklärung von Phänomenen entscheidet.

und durch geringfügig veränderte Varianten oder auch gänzlich neue Theorien ersetzt werden können. Toulmin bezeichnet sie auch als "Paradigmen" und vergleicht sie mit den "absoluten Präsuppositionen" Collingwoods.[321] Als unbefragte implizite Voraussetzungen jeder Theoriebildung erscheinen sie den Anghörigen einer wissenschaftlichen Tradition u.U. als geradezu denknotwendig. Davon abweichende theoretische Vorschläge treffen deshalb i.d. Regel zunächst auf Unverständnis.[322]

So sehr sich Toulmin hier der Kuhnschen Position auch annähert, weist er sie in einem zentralen Aspekt - der Unterscheidung zwischen "normalen" und "revolutionären" Phasen in der Wissenschaftsentwicklung - ausdrücklich zurück. Dabei richtet sich Toulmins Kritik in erster Linie gegen deren *ursprüngliche* Version, wie sie Kuhn in der ersten Auflage seines Buches "Die Struktur wissenschaftlicher Revolutionen" vorgetragen hat. In der Entgegensetzung von rätsellösender Normalwissenschaft und revolutionärem Umsturz der Paradigmata, vor deren Hintergrund solche Rätsel identifiziert und gelöst werden können, sieht Toulmin ein Beispiel für das, was er den "Kult der Systematik" nennt. Mit diesem Ausdruck bezeichnet Toulmin eine grundlegende Voraussetzung, die ihm als gemeinsame Unterstellung, als implizites theoretisches Ideal der Wissenschaftsphilosophie seit Frege gilt: die Annahme nämlich, daß "Vernunft mit Logik gleichzusetzen sei, daß verschiedene Begriffe und Auffassungen nur 'vernünftig' vergleichbar seien, solange sie auf ein und dasselbe 'logische System' bezogen werden können".[323] Unter dieser Voraussetzung ist Theoriewandel dann und nur dann als vernünftig zu betrachten, wenn der Übergang von einer alten zu einer neuen Theorie in *logisch-deduktiver* Form rekonstruiert werden kann. Weil diese Bedingung für den Wechsel paradigmatischer Modelle offensichtlich nicht erfüllt ist, müssen Wandlungsprozesse auf dieser Ebene als *Rationalitätsbrüche* erscheinen. Die Einsicht in die begrenzte Anwendbarkeit eines logifizierten Vernunftideals führt so dazu, daß kumulativer Fortschritt nur noch bei intraparadigmatischen Veränderungen als möglich gilt, konkurrierende Paradigmata dagegen als "inkommensurabel" betrachtet werden und ihr Wechsel relativistisch gedeutet werden muß.

Wie aus der oben geführten Diskussion neuerer Überlegungen Kuhns ersichtlich, trifft diese Charakterisierung für Kuhn nicht - oder zumindest nicht mehr - zu. Auch über die Grenzen eines Paradigmas hinweg unterstellt Kuhn die Möglichkeit vernunftgeleiteter Theoriewahlentscheidungen in Übereinstimmung mit situationsbezogen zu konkretisierenden universalen Rationalitätsstandards.

---

321 Vgl. Toulmin 1981, S.69f.
322 Vgl. Toulmin 1983, S.183.
323 Vgl. Toulmin 1983, S.69.

Toulmins Einwand reicht jedoch noch weiter. Ausführlich versucht er nachzuweisen, daß Kuhn selbst die klare Differenz zwischen "revolutionären" und "normalen" Phasen der Wissenschaftsentwicklung durch die Einfügung von "Minirevolutionen" schließlich reduziert "auf den Unterschied zwischen Wandlungen von *Aussagen*, die keine theoretischen Neuerungen bringen und daher deduktiv oder quasi-deduktiv gerechtfertigt werden können, und *theoretischen* Veränderungen, die sich allen rein formalen oder deduktiven Verfahren entziehen".[324] Diese Unterscheidung jedoch sei logischer und nicht historischer Art, denn in diesem Sinne habe "jeder wissenschaftliche Wandel gewöhnlich sowohl etwas 'Normales' als auch etwas 'Revolutionäres' an sich".[325] Kuhns Phasenmodell der Wissenschaftsentwicklung sei demnach entweder "grob irreführend", oder es müsse - zumindest für die Entwicklung der Normalwissenschaft - weiterhin die logizistische Konzeption wissenschaftlichen Wandels zugrunde gelegt werden.

Dagegen setzt Toulmin die Behauptung, daß auf *allen* Ebenen wissenschaftlichen Handelns deduktionslogisch nicht rekonstruierbare, gleichwohl aber vernunftgeleitete Urteile von ausschlaggebender Bedeutung sind. Wissenschaftliche Disziplinen seien "nicht als ein dichtes und zusammenhängendes logisches System, sondern als ein theoretisches Aggregat, eine 'Population' " zu betrachten, "in der es bestenfalls einzelne beschränkte Gebiete mit logischer Systematik gibt".[326] Die synchrone Struktur wissenschaftlicher Disziplinen spiegelt darin nur eine Eigenheit der zugrunde liegenden *Tätigkeit*. Denn unter den beobachtbaren Erklärungstätigkeiten und den darin verwendeten Verfahren spielten deduktive Argumente keineswegs die Hauptrolle, die ihnen durch eine formalistische Wissenschaftslogik zugeschrieben worden sei.[327] Deduktive Ableitung aus Gesetzesannahmen oder Axiomen bilden nur ein Verfahren unter verschiedenen anderen wie etwa der Verwendung von Strahlenverlaufsbildern, Datenverarbeitungsprogrammen, Gleichungen, Klassifikationen, Modellen oder Diagrammen.[328]

Theorien zählen für Toulmin nur als abstrahierte und generalisierte *Produkte der Erklärungstätigkeiten*, d.h. der Verwendung von Begriffen und Verfahren zur Erklärung von Phänomenen. Gegenüber der Erklärungstätigkeit kommt ihnen nur ein abgeleiteter Status zu. Nicht die Untersuchung von Theorien als autonomen Objekten wie bei Popper, sondern die Durchleuchtung des *Handelns* von Wissenschaftlern im Hinblick auf die dabei verwendeten Begriffe und

---

324 Vgl. Toulmin 1983, S.141, Hervorhebung im Original; siehe auch Toulmin 1974.
325 Vgl. Toulmin 1983, S.141.
326 Vgl. Toulmin 1983, S.155.
327 Vgl. Toulmin 1983, S.187f.
328 Vgl. Toulmin 1983, S.234.

Verfahren bildet deshalb die Aufgabe jeder systematischen Rekonstruktion von Wissenschaft als rationaler Unternehmung.[329]

Als *konstitutive Elemente einer wissenschaftlichen Disziplin* nennt Toulmin zunächst:

- ihre paradigmatischen *Erklärungsideale*;[330]
- ihr gegenwärtiger Vorrat an *Begriffen* und an *Erklärungs-(bzw. Darstellungs)-verfahren*,[331] die zur Lösung der Erklärungsaufgaben bereitstehen;[332]

zu diesen *symbolisch repräsentierten* Elementen hinzu treten als Resultat der praktischen Erfahrungen der Wissenschaftler:

- die *Anwendungsverfahren*, die es ermöglichen, empirische Situationen der Anwendung von Begriffen und Erklärungsverfahren zu identifizieren und die Art und Weise ihres Gebrauchs zu bestimmen.[333]

Im Zusammenhang mit Fragen der Entscheidung zwischen konkurrierenden Theorien spricht Toulmin schließlich noch von "Entscheidungsverfahren", "Beurteilungsverfahren", "Beweiswürdigungsverfahren", "Vergleichsverfahren" etc.,[334] ohne jedoch deren Eigenschaften eingehender zu charakterisieren bzw. gegenüber den Erklärungs- und den Anwendungsverfahren abzugrenzen. Wir

---

329 Vgl. dazu ausführlicher unten, Abschn. 6.2.
330 Vgl. dazu Toulmin 1983, S.183. - Toulmin gibt an mehreren Stellen wiederholt Auflistungen der konstitutiven Elemente wissenschaftlicher Disziplinen, die untereinander leichte Abweichungen aufweisen. Um Unvollständigkeiten zu vermeiden, ziehen wir deshalb unsere Auflistung aus verschiedenen Stellen zusammen.
331 Toulmin verwendet die Begriffe "Erklärungsverfahren" und "Darstellungsverfahren" weitgehend synonym. Der spezifische Sinn der Rede von "Darstellungsverfahren" besteht dabei anscheinend darin zu verdeutlichen, daß (a) die öffentlich-demonstrative Verwendung von Erklärungsverfahren nicht kontingent sondern konstitutiv ist für Wissenschaft als kollektives Vernunftunternehmen, und daß (b) "Erklärung" hier ausdrücklich in einem sehr weiten Sinn zu verstehen ist, der auch die Verwendung von darstellenden Methoden wie taxonomischen 'Bäumen' und Klassifikationen (etwa in der Biologie oder Sprachwissenschaft), von Graphiken, Modellen und Analogien einschließt. Vgl. dazu Toulmin 1983, S.188f, 193f und 204ff.
332 Die Verknüpfung zwischen Begriffen und Verfahren illustriert das nachstehende Beispiel von Toulmin (vgl. 1983, S.194f). Es beleuchtet zugleich die oben behauptete Einheit von Erklärung und Darstellung.
"So muß etwa die knappe Aussage, 'Huygens entdeckte, daß der Islandspat doppelbrechend ist', jetzt folgendermaßen umformuliert werden:
Huygens entdeckte, daß die optischen Eigenschaften von Kristallen des Islandspats - die für die üblichen Methoden der geometrischen Optik unerklärlich waren - erfolgreich erklärt werden können, wenn man einen Lichtstrahl, der in einen solchen Kristall eintritt, so darstellt, daß er innerhalb des Kristalls nicht nur einen gebrochenen Strahl erzeugt, wie bei der normalen Brechung, sondern zwei Strahlen ...(usw.)
Doch die längere Formulierung hat wesentliche philosophische Vorteile. Sie läßt die Konsequenzen der verwendeten optischen Begriffe erkennen, indem sie sprachliche Veränderungen in der Wissenschaft - z.B. die Einführung des neuen Fachausdrucks 'Doppelbrechung' - mit den Veränderungen der entsprechenden Erklärungstätigkeiten der betreffenden Begriffsverwender in Beziehung setzt."
333 Vgl. Toulmin 1983, S.193f.
334 Vgl. Toulmin 1983, bes. S.264ff, 277 und 441. - Obige Aufzählung erhebt übrigens keinen Anspruch auf Vollständigkeit der Bezeichnungsvarianten.

vermuten, daß es sich dabei nicht um strukturell differente Verfahrenstypen, sondern um unterschiedliche Bezeichnungen für die *Funktionsrolle* handelt, die von Erklärungsverfahren ausgefüllt werden, wenn sie - wie gleich noch zu erläutern - als Entscheidungsgrundlage in Theorienkonkurrenzen dienen.

Begriffe, *Erklärungsverfahren* und *Anwendungsverfahren* als Ergebnis praktischer Erfahrung umschreiben den Bestand verfügbarer Möglichkeiten zur Erfüllung der gegenwärtigen Erklärungsideale. Aus der Differenz zwischen aktuellen Erkärungsmöglichkeiten und den forschungsleitenden Erklärungsidealen ergibt sich der aktuelle Problembestand einer Disziplin.[335] An der Lösung dieser Probleme müssen Begriffe, Erklärungsverfahren und die mit ihnen erzeugten Theorien sich bewähren. Dabei kann zwischen *empirischen, formalen* und *theoretischen* Problemen unterschieden werden.[336]

Empirische Probleme entstehen, wenn wir auf neue Fälle treffen (z.B. auf ein neues chemisches Element, dessen spezifische Wärme bestimmt werden soll), auf die wir unsere Begriffe und Erklärungsverfahren unverändert anwenden können.

Formale Probleme beziehen sich demgegenüber allein auf die Ebene der verwendeten Begriffe. Sie werden gelöst durch "die innere Neuordnung unserer Symbolik", lassen die bisherigen Erklärungsverfahren dagegen ebenfalls im wesentlichen unberührt.[337]

Theoretische Probleme umfassen empirische und begriffliche Aspekte zugleich. Sie tauchen auf, wenn Begriffe auf neue Fälle nicht ohne weiteres zu passen scheinen, so daß sich die Frage erhebt, wie diese Begriffe abgeändert werden müssen, um auf den neuen Fall anwendbar zu sein.[338]

Die Forschungsprobleme einer lebendigen Wissenschaft sind im wesentlichen theoretische Probleme. Erkenntnisfortschritt vollzieht sich hier durch die ständige Erweiterung des empirischen Anwendungsbereiches vorhandener Begriffe, die nur durch gleichzeitige Anpassung der Begriffe an die besonderen Anforderungen neuer Anwendungen möglich wird. Wenn aber die Begriffe, in denen erklärende Theorien formuliert werden, häufigen Umdeutungen unterliegen, dann wird aussagenlogische Inkommensurabilität von einer seltenen "revolutionären" Umbruchserscheinung in der Wissenschaftsgeschichte zum Normalfall voranschreitender Forschung. *Formale* Verfahren wie Signifikanztests, Wahr-

---

335 Vgl. Toulmin 1983, S.210.
336 Vgl. Toulmin 1983, S.221ff.
337 Vgl. Toulmin 1983, S.223. Als Beispiel erwähnt Toulmin die Quantenelektrodynamik.
338 So z.B. als Huygens die Ausdrücke "Brechung" und "Strahl" auf eine Weise umdeutete, die es ermöglichte, mit ihnen die eigentümlichen optischen Eigenschaften des Islandspats (einen Lichtstrahl in zwei Teile zu zerlegen) zu erklären; vgl. dazu Toulmin 1983, S.194 und S.224. Kuhns Erläuterung der Anwendung wissenschaftlicher Begriffe zur Erklärung von Phänomenen mit Hilfe von Wittgensteins Konzept der "Familienähnlichkeit" entspricht im wesentlichen der Charakterisierung der Lösungsanforderungen theoretischer Probleme, wie sie Toulmin gibt.

scheinlichkeitsberechnungen o.ä. können nur "innerhalb einer eingeführten Familie von Begriffen" angewendet werden, um die Vorzüge verschiedener Aussagen oder Hypothesen zu bewerten.[339] Wenn - wie Toulmin annimmt - theoretische Neuerungen i.d. Regel auch Veränderungen der Begriffe einschließen, versagen solche Verfahren beim Vergleich konkurrierender *Theorien*. Unvergleichbarkeit nach *formalen Kriterien* darf allerdings nicht identifiziert werden mit der *Unmöglichkeit vernünftiger Leistungsvergleiche überhaupt*.[340] Neue Theorien können zu neuen, verbesserten Erklärungsverfahren führen, etwa durch Entwicklung einer umfassenderen Taxonomie oder von neuen mathematischen Methoden mit einem größeren Anwendungsbereich und größerer Genauigkeit.[341] In diesem Fall zeigt sich die Überlegenheit einer Theorie daran, daß sie mit einem *neuen Erklärungsverfahren von gleichem Typ*, aber - gemessen an *Werten* wie Anwendungsbreite, Genauigkeit o.ä. - überlegener Leistung verbunden ist. Der Verfahrenstypus fungiert hier als die sichere Grundlage, die eine hinreichende Spezifikation und einheitliche Anwendung derartiger allgemeiner Kriterien erst ermöglicht.

Entsprechend schwieriger werden Vergleiche dann, wenn konkurrierende Theorien jeweils mit *Erklärungsverfahren unterschiedlichen Typs* verbunden sind. Im Zerbrechen des kollektiven Konsenses über die Grundform von Erklärungen (= über die gültigen Erklärungsverfahren) sieht Toulmin den Grenzfall erreicht, den Kuhn mit dem Begriff der "Krise" belegt und der verknüpft ist mit der Transformation der paradigmatischen Erklärungsideale.[342] Anders als Kuhn freilich sieht Toulmin hier eine eher *graduelle* und keine qualitative Differenz zu Situationen der Theoriewahl unter der Ägide eines Erklärungsideals, weil - wie bereits festgestellt - auch unter diesen Voraussetzungen formale Erklärungsverfahren als Entscheidungsgrundlage nur selten angewendet und komplizierte Abwägungen zwischen Vor- und Nachteilen erforderlich werden können.

Theorievarianten - so ist vorläufig zu resümieren - konkurrieren miteinander im Hinblick auf ihre Tauglichkeit zur Lösung der Probleme einer Disziplin. Diese ergeben sich wiederum aus der Feststellung bislang unzureichend erklärter Abweichungen zwischen Erklärungsidealen und empirischen Erscheinungen. Die Leistungsfähigkeit konkurrierender Theorien ist zu ermitteln mit Hilfe von Erklärungsverfahren und im Lichte eines offenen "Systems wissenschaftlicher

---

339 Vgl. Toulmin 1983, S.266.
340 Vgl. dazu auch Stegmüller 1980, S.48f und S.79f. Vor dem Hintergrund einer mengen-theoretisch angeleiteten Rekonstruktion wissenschaftlicher Theorien im Sinne des "strukturali-stischen" Programms versucht Stegmüller Theorievergleiche auf eine nicht-aussagenlogische Basis zu stellen. Als neuere und umfassende Darstellung des strukturalistischen Rekonstruktionsprogrammes vgl. Stegmüller 1986.
341 Vgl. Toulmin 1983, S.193f.
342 Vgl. Toulmin 1983, S.276f.

Werte"[343], zu denen Toulmin u.a. Voraussagekraft, Einheitlichkeit, Anwendungsbreite, Genauigkeit und Einsichtigkeit zählt.[344]

Welche Schwierigkeiten für die Theoriewahl sich auf der Ebene der entscheidungserheblichen Erklärungsverfahren ergeben können, wurde bereits skizziert. Auch in der Problemdimension und der Wertedimension, sind jedoch einfache Vergleiche nicht immer ohne weiteres möglich. Konkurrierende Theorievarianten können u.U. nur teilweise auf identische Probleme bezogen werden und schließen darüber hinaus Konsequenzen für unterschiedliche Forschungsprobleme ein. Dort, wo verschiedene Theorien dieselben Probleme zu lösen versuchen, bedeutet dies nicht, daß ihre Leistungsfähigkeit nach den verschiedenen Wertkriterien einheitlich zu bewerten ist. So kann die größere Vorhersagekraft einer Theorie zu Lasten ihrer Einfachheit, höhere Genauigkeit auf Kosten ihrer Anwendungsbreite gehen, müssen Leistungsgewinne in einem Wert- bzw. Problembereich mit Verlusten in anderen bilanziert werden, ohne daß dafür eine einheitliche Berechnungsgrundlage zur Verfügung steht.

Die Theoriewahl wird dadurch oft zum komplizierten Entscheidungsprozeß, der Abwägungen zwischen schwer zu vergleichenden Vorzügen und Nachteilen verlangt. Welche Werte letztlich im Rahmen eines solchen Leistungsvergleiches *anwendbar* und wie sie zu *konkretisieren* sind, ist abhängig von der Struktur der jeweiligen *Problemsituation*, die sich aus der Beziehung der einzelnen Theorievarianten zum Problembestand einer Disziplin (zu einem gegebenen Zeitpunkt) und zu den vorhandenen Erklärungsverfahren ergibt.

Weil in verschiedenen Problemsituationen verschiedene Werte entscheidungserheblich sein können, für die ein gemeinsamer Nenner fehlt, oder dieselben Werte bei veränderten Erklärungsverfahren auf andere Weise konkretisiert werden, so daß auch hier kein direkter Vergleich nach Maßgabe mehr oder minder hoher 'Werterfüllung' möglich ist, gibt es keine allgemeingültigen, kontextinvarianten und zugleich hinreichend spezifischen Bewertungskriterien für Theoriewahlentscheidungen.[345] Eine rationale Rekonstruktion theoretischen

---

343 Vgl. Toulmin 1983, S.268.

344 Vgl. Toulmin 1983, S.269.

345 Deshalb kann beispielsweise der Sachverhalt, daß die vorsokratische Naturphilosophie sich auf einer rein spekulativen Basis bewegt, ohne Versuche zu einer systematischen empirischen Prüfung ihrer Theorien zu unternehmen, nicht als hinreichender Grund dafür gelten, ihren Untersuchungen wissenschaftliche Dignität abzusprechen. 'Vereinbarkeit mit den Tatsachen' ist zwar ein zentrales Geltungskriterium für wissenschaftliche Theorien. Dies schließt jedoch nicht aus, daß es in bestimmten Phasen der Wissenschaftsentwicklung durchaus rational sein kann, dieses Kriterium zu vernachlässigen. Statt einzelne Theorieentwürfe detailliert auszuarbeiten und zu prüfen, könnte es durchaus sinnvoll sein, auf spekulativem Wege die Möglichkeiten zu erforschen, die verschiedene Typen von Theorien eröffnen, um vor einer detaillierten Ausarbeitung eine Auswahl treffen zu können zwischen wenig erfolgversprechenden und den aussichtsreich erscheinenden Entwürfen. Genau darin sieht Toulmin die Leistung der frühen griechischen Philosophie: Ihr Forschungsgegenstand "war nicht die Natur der Dinge,
(Fortsetzung...)

Wandels kann die Vernünftigkeit jeder Theoriewahl nur relativ zu ihrer besonderen Problemsituation nachweisen. Erkenntnisfortschritt läßt sich deshalb nur darstellen als eine kontinuierliche Transformationssequenz von Problemsituationen, in der jede Problemsituation durch kontextbezogen vernünftig begründbare Theoriewahlentscheidungen in die Folgeproblemsituation überführt wird.

Diesen Gedanken, der direkt an Poppers evolutionäre Epistemologie anknüpfen kann,[346] erhebt Toulmin zur Kernthese seines erkenntnistheoretischen Programms, wenn er wissenschaftliche Disziplinen als "Genealogien von Problemen" charakterisiert, bei denen "die Legitimität späterer Modelle und Begriffe darauf (beruht - W.L.S.), daß sie Probleme lösen, vor denen die älteren Modelle und Begriffe versagten".[347]

Dabei muß - wie schon erwähnt - zwischen zwei Ebenen wissenschaftlichen Wandels unterschieden werden:

Theoriewandel im engeren Sinne findet statt vor dem Hintergrund des gegebenen Problembestandes einer Disziplin, bei gegebenen aber variablen Erklärungsverfahren und den relativ dazu konkretisierten Rationalitätskriterien (Werten), nach denen die Leistungsfähigkeit konkurrierender Theorievarianten zu beurteilen ist.

Darüber hinaus aber sind auch die *konstitutiven Erklärungsideale* wissenschaftlicher Disziplinen dem Wandel unterworfen. Wie oben dargestellt, umschreiben Erklärungsideale Normalitätsmodelle, die als 'letzte', d.h. nicht weiter hinterfragbar scheinende Bezugspunkte für die Deutung und Erklärung von Phänomenen fungieren. Sie repräsentieren die grundlegenden und allgemeinsten Erklärungsziele wissenschaftlicher Disziplinen zu einem gegebenen Zeitpunkt, stecken also die Grenzen für die mögliche Variation von Begriffen, Theorien und Verfahrensweisen sowie für die Interpretation der wissenschaftlichen Werte ab. - Mit dieser Differenzierung zwischen Prozessen des Theoriewandels und der Veränderung der konstitutiven Erklärungsideale reformuliert Toulmin die

---

345 (...Fortsetzung)
    sondern die Möglichkeit, einen rationalen Überblick über die Natur zu gewinnen. Sie haben dabei auch die extremen Möglichkeiten verschiedener Verfahrensweisen deutlich gemacht, und zwar so deutlich, daß noch heute ein Physiker wie Werner Heisenberg sich ihnen verpflichtet fühlen kann". Vgl. Toulmin 1981, S.126.
    Die geläufige Differenzierung zwischen spekulativer Philosophie und empirischer Wissenschaft wird damit nicht generell verabschiedet. Eine solche Analyse läuft vielmehr auf die Feststellung hinaus, daß eine solche Differenzierung vor dem Hintergrund eines bestimmten Entwicklungsniveaus kollektiven Wissens nicht nur institutionell noch nicht existierte, sondern auch - gemessen an wissenschaftlichen Rationalitätsstandards - nicht erforderlich war bzw. unangemessen (d.h. dysfunktional für die Beförderung von Erkenntnisfortschritt) gewesen wäre.
346 Vgl. Popper 1984, S.149.
347 Vgl. Toulmin 1983, S.178.

Kuhnsche Unterscheidung von "normalen" und "revolutionären" Phasen der Wissenschaftsentwicklung. Erklärungsideale definieren in synchroner Dimension die *Identität wissenschaftlicher Disziplinen*. Gibt es für die Entscheidung zwischen konkurrierenden Hypothesen oder Theorien noch Kriterien und Verfahren (bzw. Verfahrenstypen), die - so kompliziert sich ihre Anwendung in manchen Fällen auch gestalten mag - allgemein anerkannt sind, so fallen diese Urteilsmaßstäbe aus, sobald zwischen konkurrierenden Erklärungsidealen entschieden werden soll. Zur Diskussion steht dann nicht mehr, welche theoretischen Problemlösungen den Erklärungszielen einer Disziplin am besten entsprechen. Zur Disposition steht vielmehr die Frage, welche Ziele in Zukunft angestrebt, welche Erklärungsaufgaben in Angriff genommen und welche Formen der Erklärung dabei zugrunde gelegt werden sollen.[348]

Toulmin beschreibt eine solche *'Identitätskrise'* in Begriffen, die er dem angelsächsischen Recht entlehnt:

Der Wechsel von theoretischen Kontroversen zu Auseinandersetzungen um die leitenden Erklärungsziele einer Disziplin erfordere einen Übergang von "gesetzesbezogenen" zu "gewohnheitsrechtlichen" Argumentationen. Wenn keine anerkannten Verfahrensformen mehr existieren durch deren Anwendung eine Entscheidung herbeigeführt werden kann, dann müsse die historisch akkumulierte Erfahrung der Wissenschaftler einer Disziplin herangezogen und nach passenden Präzendenzfällen durchgemustert werden, um mit deren Hilfe abzuschätzen, welche der verschiedenen möglichen Entwicklungsrichtungen am aussichtsreichsten erscheinen.[349] An solchen Punkten der strategischen Neuorientierung von Disziplinen bzw. rationalen Unternehmungen laute die Grundfrage, " 'Ist das der legitime Erbe dessen, was bisher 'Jurisprudenz'/'Physik'/'Musik' ... war?' ", und die "entscheidende Methodenfrage" sei dann die, "wie die Gesamterfahrung der menschlichen Geschichte bei der Entscheidung zum Tragen gebracht werden kann, was als 'legitime Neuorientierung' einer Disziplin oder Unternehmung gelten könne".[350]

Am Beispiel der Rechtsprechung als einem der Wissenschaft vergleichbaren kollektiven Vernunftunternehmen fügt Toulmin diesem Gedankengang noch ein wichtiges Element hinzu, dessen Bedeutung er auf der Ebene der systematischen Darstellung jedoch im Unklaren beläßt: In Situationen, in denen die bestehenden Gesetze nicht mehr angewendet werden können, weil sie versagen, müsse "das höchste Gericht... im Lichte einer weitergespannten Konzeption sowohl urteilen, was das Recht war und ist, als auch, was es werden soll", d.h. "wie sich das Recht

---

348 Vgl. Toulmin 1983, S.276f.
349 Vgl. Toulmin 1983, S.280 und S.283.
350 Vgl. Toulmin 1983, S.283.

an diesem Punkt der Geschichte weiterentwickeln sollte, um möglichst vollständig seine allgemeinen Ideale der Gerechtigkeit, der Menschlichkeit und der Rechtssicherheit zu erfüllen".[351] Die hier angeführten "allgemeinen Ideale" sind offenbar nicht identisch mit den "konstitutiven Zielen" eines Vernunftunternehmens. Sie bezeichnen vielmehr eine Ebene allgemeinster Wertbezüge, die - ähnlich den grammatischen Universalien menschlicher Sprachen - Restriktionen etablieren, die bei allen Variationen der konstitutiven Ziele eines Vernunftunternehmens bestimmten Typs erfüllt werden müssen, d.h. als letzte Konsensgrundlage in Anspruch genommen werden können. Die Erörterung von Präzedenzfällen hat dabei die Funktion, an bereits bewältigten Situationen der Konkurrenz von Erklärungsidealen Anhaltspunkte für die angemessene übergreifende Anwendung allgemeiner Wertbezüge unter Bedingungen zu gewinnen, unter denen zunächst inkommensurable Wertspezifikationen einander gegenüberstehen.

Im Kontext der Veränderung von Erklärungsidealen wissenschaftlicher Disziplinen spielen die von Kuhn diskutierten und auch von Toulmin erwähnten Kriterien wissenschaftlicher Rationalität wie Tatsachenkonformität, Widerspruchsfreiheit, Reichweite, Einfachheit etc. die Rolle universaler Werte. Dabei stehen sie zu den materialen *Erklärungsidealen* wissenschaftlicher Disziplinen vermutlich in einer doppelten Beziehung:[352]
Sie dienen einerseits als allgemeinste Bezugskriterien für deren Selektion. *Als Erklärungsideale einer Disziplin kommen nur solche Vorstellungen in Frage, die diese Werte soweit als möglich erfüllen, d.h. sie in einem Modell *verkörpern*, welches der Forschung die Richtung weist. Andererseits werden diese Werte dadurch erst soweit konkretisierbar, daß sie als Kriterien im Rahmen von *Theoriewahlentscheidungen* fungieren können. Die dazu notwendigen Spezifikationsleistungen werden vor allem durch die Erklärungsverfahren erbracht. Sie bilden den Bezugsrahmen, in den unterschiedliche Grade der 'Werterfüllung' eingetragen und in dem so Theorien nach ihrer Leistungsfähigkeit verglichen werden können.

Damit sind alle wesentlichen Elemente, die sich zur Struktur einer wissenschaftlichen Disziplin zusammenfügen, genannt. Toulmins Überlegungen können wie folgt resümiert werden (vgl. dazu die anschließende schematische Übersicht): Wissenschaftliche Disziplinen repräsentieren kein geschlossenes System logisch zusammenhängender Aussagen, sondern Aggregate von *Problemen* und darauf

---

351 Vgl. Toulmin 1983, S.281f.
352 "Vermutlich" deshalb, weil wir hier, wie schon früher, auf interpretierende Extrapolation angewiesen sind.

bezogenen *Begriffen, Theorien und Erklärungsverfahren*, deren Beziehungen zueinander meist nicht-formaler Art sind. Hinzu kommen die in der praktischen Erfahrung der Wissenschaftler fundierten *Anwendungsverfahren*, mit deren Hilfe erst die empirischen Bedingungen und die Form der Anwendung von Begriffen und Erklärungsverfahren bestimmt werden können.

Der Problembestand einer Disziplin ergibt sich aus der Differenz zwischen ihren *konstitutiven Erklärungsidealen* bzw. -zielen und den *gegenwärtigen Möglichkeiten zur Erklärung der Erscheinungen*, die als Anwendungsfälle dieser Ideale betrachtet werden. Theorievarianten, mit ihnen verbundene Begriffe und Erklärungsverfahren konkurrieren unter dem Gesichtspunkt ihrer Tauglichkeit für die Lösung der disziplinspezifischen Probleme.

Für einen Leistungvergleich zwischen Theorien können *formale Verfahren* (z.B. Signifikanztests) nur dann herangezogen werden, wenn die konkurrierenden Theorievarianten mit Begriffen operieren, die derselben 'Familie' angehören. Dieser Rahmen wird jedoch so oft überschritten, daß Theoriewahlentscheidungen häufig mit Hilfe *nicht-formaler* Vergleichsverfahren getroffen werden müssen.

Universale Werte wissenschaftlicher Rationalität wie Tatsachenkonformität, Widerspruchsfreiheit, Reichweite, Genauigkeit, Einfachheit etc., die durch historisch spezifische Zusatzkriterien ergänzt werden können (als möglichen Kandidaten für die Physik nennt Toulmin hier: Programmierbarkeit von Theorien) bilden den Hintergrund der *Erklärungsverfahren*.

Erklärungsfahren *konkretisieren* die allgemeinen wissenschaftlichen Werte. Da nicht alle Verfahren alle Werte gleichermaßen berücksichtigen, verhalten sich die Verfahren zu den Werten zugleich *selektiv*. Welche Verfahren bei einer anstehenden Theoriewahlentscheidung angewendet und welche wissenschaftlichen Werte demnach im Einzelfall entscheidungserheblich sind, hängt ab von der *Struktur der Problemsituation*. Diese ergibt sich aus der Beziehung der konkurrierenden Theorievarianten und Erklärungsverfahren zum Problembestand einer Disziplin. Operieren konkurrierende Theorien mit identischen Erklärungsverfahren oder Verfahrensvarianten gleichen Typs, dann bereiten Leistungsvergleiche keine grundsätzlichen Schwierigkeiten. In beiden Fällen besteht eine hinreichende Übereinstimmung über die Grundform einer Erklärung, die notwendig ist, um eine gleichnamige Basis für die beurteilende Anwendung wissenschaftlicher Werte bereitzustellen.

Stehen sich in der Leistungskonkurrenz zwischen Theorien zugleich typenverschiedene Erklärungsverfahren gegenüber, dann entfällt der gemeinsame Nenner für die unmittelbare Applikation wissenschaftlicher Werte. Weil diese für sich genommen zu allgemein, heterogen und in keine stabile Rangfolge zu bringen sind, bedürfen sie der Spezifikation, um als Vergleichskriterien verwendet werden zu können. Bieten unterschiedliche Erklärungsverfahren dafür nur widersprüchliche Lösungen an, dann geben nur noch die *paradigmatischen Erklärungsideale* einer Disziplin zusammen mit den daraus ableitbaren Problembeständen einen Anhaltspunkt für die notwendige Entscheidung zwischen alternativen Formen der Wertekonkretisierung.

Die *Erklärungsideale* fungieren als Referenzmodelle für die Identifikation erklärungsbedürftiger Erscheinungen (d.h. als Kristallisationskern des Problembestandes einer Disziplin) sowie als Ort der *Verkörperung* wissenschaftlicher Werte (d.h. als allgemeinster materialer Bezugspunkt für ihre *Konkretisierung*). Sie bilden die identitätskonstituierende Klammer im synchronen Strukturaufbau wissenschaftlicher Disziplinen. Zerbricht diese Klammer, dann kommt es zur tiefgreifenden Identitätstransformation. Entschieden werden muß dann darüber, welche neuen Ziele eine Disziplin sich in Zukunft setzen soll.

Für diese Entscheidung zwischen konkurrierenden *Erklärungsidealen* stehen keine anerkannten Verfahren zur Verfügung. Um dennoch Anhaltspunkte für die vernunftorientierte Diskussion und Entscheidung zu gewinnen, muß die *gesamte Erfahrung* der Wissenschaftler einer Disziplin zu Rate gezogen und nach vergleichbaren *Präzedenzfällen* durchforscht werden. Anhand dieser Beispiele und im Lichte universaler Werte als letzter Konsensgrundlage muß eine Abschätzung und Bewertung der voraussichtlichen Konsequenzen der verschiedenen möglichen Optionen versucht werden. Die Rückbesinnung auf die Geschichte einer Disziplin als Vorrat von Beispielen, wie bei früheren Fällen inkompatibler Vorschläge zur Konkretisierung der wissenschaftlichen Werte eine kollektiv anerkannte Entscheidung herbeigeführt werden konnte, wird so zur Bedingung der Möglichkeit rationalen Wandels.

Struktur einer kompakten[353] wissenschaftlichen Disziplin

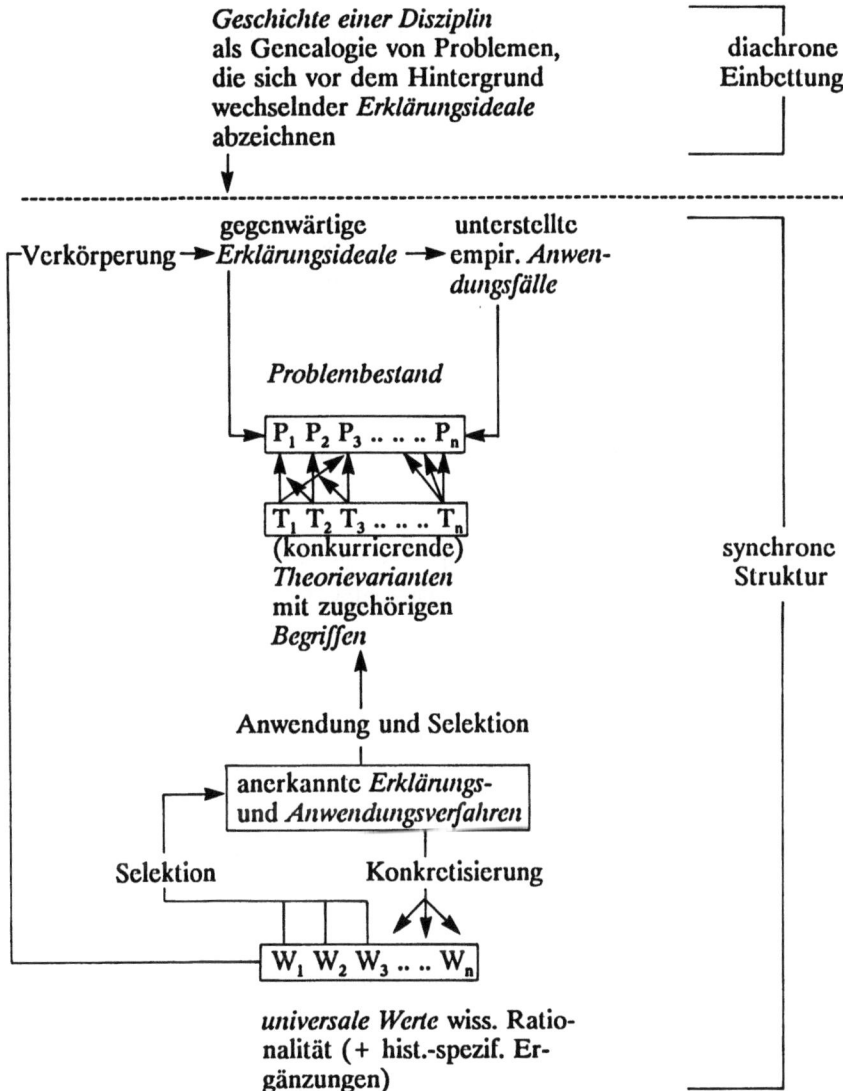

Geschichte einer Disziplin
als Genealogie von Problemen,
die sich vor dem Hintergrund
wechselnder *Erklärungsideale*
abzeichnen

diachrone
Einbettung

Verkörperung → gegenwärtige *Erklärungsideale* → unterstellte empir. *Anwendungsfälle*

Problembestand

$P_1 \; P_2 \; P_3 \; .. \; .. \; .. \; P_n$

$T_1 \; T_2 \; T_3 \; .. \; .. \; .. \; T_n$
(konkurrierende)
Theorievarianten
mit zugehörigen
Begriffen

Anwendung und Selektion

anerkannte *Erklärungs-*
und *Anwendungsverfahren*

Selektion   Konkretisierung

$W_1 \; W_2 \; W_3 \; .. \; .. \; W_n$

universale Werte wiss. Rationalität (+ hist.-spezif. Ergänzungen)

synchrone
Struktur

---

353 Toulmin unterscheidet zwischen "kompakten", "diffusen" und "möglichen" Disziplinen.
"Diffuse" und "mögliche" Disziplinen lassen sich durch defizitäre Abweichungen vom bisher
dargestellten Model einer "kompakten" Disziplin charakterisieren, wie z.B. das Fehlen einer
wohlbestimmten Menge anerkannter Erklärungsideale oder allgemein akzeptierter Verfahren
für die Prüfung vorgeschlagener Problemlösungen. Vgl. Toulmin 1983, S.441.

6.1 "Rationale Unternehmungen" als institutionell ausdifferenzierte und problemfunktional integrierte Handlungstypen

Toulmin diskutiert die Struktur reifer (in Toulmins Terminologie: "kompakter") wissenschaftlicher Disziplinen nur als Beispielfall, an dem er die allgemeine Grundstruktur "rationaler Unternehmungen" zu klären und zu demonstrieren sucht. Dabei gilt ihm "die Anerkennung eines hinreichend unstrittigen Ziels oder Ideals, anhand dessen sich die ausstehenden Probleme bestimmen lassen", als entscheidendes Merkmal kollektiver Disziplinen, zu denen er - neben wissenschaftlichen Disziplinen - u.a. auch die verschiedenen Gebiete des Rechtswesens und der Technik zählt.[354] Die Grenzen, die verschiedene Disziplinen voneinander trennen, werden demnach durch ihre jeweils ziel- bzw. idealabhängig konstituierten Problembestände definiert. Eine explizite Antwort auf die Frage, wie die verschiedenen *Handlungsfelder*, denen die Disziplinen zuzurechnen sind, wie Recht und Wissenschaft, wie Wissenschaft und Technik vor diesem Hintergrund gegeneinander abgegrenzt werden können, gibt Toulmin nicht. Eine mögliche Antwort ist jedoch in seiner Darstellung der Struktur wissenschaftlicher Disziplinen angelegt:

Die *material* bestimmten Ziele bzw. Ideale verschiedener Disziplinen können zu einer übergeordneten Einheit zusammengeschlossen werden, sofern sie als Verkörperungen der gleichen Gruppe allgemeiner Werte zu betrachten sind. Werte wie Gerechtigkeit und Rechtssicherheit oder Tatsachenkonformität, Reichweite etc. umschreiben unterschiedliche Gruppen *generalisierter Rationalitätsbezüge* für die Beurteilung von Argumenten und Handlungen in den verschiedenen Handlungsfeldern. Als *institutionalisierte Problembezüge* tragen sie zugleich die *soziale* Autonomisierung unterschiedlicher Handlungstypen. Institutionelle und organisationale Formen der Separierung können vor diesem Hintergrund untersucht und auf ihre Funktionalität bzw. Dysfunktionalität hin geprüft werden für die Erfüllung handlungstypspezifischer Rationalitätsanforderungen sowie für die Förderung disziplinbezogener Erklärungsziele. Eröffnet wird so die Möglichkeit, Prozesse *sozialer Differenzierung* aus der "internalistischen" Perspektive der Entwicklung rationaler Unternehmungen bzw. der ihnen zugrunde liegenden Handlungstypen zu rekonstruieren.

Kristallisationskerne für die Ausbildung *interner 'Logiken'* institutionalisierter Handlungstypen sind einerseits die konstitutiven generalisierten Rationalitäts- oder Problembezüge (Werte). Diese bilden den allgemeinen Bezugspunkt für die Projektion und Selektion spezifisch-materialer institutionalisierter Ziele ("Ideale") und darauf bezogener *praktischer Verfahren* (Handlungsregeln). Institutionali-

---

354 Vgl. Toulmin 1983, S.424; siehe auch Toulmin 1979, Teil IV.

sierte Handlungs'logiken' werden andererseits geprägt durch die besonderen Bedingungen und Anforderungen jeder einzelnen Poblemsituation: Bei der Arbeit an Problemen manifest werdende Inkonsistenzen zwischen institutionalisierten Zielsetzungen fordern deren Neuinterpretation, Revision oder Hierarchisierung; die Untauglichkeit bisher vorhandener Verfahren für die Erfüllung dieser Ziele begünstigt Abweichungen und Innovationen auf der Ebene der handlungsleitenden Regeln. Handlungstypen unterliegen aus diesen Gründen - im Rahmen der typenspezifischen Rationalitätsbezüge - kontinuierlichen historischen Veränderungsprozessen.

Die abstrakte Einheit eines Handlungstyps allein reicht dabei jedoch nicht aus, um den Zusammenhang und die Kontinuität einer "rationalen Unternehmung" in der Zeit zu garantieren. Für sich allein genommen könnten die unterschiedlichen Möglichkeiten zur Konkretisierung der allgemeinen Problembezüge eine beliebige Vielfalt nebeneinanderstehender inkommensurabler Spezifikationen entstehen lassen. Kontinuität und Fortschritt im Sinne eines organisierten Lernprozesses wird erst dadurch möglich, daß "rationale Unternehmungen" ihre eigene Geschichte als identitätssichernde Struktur verwenden und nichtanschlußfähige Spezifikationsmöglichkeiten dadurch eliminiert werden können. Diese Geschichte aber konstituiert sich als eine Reihe von Transformationen, bei denen jeweils eine gegebene Konstellation von Präsuppositionen, darauf gründenden Problemen und deren mögliche Lösungen, von Interpretationen genereller Problembezüge (Werte) und daraus abgeleiteten Beurteilungsstandards durch eine neue Konstellation abgelöst wird. Das Toulminsche Disziplinenmodell gibt dazu an, mit welchen Stufen kontextrelativer Spezifikation sowie möglicher historischer Variation gerechnet werden muß, und wie diese Stufen miteinander zusammenhängen. Der Status dieses Modells ist im wesentlichen heuristischer Art. Es soll als Leitfaden für die Rekonstruktion der eigenlogischen Struktur 'rationaler Unternehmungen' dienen, ohne die Ergebnisse solcher Untersuchungen im einzelnen zu präjudizieren.

Offensichtlich kommt der Relation von Problem und Problemlösung innerhalb des Toulminschen Disziplinenmodells ein ähnlich zentraler Stellenwert zu, wie im Rahmen der Überlegungen von Gadamer und Collingwood zur Konstitution der Bedeutung von Texten bzw. Handlungszusammenhängen. Weiter in den Vordergrund der Betrachtung rückt bei Toulmin jedoch die ebenfalls von Collingwood bekannte Frage nach den *Präsuppositionen* von Fragen bzw. Problemen. Deren besondere Hervorhebung ist dem spezifischen Gegenstand zuzuschreiben, auf den sich Toulmins Forschungsinteresse konzentriert: Unterschiedliche Fragen oder Probleme können durch die ihnen gemeinsamen Präsuppositionen zu einheitlichen Gruppen zusammengefaßt werden. Erst die zugrunde liegenden gemeinsamen "(Erklärungs-)Ideale" aber machen aus einer ungeordneten Vielzahl von Problemen und theoretischen Lösungsvorschlägen gegeneinander abgrenzbare "Ideenpopulationen", die sich zur Einheit einer kollektiven Disziplin verbinden können.[355]

Zwei wesentliche Elemente des Toulminschen Modells finden in der allgemeinen hermeneutischen Bedeutungskonzeption - soweit sie bisher diskutiert wurde - allerdings keine direkte Entsprechung. Es sind dies (1) die *anerkannten Verfahren*, mit denen geprüft werden kann, welche von mehreren konkurrierenden Antworten (im Kontext wissenschaftlichen Handelns: Theorievarianten) als relativ beste Lösung eines Problems zu betrachten ist. Diese wiederum sind abhängig von (2) den allgemeinen *handlungstypspezifischen Rationalitätsbezügen oder Werten*, die in den "kollektiven Idealen" eines rationalen Unternehmens verkörpert sind, und durch deren situationsbezogene Konkretisierung die anerkannten Verfahren erst entwickelt werden können.

Aus der Perspektive des allgemeinen, nicht zwischen verschiedenen Text- und Handlungstypen differenzierenden Bedeutungsbegriffs der philosophischen Hermeneutik Gadamers gewinnen Werte und Verfahren keine selbständige, gegenüber Problemstellungen und ihren Präsuppositionen unabhängige Realität. Sie erscheinen vielmehr gekoppelt an die Struktur der jeweiligen Problemsituation und einer eigenständigen Behandlung deshalb weder bedürftig noch ohne weiteres zugänglich zu sein.[356] In der Betrachtungsperspektive Toulmins, die von vornherein auf die Untersuchung spezifischer Handlungsfelder bzw. -typen zielt,

---

355 Das allgemeine, nicht auf spezifische Handlungstypen eingeschränkte Pendant zu Toulmins "kollektiven Idealen" rationaler Unternehmungen firmiert in der hermeneutischen Tradition unter den Titeln "Weltanschauung", "Weltbilder" oder - weniger prätentiös und jüngeren Datums -"kulturelle Deutungsmuster". Der strukturelle Kern solcher Gebilde kann in jedem Falle im Sinne der bei Gadamer und Collingwood entwickelten Bedeutungskonzeption rekonstruiert werden als ein *Geflecht von Präsuppositionen*, das den Hintergrund bildet für die Wahrnehmung und Auslegung der Welt sowie für die Konstruktion von Deutungs-und Handlungsproblemen, die die unmittelbaren Bezugspunkte für das Verstehen von Äußerungen und Handlungen bilden. Diltheys Charakterisierung der "Weltanschauung" kommt Toulmins Darstellung und Funktionsbeschreibung wissenschaftlicher "Erkenntnisideale" nahe, wenn er eine "Weltanschauung" bestimmt als "ein geistiges Gebilde, das Welterkenntnis, Ideal, Regelgebung und oberste Zweckbestimmung einschließt". - Ist es bei Toulmin eine wesentliche Aufgabe der Wissenschaftsgeschichte bzw. -philosophie, die verschiedenen disziplinkonstitutiven Erkenntnisideale zu rekonstruieren, so soll bei Dilthey der Philosoph "die Typen der Weltanschauung aufsuchen und die Gesetzmäßigkeit in ihrer Bildung erkennen", darin dem Botaniker vergleichbar, der "die Pflanzen in Klassen ordnet und das Gesetz ihres Wachstums erforscht". Vgl. Dilthey 1961, S.380. - Im gleichen Zusammenhang (a.a.O., S.378) verwendet Dilthey auch den Ausdruck "Weltbild".

356 Erst das Unternehmen einer universalen bzw. transzendentalen Pragmatik sprachlicher Verständigung, wie es besonders von Habermas und Apel - bei Apel ursprünglich unter dem kennzeichnenden Titel einer "transzendentalen Hermeneutik" - vorangetrieben worden ist, versucht auch auf dieser Ebene ein grundlegendes, vor allen bereichsspezifischen Differenzierungen vorauszusetzendes System von Rationalitätsbezügen, oder genauer, von universalen Geltungsansprüchen zu identifizieren. Vgl. dazu bes. Apel 1976 und 1976a sowie Habermas 1976 und 1981.

richtet sich demgegenüber die Aufmerksamkeit beinahe zwangsläufig auf diejenigen generalisierten Rationalitätsbezüge (Werte), die auch beim Wechsel der materialen Probleme und Präsuppositionen die Einheit eines Handlungstyps sichern und die in die Anwendung beurteilender Verfahren eingehen. Diese Erweiterung ist demnach unmittelbare Folge einer Besonderheit des *Gegenstandsbereiches*, auf den sich die Bemühungen um eine hermeneutische Rekonstruktion richten. Toulmins Modell wissenschaftlicher sowie außerwissenschaftlicher Disziplinen, das in wesentlichen Hinsichten den gemeinsamen Fluchtpunkt der bisher dargestellten Beiträge von Popper, Lakatos und Kuhn markiert, kann deshalb - so ist zu resümieren - als Extension der allgemeinen hermeneutischen Bedeutungskonzeption im Hinblick auf sozial ausdifferenzierte funktional spezifische Formen des Handelns betrachtet werden.

6.2 Die "disziplinäre" Ebene rationaler Unternehmungen als Toulmins Pendant zu Poppers Welt 3

Die bisherige Darstellung konzentrierte sich auf die *"disziplinäre"* Struktur "rationaler Unternehmungen". Die damit gewählte Betrachtungsweise ist jedoch unvollständig. Dem "disziplinären" Aspekt des Handelns innerhalb eines jeden "Vernunftunternehmens" stellt Toulmin den "professionsbezogenen" Aspekt dieses Handelns gegenüber. Am Beispiel der Wissenschaft kann diese Unterscheidung wie folgt verdeutlicht werden:

Soweit von Wissenschaft als *Disziplin* die Rede ist, bleiben die Subjektivität der einzelnen Wissenschaftler, deren persönliche Beziehungen zueinander, die Autorität, die einzelnen Personen zuerkannt wird, der Einfluß, den sie dadurch auf die Entwicklung der Forschung ausüben können, die institutionellen Einrichtungen, die die Machtverteilung und die Möglichkeiten zur Ausübung von Einfluß regulieren (z.B. Organisationen, die Forschungsgelder verwalten, wissenschaftliche Zeitschriften und Verlage, die die Möglichkeiten der Publikation kontrollieren, das damit verbundene Gutachterwesen etc.) außer betracht. Welche Personen durch welche Handlungen mit welchen Absichten und unter welchen institutionellen Bedingungen dazu beitragen, daß ein bestimmtes Problem gelöst oder eine bislang als gültig erachtete Theorie als unzureichend erkannt wird, spielt hier keine Rolle. Fragen dieser Art sind Gegenstand der *professionsbezogenen* Analyse wissenschaftlicher Entwicklung.

Professionsbezogene Analysen untersuchen, welchen Faktoren es zuzuschreiben ist, daß es zu bestimmten Entwicklungen kam. Gründe interessieren hier nur insoweit, wie sie als Bestandteil von Handlungsmotiven effektiv wirksam

geworden sind. Im Gegensatz zu disziplinbezogenen Analysen zielen "personen-
oder professionsbezogene Analysen des Ideenwandels also in erster Linie auf
Diagnose und kausale Erklärung, und nicht auf *Beurteilung oder vernünftige
Rechtfertigung*".[357] Die Betrachtung eines "Vernunftunternehmens" als ein "Netz
von Kausalvorgängen" steht zu seiner Rekonstruktion als "Feld rationaler
Leistungen" jedoch in keinem Konkurrenzverhältnis.[358] Beide Betrachtungsweisen
ergänzen einander wechselseitig.

Toulmin parallelisiert die Unterscheidung zwischen der disziplinären und der
professionsbezogenen Analyse kollektiver Vernunftunternehmen in einer
nachträglichen Selbstinterpretation ausdrücklich mit Poppers Drei-Welten-Lehre:

"The entire account of 'conceptual change' in science in volume I of *Human
Understanding* was built around a distinction having precisely the 'critical'
implications that Popper insists on, when he separates the 'third world' of
rational criticism from the first and second (physical and mental) worlds of
empirical fact: namely, the distinction between 'disciplines' and 'professions'.
Everything about the sciences, considered as 'disciplines', is *directly* open to
rational criticism, including those parts of their intellectual content that show
themselves more in praxis than in propositions. By contrast, the institutional
transactions that embody the activities of the sciences, considered as 'professions', are open to rational criticism only *indirectly*, by enquiring how far they
serve the intellectual needs of the discipline they are supposed to promote."[359]

Disziplinäre Analysen beziehen sich demnach auf Welt 3-Zusammenhänge,
professionsbezogene Analysen demgegenüber auf die korrespondierenden Welt
2-Prozesse. Dabei werden auch die "kausalen" Vorgänge der Welt 2 einer
objektiv-rationalen Beurteilung insofern zugänglich, als sie auf ihre Funktionalität im Hinblick auf die Anforderungen einer Disziplin bewertet werden
können.[360] - Toulmin insistiert gegenüber Popper und Lakatos allerdings auf
einer Erweiterung der Welt 3. Zu ihren Bewohnern sollen nicht ausschließlich
symbolische Objektivationen wie Begriffe und Propositionen gehören, sondern

---

357 Vgl. Toulmin 1983, S.363; Hervorhebungen im Original.
358 Vgl. Toulmin 1983, S.364.
359 Vgl. Toulmins 1976, S.666; Hervorhebungen im Original.
360 Zum Problem der kausalen Effektivität von Handlungsgründen bzw. -motiven vgl. u.a.
   Davidson 1963, Toulmin 1970, von Wright 1974, Kap. III sowie Searle 1986, Kap.IV.

auch die *praktischen Verfahren*, in denen diese verwendet bzw. erzeugt werden.[361] Hintergrund dieser Forderung ist die auf Wittgenstein zurückgehende Annahme, daß die Bedeutung von Begriffen durch die intersubjektiv befolgten Regeln ihres Gebrauchs bestimmt werden.[362] Unter diesen Voraussetzungen kann die Praxis wissenschaftlicher Tätigkeit nicht mehr vollständig von den Theorien und Begriffen abgetrennt und in die Welt 2 verwiesen werden. Vielmehr muß dann auf der Ebene von Handlungsabläufen selbst zwischen Welt 2- und Welt 3-Aspekten differenziert, d.h. insbesondere zwischen subjektiven Intentionen und objektiv handlungsleitenden Regeln unterschieden werden. Zwar unterscheiden sich Regeln von Propositionen und anderen symbolischen Objektivationen dadurch, daß sie nicht notwendig in einer subjektunabhängigen *expliziten* symbolischen Form vergegenständlicht, sondern u.U. primär als implizites Wissen von Akteuren vorhanden sind.[363] Die Art der materialen Repräsentation ist für die Zugehörigkeit von Entitäten zur Welt 3 jedoch unerheblich, solange sie in *irgendeiner* Form objektiviert sind, die sie der Explikation und rationalen Betrachtung prinzipiell zugänglich macht.[364] Diese Anforderung ist für Regeln und Verfahren zweifellos erfüllt. Durch beobachtbares Handeln in dadurch erzeugte objektive Sinngebilde inkorporiert, können sie hypothetisch rekonstruiert und nach ihrer Fruchtbarkeit für die Lösung von Problemen bewertet werden.

Wenn auch bei Toulmin nicht ausdrücklich erörtert, kann daraus umgekehrt gefolgert werden, daß *elementare Handlungen* - insofern sie nämlich als

---

361 Vgl. Toulmin 1976, S.666: "Since the intellectual content of a natural science embraces *both* its (linguistic) terms and propositions and *also* the (non-linguistic) procedures by which those ideas are given an empirical relevance and application, the 'third world' model of science must make room for the essential praxis of natural science alongside its propositions and inferences, terms and 'truths'." (Hervorhebungen im Original.)

362 Vgl. Toulmin 1983, S.235: "Ein formal definierter Ausdruck gewinnt seine wissenschafliche Bedeutung - d.h. wird zu Erklärungen eingesetzt - erst im Zusammenhang mit der Konstellation von Erklärungsverfahren, die er bezeichnet." A.a.O., S.233 schreibt Toulmin: "Eine 'objektive' Analyse der Begriffe muß .. anhand ihres öffentlichen oder kollektiven Gebrauchs geliefert werden, der ihren 'Sinn' bestimmt." Dabei weist er ausdrücklich darauf hin, daß hier zwischen den "privaten Vorstellungen und öffentlichen Darstellungen" (d.h. zwischen Welt 2- und Welt 3-Aspekten) zu unterscheiden sei: "..nur die 'öffentlichen' Seiten des Gebrauchs von Ideen sind von unmittelbarer Bedeutung." Vgl. a.a.O., S.234.
Siehe in diesem Zusammenhang auch Winch 1974, wo das auf Wittgenstein zurückgehende Konzept intersubjektiver Regelbefolgung ausführlich entwickelt und die daraus abzuleitenden methodologischen Konsequenzen für die Sozialwissenschaften diskutiert werden. Winch kommt dabei zu Ergebnissen, die in wesentlichen Punkten mit Toulmins Position übereinstimmen. Dies gilt vor allem für die Bestimmung des Verhältnisses zwischen "Ideen" und sozialen Beziehungen. Vgl. dazu Winch 1974, S.169 und Toulmin 1983, S.411f sowie unten, Abschn. 6.2.

363 Vgl. Toulmin 1976, S.665.

364 Vgl. Toulmin 1976, S.667: "In giving the claims of rational criticism the respect and attention they deserve, therefore, we must not restrict their scope and application to matters of propositional logic, but admit into the 'third world' *all* those elements, that can be critically judged against rational standards." (Hervorhebung im Original.)

Vergegenständlichungen von Regeln betrachtet werden können - wie Handlungsregeln und komplexe Handlungserzeugnisse ebenfalls zur Welt 3 gehören. Dabei ist jedoch der objektive Sinngehalt einer Handlung (ihr Welt 3- oder Produktaspekt) streng zu trennen von den subjektiven Intentionen des ausführenden Akteurs (Welt 2- oder dispositionaler Aspekt) und von der Ebene des Handelns als Prozeß, soweit dessen Verlaufseigentümlichkeiten bestimmt werden durch Wechselwirkungen zwischen materiellen Gegenständen (Welt 1) bzw. zwischen psychischen Dispositionen (Welt 2) und materiellen Gegenständen (Welt 1). Am Beispiel von Sprechhandlungen, zu denen auch einige der von Popper ausdrücklich aufgezählten Bewohner von Welt 3 zu rechnen sind,[365] kann dies verdeutlicht werden:

Als Standardform für Sprechhandlungsregeln gibt Searle die Form "X gilt als Y im Kontext C" an.[366] Dabei sind für "X" bestimmte Verhaltensmerkmale (die häufig "natürliche", d.h. Welt 1-Tatsachen repräsentieren), für "C" eine Beschreibung relevanter Kontextbedingungen und für "Y" der Name desjenigen Handlungstyps (z. B. "Bitte", "Befehl", "Behauptung" etc.) einzusetzen, der als vollzogen gilt, wenn das Verhalten eines Akteurs unter den Bedingungen C die Merkmale X erfüllt. Ob ein Akteur, dessen Verhalten die Kriterien einer bestimmten Handlung objektiv erfüllt, darüber hinaus auch die Ausführung *dieser* Handlung *tatsächlich beabsichtigte*, ist sekundär.[367] Entspricht sein Verhalten eindeutig und unmißverständlich den Merkmalen einer bestimmten Handlung, dann ist er verpflichtet, die daraus regulär folgenden Konsequenzen zu tragen, sofern andere darauf bestehen. 'Es nicht so *gemeint* zu haben', wie andere es verstanden, hebt diese Verpflichtung nicht auf, es sei denn, ein Akteur

---

365 Vgl. Popper 1984, S.163: Allem Anschein nach zustimmend schreibt Popper darüber, wie die Stoiker die Welt der Platonischen Ideen über Theorien und Behauptungen hinaus erweiterten: "Neben zur Welt 3 gehörenden sprachlichen Gegenständen wie Feststellungen oder Behauptungen (beides Sprechhandlungen - W.L.S.) bezogen sie auch ein: Probleme, Argumente .. ja sogar Befehle, Ermahnungen (beides Sprechhandlungen - W.L.S.) .. und natürlich Geschichten und Erzählungen."
366 Vgl. Searle 1976, S.56ff.
367 Um ein Ereignis einem Akteur als dessen Handlung zuzuschreiben genügt es nach Davidson, daß "das, was er tut, unter einem Aspekt beschrieben werden kann, der es intentional macht", wobei jedoch der Gehalt objektiv möglicher Handlungsbeschreibungen mit dem Inhalt der Handlungsintention, die den Akteur zur Ausführung seiner Handlung veranlaßte, keineswegs übereinzustimmen braucht. Vgl. Davidson 1971, S.7, zitiert nach Lenk 1978, S.282; kritisch ergänzend dazu Lenk, a.a.O., S.283. - Wie das Beispiel einer fahrlässigen Tötung im Verkehr, die normalerweise nicht als Ausführung einer entsprechenden Absicht herbeigeführt wird, veranschaulicht, ist es für die verantwortliche Zurechenbarkeit eines Ereignisses als Handlung nicht notwendig, daß eine Intention zur Herbeiführung dieses Ereignisses vorlag. Lenk kommentiert dieses Beispiel: "Man muß daher schließen, daß Intentionalität oder die Möglichkeit einer intentionalen Beschreibung allein kein vollständiges Kriterium des Handelns liefern kann; es handelt sich nicht um eine notwendige Bedingung dafür, daß ein Verhalten Handeln ist." Vgl. Lenk 1978, S.284.

ist nicht *"zurechnungsfähig"*.[368] Die Bedeutung eines Verhaltens bestimmt sich
demnach im wesentlichen unabhängig von den tatsächlichen Absichten eines
Handelnden. Sie konstituiert sich als objektive Relation zwischen einem
bestimmten beobachtbaren Verhalten und sozial geltenden Handlungsregeln.[369]
Obwohl Handlungs*intentionen* der Welt 2 angehören, sind Handlungen daher als
objektive Sinngebilde und somit als Welt 3-Entitäten zu betrachten.

Elementare Handlungen fungieren als Bestandteile größerer Handlungsag-
gregate. Vornehmlich die Welt 3-Erzeugnisse *aggregierter* Handlungen - Theorien
und Hypothesen[370] - konkurrieren untereinander bei der Lösung von Problemen.
Wie bei Popper, so werden auch bei Toulmin Problemsituationen als "ökologische Nischen" gedeutet, die von "Ideenpopulationen"[371] bevölkert werden, welche
der "Auslese" nach Maßgabe ihrer "Angepaßtheit" an die Bedingungen der
Problemsituationen unterliegen. Der darwinistische Begriff der Anpassung wird
dabei ebenso wie auch andere Begriffe der Darwinschen Populationstheorie
fern jedes reduktionistischen Anspruchs gebraucht, sondern nur als Teil einer
"allgemeinen Form der historischen Erklärung" verwendet, die auch auf andere
Gegenstände übertragen werden kann und für die die Darwinsche Populationstheorie nur als ein Beispiel gilt.[372] Angewendet auf das Verhältnis von "Ideen zu
Problemsituationen ist "Anpassung" daher als *Angemessenheit* im Hinblick auf
die Lösungsanforderungen der jeweiligen Probleme zu interpretieren.

In Anschluß an Popper und Toulmin können weitere Kernkonzepte der

---

368 "Wirst du morgen kommen? - "Mit Sicherheit". - "Kann ich mich darauf verlassen?" - "Ja". -
   Derjenige, der hier sein Kommen zugesagt hat, wird es schwer haben, im Falle seines Nicht-
   Erscheinens dem anderen klar zu machen, er habe nichts versprochen, sondern nur eine
   Prognose über sein morgiges Verhalten getroffen, von deren Richtigkeit er zwar absolut
   überzeugt war, mit der er sich jedoch zu nichts verpflichten wollte und mit der er sich leider
   geirrt habe. Selbst, wenn es so war - durch die Art der Äußerung *hat* er sich verpflichtet und
   muß dies auch wissen, wenn er der deutschen Sprache mächtig ist. Sein Hinweis darauf, daß
   er nicht die Absicht gehabt habe, etwas zu versprechen, kann die damit erzeugte Verbindlich-
   keit ebensowenig annulieren wie z.B. die Auskunft eines Offiziers, der einen Befehl gegeben
   und dadurch einen Soldaten zu einer bestimmten den Befehl erfüllenden Handlung veranlaßt
   hat, er habe es "anders gemeint". - Handlungen erhalten ihre soziale Geltung nicht erst durch
   die Intentionen der Handelnden, sondern umgekehrt verpflichten sich Handelnde darauf,
   diejenigen Intentionen zu haben (oder zumindest konsistent weiterhin so zu handeln, als ob
   sie diese Intentionen hätten),die ihren Handlungen entsprechen. Der Ausdruck "Zurechnungsfähigkeit" bringt dies ebenso treffend zur Geltung wie die umgangssprachliche Formulierung,
   jemand 'wisse nicht, was er tue'.
369 Die Art der Regel macht in diesem Zusammenhang keinen Unterschied. Diese Feststellung
   gilt sowohl für konventionelle Regeln, wie sie Sprechhandlungen zugrunde liegen, als auch
   für Regeln instrumentellen Handelns. Vgl. dazu auch unten, Abschn. 9.
370 Als vergleichbare Handlungserzeugnisse, die im Rahmen juristischen oder ökonomischen
   Handelns bei der Lösung von Problemen konkurrieren, können juristische Entscheidungen
   und ökonomische Transaktionen betrachtet werden.
371 Toulmin zieht den Ausdruck "Idee" gegenüber der Rede von Theorien und Hypothesen vor.
372 Vgl. Toulmin 1983, S.163.

darwinistischen Heuristik[373] mit der Konzeptualisierung wissenschaftlicher Disziplinen verbunden und daraus die folgenden Interpretationsmöglichkeiten gewonnen werden: Zusammen mit den Theorien unterliegen auch die Regeln und Erklärungsverfahren der "Auslese", durch deren Anwendung diese Theorien erzeugt wurden.[374] Zwischen Theorien und Regeln besteht jedoch keine eineindeutige Beziehung. Dieselben Verfahren können eingehen in den Erzeugungsprozeß unterschiedlicher Theorien. Regeln können so als die "kulturellen Gene" betrachtet werden,[375] die sich in unterschiedlichen Phänotypen, d.h. verschiedenen Theorien und Erklärungen verkörpern können. Elementare Einheiten des Reproduktionsprozesses sind Handlungen. Durch ständige Ausführung neuer Handlungen werden Erklärungsverfahren (="Gene") in neue Hypothesen und Theorien (=Aggregate phänotypischer Merkmale) gleichsam inkorporiert. Ausschlaggebend für die Reproduktionschancen der Regeln ist die Problemangemessenheit der mit ihrer Hilfe erzeugten Hypothesen und Theorien. Exemplarische Problemlösungen (="Paradigmata" im Sinne Kuhns), die sich im Prozeß der Auslese durch Kritik und Versuche der Widerlegung als überlebensfähig erwiesen haben, dienen als Muster für die (intuitive) Abstraktion von Erklärungsverfahren, die auf analoge Probleme übertragen und dadurch repliziert werden.[376] Dabei vorkommende "Kopierfehler" erzeugen Verfahrensvarianten, die neu in die Leistungskonkurrenz eintreten und ebenfalls der Auslese unterliegen. Erkenntnisfortschritt vollzieht sich demnach auf der "genetischen" Ebene als Prozeß der Reproduktion und Transformation von Erklärungsverfahren, bei denen jeweils diejenigen Verfahren die höchste aktuelle Replikationsrate aufweisen dürften, die den Anforderungen bestimmter Problemfelder in der vorausgegangenen Periode am besten gewachsen waren.

Die Möglichkeiten einer Interpretation der darwinistischen Heuristik vor dem Hintergrund von Toulmins Welt 3-Konzeption wissenschaftlicher Disziplinen brauchen hier nicht weiter untersucht zu werden. Im vorliegenden Argumentationskontext sind diese Deutungsmöglicheiten nur insoweit wichtig, als sie erkennen lassen, wie Toulmin die Betrachtung wissenschaftlicher Disziplinen als Strukturen der Welt 3 in die naturalistische Darstellungsperspektive einer

---

373 Als bündige Zusammenfassung der darwinistischen Heuristik vgl. Giesen 1980a, S.56ff sowie Giesen/Lau 1981, S.233f.

374 Als Entsprechungen zu wissenschaftlichen Erklärungsverfahren können bei juristischem Handeln die *Regeln der Entscheidungsfindung*, im Rahmen ökonomischen Handelns *Verfahren der Produktion, der Organisation und des Marketing* gelten.

375 Eine analoge Zuordnung nehmen Giesen 1980a, S.62f und Giesen/Lau 1981, S.235ff vor. Im Gegensatz zu der hier versuchten Interpretation werden dort allerdings Akteure bzw. soziale Kollektive, d.h. Welt 2-Entitäten, als Einheiten der Reproduktion gedeutet. Vgl. dazu auch Giesen 1980b, S.323ff. - Als umfassenden Versuch, Poppers Drei-Welten-Lehre für eine Theorie sozialer Evolution fruchtbar zu machen, vgl. Giesen 1980a, Teil I.

376 Vgl. dazu Kuhn 1978a, S.400ff.

"Ökologie des Geistes" überführt, ohne deshalb einer mentalistischen oder gar physikalistischen Reduktion symbolischer Beziehungen das Wort zu reden. Das dabei zentrale Element sind die *Erklärungsverfahren*, d.h. *Regeln* wissenschaftlichen *Handelns*, die der ständigen Prüfung ihrer *funktionalen Angemessenheit* für die Lösung der aktuellen Probleme einer Disziplin ausgesetzt sind. Regeln repräsentieren das humanspezifische Analogon zu subhumanen Formen der Verhaltenssteuerung durch genetische Programmierung bzw. darauf aufruhenden erworbenen Verhaltenskoordinationen. Anders als die subhumanen Verhaltensregulationen sind Handlungregeln jedoch ablösbar von den Akteuren, können symbolisch verkörpert und dadurch auf weitgend unpersönliche Art überliefert werden. Sie gehören schließlich zur Sphäre des kollektiv Geltenden. In dieser Eigenschaft bilden sie den Kern sozialer Institutionen.

Wenn Begriffe und die mit ihrer Hilfe formulierten Ideen - wie Toulmin mit Wittgenstein annimmt - ebenfalls nicht unabhängig von den Regeln ihres Gebrauchs zu verstehen sind,[377] dann ist auch der Bedeutungsgehalt von Ideen demnach an bestimmte praktische Verfahren (so im Falle wissenschaftlichen Handens an die damit verknüpften Erklärungs- und Anwendungsverfahren) gebunden. Toulmin zieht daraus die generelle Folgerung, daß "Ideen als Mikroinstitutionen", und umgekehrt, Institutionen als "Makroideen" betrachtet werden können, denn "Institutionen wie Ideen drücken sich in veränderlichen Konstellationen von 'Normalverfahren' aus. .. Damit würde die historische Entwicklung sozialer Institutionen einfach zur Ideenentwicklung im Großen".[378]-

So sehr diese Feststellung an die idealistische Philosophie Hegelscher Provenienz erinnern mag, erwächst sie doch aus einem völlig anders gearteten Hintergrund: Nicht die idealistische Annahme eines Makrosubjektes, dessen entäußerte Gedanken zu institutionellen Formationen gerinnen und die *deshalb* als Formen objektiven Geistes analysiert werden können, liegt dem zugrunde. Vielmehr wird die Koppelung von Sinn und Intention, die es dem absoluten Idealismus unmöglich macht, überindividuelle Sinnzusammenhänge ohne gleichzeitige Rückführung auf das Denken eines Makrosubjektes zu konzeptualisieren, aufgegeben und durch eine naturalistische Betrachtungsweise ersetzt. Diese Betrachtungsweise unterstellt zunächst die grundsätzliche *Differenz* zwischen Sinn und Intention. Die Absichten eines Akteurs, die ihn zu bestimmten Äußerungen

---

377 Auch in dieser Annahme trifft sich Toulmin mit Kuhn.
378 Vgl. Toulmin 1983, S.411f. - Eine ähnliche Position nimmt Winch (1974, S.169) ein, wenn er feststellt, "daß soziale Beziehungen unter dieselbe logische Kategorie fallen wie Beziehungen zwischen Ideen". Bei Winch fehlt allerdings die klare Herausarbeitung der Differenz zwischen objektiven Bedeutungsrelationen und subjektiven Sinnintentionen, so daß eine idealistische Interpretation seiner Position möglich bleibt.

oder Handlungen veranlaßten, decken sich nur im idealisierten Grenzfall einer vollständigen Transparenz der Handlungssituation mit den tatsächlich dadurch erzeugten Bedeutungen. Diese Voraussetzung kann verstanden werden als Generalisierung der Vorstellung der nicht-intendierten Folgen intentionaler Handlungen.

Zu dieser Voraussetzung tritt die Annahme hinzu, daß jede Äußerung oder Handlung als Teil eines Problemlösungsversuchs gedeutet werden kann. Weil auch der objektive Gehalt von Problemen nicht mit ihrem jeweils aktuell wahrgenommenen Inhalt zusammenfällt, sondern - wie vor allem Popper deutlich macht - Gegenstand von Entdeckungen sein kann, die wir bei unseren Versuchen machen, uns bekannte Probleme zu lösen, kann die Beziehung zwischen Handlungen und Problemen vollständig von den *je aktuellen* Intentionen der Handelnden abgelöst und als evolutionärer Lernprozeß dargestellt werden. Die Differenz zwischen objektiven Bedeutungen und deren subjektiver Wahrnehmung wird so *verzeitlicht* und in dieser Auslegung zum Motor historischer Veränderungen, ohne jedoch jemals aufgehoben werden zu können. Problemlösende Handlungen erzeugen Folgeprobleme bzw. machen neue Aspekte eines Problems sichtbar. Bei aller Antizipation kann deshalb die intentionale Realisierung von Sinnbeziehungen den Modus der Nachträglichkeit nie vollständig abstreifen.

Die Nachzeichnung historischer Veränderungen als Prozeß, in dem gegebene Probleme durch Handlungen mehr oder weniger gut gelöst werden, daraus neue Probleme erwachsen, die wiederum als Bezugspunkt für die Bewertung von Handlungen nach Maßgabe ihrer Problemlösungskapazität herangezogen werden können usf., rekonstruiert Veränderungsprozesse als eine *"Kette funktionaler Erfolge"*,[379] ohne dabei die intentionalen und kausalen Verknüpfungen zu analysieren, die diese Abfolge im Einzelnen ermöglichten. Toulmin sieht in dieser "disziplinbezogenen" Betrachtungsweise das Welt 3-Pendant zur *ökologischen* Darstellung der Entwicklung von Organismen. Wie diese der Ergänzung durch eine *genealogische* Darstellung bedarf, welche "die Artenbildung als Kausalkette ineinandergreifender Vorgänge" erklärt[380], so muß jene durch die "professionsbezogene" (d.h. in Welt 2-Begriffen vorzunehmende) Analyse der kausal wirksamen Faktoren vervollständigt werden, durch die die Abfolge funktionaler Veränderungen innerhalb einer Disziplin herbeigeführt wurde.[381]

Wie bereits festgestellt, beansprucht Toulmin für seine "ökologische" Konzeptualisierung des Ideen-Wandels eine weit über dieses Feld hinausreichende Geltung. Er nimmt an, daß institutionelle Wandlungsprozesse jeglicher Art nach

---

379 Vgl. Toulmin 1983, S.367.
380 Vgl. Toulmin 1983, S.366f.
381 Vgl. Toulmin 1983, S.362ff.

diesem Muster untersucht werden können. Gesellschaften betrachtet Toulmin als " 'historische Populationen' von Institutionen, .. die je ihre eigene Geschichte und innere Struktur haben".[382] Welche Konsequenzen sich aus einer solchen Generalisierung der "disziplinären" Betrachtungsweise und des für sie zentralen Begriffes des "funktionalen Erfolges" im Hinblick auf die sozialwissenschaftliche Interpretation des Funktionsbegriffes ergeben, bleibt zu untersuchen.

6.3 Die Interpretation des Funktionsbegriffs im Rahmen des Toulminschen Disziplinen-Modells

Der Funktionsbegriff erhält dabei im Rahmen des Toulminschen Disziplinen-Modells eine spezifische Bedeutung. "Funktion" meint hier die objektive (d.h. aus der Perspektive eines Beobachters feststellbare) Beziehung einer jeweils betrachteten Einheit (einfache Handlungen, Handlungserzeugnisse, praktische Verfahren) zu bestimmten Bezugsproblemen, die *als Relation innerhalb der Welt 3* dargestellt werden kann.

Bezugsprobleme ergeben sich durch die Schematisierung empirischer Bedingungen unter den institutionalisierten Zielvorgaben ("Idealen") zur Einheit einer Problemsituation bzw. einer Klasse von Problemsituationen.[383] Der Allgemeinheitsgrad der dabei gewonnenen Problemspezifikationen variiert in Abhängigkeit von der Verbreitung der ausschlaggebenden empirischen Bedingungen.[384] Handlungen, Handlungserzeugnisse und zugrunde liegende Handlungsregeln schließlich können mit Hilfe institutionalisierter funktionsspezifischer Bewertungsstandards auf ihren Leistungsbeitrag zur Erfüllung institutionalisierter Ziele

---

382 Vgl. Toulmin 1983, S.158.
383 So z.B., wenn in unserem institutionalisierten Gesundheitswesen Menschen im Hinblick auf das Ziel 'Wiederherstellung der Gesundheit' untersucht, kategorisiert und behandelt werden. Dabei ist gerade die materiale Konkretisierung von 'Gesundheit' als praktisch handlungsleitendem "Ideal" von Interesse - etwa als appparativ meßbare Funktiontüchtigkeit der Organe und/oder als subjektives Wohlbefinden und/oder als Fähigkeit zur Ausführung alltäglich notwendiger Handlungen und zur Erfüllung beruflicher Verpflichtungen.
384 'Physische Belastbarkeit des Patienten' ist ein Gesichtspunkt, der im Rahmen der allgemeinen Zielvorgabe 'Wiederherstellung der Gesundheit' im Prinzip bei *jedem medizinischen Eingriff* berücksichtigt und fallspezifisch konkretisiert werden muß; daß eine bestimmte therapeutische Intervention i.d. Regel bestimmte Nebenwirkungen mit sich bringt, bei der kalkuliert werden muß, ob sie bei dem gesundheitlichen Gesamtzustand des Patienten in Kauf genommen werden kann, ist eine Frage, die bei jeder möglichen Anwendung *der betreffenden Therapie* beantwortet werden muß; daß der Patient A die bei seiner Symptomatik i.d. Regel erfolgreich und ohne Nebenwirkungen verabreichte Substanz X nicht verträgt, ist schließlich eine nur *einzelfallspezifisch* relevante Ausprägung des allgemeinen Problemaspektes 'physische Belastbarkeit des Patienten', die aus Sonderbedingungen - wie z.B.ideosynchratischen allergischen Reaktionen -folgt.

untersucht und einer vergleichenden Beurteilung unterworfen werden. Die dazu notwendigen Interpretationen aber können Fehler enthalten, so z.B. weil sie auf falschen Vorannahmen oder unvollständigem Wissen beruhen. Aus diesem Grunde sind die objektiven Bezugsprobleme, die durch Spezifikation der allgemeinen Zielvorgaben unter wechselnden empirischen Bedingungen abgeleitet werden können, nicht notwendig als psychische Repräsentanzen von Akteuren (d.h. in Welt 2) gegeben. Zwar ist die Institutionalisierung allgemeiner Zielvorgaben vollkommen ohne intersubjektive Anerkennung (und damit ohne *jede* Verankerung in Welt 2) *nicht* möglich. Dadurch wird jedoch ein Bereich des *objektiv Geltenden* (Welt 3) erzeugt, der das Feld des wissentlich Akzeptierten bei weitem übersteigt. Die intersubjektive Anerkennung allgemeiner Ziele fungiert gleichsam als Initialbasis für die Evolution konkreter Problembestände, deren objektive Existenz nicht mehr gebunden ist an Punkt für Punkt für jedes Problem immer wieder neu zu vollziehende Akte der Anerkennung. Ist diese minimale Initialbasis gegeben, dann folgt die Existenz von Problemen allein daraus, daß sie durch die Anwendung der institutionalisierten Zielvorgaben auf empirische Bedingungen innerhalb des allgemeinen institutionellen Zuständigkeitsbereiches und mit Hilfe gültigen Wissens *konstruiert* werden können. Durch die Erweiterung unseres Wissens können bekannte Probleme als Scheinprobleme durchschaut und bisher unbeachtete Zusammenhänge als problematisch erkannt werden. Die "Binnenperspektive" der Handelnden muß dabei vom wissenschaftlichen Interpreten nur soweit übernommen werden, wie die allgemeinen Zielprojektionen und funktionsspezifischen Standards reichen, deren intersubjektive Anerkennung konstitutiv für die Existenz einer Institution ist. Den Annahmen und Überzeugungen der Handelnden kommt darüber hinaus keinerlei hervorgehobene Bedeutung zu. Der Interpret ist gehalten, bei der Spezifikation der allgemeinen Zielvorgaben unter wechselnden empirischen Bedingungen und bei der Bewertung möglicher Lösungen allein solche Wissensbestände zugrunde zu legen, die er selbst als objektiv gültig betrachtet, unabhängig davon, ob dieses Wissen mit den Überzeugungen der Handelnden übereinstimmt. Dadurch, daß der Interpret seine eigenen Vorannahmen ins Spiel bringt, setzt er sie freilich auch aufs Spiel: Als sicher erwartete Folgeerscheinungen konstruierter Problemlagen können ausbleiben und vermutete Lösungen wider Erwarten scheitern. Die verwendeten Wissensbestände können sich so als unzuverlässig und den Annahmen der Handelnden als unterlegen erweisen. Die Konstruktion objektiver Problemlagen und die Bewertung von Handlungen und Verfahren nach ihrer Funktionalität für deren Lösung bewegt sich gleichwohl vollständig im Bereich hermeneutischen "Sachverstehens", das auf der Welt 3-Ebene objektiver Bedeutungsbeziehungen operiert und die Frage nach den

Absichten und Meinungen der Akteure nicht zu berühren braucht.[385]
Bei der Konstruktion von Problemlagen kann zwischen verschiedenen Arten von Problemen unterschieden werden: Neben Problemen, für deren Lösung die Anwendung bekannter Verfahren ausreicht oder auch neue Wege gesucht und erprobt werden müssen, können innerhalb einer Institution Probleme auftreten, die *strukturell* bedingt und deshalb nicht vollständig zu lösen sind, ohne die Struktur der Institution selbst grundlegend zu verändern. Probleme dieser Art entstehen, wenn die allgemeinen konstitutiven Ziele einer Institution miteinander konfligieren. Solche Konflikte ergeben sich i.d. Regel auf der Ebene gegensätzlicher *praktischer Realisierungsbedingungen* verschiedener Ziele. Derartige *praktische Inkonsistenzen* können allerdings nur dann der Struktur einer Institution zugerechnet werden, wenn sie unter *typisch zu erwartenden Situationsbedingungen* zu beobachten sind. Installierung von Prioritätshierarchien, Kompromißbildungen oder auch die institutionelle Ausdifferenzierung der miteinander unverträgliche Zielprojektionen sind geläufige Formen der Bewältigung strukturell bedingter praktischer Inkonsistenzen. Treten Zielkonkurrenzen demgegenüber nur unter eher untypischen Randbedingungen auf, dann sind sie (trivialerweise) auf die besondere Struktur der jeweiligen Situation zurückzuführen und dürften i.d. Regel eher durch ad-hoc-Strategien der Akteure als durch institutionelle Mechanismen aufgefangen werden. Durch Veränderungen der typischen Bedingungskonstellationen, unter denen institutionelles Handeln stattfindet, können allerdings kontingente in strukturbedingte Zielkonkurrenzen (und umgekehrt) konvertiert werden. Für die Aufklärung institutioneller Strukturen wie für die Erklärung ihrer Veränderung ist die Untersuchung praktischer Inkonsistenzen ein zentrales Forschungsfeld.[386]
Durch separate Institutionalisierung neuer Zielvorgaben und funktionsspezifischer Bewertungsstandards werden zusätzliche "ökologische Nischen" eröffnet für die autonome Evolution einer Klasse von Problemen und einer darauf bezogenen Population praktischer Verfahren[387] sowie für die Etablierung neuartiger praktischer Inkonsistenzen aus der Perspektive einer jeden einzelnen Institution.

---

385 Vgl. dazu oben, Abschn. 3.4.
386 Zur Bedeutung struktureller Inkonsistenzen im Rahmen der funktionalistischen Systemtheorie vgl. bes. Giesen 1975; siehe auch Giesen/Schmid 1975, S.132.
387 Mit Popper und Toulmin ist davon auszugehen, daß ein enger Zusammenhang zwischen der Entwicklung von ökologischen Nischen und darin angesiedelten Populationen besteht. Wie Organismen durch die Art, in der sie ihre Umwelt als Lebensraum nutzen, diese Umwelt verändern und dadurch zugleich neue Bedingungen der Anpassung erzeugen, denen sie genügen müssen, so ändern - um im Beispiel wissenschaftlicher Disziplinen zu bleiben - Theorien und Erklärungsverfahren die Problemlagen, zu deren Lösung sie entwickelt wurden. (Vgl. dazu das schon mehrfach erwähnte Schema Poppers zur Beschreibung evolutionärer Prozesse: P_1-VT-FE-P_2.) Zwischen ökologischen Nischen und darin angesiedelten Populationen besteht insofern eine Beziehung der Koevolution.

'Gesellschaft' kann vor dem Hintergrund einer solchen naturalistischen Betrachtungsweise mit Toulmin als eine "Population von Institutionen" vorgestellt werden.[388] Welche Beziehungen zwischen den verschiedenen Institutionen bestehen, ob diese Beziehungen eher indifferent sind, ob sie vielleicht in Analogie zu entsprechenden zwischenartlichen Beziehungen, wie sie aus der Biologie bekannt sind, als "parasitär" oder "symbiotisch" etc. zu beschreiben sind oder welche anderen Formen sie annehmen, ist eine empirisch und im Einzelfall zu klärende Frage. Vorgängige Annahmen eines systemartigen Zusammenhanges zwischen allen Institutionen einer Gesellschaft erscheinen demgegenüber aus der Perspektive Toulmins verfehlt, denn "eine Gesellschaft ist .. ein 'historisches Gebilde' im gleichen Sinne wie eine wissenschaftliche Disziplin oder eine Organismenart; sie wird zu jedem Zeitpunkt von einer bestimmten Menge von Institutionen, Verfahren und Beziehungen dargestellt, deren historische Ursprünge und Zwecke weitgehend voneinander unabhängig waren" und deren unmittelbare Auswirkungen sich gewöhnlich nur auf einen Teil der Gesellschaft erstrecken.[389]

Gesellschaften und Institutionen sind für Toulmin auf vergleichbare Weise strukturiert. Wie Gesellschaften als "weitgehend unsystematische Aggregate oder Populationen (von Institutionen - W.L.S.)"[390] zu betrachten sind, so können Institutionen als "Konstellationen regelhafter 'Verfahren'" rekonstruiert werden. Einzelne Verfahren innerhalb einer Institution wie die Gesamtstruktur von Institutionen und die Beziehungen zwischen verschiedenen Institutionen unterliegen schrittweisen Veränderungen, die zusammenhängen mit den "ökologischen Anforderungen der einander ablösenden Problemsituationen". Die historische Entwicklung sozialer Institutionen ist deshalb nachzuzeichnen als ein Prozeß der "angepaßten Entwicklung ihrer Normalverfahren".[391] Die 'Angepaßtheit' oder 'Funktionalität' praktischer Verfahren bemißt sich hier danach, inwiefern sie bessere Aussichten für die Lösung von Problemen eröffnen als ihre Vorläufer. Der Funktionsbegriff wird dadurch dynamisiert: "..nicht die *gegenwärtigen* Strukturen innerhalb einer Population (von Normalverfahren bzw. Institutionen - W.L.S.) (müssen) als 'funktional' erklärt werden .. , sondern die *Veränderungen* als 'angepaßt'".[392] An die Stelle der Annahme einer immanenten Tendenz zu einem wie immer gearteten Gleichgewichtszustand, der nur durch dysfunktionale Abweichungen gestört wird, tritt hier die Unterstellung der Normalität von Wandlungsprozessen.

---

388 Vgl. Toulmin 1983, S.408f.
389 Vgl. Toulmin 1983, S.409.
390 Vgl. Toulmin 1983, S.408.
391 Vgl. Toulmin 1983, S.411.
392 Vgl. Toulmin 1983, S.408; Hervorhebungen im Original.

Die Deutung, die der Funktionsbegriff im Anschluß an das generalisierte Toulminsche Disziplinen-Modell erfährt, ist damit in ihren wichtigsten Merkmalen umrissen. Sie differiert in mindestens dreifacher Hinsicht gegenüber älteren Auslegungen und Anwendungen des Funktionsbegriffs innerhalb der sozialwissenschaftlichen Diskussion, wie sie sich im kulturanthropologisch geprägten Funktionalismus und im Strukturfunktionalismus Parsonscher bzw. Mertonscher Prägung finden:

a) Üblicherweise wird dort der Funktionsbegriff hauptsächlich auf "standardisierte" Konfigurationen angewendet. Untersucht werden die Funktionen religiöser Riten, sozialer Rollen und Einrichtungen, von Normenkomplexen und Organisationsstrukturen.[393]

Im Unterschied dazu werden hier in Anschluß an Toulmin Handlungen und Handlungserzeugnisse als *basale* Ebene der Reproduktion von Institutionen angenommen. Wie Populationen von Organismen sich durch die Erzeugung neuer Individuen mit mehr oder weniger übereinstimmender *genetischer Ausstattung* reproduzieren, so reproduzieren sich Institutionen auf der Ebene von Handlungen, die mehr oder weniger identischen *Regeln* folgen und diese Regeln in Handlungsresultaten verkörpern.

b) Dabei muß mit der ständigen Erzeugung von Varianten durch den Vollzug von Handlungen gerechnet werden, die durch Abweichungen von den eingebürgerten Verfahrensregeln zustande gekommen sind. Über die dabei erzeugten Handlungsresultate, die der Selektion nach ihrer relativen Anpassung an den Problembestand einer Institution unterliegen, treten diese Varianten mit den etablierten Verfahrensregeln in Konkurrenz und verdrängen sie, sofern sie den lokalen Problemlösungsanforderungen besser gewachsen sind und deshalb häufiger reproduziert werden. Ständige Veränderung durch Innovation wird dadurch zum Normalfall, *identische Reproduktion dagegen zum Grenzfall beständiger Transformation* institutioneller Strukturen, deren empirische Realisierung besonderer Erklärung bedarf - z.B. durch den Aufweis konservierender Mechanismen, die die vorhandenen Verfahren gegenüber neuen Varianten begünstigen.[394] Damit entfällt die Grundlage für die Entgegensetzung

---

393 Vgl. exemplarisch Merton 1973, S.194. - Abweichend davon jedoch die neuere Diskussion, etwa bei Luhmann 1984, S.160 oder Giddens 1984, S.148f, bei denen ebenfalls Handlungen als Basisebene der Reproduktion systemischer (Luhmann) bzw. regelkonstituierter (Giddens) Strukturen gelten. (Im Hinblick auf Luhmann ist dabei zu ergänzen, daß dort Handlungen nicht als Letzteinheiten konzipiert sind, sondern selbst noch als Resultat sozialer Erzeugung durch Attribution von Kommunikationen vorgestellt werden. Vgl. dazu bes. Luhmann 1984, S.191ff.)

394 Vgl. Toulmin 1983, S.409.

zwischen Stabilität und Wandel sowie für die Verwendung von Gleichgewichts-modellen als Referenzbezug für die Analyse sozialen Wandels.[395] Reproduktion und Auflösung institutioneller Strukturen erscheinen nurmehr als Folge unterschiedlicher Breite oder Geschwindigkeit der Variation von Regeln und der Veränderung selektiv wirkender Problemlösungsanforderungen.

c) Die Angepaßtheit oder Funktionalität einzelner Regeln kann damit nicht mehr absolut, sondern nur in Relation zu konkurrierenden Varianten beurteilt werden. Funktionale Analysen verlangen deshalb notwendig historische Rekonstruktionen: Die Struktur einer Institution kann funktional nur durch den Nachweis "erklärt" werden, daß in den vorausgegangenen Perioden ihrer Reproduktion keine besser angepaßten Varianten vorhanden waren. Die Funktionalität einer Struktur wird so darstellbar als historisch-genetisches Resultat des rational rekonstruierbaren Ausschlusses anderer Möglichkeiten.[396]

Als ein möglicher Nachfolger für das Konzept des Gleichgewichtes kommt in dem hier in Anschluß an Toulmin entwickelten Rahmen der Begriff der *praktischen Konsistenz* in Betracht. Praktische Konsistenz bedeutet, daß die Lösungsanforderungen unterschiedlicher Probleme miteinander vereinbar sind und die darauf zugeschnittenen Handlungsregeln nicht in systematischem Gegensatz zueinander stehen. Praktische *Inkonsistenzen* liegen demgegenüber vor, wenn zur Lösung eines Problems Regeln angewendet werden müssen, deren Befolgung die Lösung eines anderen Problems normalerweise unmöglich macht oder dieses gar verschärft.[397] Schließlich kann zwischen den Lösungsanforderun-gen verschiedener Probleme und den darauf bezogenen Regeln ein Verhältnis *praktischer Subsidiarität* bestehen, sofern die Befolgung einer Gruppe von Regeln zur Bearbeitung eines Problems unter Normalbedingungen zugleich zur Lösung eines anderen Problems beiträgt. - Praktische Inkonsistenz oder Subsidiarität

---

395 Vgl. dagegen Parsons 1967, S.192: "The concept of equilibrium is a fundamental reference point for analyzing the process by which a system either comes to terms with the exigencies imposed by a changing environment, without essential change in its own structure, or fails to come to terms and undergoes other processes, such as structural change, dissolution as a boundary-maintaining system (analogous to biological death for the organism), or the consolidation of some impairment leading to the establishment of secondary structures of a 'pathological' character." Zur Kritik einer solchen gleichgewichtstheoretischen Konzeptualisierung sozialer Wandlungs-prozesse vor dem Hintergrund der Möglichkeit "chaotischen" Wandels und seiner Konzeptualisierung mit den Mitteln der Katastrophentheorie vgl. Schmid 1989, S.145ff.

396 Einen entsprechenden Strukturbegriff entwickelt Oevermann 1981 als Implikat der Methodologie einer "objektiven Hermeneutik".

397 Ein Sonderfall praktischer Inkonsistenz liegt vor, wenn Handlungsregeln die Lösung von Problemen, *für deren Lösung sie institutionell vorgesehen sind*, systematisch beeinträchtigen. - Als Beispiel dazu vgl. die in Abschn. 5.1.1 diskutierte Möglichkeit praktischer Inkonsisten-zen im Rahmen normativer Methodologien der Wissenschaft.

kann sowohl zwischen verschiedenen Regeln und Problemen (bzw. Zielen, aus denen diese Probleme unter bestimmten empirischen Bedingungen folgen) *innerhalb* einer Institution bestehen, wie auch zwischen Regeln und Problemen (bzw. Zielprojektionen), die unterschiedlichen Institutionen zugeordnet sind. Die Existenz von Inkonsistenz- oder Subsidiaritätsrelationen kann als Voraussetzung für die Anwendbarkeit des Funktionsbegriffs auf die Beziehung zwischen *verschiedenen Institutionen* gelten.

Die Reinterpretation des Funktionsbegriffes vor dem Hintergrund des Toulminschen Disziplinen-Modells ist damit abgeschlossen. Sie versuchte zu zeigen, daß Funktionsbeziehungen dargestellt werden können als Welt 3-Relationen zwischen objektiven Problemen und darauf zugeschnittenen regelhaften Verfahren der Problemlösung. Die bei Gadamer, Collingwood und Popper als Kernfigur hermeneutischer Interpretation bzw. situationslogischer Rekonstruktion herausgestellte Relation von Problem und Lösung wird somit - ergänzt um die Komponente handlungsleitender regelhafter Verfahren - zur analytischen Grundfigur funktionaler Analyse generalisiert. Materielle Bedingungen, persönliche Beziehungen zwischen den Mitgliedern einer Institution, organisatorische Einrichtungen wie Universitäten, Zeitschriften und Verlage, mit einem Wort alle diejenigen Sachverhalte, die Toulmin unter dem Oberbegriff der professionsbezogenen Aspekte einer Disziplin zusammenfaßt, können mit dieser Kernfigur verknüpft werden. Sie kommen zunächst in den Blick als *"externe"* Faktoren, welche die *"interne"* Struktur einer Disziplin auf spezifische Weise beeinflussen: etwa indem die Durchsetzung verbesserter Problemlösungsverfahren behindert wird, weil die notwendigen Mittel fehlen, nur beschränkte Publikationsmöglichkeiten vorhanden sind oder der Einfluß anerkannter Fachvertreter blockierend wirkt, oder umgekehrt, indem eine Disziplin durch günstige äußere Bedingungen in die Lage versetzt wird, die Entwicklung neuer Verfahren innerhalb kürzester Zeit voranzutreiben.
Darüber hinaus aber kann auch die Binnenstruktur von Institutionen als objektiver Funktionszusammenhang zwischen kollektiven Zielen, daraus ableitbaren Problembeständen, von funktionsspezifischen Bewertungsstandards und Bearbeitungsverfahren thematisiert und so "internalistisch" rekonstruiert werden. Wie Gründe zugleich rationaler Beurteilung zugänglich sind (Welt 3-Aspekt) und als Motive von Handlungen (Welt 2-Aspekt) kausale Wirkungen (Welt 1-Aspekt) zur Folge haben können, so gilt auch für Institutionen, daß sie einerseits (wie Disziplinen) als Welt 3-Strukturen rational rekonstruiert werden

können,[398] daß sie aber andererseits die Intentionen von Akteuren prägen und über die Beeinflussung ihrer Handlungen kausale Konsequenzen hervorrufen. Auch die Interpretation solcher Faktoren, die in Welt 2 oder Welt 1 angesiedelt sind, bewegt sich jedoch wesentlich auf der Welt 3-Ebene objektiver Sinnzusammenhänge. Denn die objektive Bedeutung solcher Faktoren bestimmt sich nach ihren Auswirkungen auf den internen Zusammenhang zwischen Problemen und den Möglichkeiten ihrer Lösung.[399] Im Lichte dieses Zusammenhanges erhalten diese Faktoren eine spezifische Deutung, die ihnen außerhalb dieses Zusammenhanges nicht gegeben werden könnte. Gleichgültig, welche intentionalen bzw. kausalen Verknüpfungen dabei im Spiele sind, wird auch deren Bedeutung erst durch den disziplinären Welt 3-Kontext, auf den sie bezogen werden, konstituiert.

6.4 Methodologische Überlegungen zum Status und zur Rekonstruktion funktionsspezifischer Handlungslogiken

Die bisherige Untersuchung hat gezeigt, wie hoch Toulmin die Bedeutung regelhafter Verfahren als Konstitutionselemente von Disziplinen bzw. Institutionen einschätzt: Erst durch die Art ihres Gebrauchs bzw. ihrer Spezifikation im Kontext praktischer Verfahren erscheint ihm der Bedeutungsgehalt von Begriffen und Ideen bestimmt. Nicht deduktionslogisch zusammenhängende Aussagensysteme, sondern problemfunktional ausgerichtete Populationen von Handlungsregeln (Erklärungs- und Anwendungsverfahren) gelten ihm deshalb auch als die Kernstruktur wissenschaftlicher Disziplinen. An die Stelle der ausschließlichen Rekonstruktion von Theorien unter Gesichtspunkten deduktiv prüfbarer Konsistenz sowie ihres logischen und empirischen Gehalts tritt dementsprechend die Untersuchung praktischer Regeln im Hinblick auf ihre funktionslogische Angemessenheit für die erfolgreiche Bearbeitung disziplinspezifischer Probleme. Die Unterscheidbarkeit verschiedener Konstellationen problemfunktionaler Regeln wird schließlich zum Kriterium der Identifikation und Abgrenzung unterschiedlicher Handlungsfelder und sozialer Institutionen. Zwischen verschiedenen sozialen Institutionen sind unterschiedliche Grade der 'Verwandtschaft' anzunehmen, die sich danach richten, inwiefern die für jede

---

398 Vgl. dazu auch Popper/Eccles 1982, S.64, wo Popper ausdrücklich "soziale Einrichtungen" zur Welt 3 zählt.

399 Ein förderliches Welt 1-Ereignis kann beispielsweise eine Naturkatastrophe (ein Erdbeben, der Einschlag eines Meteoriten, ein Vulkanausbruch etc.) sein, die eine sonst nicht mögliche wissenschaftliche Untersuchung erlaubt.

Institution charakteristischen kollektiven Ziele, funktionsspezifischen Bewertungsstandards, praktischen Verfahren und Problembestände als Ergebnis der bereichsspezifischen Konkretisierung allgemeinerer Problembezüge verstanden werden können. Prozesse sozialer Differenzierung zwischen unterschiedlich institutionellen Handlungsfeldern vollziehen sich dieser Annahme zufolge entlang einer Problemstufenordnung,[400] die sich von konkreten, durch situative Spezifikation allgemeinerer Vorgaben abgeleiteten Problemen bis hinauf zu letzten Problembezügen erstrecken, welche nicht mehr als Spezifikation einer allgemeineren Problemstufe dargestellt werden können.

Solche letzten generalisierten Problembezüge werden gestiftet durch universale Werte, wie sie beispielsweise wissenschaftlichem, ärztlichem oder juristischem Handeln zugrunde liegen. Universale Werte bilden die soziale Konsensgrundlage für die Projektion bzw. Selektion materialer "Ideale" (gleichsam 'konkreter Utopien' von Funktionssystemen, wie sie Toulmin für das Wissenschaftssystem als "Erklärungsideale" vorführt) und die Entwicklung darauf bezogener Handlungsregeln und Bewertungsstandards, die sich miteinander zu funktionsspezifischen Handlungslogiken verbinden. Die Rekonstruktion von Handlungslogiken kann vor dem Hintergrund des Toulminschen Disziplinen-Modells als wesentliche Aufgabe jeder funktionalen Analyse institutioneller Strukturen gelten.

Einige Überlegungen zur Rekonstruktion funktionsspezifischer Handlungslogiken sollen deshalb die Diskussion des Toulminschen Ansatzes und der daraus zu gewinnenden Konzeption funktionaler Analyse beschließen. Ihr Status ist gleichsam experimenteller Art. Ohne den Versuch empirischer Plausibilisierung sollen dabei einige Konsequenzen expliziert werden, die sich ergeben, wenn man die früher eingeführten Unterscheidungen zwischen *implizitem* und *explizitem Regelwissen* (Kuhn/Chomsky), zwischen *internalistischer* und *externalistischer Rekonstruktion* (Lakatos), zwischen *Kompetenz* und *Performanz* sowie zwischen *deskriptiver* und *explanativer Adäquatheit* (Chomsky) als Elemente einer methodologischen Heuristik für die Rekonstruktion von Handlungslogiken miteinander verknüpft.

Mit Lakatos und Kuhn kann angenommen werden, daß handlungslogische Regeln - vergleichbar den grammatischen Regeln einer Sprache - die "Basiswerturteile" und Problemlösungsversuche professioneller Akteure weitgehend implizit leiten. Aus der Entfaltung dieses Gedankens können einige Grundelemente einer hermeneutischen Methodologie für die Rekonstruktion von Handlungslogiken gewonnen werden.

Wie Grammatiken so überspannen auch Handlungslogiken Regeln unterschied-

---

400 Zum Konzept der Problemstufenhierarchie vgl. Luhmann 1974, S.18ff sowie unten, Abschn.8.

licher (kontextueller) Reichweite, angefangen von universalen Regeln bishin zu solchen Regeln bzw. Standards, die nur für relativ kleine Gemeinschaften oder deren Untergruppen gelten. Im Gegensatz zu Grammatiken aber sind die Restriktionen, die auf der universalen Ebene postuliert werden, durch empirische Gegenevidenzen in der Form abweichender Basiswerturteile nur begrenzt korrigierbar. Die offensichtliche Verletzung von Regeln und Standards, die in einer internen Beziehung zu typenspezifischen generalisierten Problembezügen stehen, deutet nicht auf die Falschheit dieser Regeln und Standards bzw. ihrer Rekonstruktion hin, sondern bedeutet, daß die konstitutiven Regeln des jeweiligen Handlungstyps mißachtet wurden oder noch nicht institutionalisiert sind. Weil Handlungslogiken einerseits auf universalen Geltungsbeziehungen beruhen, die der Welt 3 im Sinne Poppers zuzurechnen sind, andererseits aber erst als Ergebnis historischer Differenzierungs- und Autonomisierungsprozesse sozial institutionalisiert werden, ist der Geltungsstatus von Handlungslogiken wesentlich *kontrafaktischer* Art. Sie repräsentieren *Rationalmodelle funktional spezifischen Handelns*, die empirisch in unterschiedlichem Maße erfüllt sein können. Bei der situationslogischen Rekonstruktion von Handlungszusammenhängen fungieren sie als kontextsensitive Idealtypen, die unter den besonderen Bedingungen der verschiedenen Handlungssituationen unterschiedlich zu spezifizieren sind, um dann Feststellungen darüber zu ermöglichen, inwieweit Handlungen als rational im Sinne des einen oder anderen allgemeinen Handlungstyps betrachtet werden können. Mit der sozialen Autonomisierung und Institutionalisierung bestimmter Handlungsstypen erhalten deren Logiken den Charakter von 'Realtypen', die im jeweiligen Handlungsfeld selbst als leitende Orientierungen die Handlungen und Handlungsbeurteilungen der Akteure regulieren.

In Anbetracht der bisher dargestellten Eigenschaften von Handlungslogiken befindet sich der rationale Rekonstrukteur eines Handlungszusammenhanges in einer schwierigen Ausgangslage. Er mag zwar über wesentliche Elemente eines Handlungstyps verfügen, kann diese jedoch nicht subsumtionslogisch auf gegebene Handlungsketten applizieren und kann darüber hinaus auch nicht völlig sicher sein, daß sein theoretisches Inventar alle wesentlichen Elemente einer spezifischen Handlungslogik umfaßt. Die notwendige interpretatorische Konkretisierung und die Vervollständigung des handlungslogischen Rationalmodells ist nur am empirischen Material möglich. Ob und inwieweit dieses Material jedoch als situationsadäquate Realisierung des handlungslogischen Rationalmodells zu bewerten ist, soll und kann umgekehrt erst dessen rationale Rekonstruktion zeigen.

Mit der Struktur eines vitiösen Zirkels hat diese Konstellation dennoch nichts gemein. Durch die systematische Durchführung empirisch kontrollierter

Gedankenexperimente kann der forschende Interpret dem scheinbaren Dilemma entkommen. Das vorhandene Datenmaterial gibt in der Regel nicht nur über die ausgeführten Handlungen Auskunft, sondern enthält meist auch Informationen über die Handlungssituation. Diese Informationen können als unabhängige Grundlage für die gedankenexperimentelle Konstruktion alternativer Handlungsmöglichkeiten dienen, welche mit Hilfe der situationsadäquaten Spezifizierung der bereits bekannten Regeln einer Handlungslogik entworfen werden können. Die so gewonnenen problemfunktionalen Optionen sind dann zu vergleichen mit der faktisch ausgeführten Handlung sowie den Handlungsmöglichkeiten, die in Übereinstimmung mit sozial geltenden Normalitätsstandards in dieser Situation ebenfalls hätten ausgeführt werden können. Eventuelle Abweichungen zwischen den konstruierten Optionen, den sozial angemessenen Möglichkeiten und den faktisch ausgeführten Handlungen verlangen dann eine zusätzliche detaillierte Prüfung. Keinesfalls dürfen sie automatisch als Indiz dafür gedeutet werden, daß die institutionalisierten Normalitätserwartungen oder die realiter vollzogenen Handlungen den vom Interpreten zugrunde gelegten Handlungstyp nicht erfüllen. Vielmehr muß immer mit der Möglichkeit gerechnet werden, daß die Abweichung auf die Geltung bzw. Befolgung bisher unbekannter oder übersehener handlungslogischer Regeln zurückzuführen ist.

Um dies zu prüfen, muß der Interpret zunächst abschätzen, inwiefern die ausgeführte Handlung sowie die institutionell zugelassenen Alternativen unter normalen Bedingungen funktionale Resultate im Hinblick auf den handlungstypspezifischen allgemeinen Problemfokus erwarten lassen. Sofern entsprechende Erwartungen begründet erscheinen, gilt es dann, möglichst allgemeine handlungslogische Regeln zu finden, die die ausgeführte Handlung und die institutionalisierten Normalitätsstandards erklären könnten. Ist nicht mit funktionalen Konsequenzen zu rechnen, dann muß als nächste Frage geklärt werden, ob die Differenz zwischen den situationsadäquaten handlungslogisch korrekten Handlungsmöglichkeiten einerseits und der ausgeführten Handlung oder den sozial zugelassenen Optionen andererseits auf die Befolgung bzw. Geltung konkurrierender Regeln, oder nur auf eine abweichende Definition der Situation zurückzuführen ist.[401]

Nur dann, wenn das empirische Material in der beschriebenen Weise unter theoretischen Gesichtspunkten rekonstruiert und zugleich in seiner Eigenqualität

---

401 Zwar sind institutionalisierte Normalitätserwartungen immer an bestimmte Situationsdefinitionen gekoppelt, so daß die Kenntnis der ersteren das Wissen um letztere notwendig einschließt. Dieses Wissen ist jedoch im wesentlichen implizites Wissen, das in intuitiven Angemessenheitsurteilen zum Ausdruck kommt. Erst die Explikation dieses Wissens erlaubt es deshalb zu beurteilen, ob die Situationswahrnehmung des Interpreten mit den institutionalisierten Situationsdeutungen übereinstimmt.

"ernst genommen",d.h. mit der Möglichkeit gerechnet wird, daß in ihm neues und überlegenes Wissen verkörpert sein könnte,[402] kann - um eine programmatische Wendung Lakatos' zu paraphrasieren - der Handlungslogiker vom Handlungsinterpreten lernen und umgekehrt.[403] Wird die theoretische Komponente allen Einreden der zu rekonstruierenden Handlungszusammenhänge von vornherein entzogen, dann verkommt das, was sich als empirisch-historische Rekonstruktion ausgibt - wie Kuhn gegen Lakatos formuliert - zur "Philosophie, die Beispiele fabriziert", ohne von ihrem so geformten Gegenstand noch im mindesten beeinflußt werden zu können.[404]

Wird dagegen in umgekehrter Vereinseitigung der Versuch unternommen, frei von aller handlungslogischen Konstruktion allein das Material "sprechen zu lassen", dann entschwinden Prozesse der sozialen Autonomisierung und Institutionalisierung oder der allmählichen Auflösung funktionsspezifischer Handlungstypen vollständig aus dem Blickfeld des Interpreten. Weil keine Kriterien mehr angegeben werden können, die von den faktisch ausgeführten Handlungen erfüllt oder verletzt würden, fehlen die dazu notwendigen begrifflichen Voraussetzungen. - Im Kontext der Rekonstruktion der Wissenschaftsgeschichte bezeichnet Lakatos eine solche Position als "historiographischen Positivismus"[405], dessen Auffassung der Geschichte als einer rein empirischen Disziplin die Unterscheidung zwischen interner und externer Rekonstruktion aufhebt. Diese Unterscheidung ist über den Bereich wissenschaftlichen Handelns hinaus für funktionsspezifische Handlungstypen jeder Art von zentraler Bedeutung und soll unter diesem Gesichtspunkt hier noch einmal untersucht werden. Ein vergleichender Blick auf Chomskys Grammatiktheorie gibt dazu wichtige Explikationshilfen.

Betrachtet man wissenschaftliche Methodologien sowie Handlungslogiken anderer Art gewissermaßen als Grammatiken funktionsspezifischer Hand-

---

402 Diese Forderung ist nur eine Wiederholung von Gadamers Postulat des "Vorgriffs der Vollkommenheit", der in jeder Interpretation vollzogen werden muß, wenn die Bedeutung eines Textes oder einer Handlung so vollständig als möglich erschlossen werden soll.

403 Vgl. Lakatos 1974b, S.308: "Die Methodologie historiographischer Forschungsprogramme gibt an, wie der Wissenschaftstheoretiker vom Wissenschaftshistoriker lernen kann *und umgekehrt*" (Hervorhebung im Original). - In der hier entwickelten Perspektive gelten wissenschaftliche Methodologien als ein besonderer Typus funktional spezifischer Handlungslogiken, so daß der Wissenschaftstheoretiker und der Wissenschaftshistoriker als Exemplifikation des Handlungslogikers bzw. des Handlungsinterpreten gelten können. Fraglich ist allerdings, ob beide Tätigkeiten nicht so eng miteinander verzahnt sein müssen, daß die bei Lakatos noch unterstellte Verteilung beider Rollen auf verschiedene Arten von Spezialisten unzweckmäßig ist. Die Bedeutung, die wissenschaftshistorische Untersuchungen für die Diskussion systematischer Fragen der Wissenschaftstheorie gewonnen haben, scheint eher auf die Notwendigkeit eines engen Kontaktes zwischen beiden Tätigkeiten hinzudeuten.

404 Vgl. Kuhn 1974b, S.318.

405 Vgl. Lakatos 1974b, S.306, Fußn. 126.

lungstypen, die Regeln unterschiedlicher kontextueller Reichweite einschließen und an deren Spitze - den universalen grammatischen Regeln vergleichbar - die typenkonstitutiven Rationalitätsbezüge stehen, dann fallen in Lakatos' Unterscheidung zwischen interner und externer Geschichte bzw. Rekonstruktion zwei Differenzierungen von Chomskys Grammatiktheorie zusammen: Darin enthalten ist zum einen - wie schon erwähnt - die *Kompetenz/Performanz*-Dichotomie, darüber hinaus aber repliziert sie die Unterscheidung von *deskriptiver* und *explanativer Adäquatheit*. Aufgabe einer Universalgrammatik soll es - wie oben schon ausgeführt - sein, durch die Explikation gemeinsamer Strukturelemente aller natürlichen Sprachen eine hinreichende Menge von Restriktionen für die grammatische Rekonstruktion der Einzelsprachen zu bestimmen, so daß aus den verschiedenen möglichen deskriptiv adäquaten Strukturbeschreibungen einer Einzelsprache genau eine Grammatik ausgewählt werden kann, die allein diese Restriktionen erfüllt, und damit auch als explanativ adäquat gelten kann. Dies bedeutet umgekehrt, daß eine möglichst große Menge der Regeln einer Einzelsprache auf die Ebene universeller Gültigkeit zu heben ist. In gleicher Weise ist es die Aufgabe einer universalen Theorie der wissenschaftlichen, ökonomischen, juristischen etc. Rationalität, einen möglichst großen Teil der Basiswerturteile, die in den verschiedenen professionellen Gemeinschaften *innerhalb* des Geltungsbereichs der jeweiligen Handlungslogik gefällt werden, durch allgemeine handlungstypspezifische Rationalitätsstandards zu erklären und dadurch zugleich alle nur deskriptiv adäquaten Rekonstruktionen, die mit diesen Standards nicht zu vereinbaren sind, auszuscheiden. Durch interne Rekonstruktion sollen alle Besonderheiten von Basiswerturteilen und der mit ihnen konformen Handlungen aufgeschlüsselt werden, die aus der Interaktion zwischen der Befolgung universeller Standards und den spezifischen Bedingungen einzelner Problemsituationen erklärt werden können. Dadurch kann einer beliebigen Menge von Handlungen, die von kompetenten Akteuren eines Handlungsfeldes als einwandfrei bewertet wurden, genau diejenige Strukturexplikation zugeordnet werden, die sie als Handlungen eines bestimmten allgemeinen Typs erkennbar werden läßt.

Basiswerturteile, die sich einer solchen *internen* Rekonstruktion entziehen, müssen als Manifestation *externer* Faktoren erklärt werden, die verhinderten, daß die handlungstypischen Rationalitätskriterien ungetrübt zur Geltung kommen konnten.

Wenn es möglich ist, Basiswerturteilen sowohl eine interne, als auch eine (oder gar mehrere) externe Rekonstruktionen zuzuordnen, die je für sich gleichermaßen adäquat erscheinen, dann erhält die interne Rekonstruktion automatisch den Vorrang, weil sie allein vor dem Hintergrund einer universalen Theorie typenspezifischer Rationalität auch als explanativ adäquat gelten kann.[406] Die übrigen deskriptiv adäquaten externen Rekonstruktionen können in eine Rangskala gebracht werden, die geordnet ist nach dem Grad der Verletzung der allgemeinen Rationalitätsstandards, die sie voraussetzen. Der Rangplatz konkurrierender deskriptiv adäquater Deutungen ist demnach generell um so niedriger, je fallspezifischer die Annahmen sind, auf die sie sich stützen. Die Anwendung dieser Einfachheits- oder Sparsamkeitsregel als ein wichtiges Element einer Methodologie des objektiven Verstehens durch Popper wurde schon oben bei der Darstellung seiner Galilei-Rekonstruktion vermerkt.

Können die Basiswerturteile einer professionellen Elite nicht als Realisierungs-formen funktionsspezifischer handlungslogischer Regeln erklärt werden, dann ist damit das jeweils 'zuständige' handlungslogische Modell dennoch nicht falsifiziert. Wie schon dargestellt, ist der Status solcher Modelle in Relation zu den Urteilen bzw. Handlungen, die mit ihrer Hilfe rekonstruiert werden, insofern quasi-normativer Art, als deren Geltung nur davon abhängig ist, daß die darin unterstellten funktionslogischen Beziehungen zwischen allgemeinen Problemfoki und bestimmten Standards oder Regeln empirisch erfüllt sind. Als 'falsifiziert' muß deshalb allenfalls der Anspruch angesehen werden, daß ein solches handlungslogisches Rationalmodell das implizit handlungsleitende Wissen der jeweiligen professionellen Elite expliziert, das deren Mitglieder zu den faktisch gefällten Basiswerturteilen veranlaßte.

Interne und externe Rekonstruktion treten nur unter bestimmten Voraussetzun-gen in Konkurrenz zueinander. Zu einer solchen Konkurrenz kommt es nicht, solange Handlungszusammenhänge nur auf die funktionalen Bezüge hin analysiert werden, die sie realisieren, weil hier verschiedene handlungslogische und nicht-handlungslogische Bezüge, sofern sie durch dieselben Handlungen überhaupt objektiv erfüllt werden können, problemlos miteinander kompatibel sind. Erst die Frage, ob bestimmte Handlungsfolgen allein als objektive Effekte herbeigeführt oder darüber hinaus von den Akteuren gewünscht bzw. als Ziele angestrebt wurden und welche Regeln, Situationsdeutungen etc. dabei implizit

---

406 Zwar ist es a priori nicht auszuschließen, daß externalistische Erklärungen eine höhere Reichweite erlangen als Rekonstruktionsvorschläge, die in einer Theorie handlungstypischer Rationalität fundiert sind. So erreicht eine Theorie, die versucht, alles menschliche Handeln auf individuelles Geltungsstreben und darauf begründete universale Konkurrenz zurückzufüh-ren, eine wesentlich größere Reichweite als eine bereichsspezifisch begrenzte Theorie rationa-len Handelns. Hohe Reichweite wird hier jedoch i.d. Regel er-kauft um den Preis weitgehender empirischer Leere und Trivialität. Um zu einer interessanten und empirisch relevanten Erklärung zu kommen, werden zusätzliche Erklärungen dafür benötigt, warum es unter bestimmten situativen Randbedingungen objektiv möglich und zweckrational kalku-lierbar war, mit einer spezifischen Handlung angestrebte Konkurrenzvorteile zu erreichen. Handlungslogiken können hier den theoretischen Kern solcher Erklärungen bilden. Vgl. dazu auch Popper 1958, Bd.II, S.122f.

oder explizit handlungsleitend waren, können Anlaß für die Konfrontation zwischen intern und extern gleichermaßen deskriptiv adäquaten Interpretationsmöglichkeiten geben.

Drei Formen der Komplementarität zwischen interner und externer Rekonstruktion für den Fall einer prinzipiell explanativ adäquaten handlungslogischen Rekonstruktion sind darüber hinaus besonders hervorzuheben:

(a) Wie früher schon festgestellt, kann die handlungslogische Kompetenz eines Akteurs durch kontingente Faktoren getrübt werden, so daß es zu fehlerhaften Basiswerturteilen kommt. Die Erklärung derartiger performatorischer Restriktionen bleibt Aufgabe einer ergänzenden externalistischen Analyse.

(b) Neben solchen performatorisch *verzerrenden* gibt es aber auch *positiv-*performanzbestimmende Faktoren.[407] Sie strukturieren die Anwendung handlungslogischer Standards in Situationen, die nicht hinreichend bestimmt sind, um nur eine Möglichkeit korrekten Urteilens oder Handelns zuzulassen, ohne mit diesen Standards zu konfligieren. Wenn beispielsweise bei der Wahl zwischen konkurrierenden wissenschaftlichen Theorien keine eindeutige Leistungsüberlegenheit der einen gegenüber der anderen festgestellt werden kann, dann *müssen* weitere Faktoren ins Spiel gebracht werden, um zu einer Entscheidung für die weitere wissenschaftliche Arbeit zu kommen. Angefangen bei individuellen Unterschieden des wissenschaftlichen Interesses an spezifischen Problemen, die von der einen oder der anderen Theorie besser gelöst werden, über Vorlieben für originellere Lösungen, bis hin zu Präferenzen für Theorien, die kurzfristig die größeren Möglichkeiten praktischer Anwendung versprechen, die Subventionierung mit Forschungsmitteln erwarten lassen, eventuell Karrierechancen eröffnen könnten, mit politischen, religiösen oder philosophischen Überzeugungen besser vereinbar sind etc. können dabei mehr oder minder externe Einflußgrößen den Ausschlag geben, ohne in Widerspruch zu handlungslogisch begründeten Überlegungen geraten zu müssen.[408] Als zusätzliche Anhaltspunkte zur Reduktion der mit handlungslogischen Kriterien allein nicht zureichend abzuarbeitenden Komplexität der Entscheidungssituation sind derartige *externe* Faktoren *funktional* erforderlich für den Fortgang der *internen* Geschichte der

---

407 Als Beispiele performanzbestimmender Faktoren werden bei Chomsky nur kompetenzverzerrende Restriktionen wie begrenztes Gedächtnis, Verwirrtheit o.ä. erwähnt; vgl. Chomsky 1972, S.13. Positiv-performanzbestimmende Faktoren sind demgegenüber solche Einflußgrößen, die den Gebrauch, den ein Sprecher von seiner Sprachkompetenz macht, regulieren, ohne sie dabei zu beeinträchtigen. Die von Basil Bernstein unterschiedenen schichtenspezifischen Strategien des Sprachgebrauchs können als exemplarischer Fall von Regelsystemen gelten, welche die Aktualisierung der linguistischen Kompetenz steuern; vgl. dazu Oevermann 1972, S.75f.

408 Vgl. dazu Kuhn 1978b, S.423ff.

Wissenschaft[409] bzw. anderer durch autonome Handlungslogiken konstituierter Aktionsbereiche.

(c) Als letzte Form der Ergänzung der internen durch externe Rekonstruktion schließlich ist die Erklärung systematischer Abweichungen zwischen den handlungslogischen Erklärungen bzw. Rechtfertigungen der Basiswerturteile professioneller Akteure und deren Selbstinterpretation zu erwähnen. Intervenierende Deutungsmuster, zu denen auch die innerhalb einer professionellen Gemeinschaft zirkulierenden Theorien über die Struktur des eigenen beruflichen Handelns (also auch die verschiedenen Positionen innerhalb der Wissenschaftstheorie) zählen, formen das explizite Selbstverständnis professioneller Akteure u.U. auf eine Weise, die nicht mit ihren Basiswerturteilen und deren handlungslogischer Rekonstruktion übereinstimmen. Derartige Interpretationen, die oft auch als allgemeine legitimatorische Basis für die Begründung bestimmter Praktiken, Forderungen oder Theorien und damit strategisch genutzt werden,[410] repräsentieren Formen "falschen Bewußtseins", deren Aufklärung zu den Aufgaben externalistischer Rekonstruktion gehört.[411]

Wie die vorstehende Gegenüberstellung zwischen internen und externen Rekonstruktionsmöglichkeiten zeigt, besteht zwischen beiden Ansätzen über weite Strecken keine Erklärungskonkurrenz: So lange nur danach gefragt wird, welche Funktionsbezüge durch bestimmte Basiswerturteile objektiv erfüllt werden, verbleibt die Analyse auf der Ebene *deskriptiver Adäquatheit*. Handlungslogische wie nicht-handlungslogische Funktionsbezüge können hier gleichermaßen mit gegebenen Basiswerturteilen kompatibel sein.

In ein Verhältnis der *Ergänzung* zur internalistischen Rekonstruktion treten

---

409 Gegenüber Feyerabend kann also durchaus zugestanden werden, daß externe Faktoren funktional notwendig für den Fortgang der Wissenschaftsgeschichte und damit auch letztlich für den weiteren Erkenntnisfortschritt sein können, ohne daß deshalb die Differenzierung zwischen interner und externer Perspektive im Sinne Lakatos' aufgegeben werden müßte. Vgl. dazu Feyerabend 1976, S.289f. Die gegenteilige Annahme wäre ähnlich plausibel wie die Behauptung, durch den Nachweis der funktionalen Notwendigkeit extragrammatischer Faktoren für die Stimulierung der Produktion von Sätzen sei die Unterscheidung zwischen der grammatisch-internen Rekonstruktion sprachlicher Äußerungen und ihrer Untersuchung im Hinblick auf damit verknüpfte außergrammatische Strukturen nicht mehr aufrecht zu erhalten.

410 Vgl. dazu Potter 1984. Potter vernachlässigt allerdings die zentrale Differenz zwischen implizit handlungsleitenden Kriterien und den allgemeinen wissenschaftstheoretischen Rechtfertigungen, mit denen Wissenschaftler bestimmte theoretische Optionen u.U. nachträglich zu rationalisieren und zu legitimieren suchen. Er glaubt deshalb die strategische Funktion von Bewertungskriterien gegen die von Kuhn behauptete Orientierungsfunktion einfach ausspielen zu können.

411 Vgl. dazu Lakatos 1974b, S.288f: Die fehlerhaften Überzeugungen von Wissenschaftlern über ihr eigenes wissenschaftliches Handeln ist in den Augen des internen Historikers "..eine Tatsache in der zweiten Welt, die eine bloße Karikatur ihres Gegenstückes in der dritten Welt ist. Wie solche Karikaturen zustande kommen, geht ihn nichts an; in einer Anmerkung kann er dem Externalisten das Problem übergeben, warum gewisse Wissenschaftler 'falsche Überzeugungen' über ihre eigene Tätigkeit haben."

externalistische Untersuchungen dann, wenn sie Faktoren identifizieren, die die Befolgung (die 'Performanz') handlungslogischer Regeln in spezifischer Weise positiv regulieren oder durch Verzerrung beeinträchtigen, oder wenn sie Abweichungen zwischen befolgten Handlungsregeln und den *expliziten Selbstinterpretationen* professioneller Akteure zu erklären versuchen (Problem des 'falschen Bewußtseins').

Zur *Erklärungskonkurrenz* auf der Ebene explanativer Adäquatheit kommt es dann und nur dann, wenn der Anspruch erhoben wird, die Basiswerturteile professioneller Akteure vollständig als Manifestation nicht-handlungslogischer Orientierungen zu rekonstruieren.

Die dargestellten Beziehungen von Chomskys Unterscheidung zwischen Kompetenz und Performanz, zwischen deskriptiv adäquaten und explanativ adäquaten Rekonstruktionen handlungsleitender Regeln zu Lakatos' Unterscheidung zwischen interner und externer Rekonstruktion im Kontext der handlungslogischen Rekonstruktion von Basiswerturteilen sind in der umseitigen Übersicht zusammengefaßt.

Wenn die vorangehenden Überlegungen zutreffen, dann umreißt die Rekonstruktion von Handlungslogiken ein Forschungsgebiet, in dem hermeneutische Interpretation und funktionale Analyse notwendig zusammentreffen. Handlungslogiken, so die im Anschluß an die Erörterung des Toulminschen Disziplinenmodells vertretene These, bilden den Welt 3-Kern rationaler Unternehmungen.

Mit deren Untersuchung, exemplarisch durchgeführt am Beispiel des Wissenschaftssystems, bewegte sich die Diskussion bisher auf der Ebene *sozialer Teilsysteme*. Weitgehend außer betracht blieben dabei die Ebenen der *Gesellschaft* und der Interpretation *individueller Handlungen*. Diese Beschränkung soll in den folgenden Kapiteln aufgehoben werden.

Dazu soll zunächst die Frage nach der *Einheit der Gesellschaft aus problemfunktionaler Perspektive* in Anknüpfung an Toulmin und insbesondere Luhmann sowie Luhmanns Konzeptualisierung der *Methode* funktionaler Analyse diskutiert werden.[412].

Anhand der Handlungstheorie Dantos wird schließlich die *konstitutive Rolle des Funktionsbegriffs für die Interpretation von Einzelhandlungen* aufzuweisen sein.[413]

---

412 Vgl. unten, Abschn. 7 und 8.
413 Vgl. unten, Abschn. 9.

	nur deskriptiv adäuat	*auch explananativ adäquat*
intern Modus der Rekon- struk- tion	-funktionale und hand-lungslogische Rekon-struktion von Basiswert-urteilen;	-Rekonstruktion von Basiswertur-teilen als Manifestation einer handlungslogischen Regelkom-petenz;
extern	-funktionale aber nicht handlungslogische Re-konstruktion von Basis-werturteilen;	-Rekonstruktion von Basiswert-urteilen als Resultat der Befol-gung nicht-handlungslogischer allgemeiner Orientierungen (ein-ziger Fall der Erklärungskonkur-renz zwischen interner und ex-terner Rekonstruktion); -Explikation positiv-performanz-bestimmender Faktoren; -Rückführung von Abweichungen zwischen Basiswerturteilen und handlungslogischen Imperativen auf performatorische Verzerrun-gen; -Rückführung von Abweichungen zwischen handlungslogischen Re-geln und den Handlungsinterpre-tationen durch die professionellen Akteure auf Formen "falschen Be-wußtseins";

7. Die Einheit der Gesellschaft

7.1 Toulmins Populationenmodell der Gesellschaft

Obwohl sich Toulmin mit der Untersuchung rationaler Unternehmungen, durchgeführt am Beispiel der Wissenschaft, auf die Analyse sozialer Teilsysteme konzentriert, beansprucht er, damit zugleich ein Modell für die Konzeptualisierung von Gesellschaft als Gesamtzusammenhang zu liefern. Eine Gesellschaft gilt ihm als "..ein 'historisches Gebilde' im gleichen Sinne wie eine wissenschaftliche Disziplin oder eine Organismenart; sie wird zu jedem Zeitpunkt von einer bestimmten Menge von Institutionen, Verfahren und Beziehungen dargestellt, deren historische Ursprünge und Zwecke weitgehend voneinander unabhängig waren."[414] "Die augenblicklichen Institutionen und Sitten sind also als Bestandteile weitgehend unsystematischer Aggregate oder 'Populationen' zu sehen, wobei sie weder völlig 'zum Guten' noch völlig 'zum Schlechten' zusammenwirken, sondern einfach so, wie es ihre gemeinsame Geschichte ihnen vorschreibt."[415] - Mit der Betonung des "unsystematischen" Charakters der Gesellschaft als Population von Institutionen mit einer je eigenen Geschichte wendet sich Toulmin auf dem Gebiet der Gesellschaftstheorie gegen eine theoretische Position, die dem von ihm im Bereich der Wissenschaftstheorie vehement abgelehnten "Kult der Systematik"[416] zu entsprechen scheint: die strukturfunktionalistische Systemtheorie, wie sie sich vor allem mit dem Namen Talcott Parsons' verbindet.[417] Der Annahme, daß Wissenschaft, zumindest in "normalwissenschaftlichen" Phasen ihrer Entwicklung, als *logisch-deduktives* System zu betrachten sei, stellt er die Präsupposition als gleichermaßen irrig zur Seite, daß Gesellschaft als *Gleichgewichtssysteme* analysiert werden könne. Wandel erscheint ihm in beiden Fällen nur als Ergebnis dysfunktionaler Veränderungen, d.h. als Störung eines präexistierenden Zustandes systemischer Ordnung erklärbar.[418] *Dagegen* setzt Toulmin - sowohl auf der Ebene einzelner Institutionen wie auf der Ebene der Gesamtgesellschaft - die Vorstellung "weitgehend unsystematischer Aggregate oder Populationen", deren Beziehungen

---

414 Vgl. Toulmin 1983, S.409.
415 Vgl. Toulmin 1983, S.406.
416 Vgl. Toulmin 1983, S.156.
417 Toulmin (1983, S.407, Fußn.254) bezieht sich dabei nur mit einem globalen Verweis auf Parsons 1937 und 1951.
418 Vgl. Toulmin 1983, S.407.

zueinander nicht als 'funktional' oder 'dysfunktional' bestimmt werden können, weil der dazu vorauszusetzende einheitliche Bezugspunkt einer übergreifenden integrierten Ordnung fehlt.[419] Wie bereits oben dargestellt, erfährt dadurch "Anpassung" als Kriterium für die Auswahl institutioneller Neuerungen für den Fortbestand eine diachrone Deutung: An die Stelle der Frage nach der Angepaßtheit oder Funktionalität einer Neubildung bezogen auf einen *vorgegebenen Zustand integrierter Ordnung* tritt die Frage nach ihrer spezifischen Leistung im Hinblick auf *gegebene Problembezüge* verglichen mit den bisher existierenden Einrichtungen. Entscheidend für die Auswahl zum Fortbestand wird damit die relative Leistungsüberlegenheit neuer Varianten gegenüber etablierten Einrichtungen. Der darwinistischen Heuristik gemäß ist es dabei die Aufgabe einer in diesem Sinne populationsorientierten Soziologie, für eine gegebene historische Problemsituation die variationsbegünstigenden bzw. -hemmenden Faktoren, die Bedingungen der Selektion und Stabilisierung neuer Varianten in einer Gesellschaft und die Beurteilungskriterien für die relative Angepaßtheit neuer Varianten zu klären.[420] Wie am Beispiel der Untersuchung wissenschaftlichen Erkenntnisforschritts bereits vorgeführt, ist demnach auch die Entwicklung einer Gesellschaft zu charakterisieren und zu rekonstruieren als eine Genealogie von Problemen und Problemsituationen, bei der die Ablösung bestehender Einrichtungen durch institutionelle Neubildungen dadurch zu erklären ist, daß diese Probleme lösen, vor denen jene versagten.[421] In Anknüpfung an und Generalisierung von Poppers evolutionärer Epistemologie[422] läßt sich soziale Evolution insofern als *kontinuierliche Transformationssequenz von Problemsituationen* darstellen, in der jede Problemsituation durch den Einbau neuer leistungsüberlegener Lösungsversuche in eine Folgeproblemsituation überführt wird.
An die Stelle der Annahme eines systematischen Zusammenhanges zwischen allen institutionellen Einheiten, wie Toulmin sie am Strukturfunktionalismus kritisiert, tritt im Rahmen seines Populationsmodells die Markierung eines Kontinuums, das die Vorstellung von Gesellschaft als einheitlichem Systemzusammenhang nur noch als möglichen, aber als unwahrscheinlich betrachteten Sonderfall zuläßt: Gesellschaft sei als eine historische Art zu behandeln, ".. die sich angesichts wechselnder historischer Anforderungen mehr oder weniger 'kompakt' entwickelt".[423] - Mehr oder weniger große "Kompaktheit" ist eine Eigenschaft, die Toulmin ursprünglich ebenfalls zur Beschreibung wissenschaftlicher Disziplinen eingeführt hat. Als kompakt gilt eine Disziplin nur dann,

---

419 Vgl. Toulmin 1983, S.408.
420 Vgl. Toulmin 1983, S.409.
421 Vgl. Toulmin 1983, S.178.
422 Vgl. Popper 1984, S.149.
423 Vgl. Toulmin 1983, S.409.

wenn eine bestimmte Menge kollektiv anerkannter Ideale oder Ziele existiert, die den Bezugspunkt für die Erzeugung eines Bestandes anerkannter Probleme bilden, auf deren Lösung die einschlägigen Tätigkeiten und die dabei verwendeten Verfahren gerichtet sind.[424] Darüber hinaus sind kompakte Disziplinen im Gegensatz zu nicht disziplinfähigen Tätigkeiten "..auch verhältnismäßig stark von einem einzigen Wert bestimmt".[425] Sind diese Bedingungen nur mangelhaft erfüllt, spricht Toulmin von "*diffusen*", bei völligem Fehlen allgemein anerkannter Ziele, Probleme und Maßstäbe von "*möglichen Disziplinen*", sofern eine Entwicklung in Richtung auf derartig einheitliche Bezugspunkte der Orientierung und rationalen Bewertung von Tätigkeiten, Verfahren und Argumenten in einem Gebiet möglich erscheint.[426] - Als Kandidaten nicht disziplinfähiger Tätigkeiten, die gleichwohl als rationale Unternehmungen analysiert werden können, diskutiert Toulmin Beispiele wie die Kunst, für deren Einheit und Kontinuität er nur die verwendeten *Techniken* als Bezugspunkt reklamiert;[427] technisch-industrielle Vorhaben, die sich als *komplexe Bündel konkreter und abstrakter Probleme* auffassen lassen, die in ihrer Heterogenität *nicht auf eine wohlbestimmte Menge allgemeiner Ideale bzw. Ziele* zurückgeführt werden können; die Ethik als Unternehmen, bei dem *unterschiedliche Werte nebeneinander gelten*, die den Ausgangspunkt für unterschiedliche Spezialprobleme *teilweise persönlicher, teilweise kollektiver, teilweise quasi-disziplinärer Art* bilden und bei dem *jede Entscheidung die jeweils situationsbezogene Berücksichtigung aller einschlägigen Teilprobleme verlangt.*[428]

Aus den Anforderungen, deren Erfüllung für den disziplinären Charakter eines Vernunftunternehmens vorausgesetzt werden muß, wird offensichtlich, daß Gesellschaften kaum als Disziplinen beschrieben werden können. Von einer Gesellschaft als einer historischen Art zu sprechen, die sich "mehr oder weniger 'kompakt' entwickelt",[429] ist deshalb nur sinnvoll, wenn Kompaktheit als graduierbare Eigenschaft auch auf nicht-disziplinäre Vernunftunternehmen angewendet werden kann. Als letzte einheitstiftende Bezugspunkte, die es rechtfertigen könnten, eine Gesellschaft als komplexere Version eines Vernunftunternehmens zu betrachten, stehen dabei nur kollektiv akzeptierte Verfahren und Werte zur Verfügung. Kollektiv anerkannte Werte ermöglichen

---

424 Vgl. Toulmin 1983, S.441f. - Ergänzend sind noch zwei weitere, im gegebenen Kontext jedoch zweitrangige Anforderungen zu erwähnen, die Toulmin (a.a.O.) aufzählt: die Existenz von Professionsforen, auf denen vorgeschlagene Verfahrenserneuerungen diskutiert werden und die Existenz anerkannter Beweiswürdigungsverfahren zur Bewertung der dabei vorgetragenen Argumente.
425 Vgl. Toulmin 1983, S.440f.
426 Vgl. Toulmin 1983, S.469.
427 Vgl. Toulmin 1983, S.462.
428 Vgl. Toulmin 1983, S.474.
429 Vgl. Toulmin 1983, S.464f.

die soziale Definition allgemeiner Zielsetzungen und die Konstruktion von Problemsituationen, die verschiedene Institutionen übergreifen und im Hinblick auf die Erzeugnisse und anerkannten Verfahren verschiedener Institutionen als Lösungsbeiträge gedeutet werden können.[430]

Anders, als Toulmins Kritik an der strukturfunktionalistischen Systemtheorie Parsonianischer Prägung erwarten läßt, stimmt diese Konzeptualisierung der Einheit von Gesellschaft weitgehend überein mit der Bestimmung der Einheit des Gesellschaftssystems, wie sie sich bei Parsons findet: Als "das Kernstück einer Gesellschaft als System" bestimmt Parsons "die geformte normative Ordnung, welche das Leben einer Population kollektiv organisiert. Als Ordnung enthält es Werte sowie differenzierte und partikularisierte Normen und Regeln, die sämtlich, um sinnvoll und legitim zu sein, kultureller Bezüge bedürfen. Als Kollektivität zeigt es eine geformte Konzeption der Mitgliedschaft, die zwischen Individuen, die dazugehören, und solchen, die nicht dazugehören, unterscheidet."[431] Kollektiv anerkannte Werte und Verfahren bzw. kulturell legitimierte

---

430 Vgl. Toulmin 1983, S.477: "Und der integrative Charakter der 'Ethik als ganzer' entspringt aus unserem Bedürfnis nach einer praktischen Rangfolge, die die Grenzen zwischen Disziplinen und Quasi-Disziplinen überschreiten kann und sich nicht auf die methodische, systematische Weise entwickeln läßt, die bei jeder einzelnen wohlbestimmten - oder 'disziplinenhaften'- Klasse von Problemen angemessen ist." Welche Werte bei unvermeidlichen Konflikten die Priorität erhalten, darin sieht Toulmin (a.a.O.) die zentralen Differenzen, "an denen sich die ethischen Einstellungen verschiedener Kulturen am nachhaltigsten voneinander unterscheiden". Von der je spezifischen Lösung solcher Prioritätsfragen sei es in erster Linie abhängig, daß "eine bestimmte Gesellschaft ihre kennzeichnende ethische 'Atmosphäre'oder 'Qualität' besitzt" (a.a.O.).Unter diesem Gesichtspunkt der normativen Integration vor allem ist auch die Rekonstruktion kollektiv geteilter Deutungsmuster als gesellschaftliche Identität stiftende symbolische Strukturen von besonderer Bedeutung. Vgl. dazu Döbert 1973, S.66ff; Habermas 1976, Teil II und III; Döbert 1980, Teil B; Giesen 1980, Teil I sowie Toulmins Bemerkungen über die Rolle kollektiver Ideen mit dem an Hegel erinnernden Fazit: "Damit würde die historische Entwicklung sozialer Institutionen einfach zur Ideenentwicklung im Großen" (Toulmin 1983, S.412).

431 Vgl. Parsons 1975, S.21. - Vgl. analog Merton 1957, zitiert nach Sack/König 1974, S.294: "Wir können eine Masse von Menschen nur dann als Gesellschaft bezeichnen, wenn deren Verhalten typischerweise auf die zentralen Werte der Gesellschaft hin ausgerichtet ist. Wenn es keine Basis gemeinsamer Werte bei interagierenden Individuen gibt, dann existieren zwar soziale Beziehungen - wenn man die ungeregelte Interaktion einmal so nennen will, aber keine Gesellschaft." - Auch Habermas' "Theorie kommunikativen Handelns" bleibt der Voraussetzung des Strukturfunktionalismus, daß sich die Einheit der Gesellschaft über einen Bestand konsensuell anerkannter Werte und Normen herstellt, noch verpflichtet. Nur mit Bezug auf die Sphäre der Geltungsansprüche kultureller Werte und Normen lassen sich "pathologische" von sozialintegrativ adäquaten Formen systemischer Konfliktverarbeitung unterscheiden. Diese letztere Unterscheidung bietet den notwendigen Anknüpfungspunkt für die Einarbeitung systemtheoretischer Theoriebestandteile in eine kritische Theorie der Gesellschaft. Daß Luhmann die dafür benötigte Fundierung der Einheit der Gesellschaft in kollektiv geteilten Normen und Werten verabschiedet, macht seine Version der Systemtheorie zum nicht assimilierbaren Gegenentwurf zu Habermas' Theorie kommunikativen Handelns. Vgl. dazu Habermas 1981, S.340ff sowie ausführlicher Habermas 1975, S.178ff.

Werte, Normen und Regeln, darin trifft sich Toulmin anscheinend mit Parsons,[432] bilden den Bezugskern, der Gesellschaft als abgrenzbare Einheit konstituiert. Strittig bleibt dabei nur, inwiefern die Art des Zusammenhanges zwischen diesen Elementen sowie zwischen den Institutionen, die Teil einer Gesellschaft sind, so geartet ist, daß Gesellschaften als Systeme und ihre Untereinheiten als Subsysteme betrachtet werden können.

Diese Streitfrage braucht hier nicht im einzelnen verfolgt zu werden. Es soll dazu der Hinweis genügen, daß es sich dabei vermutlich weniger um eine in theoretischen Grundannahmen begründete Differenz, sondern eher um eine ungerechtfertigte Dramatisierung des Kontrastes handelt, die aus Toulmins Analogisierung der Annahme des logisch-deduktiven Systemcharakters wissenschaftlicher Theorien mit der Annahme der Systemhaftigkeit von Gesellschaften resultiert: Deduktivität der Beziehungen zwischen Aussagen ist eine Form der Integration, bei der keine Graduierung möglich ist, sondern Wahrheit oder Falschheit notwendig von den Prämissen auf die Konklusion übertragen wird. Demgegenüber können Gesellschaftssysteme wie biologische Systeme sehr lose integriert sein, z.B. unter Bedingungen segmentärer Differenzierung, so daß Veränderungen einzelner Elemente bis hin zu deren 'Tod' ohne einschneidende Konsequenzen für andere Einheiten des Systems bleiben können. Wie hoch die Interdependenz zwischen verschiedenen Einheiten einer Gesellschaft zu veranschlagen ist, ist daher eine Frage, die durch die Verwendung von System- und Gleichgewichtskonzepten nicht vorentschieden wird.[433]

Im Kontext unserer Fragestellung ist vor allem die Ebene bedeutsam, auf der die Einheit der Gesellschaft bei Toulmin wie in der Parsonianischen Systemtheorie und im Strukturfunktionalismus Mertonscher Prägung verankert bleibt: Es ist dies die Ebene einer *als kollektiv geteilt unterstellten Bewußtseinsstruktur*, die den *letzten Bezugspunkt* für die Feststellung von Funktionen und ihrer Erfüllung bzw. von Problemen und Problemlösungen bildet. - Beides, die Bindung der Relation von Problem und Problemlösung an eine *vorauszusetzende Struktur* wie an deren *subjektiv-intentionale Repräsentanz*, versucht Luhmanns Konzeptualisierung der Einheit der Gesellschaft zu lösen.

---

432 "Anscheinend" deshalb, weil Toulmin die Frage nach der Einheit der Gesellschaft in der hier diskutierten Form explizit gar nicht stellt und wir deshalb auf den Weg der Extrapolation seiner wahrscheinlichen Antwort verwiesen sind.
433 Vgl. dazu die Bemerkung bei Parsons 1951, S.496.

7.2.1 Die Fundierung der Einheit der Gesellschaft im Problem der Komplexität

Der strukturfunktionalistischen Annahme, nach der die Anerkennung einer gemeinsamen normativen Ordnung durch die Mitglieder einer Gesellschaft als Bestandsanforderung und Abgrenzungskriterium gesellschaftlicher Systeme zu betrachten ist, hält Luhmann entgegen, daß darin "der strukturell erforderliche ebenso wie der faktisch bestehende Konsens überschätzt" werde. "Auch dem Sklaven, auch dem Verbrecher, auch dem Hippie muß danach unterschoben werden, daß er im Grunde die Normen der Gesellschaft anerkennt."[434] Die alternative Option, die das strukturfunktionalistische Gesellschaftskonzept für den Fall bereithält, daß diese Unterstellung nicht mehr problemlos funktioniert, wird an Mertons Anomietheorie deutlich: Personen, die als Anpassungsmodus bei Inkompatibilitäten zwischen kulturell ausgezeichneten Handlungszielen und normativ legitimierten Handlungsmitteln einerseits und den sozialstrukturell zugänglichen Handlungsmöglichkeiten andererseits das Muster der "Apathie" wählen (d.h. die kulturellen Ziele und institutionell vorgegebenen Handlungsmöglichkeiten gleichermaßen ablehnen), werden hier nicht mehr zur Gesellschaft gerechnet.[435]

Die Plausibilität einer derartigen Ausgrenzungsstrategie als Lösung der Folgeprobleme, die sich aus der theoretischen Kopplung der Einheit der Gesellschaft an eine einheitlich geteilte normative Ordnung ergeben, ist daran gebunden, daß solche offenkundigen Formen der Ablehnung auf marginale Gruppen beschränkt bleiben. Aus empirischen Gründen bezweifelt werden kann dies in Anbetracht der Inkompatibilität der normativen Anforderungen, nach denen Handlungen in unterschiedlichen Funktionsbereichen moderner Gesellschaften bewertet werden: Die wissenschaftsinterne Prämierung theoretischer und methodischer Innovationen um ihrer selbst willen ist nicht unbedingt tauglich, die öffentlich geforderte praktische Nützlichkeit von Forschungsergebnissen sicherzustellen, ja sie kann nicht einmal für die Unschädlichkeit der so

---

434 Vgl. Luhmann 1975, S.11.
435 "Personen, die sich auf diese Weise anpassen (oder fehlanpassen), leben streng genommen *in* einer Gesellschaft, ohne Teil davon zu sein. Soziologisch gesehen sind sie die echten Außenseiter. Da sie das allgemeine Wertsystem nicht teilen, kann man sie der *Gesellschaft* (die wir von der 'Bevölkerung' unterscheiden) nur fiktiv zurechnen. In diese Kategorie fallen einige der Anpassungsmuster von Psychopathen, Autisten, Parias, Ausgestoßenen, Landstreichern, Clochards, chronischen Säufern und Süchtigen. Sie haben die kulturell gesteckten Ziele aufgegeben, und ihr Verhalten stimmt nicht mit den institutionellen Normen überein." Vgl. Merton 1957, zitiert nach Sack/König 1974, S.309f; Hervorhebungen im Original.

produzierten Ergebnisse einstehen. Die Orientierung an ökonomischen Rationalitätsanforderungen ist bestens geeignet, neben Gewinnen auch unerwünschte ökologische und soziale Folgeschäden zu produzieren. Die politische Durchsetzung von Entscheidungen mit den Mitteln strategischer Klugheit und des Kompromisses sieht sich leicht den Vorwürfen der Unaufrichtigkeit, des Opportunismus, der Verfälschung und Instrumentalisierung von Forschungsergebnissen zugunsten bloßen Machterhalts ausgesetzt. Die avancierten Erzeugnisse der modernen Kunst werden häufig als häßlich, geschmacklos und überflüssig empfunden und vom breiten Publikum mit Interesselosigkeit, Belustigung, Ablehnung oder Ärger quittiert. - In allen diesen Fällen führt die Erfüllung der Handlungsanforderungen innerhalb eines Funktionsbereiches dazu, daß zwar intern anerkannte Resultate erzielt werden, die jedoch aus anderen Betrachtungsperspektiven zu Negativbewertungen Anlaß geben. Aus Lippenbekenntnissen der von solchen Negativbewertungen Betroffenen auf einen letztlich doch bestehenden Wertekonsens zu schließen, hilft hier wenig weiter. Daß Wissenschaftler sich über die soziale Nützlichkeit ihrer Forschungen durchaus freuen, Unternehmer für Vollbeschäftigung und eine intakte Umwelt votieren, Politiker sich für eine gradlinige und an Sachnotwendigkeiten orientierte Politik aussprechen und Künstler sich ein wohlwollend aufmerksames Publikum wünschen - im Konfliktfalle sich aber weiterhin nach den für sie spezifischen Anforderungen richten *und dies als legitim betrachten*, macht die Annahme eines solchen Wertekonsenses ungeeignet für die Erklärung sozialer Ordnung.

Unter den Bedingungen funktionaler Differenzierung des Gesellschaftssystems, die eine Differenzierung handlungsorientierender Werte- und Normenkomplexe einschließt und damit die Projektion von Handlungsmöglichkeiten auf der Ebene der ausdifferenzierten Teilsysteme erlaubt, die mit den Projektionen anderer Teilsysteme inkompatibel sind, muß der Modus der Abstimmung auf der Ebene des Gesellschaftssystems, die Form der dann noch möglichen Einheit der Gesellschaft, abstrakter angesetzt werden. Nur dann, wenn die Chancen der Realisierung von Möglichkeitsprojektionen begrenzt, die Verwirklichung beliebiger Handlungsmöglichkeiten also ausgeschlossen ist, nur dann kann Gesellschaft noch als wie auch immer geordneter Zusammenhang und insofern als Einheit begriffen werden. Weil die Annahme kollektiv konsentierter Werte und Normen spätestens für funktional differenzierte Gesellschaften nicht mehr überzeugt,[436] sucht Luhmann nach einer neuen Lösung, die der veränderten Problemlage gerecht wird.

---

436 Zur Formulierung grundsätzlicher, nicht nur auf funktional differenzierte Gesellschaften begrenzter Vorbehalte gegenüber der Annahme der Integration der Gesellschaft durch Moral vgl. jedoch Luhmann 1984, S.317f.

Ist die historisch-empirische Kontingenz gesellschaftlicher Einheit durch Wertekonsens jedoch erkannt, dann kann auch eine veränderte strukturelle Bestimmung, die auf die besonderen Bedingungen funktionaler Differenzierung zugeschnitten ist, nicht zugleich als historisch invarianter Bezugspunkt für die Identifikation von Gesellschaftssystemen herangezogen werden. Um deshalb Gesellschaft als einheitlichen Bezugspunkt soziologischer Analyse zu fixieren, ohne dabei auf die problematisch gewordene Postulierung struktureller Invarianzen zurückgreifen zu müssen, kehrt Luhmann das Fundierungsverhältnis von Struktur und Funktion um. Anstatt von vorausgesetzten gesellschaftlichen Strukturen auszugehen, zu deren Erhaltung bestimmte bestandskritische Probleme (= Funktionen) gelöst (erfüllt) werden müssen, bestimmt Luhmann das Gesellschaftssystem durch ein *invariantes Bezugsproblem*, das durch *unterschiedliche Strukturen* gelöst werden kann. Dieses Problem ist die Limitierung der Möglichkeiten des Erlebens und Handelns, das Problem der *Reduktion von Komplexität*.[437] Wie dieses Problem jeweils gelöst wird, ob etwa durch ein magisches Weltbild, dessen Konkretheit für die Bewußtwerdung und Artikulation alternativer Vorstellungen und Handlungsmöglichkeiten kaum einen Spielraum läßt, ob durch kontingente Werte und Normen, deren Stabilität durch individuelle Internalisierung und soziale Kontrolle gesichert wird, oder ob durch Unterschiede der Kompatibilität verfügbarer Handlungsalternativen mit Umweltbedingungen, aus denen sich Anpassungsvorteile für bestimmte Möglichkeiten ergeben, bleibt der empirischen Beantwortung überlassen.

Nicht nur für das System der Gesellschaft, sondern für Systeme überhaupt bildet nach Luhmann die Reduktion von Komplexität das letzte Bezugsproblem, auf

---

437 Vgl. dazu die ältere Formulierung (1974, S.145), in der Luhmann Gesellschaft bestimmt "als dasjenige Sozialsystem, das im Voraussetzungslosen einer durch physische und organische Systembildung strukturierten Umwelt soziale Komplexität regelt - das heißt den Horizont des Möglichen und Erwartbaren definiert und letzte grundlegende Reduktionen einrichtet." Die Bestimmung der Einheit der Gesellschaft durch das Problem der Komplexitätsreduktion kann formal als Umkehrung der Argumentationsrichtung im Schema von Problem und Problemlösung analysiert werden, die Parsons in seiner Thematisierung des Hobbesschen Problems der sozialen Ordnung einschlägt (vgl. dazu Parsons 1968, Vol. I, S.311ff). Die Formel der Reduktion von Komplexität wie der Ausschluß des 'Krieges Aller gegen Alle' operieren gleichermaßen auf der Ebene der *Bedingungen der Möglichkeit* von Gesellschaft. Im ersteren Falle übergreift dabei die Formulierung gleichermaßen die Sach-, Zeit- und Sozialdimension, während im letzteren die Sozialdimension in den Vordergrund rückt. Für Parsons lag die denknotwendige Lösung dieses Problems in der Annahme, gesellschaftliche Ordnung werde ermöglicht durch die Internalisierung gemeinsamer Werte und Normen durch die Mitglieder einer Gesellschaft (vgl. Parsons, a.a.O., S.384ff). Weil scheinbar alternativlos, konnte Parsons *diese Lösung* dann als *konstitutives Strukturmerkmal jeder Gesellschaft* einführen und das *Problem* dahinter gleichsam verschwinden lassen. Mit dem Aufweis der Kontingenz dieser Lösung entfällt diese Möglichkeit und tritt das Problem als Bezugspunkt für die Suche nach funktional äquivalenten Lösungen wieder hervor. Notwendig, invariant und deshalb als letzter Anhalt für die nicht-kontingente Bestimmung der Einheit der Gesellschaft tauglich, erscheint nunmehr *allein das Problem*. Vgl. dazu auch weiter unten, Abschn. 8.

das hin alle Elemente und Strukturen von Systemen sich funktional analysieren lassen. Systeme werden generell bestimmt als Bereiche reduzierter Komplexität in einer komplexen Umwelt.[438] Erhaltung des Systems bedeutet Sicherung der Grenze zwischen System und Umwelt, d.h. Erhaltung dieser Differenz der Komplexitätsverhältnisse. Das Problem der Reduktion von Komplexität ersetzt das Problem der Bestandserhaltung vorgegebener Strukturen. Beliebige Bestände können als funktional äquivalente Lösungen des Komplexitätsproblems verstanden werden. Die für die strukturfunktionalistische Systemtheorie gleichermaßen zentrale wie unbeantwortete Frage nach bestandskritischen Werten wird damit als obsolet verabschiedet.[439] Systeme bestehen solange, wie sie ein Komplexitätsgefälle gegenüber ihrer Umwelt sichern können, gleichgültig, wie sehr ihre Strukturen dabei variieren mögen.

Wenn Systeme einerseits durch ihre Komplexitätsdifferenz zur Umwelt definiert werden und Komplexitätsreduktion andererseits als grundlegendes Bezugsproblem für ihre Analyse eingeführt wird, dann läuft dies auf die Tautologie hinaus, daß Systeme sich selbst als Inseln reduzierter Komplexität erhalten, indem sie das Problem der Reduktion von Komplexität lösen. Diese Tautologie läßt sich dahingehend paraphrasieren, daß Systeme sich durch ihre eigene Leistung der Komplexitätsreduktion selbst ermöglichen. Sie ist analog gebaut wie der Zirkel, welcher der transzendentalen Erkenntniskritik zugrunde liegt: Sind es im ersten Falle Systemstrukturen, die Systeme ermöglichen, so im zweiten Falle die Strukturen des Erkenntnisapparates, die Erkenntnis (und zugleich deren Gegenstände)[440] ermöglichen. - In beiden Fällen wird das vorausgesetzt, was erklärt werden soll, Systeme bzw. Erkenntnis, um von dort aus nach den Bedingungen seiner Möglichkeit zurückzufragen. Die Auskunft lautet in beiden Fällen analog: Erkenntnis wird möglich durch die synthetischen Leistungen der Strukturen des Erkennens; Systeme sind möglich durch die komplexitätsreduzierenden Leistungen systemischer Strukturen und Operationen, d.h. sie ermöglichen sich selbst. In beiden Fällen jedoch ist der Zirkel *instruktiv*. Er

---

438 Vgl. dazu Luhmann 1975, S.210f: "Die Komplexität der Umwelt ist größer, als die Komplexität des Systems. Sie umfaßt mehr Elemente mit schärferer Selektion dessen, was als Umwelt-des-Systems strukturell relevant ist. Diese Differenz der Komplexitätsverhältnisse ist das Grundproblem der Systemtheorie, das letzte Bezugsproblem aller funktionalen Analyse. Es tritt im lay-out der hier vorgeschlagenen Systemtheorie an die Stelle der alten Problemformeln conservatio, Beharrung, Bestandserhaltung." Siehe auch Luhmann 1984, S.250: "Die Differenz von Umwelt und System stabilisiert, mit anderen Worten, ein Komplexitätsgefälle."

439 Kritisch dazu mit Hinweis auf die zentrale Bedeutung des Bestandsproblems und der Bestimmung entsprechender "Soll-Werte" für eine nicht-konventionalistische Wahl der Bezugspunkte funktionaler Analyse, Döbert 1973, S.66ff; Habermas 1976, S.228f. - Vgl. in diesem Zusammenhang auch die Diskussion von Hempels und Nagels Untersuchungen zur logischen Form funktionaler Erklärungen in Habermas 1973, S.172ff.

440 Vgl. Kant 1981, A 130.

indiziert einen Wechsel der Blickrichtung. Nicht mehr *was* Systeme sind (woraus sie bestehen) ist die Ausgangsfrage, sondern *wie* das Erkennen bzw. ein System leistet, was als seine Leistung (Erkenntnis bzw. Komplexitätsreduktion) vorausgesetzt wird.[441] Durch den Versuch der Beantwortung dieser Frage wird der am Ausgangspunkt stehende Zirkel enttautologisiert und, zumindest für die Systemtheorie, der Weg empirisch gehaltvoller Hypothesenbildung beschritten. Mit der Plazierung des Komplexitätsproblems 'transzendentalisiert' Luhmann demnach das letzte Bezugsproblem der Systembildung,[442] ohne deshalb jedoch Gesellschaftstheorie auf transzendentalphilosophische Gleise überzuleiten.

Wie Systeme sich selbst ermöglichen, diese Frage beantwortet Luhmann mit Hilfe des Autopoiesiskonzeptes[443] und in Verbindung mit dem konstruktivistischen Konzept der Beobachtung[444]: Systeme erzeugen demnach die Elemente, aus denen sie bestehen, durch das Netzwerk ihrer eigenen Operationen.[445] Die Operationen werden näher bestimmt als Operationen des Beobachtens.[446] Systeme sind demnach beobachtende Systeme. Sie differenzieren sich gegen die Umwelt durch ihr Beobachten, das eine Grenze legt zwischen Beobachter und Beobachtetem.[447] Beobachter sind Systeme, wenn sie bei ihrem Beobachten die Ergebnisse früherer eigener Beobachtungen weiterverwenden, d.h. rekursiv auf der Ebene der Beobachtung eigener Beobachung operieren.[448] Die Frage nach den Bedingungen der Möglichkeit von Erkenntnis wird substituiert durch die Erkundung der Möglichkeitsbedingungen des Beobachtens. Luhmann beantwortet sie mit der Feststellung, daß die Operation des Beobachtens im Anlegen von Unterscheidungen besteht: Beobachten heißt *Unterscheiden und Bezeichnen*. Indem etwas als etwas *bezeichnet* und dadurch von anderem *unterschieden* wird,

---

441 Vgl. dazu Luhmann 1990a, S.76, 127 und 408.
442 Vgl. dazu die Formulierung in Luhmann 1971a, S.11: "Alles, was über Systeme ausgesagt wird ..läßt sich ..funktional analysieren als Reduktion von Komplexität. In dieser Form kann die Systemtheorie ..sich jenem transzendentalen Problem der sozialen Kontingenz der Welt nähern, und das heißt: Ausgangspunkt einer Theorie der Gesellschaft werden." - Zur Fortführung der Analyse unter dem Gesichtspunkt der Transzendentalisierung des Letztproblems im methodologischen Kontext funktionaler Analyse vgl. unten, Abschn. 8.2. Zur Erörterung der Bezüge von Luhmanns Systemtheorie zur Subjektphilosphie vgl. Habermas 1985, S.426ff.
443 Ein Konzept aus der biologischen Epistemologie Maturanas; vgl. Maturana 1982 und Maturana/Varela 1987.
444 Luhmann knüpft hier vor allem an H. von Foersters Kybernetik zweiter Ordnung und die Logik G. Spencer Browns an; vgl. dazu v. Foerster 1985 und Spencer Brown 1979.
445 Vgl. etwa Luhmann 1984, S.59 oder 1990a, S.29f.
446 Vgl. zum folgenden Luhmann 1990a, S.102.
447 Vgl. Luhmann 1990b, S.29.
448 Luhmann (1990a, S.102) spricht davon, daß "das Beobachten sich durch rekursive Anwendung auf sich selbst zu Systemen verfestigt"; vgl. dazu auch Luhmann, a.a.O., S.82. Zum Begriff der Rekursivität siehe Luhmann 1990b, S.44 sowie unten, Abschn. 9.3.

gewinnt es Realität für einen Beobachter.[449]

Was der Beobachter sieht, hängt davon ab, welche Unterscheidungen er verwendet. Unterscheidungen sind also Unterscheidungen von Beobachtern, sie sind keine beobachtungsunabhängig vorgegebenen Qualitäten an sich seiender Dinge. Die äußere Realität des Beobachters, die Umwelt des Systems, hängt ab von den Unterscheidungen, mit denen beobachtet wird. Wer mit anderen Unterscheidungen beobachtet, sieht Anderes. Realität ist immer die Konstruktion eines Beobachters, sie kommt zustande als Sediment seines fortlaufenden rekursiven Beobachtens. Es gibt daher nicht die eine, perspektivisch invariante, allen Beobachtern gemeinsame Wirklichkeit oder genauer, die gemeinsame (soziale) Realität reicht nur so weit, wie verschiedene Beobachter mit identischen Unterscheidungen beobachten.[450]

"Welt" ist die Einheit, die als Einheit der Differenz von System und Umwelt für jedes System vorausgesetzt werden muß.[451] Differenzlos, als unbestimmte Komplexität ist Welt nicht beobachtbar. Jeder Versuch der Beobachtung verletzt die Einheit der Welt durch eine Unterscheidung und differenziert Umwelt- gegen Welt-, bestimmte gegen unbestimmte Komplexität.[452]

Mit der Selektion einer ersten Unterscheidung unterscheidet ein Beobachter zugleich sich selbst von seiner Umwelt, die er mit dieser Unterscheidung beobachtet, und er unterscheidet etwas in dieser Umwelt von anderem. Das Cartesische "ego cogito", in dem für Kant die transzendentale Einheit des Selbstbewußtseins begründet ist,[453] wird hier von der ersten in die dritte Person umgesetzt und beobachtungstheoretisch reformuliert.[454] Was herauskommt, ist jedoch kein neuer Transzendentalismus. An die Stelle der *synthetisch-apriorischen* Selbstvergewisserung des (transzendentalen) Subjekts, das sich der Unbezweifelbarkeit seiner Existenz in strikter Reflexion auf den eigenen Denkprozeß versichert, tritt die *empirische* Beobachtung von Beobachtungen, die als

---

449 Der Begriff der Beobachtung meint also nichts anderes als eine *"unterscheidende Bezeichnung"*; vgl. Luhmann 1990b, S.52.
450 "Soziale Realität ist zum Beispiel das, was im Beobachten einer Mehrheit von Beobachtern als ihnen trotz ihrer Unterschiedenheit übereinstimmend gegeben beobachtet werden kann"; vgl. Luhmann 1990b, S.44.
451 Vgl. Luhmann 1990b, S.41.
452 Vgl. Luhmann 1990b, S.18 und 88.
453 Vgl. Kant 1981, B 132,133 sowie B 404,405.
454 "....der Agent (= der Beobachter - W.L.S.) existiert nicht, bevor die Unterscheidung getroffen ist: das Treffen der Unterscheidung ist die Existenz des Agenten", bemerkt Glanville 1988, S.152. Daß es sich hier nicht um eine bloße Variante zur Cartesischen Selbstbegründung des Subjekts handelt, indiziert die Formulierung in der dritten Person: Der Beobachter, der dies feststellt, spricht als Beobachter eines anderen Beobachters. Nicht auf den Zirkel strikt reflexiver Letztbegründung muß sich die Realitätsgewißheit einer solchen Aussage berufen. Sie kann sich statt dessen auf die Annahme der *empirischen* Beobachtbarkeit jeder Beobachtungsoperation gründen; vgl. entsprechend Luhmann 1990b, S.52.

Grundlage der Selbstkonstituierung beobachtender Systeme begriffen wird.[455] Die "Welt", in der sich Systeme gegen eine Umwelt durch rekursives Beobachten (= unterscheidendes Bezeichnen) ausdifferenzieren, ist das im Unterscheiden ausgeschlossene und zugleich vorausgesetzte Dritte, die Einheit der Unterscheidung, die im Akt des Beobachtens nicht zugleich mitbeobachtet werden kann.

Die Einheit einer beobachtungsleitenden Unterscheidung ist allerdings nur *im Vollzug* der Beobachtung und nur *für diese Beobachtung* selbst unzugänglich: Indem etwas bezeichnet und dadurch von anderem unterschieden wird, bleibt die andere Seite der verwendeten Unterscheidung unbezeichnet. Die Grenze zur anderen Seite der Unterscheidung kann überschritten und auch diese in Beobachtungsoperationen thematisch werden. Doch verbleibt dann die andere Seite außerhalb der Bezeichnung und fungiert als präsupponierter Gegenwert, von dem die aktuelle Bezeichnung sich abhebt und dadurch bestimmt. Jede Beobachtung bringt immer nur eine Seite der Unterscheidung ins Spiel, die sie als Beobachtung konstituiert. Zugleich, als Einheit, *können* diese Seiten nur durch eine *andere* Beobachtung beobachtet werden, die sie *als Einheit bezeichnet*, damit aber wiederum von etwas anderem unterscheiden muß, das nicht zugleich mitbezeichnet werden kann. Auch für die Beobachtung einer Beobachtung bleibt die Einheit der eigenen Unterscheidung also verborgen als ihr "blinder Fleck", der nur in anderen Beobachtungen sichtbar gemacht werden kann.

Durch rekursives Beobachten wird unbestimmte (Welt)Komplexität in bestimmte Komplexität transformiert und damit reduziert; gleichzeitig aber regeneriert jede Beobachtung unbestimmte Komplexität durch die aktuelle Unbestimmbarkeit der Einheit ihrer Unterscheidung. Bestimmte Komplexität wird so mit der Ausdifferenzierung beobachtender Systeme gegen die unbestimmte Komplexität der Welt profiliert als Differenz zwischen der geringeren Komplexität des Systems und der höheren Komplexität seiner Umwelt. Systeme sind komplex, wenn die Zahl der möglichen Verknüpfungen zwischen ihren Elementen größer als die Zahl der realisierbaren Verknüpfungen ist,[456] d.h. nicht jedes Beobachtungsergebnis in allen anderen Beobachtungen mitverwendet werden kann. Die Umwelt des Systems ist komplexer als das System, insofern sie mehr Möglichkeiten des Beobachtens bietet, als im System selbst verwirklicht werden können.

---

455 Entsprechend bemerkt Luhmann (1990b, S.35): "...die Unterscheidung transzendental/empirisch (wird - W.L.S.) durch die Unterscheidung System/Umwelt ersetzt."
456 Vgl. Luhmann 1990b, S.62, wo Komplexität als Differenz von kompletter und selektiver Verknüpfbarkeit bestimmt wird.

7.2.2 Gesellschaft als Kommunikationssystem

Die elementaren Beobachtungsoperationen, durch deren Verknüpfung sich Gesellschaft als umfassendstes Sozialsystem konstituiert, sind *Kommunikationen*. Kommunikation prozessiert die Unterscheidung von *Mitteilung* und *Information*.[457] Sie kommt zustande, wenn ein Verhalten als Mitteilung einer Information beobachtet, d.h. *verstanden* wird.[458] Dabei ist es nicht notwendig, daß der Urheber sein Verhalten als Mitteilung einer Information intendierte. Es genügt, daß es so beobachtet wird, d.h. weitere Mitteilungen daran angeschlossen werden. So etwa, wenn das zufällige Heben einer Hand als Wortmeldung gedeutet, dem überraschten 'Besitzer' daraufhin das Wort erteilt und sein verlegenes Gestammel zum Anknüpfungspunkt weiterer Beiträge wird.[459] 'Subjekt' wie 'Objekt' der Beobachtung ist die Kommunikation selbst.[460] Jedes kommunikative Ereignis bestimmt das, woran es anschließt, dadurch, daß es daran anschließt, als Mitteilung einer Information und damit als Kommunikation. Umgekehrt kann ein Ereignis nur dadurch zu einem Element der Kommunikation werden, daß es von nachfolgenden Ereignissen als Mitteilung einer Information beobachtet, d.h. als Anknüpfungspunkt für weitere Kommunikationen ausgewählt wird. In diesem Sinne ist Kommunikation autopoietisch konstituiert. Sie produziert ihre Elemente mit Hilfe (des Netzwerks) ihrer Elemente.

Die Art des kommunikativen Anschlusses legt auch fest, als Mitteilung welcher Information etwas verstanden wird. Das für die Kommunikation notwendige Verstehen ist also ebensowenig psychologisch zu begreifen, wie die Unterscheidung von Mitteilung und Information.[461] Zwar ist das, was die involvierten Bewußtseine verstehen, keineswegs gleichgültig für den Verlauf der Kommunikation. Von ihrem Verstehen hängt es ab, ob und wie sie sich daran beteiligen.

---

457 Vgl. Luhmann 1990b, S.20f; zur ausführlichen Darstellung des Kommunikationsbegriffs siehe vor allem Luhmann 1984, S.191ff und 1990a, S.11ff.

458 Das Verstehen als Moment der Kommunikation ist zu unterscheiden von einem Verstehen, das auf der Ebene der Wahrnehmung von Personen operiert. Für letzteres genügt es, daß aus der Beobachtung eines Verhaltens Informationen gewonnen werden, ohne daß dieses Verhalten als Vehikel zur Mitteilung der Information gedeutet wird. Man nimmt z.B. wahr, daß jemand, eine Zigarette im Mund, in seinen Taschen kramt und versteht: er sucht Feuer.

459 In der Konzipierung kommunikativer Bedeutung aus der Perspektive des Verstehens (anstelle ihrer Bestimmung durch die Mitteilungsabsichten des Autors einer Äußerung) trifft sich Luhmann mit Gadamer.

460 Das heißt natürlich nicht, daß nur kommunikative Ereignisse Gegenstand kommunikativer Beobachtung sind, können doch Ereignisse in der physikalisch-chemischen, biologischen oder psychischen Umwelt jederzeit zu Themen der Kommunikation werden. Aber nur solche Ereignisse, die mit Hilfe der Unterscheidung von Information und Mitteilung beobachtet werden, bilden Anschlußmöglichkeiten für die selbstreferentielle Fortzeugung von Kommunikation.

461 So Luhmann ausdrücklich in 1990a, S.25.

Klinkt es dauerhaft aus, dann bricht die strukturelle Koppelung von Bewußtsein und Kommunikation und damit auch die Kommunikation selbst zusammen. Vor allem im Hinblick auf die Evolution von Kommunikation (also der Gesellschaft!) kommt dem Verstehen psychischer Systeme daher eine wesentliche Bedeutung zu.[462] Darüber jedoch, was als *Verstehen in der Kommunikation* erreicht ist und beim Weitermachen zugrunde gelegt werden kann, *entscheidet der Kommunikationsprozeß selbst durch die jeweils folgenden Anschlüsse.*[463]

Gesellschaft als umfassendstes Sozialsystem, dessen Elemente *Kommunikationen* sind, reproduziert sich durch die ständige Erzeugung von anschlußfähigen Kommunikationen selbst. Kommunikation kann nur durch andere Kommunikationen, also durch Operationen gleichen Typs, fortgesetzt werden. Dieser Modus der selbstreferentiellen oder autopoietischen Reproduktion vollzieht sich auf der Ebene der Gesellschaft "real-notwendig geschlossen",[464] weil es Kommunikation nach Luhmann nur innerhalb der Gesellschaft gibt. Die *Einheit des Gesellschaftssystems* besteht demnach darin, *selbstreferentiell geschlossenes Kommunikationssystem* zu sein.[465]

Durch Ausdifferenzierung funktionsspezifischer Kommunikationszusammenhänge differenziert sich das Gesellschaftssystem in Untersysteme, die zugleich in der Gesellschaft und Umwelt füreinander sind. Im Prozeß funktionaler Differenzierung konstituiert sich das Gesellschaftssystem durch wiederholte Anwendung der System/Umwelt-Differenz auf sich selbst als Gesamtheit seiner internen System/Umwelt-Differenzen, d.h. als Gesamt der je spezifischen Selbst- und Umweltentwürfe seiner Funktionssysteme. Gesellschaft wird also weder als bloße Summe von Teilen noch als den Teilen übergeordnete Gesamtheit gedacht, sondern *als Resultat dezentraler multiperspektivischer Konstitution durch ihre Funktionssysteme* vorgestellt.[466]

---

462 Dazu gleich Näheres.
463 Vgl. Luhmann 1990a, S.26. - Nicht immer freilich unterscheidet Luhmann kommunikatives gegenüber psychischem Verstehen so deutlich; siehe etwa 1984, S.191ff.
464 Vgl. Luhmann 1984, S.61.
465 Vgl. Luhmann 1987, S.51: "In systemtheoretischer Perspektive erscheint die Gesellschaft als ein soziales System, das Kommunikationszusammenhänge ausdifferenziert und abgrenzt gegen eine Umwelt, die aus anderen Systemen und deren Interdependenzen besteht. Zur Gesellschaft gehört demnach nur das Kommunikationsgeschehen selbst. Nicht zu ihr gehören die personalen Systeme der Menschen und erst recht nicht die physisch-chemisch-organische Natur der Menschen und anderer Systeme. Dies alles zählt zur Umwelt der Gesellschaft, wobei selbstverständlich ist, daß eine Gesellschaft ohne diese Umwelt nicht möglich wäre."
466 Vgl. Luhmann 1984, S.262: "Das Gesamtsystem wird rekonstruiert als interne Differenz von Teilsystem/Teilsystemumwelt, und dies für jedes Teilsystem auf je verschiedene Weise. Je nach interner Schnittlinie ist das Gesamtsystem dann mehrfach in sich selbst enthalten. Es multipliziert seine eigene Realität. So ist das moderne Sozialsystem Gesellschaft zugleich: politisches Funktionssystem und dessen gesellschaftsinterne Umwelt; wirtschaftliches Funktionssystem und dessen gesellschaftsinterne Umwelt; wissenschaftliches Funktionssystem und dessen gesellschaftsinterne Umwelt; religiöses Funktionssystem und dessen gesellschaftsinterne Umwelt; und so weiter."

Selbstreferentiell geschlossene Reproduktion durch Kommunikation umschreibt den für das Gesellschaftssystem spezifischen Modus der Reduktion von Umweltkomplexität.[467] Die funktionsspezifische Ausdifferenzierung selbstreferentiell operierender Subsysteme der Gesellschaft verlangt demgegenüber die Strukturierung von Kommunikation unter spezifischen Gesichtspunkten. Durch den Gebrauch binär codierter Leitunterscheidungen wie wahr/unwahr (für das Wissenschaftssystem), Recht/Unrecht (für das Rechtssystem), Immanenz/Transzendenz (für das Religionssystem) usw., die als funktionsspezifische Kontexte die Wahl aller weiteren beobachtungsbestimmenden Unterscheidungen dirigieren, werden hier Ereignisse nach systeminternen Gesichtspunkten behandelt und daraus Informationen generiert.[468]

Wie die Gesellschaft die Komplexität der *nicht-sozialen Umwelt* dadurch reduziert, daß nie über alles kommuniziert werden kann, Kommunikation also immer Selektion einschließt,[469] so reduzieren die gesellschaftlichen Subsysteme die Komplexität ihrer *sozialen Umwelt* durch Codierung der Kommunikation. Was aus der Perspektive der gesellschaftlichen Untersysteme deren soziale Umwelt ist, ist aus der Perspektive des Gesellschaftssystems Innenwelt. Daher bedeuten die jeweils auf ihre soziale Umwelt bezogenen Komplexitätsreduktionen der Untersysteme zugleich die Reduktion der Eigenkomplexität des Gesellschaftssystems. *Binärer Codierung* der Kommunikation als Reduktionsstrategie der Untersysteme entspricht so *funktionale Differenzierung* als Modus der Reduktion der Eigenkomplexität der Gesellschaft.

Unserer Skizze lag die Absicht zugrunde, den Weg nachzuzeichnen, auf dem Luhmann vom Problem der Komplexitätsreduktion zur Charakterisierung der Einheit sozialer Systeme, vor allem - des Gesellschaftssystems - gelangt. Die erste Antwort hierauf lautete, daß Gesellschaft sich als selbstreferentiell geschlossenes Kommunikationssystem in einer psychisch-physisch-chemisch-organischen Umwelt konstituiert. Die Einheit der Gesellschaft gegenüber ihrer *nicht-sozialen* Umwelt beruht also ausschließlich darauf, daß sie aus einer einzigen Art von Operationen - nämlich Kommunikation - besteht, die in dieser Umwelt nicht vorkommen. Umgekehrt kann deshalb auch die Gesellschaft nicht in den Systemen ihrer nicht-sozialen Umwelt operieren. Zwischen der Gesellschaft und ihrer Umwelt gibt es keinen direkten Kontakt. Umwelt ist die Umwelt für die Gesellschaft nur insoweit, wie sie in Kommunikationen zur Sprache

467 Zum generellen Zusammenhang zwischen dem Modus selbstreferentieller Reproduktion sozialer Systeme und dem Komplexitätsproblem vermerkt Luhmann (1984, S.602) entsprechend: "Selbstreferenz ist Korrelat des Komplexitätsdrucks der Welt."
468 Vgl. Luhmann 1987, S.15 und 1990a, S.124f.
469 Vgl. Luhmann 1984, S.249f.

kommt, und d.h. *die Umwelt existiert für die Gesellschaft nur als deren eigene kommunikative Projektion.*[470]

Noch nicht hinreichend beantwortet ist die Frage, wie sich die Gesellschaft als Einheit gegenüber anderen sozialen Systemen zur Geltung bringt, die ja ebenfalls kommunikativ operieren. Gesellschaft reicht soweit wie Kommunikation reicht. Für die moderne Gesellschaft bedeutet dies: Es gibt nurmehr ein einziges Gesellschaftssystem, die moderne Gesellschaft ist Weltgesellschaft. So gefaßt erscheint Gesellschaft nur als heterogenes Aggregat expandierender Kommunikation, ohne eigene Struktur, als bloßes Ensemble ihrer Subsysteme und deren Umweltprojektionen.

Daß diese Bestimmung nicht ausreicht, sondern Gesellschaft sich als eigener Ordnungszusammenhang konstituiert, durch den spezifische Chancen und Restriktionen etabliert werden, die den Prozeß der Differenzierung der Gesellschaft in ihre Untersysteme strukturieren, wird in einer evolutionär gerichteten Betrachtungsperspektive offenbar. Weil Gesellschaft sich durch Kommunikation konstituiert, kommt der Steigerung der Kommunikationschancen eine besondere Bedeutung für die Evolution der Gesellschaft zu. Über ihren punktuellen Ereignischarakter hinaus wird eine Kommunikation sozial wirksam, wenn sie vom Empfänger nicht nur (psychisch) verstanden, sondern auch *angenommen,* d.h. der Inhalt der Kommunikation als Prämisse weiterer Verhaltens zugrunde gelegt wird.[471] Annahme von Kommunikation bedeutet Übernahme von Selektionen, d.h. Übertragung reduzierter Komplexität und Anschluß weiterer Selektionen. Man hört, daß es morgen regnen soll und sagt die Gartenparty ab.

Die genannten Anforderungen, deren Erfüllung erfolgreiche Kommunikation erst ermöglicht, lassen sich als Bezugsprobleme für die funktionale Analyse von Kommunikation deuten: Erfolgreiche Kommunikation verlangt spezifische Vorkehrungen, die gewährleisten, daß eine Mitteilung (psychisch) *verstanden* werden kann, daß sie einen *Empfänger erreicht* und ihm *akzeptabel* erscheint. Eine gemeinsame Sprache, gemeinsame Anwesenheit, die mündliche Verständigung erlaubt und gemeinsame Hintergrundüberzeugungen sowie auf persönlicher Bekanntschaft beruhendes Vertrauen sind die elementaren, in allen Gesell-

---

470 Daß damit die 'reale' Existenz der Umwelt nicht geleugnet wird, sei hier nur am Rande vermerkt. Behauptet wird nur, daß die Gesellschaft wie jedes andere System, die Umwelt nur im Kontext ihres eigenen Operierens wahrnehmen kann. - Diese Denkfigur erinnert an Kants Begriff des Dinges-an-sich. Luhmann knüpft zur Erläuterung der System-Umwelt-Relation allerdings nicht unmittelbar an Kant, sondern an neuere Bemühungen um eine konstruktivistische Erkenntnistheorie an und setzt an die Stelle des Dinges-an-sich die Annahme eines lose gekoppelten Mediums, welches als reales Korrelat systemrelativer Umweltprojektionen vorausgesetzt werden muß. Vgl. dazu Luhmann 1990a, S.551f.
471 Vgl. zum folgenden Luhmann 1981, S.26ff sowie in ausdrücklichem Anschluß daran 1984, S.217ff.

schaften gegebenen Voraussetzungen, welche die Erfüllung der Anforderungen erfolgreicher Kommunikation hinreichend gewährleisten.

Mit der Erfindung der Schrift und des Buchdrucks entsteht die Möglichkeit, Kommunikationen in großem Maßstab aus Situationen der Interaktion unter Anwesenden herauszulösen. Mitteilungen können nun an eine beliebige Anzahl größtenteils Unbekannter und raum-zeitlich entfernter Empfänger gerichtet werden. Diese kommunikationstechnisch ermöglichte Leistungssteigerung bei der *Verbreitung* von Kommunikationen wirft jedoch Folgeprobleme auf: Mit der Einstellung der Gesellschaft auf weitgehend anonyme Formen der Kommunikation müssen funktionale Substitute für die damit entfallenden Leistungen entwickelt werden. Um verständlich zu sein, müssen Kommunikationen in einer situationsunabhängigen Sprache formuliert sein, müssen Hintergrundannahmen expliziert werden.

Schwieriger als die Entwicklung eines dementsprechenden Kommunikationsstils ist die Sicherung von hinreichender Aufmerksamkeit potentieller Empfänger und von kommunikativem Erfolg, wenn das lebensweltlich vorgegebene Fundament stillschweigender Einverständnisse schmaler wird, in persönlichem Umgang wurzelndes Vertrauen fehlt und der typische Bindungseffekt mündlicher Kommunikation (daß man zuhören bzw. mitreden oder weggehen, Ablehnungen schnell mitteilen oder sich die Unterstellung von Zustimmung und die Erwartung konsistenten Anschlußhandelns gefallen lassen muß) entfällt. Anonyme Kommunikation kann nicht ohne weiteres mit Aufmerksamkeit rechnen. Ob sie die gewünschten Adressaten erreicht, ist deshalb ungewiß. Sie ermöglicht darüber hinaus das *Auseinanderziehen von Verstehen und Annahme- bzw. Ablehnungsentscheidungen*, bringt durch den Zwang zur Explikation zugleich die Kontingenz der Mitteilungen zu Bewußtsein, läßt Zeit für Zweifel und die Erwägung von Alternativen, befreit von dem Druck, sich schnell zu entscheiden, die Ablehnung mitzuteilen und deren Konsequenzen für zukünftige Interaktionen tragen zu müssen. Dies macht es schwer, den Empfänger zur Annahme zu motivieren. Wenn es unsicher bleibt, ob die Adressaten erreicht werden und selbst dann noch dahingestellt ist, ob sie die Mitteilung akzeptieren, dann *wird Kommunikation entmutigt und damit selbst unwahrscheinlich*. Soziale Systeme können sich aber nur bilden, wenn es gelingt, die Unwahrscheinlichkeit der Kommunikation in Wahrscheinlichkeiten zu transformieren. Daß dies gelingt, ist eine Voraussetzung *sozialer Evolution*. Wie dies gelingt, hat Konsequenzen für den Aufbau sozialer Systeme: "So kann man den Prozeß der soziokulturellen Evolution begreifen als Umformung und Erweiterung der Chancen für aussichtsreiche Kommunikation, um die herum die Gesellschaft ihre sozialen Systeme bildet; und es liegt auf der Hand, daß dies nicht einfach ein Wachstumsprozeß ist, sondern ein selektiver Prozeß, der bestimmt, welche Arten sozialer Systeme möglich werden und was als zu unwahrscheinlich ausgeschlossen wird."[472]

Vor allem der evolutionäre Erfolg symbolisch generalisierter Kommunikationsmedien wie Geld, Macht, Recht, Wahrheit etc. ist dadurch zu erklären: Ihre allgemeine Funktion besteht darin, "reduzierte Komplexität übertragbar zu machen und für Anschlußselektivität auch in hochkontingenten Situationen zu sorgen"[473] oder einfacher, das an sich unwahrscheinliche, die Annahme anonymer Kommunikation wahrscheinlich zu machen. Sie fungieren damit als Mechanismen *evolutionärer Selektion* der auf der Ebene sprachlicher Kommunikation erzeugten *Variationen*.[474] Die symbolisch generalisierten Kommunikationsmedien bilden zugleich die Grundlage für die Ausdifferenzierung der primären Subsysteme der modernen Gesellschaft wie Wirtschaft, Politik, Recht, Wissenschaft etc. In evolutionstheoretischer Perspektive ist Systembildung dabei als Mechanismus der *Stabilisierung* unter den Bedingungen hochdifferenzierter Gesellschaften zu begreifen.[475]

Die Ausgangsfrage, wie das Gesellschaftssystem sich als geordnete Einheit gegenüber seinen Subsystemen erhalten kann, ohne deren Prozesse mit Hilfe eines kollektiven Werte- und Normenkonsenses zu kontrollieren, kann nun beantwortet werden. *Es gewinnt seine Einheit durch ein Problem*: Durch das Problem der *Unwahrscheinlichkeit erfolgreicher Kommunikation (d.h. der erfolgreichen Übertragung reduzierter Komplexität)* wirkt die Gesellschaft selektiv auf das, was in ihr möglich ist. Sie prämiert Einrichtungen, die dieses Problem 'lösen' durch die Möglichkeit der Evolution. "Das Gesellschaftssystem 'züchtet' entsprechende Untersysteme, es wirkt selektiv auf die Chance, als Untersystem Erolg zu haben."[476]

Unter den Bedingungen einer funktional differenzierten Gesellschaft macht sich die Einheit des Gesellschaftssystems durch gesteigerte Interdependenz trotz gleichzeitig erhöhter Unabhängigkeit der Subsysteme voneinander geltend. Spezialisiert auf die autonome Erfüllung seiner *Funktion* ist jedes soziale System zugleich angewiesen auf die *Leistungen* anderer sozialer Systeme, ohne in den

---

472 Vgl. Luhmann 1981, S.27 sowie die fast wörtliche Übernahme dieser Stelle in Luhmann 1984, S.219.
473 Vgl. Luhmann 1975, S.174.
474 Als *Systemebene* der Erzeugung kommunikativer Varianten bestimmt Luhmann *Interaktion*, d.h. Kommunikation unter Bedingungen der Anwesenheit der Teilnehmer, weil nur hier gewährleistet ist, daß Mitteilungen von Informationen auch einen Empfänger erreichen und damit Kommunikationen als Einheit von Mitteilung, Information und Verstehen überhaupt realisiert und auf möglichen Erfolg hin getestet werden können. Vgl. dazu Luhmann 1981, S.26 und 1984, S.218.
475 Zur Unterscheidung der evolutionären Mechanismen von Variation, Selektion und Stabilisierung vgl. Luhmann 1975, S.199f.
476 Vgl. Luhmann 1974, S.149.

Prozeß ihrer Erzeugung unmittelbar eingreifen zu können.[477] Funktionale Differenzierung gibt einerseits den Weg frei für die innersystemische Produktion von Möglichkeitsüberschüssen ohne Rücksicht auf deren Kompatibilität mit den Funktionserfordernissen anderer sozialer Teilsysteme. Dadurch wird die Gesellschaft "relativ zum Informationsverarbeitungspotential der Einzelsysteme ein 'turbulentes Feld'...Strukturelle Einstellung auf Ungewißheit und laufend effektive Informationsverarbeitung werden (deshalb - W.L.S.) zum gesellschaftlich geforderten Anpassungsmodus."[478] Andererseits sorgt die erhöhte wechselseitige Abhängigkeit zwischen den Teilsystemen dafür,[479] daß die Realisierung systeminterner Möglichkeitsprojektionen unter gesellschaftliche Restriktionen gestellt wird: Die Wissenschaft eröffnet mehr Forschungsmöglichkeiten als finanziert werden können oder (etwa aus Gründen der Sicherheit, des Tier- oder Datenschutzes) rechtlich zulässig sind. Den Möglichkeiten der Wirtschaft werden Grenzen gezogen durch rechtliche bzw. politische Vorgaben. Die Realisierung politischer Programme findet ihre Schranken an den Besteuerungsmöglichkeiten wirtschaftlicher Erträge und den Plausibilisierungsmöglichkeiten gegenüber der 'Öffentlichen Meinung'.[480] - Ohne sich auf zentrale Steuerungseinrichtungen oder kollektiven Wertekonsens stützen zu können, sichert so das Gesellschaftssystem die eigene Einheit gegenüber seinen Teilsystemen durch *Reduktion überschüssiger Möglichkeiten*,[481] in diachroner Dimension durch Evolution, synchron - unter Bedingungen funktionaler Differenzierung - durch die wechselseitige Limitierung systemischen Operierens als Folge der Leistungsabhängigkeit zwischen den Teilsystemen.

---

477 "Funktion" bezeichnet bei Luhmann die Relation eines sozialen Teilsystems zum Gesellschafts-system, "Leistung" die Relation eines sozialen Teilsystems zu anderen sozialen Teilsystemen seiner gesellschaftlichen Umwelt. Die Relation eines Systems zu sich selbst, die erzeugt wird, wenn es sich als System beobachtet, das sich von seiner Umwelt unterscheidet, belegt Luhmann mit dem Titel "Reflexion". Vgl. dazu am Beispiel des Wissenschaftssystems Luhmann 1981, S.323f sowie 1990a, S.355f, 469ff und 635ff.

478 Vgl. Luhmann 1974, S.149.

479 Erhöhte Abhängigkeit etwa im Vergleich mit den Bedingungen segmentärer Differenzierung der Gesellschaft, bei der jedes Teilsystem multifunktional angelegt und von Leistungen der anderen Teilsysteme deshalb relativ unabhängig ist.

480 Zur Rolle der 'Öffentlichen Meinung' für die Politik vgl. Luhmann 1990b, S.170ff. - Beschränkungen der genannten Art können mehr oder weniger elastisch sein. Wie die steuerlich nicht sofort finanzierbaren Kosten mit Hilfe von Anleihen, so können kritikan-fällige Entscheidungen gleichsam über 'Popularitätskredite' (vorzugsweise bis zur Mitte einer Legislaturperiode) 'zwischenfinanziert' werden.

481 In paradox scheinender Umkehrung des traditionellen und von ihm als untauglich für die Erfassung dieser Beziehung bewerteten Schemas vom Ganzen und seinen Teilen formuliert Luhmann deshalb (1974, S.119): "..das Ganze (der Gesellschaft-W.L.S.) ist weniger als die Summe seiner Teile."

Mit der dargestellten Bestimmung der Einheit der Gesellschaft verabschiedet Luhmann die Grundannahme der strukturfunktionalistischen Konzeption des Gesellschaftssystems, der Toulmin selbst implizit noch verhaftet zu sein scheint: die Annahme der Sicherung gesellschaftlicher Einheit durch einen Werte- und Normenkonsens ihrer Mitglieder. Dabei operiert er wie Toulmin in einem *nichtreduktionistischen evolutionstheoretischen Bezugsrahmen*, in dem Gesellschaft als die Gesamtheit aller sozialen Systeme begriffen wird, die füreinander jeweils die gesellschaftliche Umwelt sind. Analog zu Toulmins Bestimmung als *Population von Institutionen* erscheint das Gesellschaftssystem bei Luhmann als *Population sozialer Systeme*. Die Kommunikationsmedien (Wahrheit, Recht, Macht etc.), welche die Ausdifferenzierung gesellschaftlicher Subsysteme tragen, bilden die Folie für die innersystemische Auskristallisierung der spezifischen Rationalitätsbezüge (bei Toulmin: Werte), die eine der zentralen Komponenten des Toulminschen Disziplinenmodells darstellen.[482] Analog zu Toulmins Differenzierung zwischen der *disziplinären* und der *professionellen Ebene rationaler Unternehmungen* unterscheidet Luhmann zwischen *Subsystemen* und *formalen*

---

482 Luhmanns Auffassung der Rolle von Werten im Rahmen des Wissenschaftssystems erscheint uns nicht ganz klar. Einerseits gründet er die Ausdifferenzierung von Wissenschaft allein auf den binären Code wahr/unwahr, der jedoch gleichsam leer ist, d.h. keine Anweisungen dafür enthält, wie er operativ zu gebrauchen ist und deshalb der Ergänzung durch Programme bedarf. Als einzige Programmtypen nennt Luhmann Theorien und Methoden. Sie regulieren die Anwendung des Codes. Ihre Verknüpfung miteinander erscheint notwendig und hinreichend, um eine Operation als wissenschaftlich zu identifizieren. Als "Verbindungspostulat", dessen Funktion es ist, die operative Kopplung von Theorien und Methoden zu ermöglichen, nennt Luhmann allein "das moderne Postulat der *Überprüfbarkeit* aller Aussagen"; vgl. Luhmann 1990a, S.429; Hervorhebung im Original. Für Werte im Sinne Toulmins und Kuhns (Einfachheit, Reichweite, empirische Exaktheit, Fruchtbarkeit etc.) scheint hier kein Platz mehr zu sein.
Zieht man andererseits die *allgemeine* Theorie sozialer Systeme zu rate, so erfährt man dort über die generelle Funktion von Werten innerhalb "der *Differenz* von Werten und Programmen" folgendes: "Programme müssen, sollen sie ihre Eigenleistung bestmöglich erbringen, oft sehr komplex, änderbar und in den Details instabil formuliert werden. Dann erleichtert Wertkonsens die Kommunikation über die Kontingenz der Programme: Über Programmentwicklung, situative Adaptierung, Programmänderung oder auch über das Obsoletgewordensein der Programme." Vgl. Luhmann 1984, S.434, Hervorhebung im Original. Luhmann (a.a.O.) bindet diese Funktion von Werten dabei an die Voraussetzung, daß Werte nicht in feste Rangordnungen gebracht, sondern "opportunistisch" gehandhabt werden müssen.
Überträgt man diese Funktionsbestimmung von Werten auf das Wissenschaftssystem, dann erhalten sie hier die Rolle, die Kommunikation über die Entwicklung, die situative Anpassung, die Änderung bzw. den Austausch von Theorien und Methoden zu erleichtern. Zugespitzt formuliert: Werte eröffnen Chancen der Konsenserzielung für strukturelle Umbauten, die auf der Ebene von Programmen (d.h. Theorien und Methoden) keinen sicheren Anhalt finden können, weil sie diese gerade betreffen. Diese Funktionsbestimmung aber entspricht der bei Toulmin, bei dem Werte die Voraussetzung dafür sind, daß in Situationen der Konfrontation unterschiedlicher Erklärungsideale oder in Theorienkonkurrenzen, die nicht mit Hilfe formaler Verfahren entschieden werden können, eine kollektive Diskussion und Entscheidung möglich bleibt. Vgl. dazu oben, Abschn.6.

Organisationen.[483] Für Toulmins Einwände gegen die Anwendung des Systembegriffes auf die Gesellschaft bietet Luhmann keinerlei Anhalt. Wie eng und geordnet die Beziehungen zwischen den Untereinheiten des Gesellschaftssystems sind, ist in keiner Weise vorentschieden, sondern ist eine empirische Frage, deren Beantwortung vor allem vom jeweils vorherrschenden Typus sozialer Differenzierung abhängig ist.[484] Auch operiert Luhmann nicht mit einem Gleichgewichtsmodell, sondern betrachtet Gesellschaft als einen evolutionären Transformationen unterliegenden, strukturierten und selbstreferentiell organisierten Zusammenhang von Kommunikationen. Wie bei Toulmin muß dabei mit ständigem Anfall von Varianten auf der basalen Ebene der Kommunikation durch Abweichung von eingebürgerten Erwartungsstrukturen gerechnet werden, so daß die völlig identische Reproduktion sozialer Strukturen nicht mehr als Normalfall, sondern nurmehr als Grenzfall beständiger Transformationsprozesse erscheint.[485] Die Angepaßtheit oder Funktionalität einzelner Strukturelemente kann unter diesen Voraussetzungen nur im Vergleich mit den jeweils konkurrierenden funktional äquivalenten Möglichkeiten beurteilt werden. Die Funktionalität einer Struktur erweist sich demnach und ist darstellbar als historisch-genetisches Resultat des Ausschlusses anderer Möglichkeiten im Prozeß sozialer Evolution.[486]

Die Evolution der Gesellschaft findet dabei ihre Führung im Problem der Unwahrscheinlichkeit von Kommunikation, das seinerseits als Spezifikation des universellen Problems der Reduktion von Komplexität zu begreifen ist. Wie daran abzulesen, kann Evolution verstanden werden als ein Prozeß der Spezifikation des Komplexitätsproblems, bei dem jede mögliche Lösung durch Bildung sozialer Strukturen spezifische Folgeprobleme erzeugt, die zum Bezugspunkt für weitere Lösungsversuche durch Strukturbildung werden etc.[487] Ähnlich wie Gadamer die Wirkungsgeschichte eines Textes begreift als die historische *Sequenz der interpretationsleitenden Fragen* (Probleme), auf die hin der Text als

---

483 Vgl. dazu Luhmann 1990a, S.672ff.
484 Die von Luhmann angenommene evolutionäre Abfolge von segmentärer zu stratifikatorischer und schließlich zu funktionaler Differenzierung schließt dabei die Annahme ein, daß die Beziehungen der Abhängigkeit und Unabhängigkeit zwischen den sozialen Teilsystemen im Verlauf sozialer Evolution gleichermaßen zunehmen. Vgl. dazu Luhmann 1981, S.25ff.
485 Vgl. dazu oben, Abschn. 6.3. - Statt von Kommunikation spricht Toulmin allerdings von Handlungen als basalen Elementen und statt von Erwartungsstrukturen von Handlungsregeln. Luhmann verwendet den Begriff Handlung primär auf der Ebene der Selbstbeobachtung sozialer Systeme, d.h. er reserviert ihn für die Zurechnung von Kommunikation auf personale bzw. soziale Systeme (vgl. 1984, bes. S.191ff). Die damit berührte Frage, ob Handlung oder Kommunikation als Grundbegriff einer Theorie der Gesellschaft zu präferieren ist, kann hier nicht en passent diskutiert werden, geht es dabei doch um eine Frage der paradigmatischen Konstitution der soziologischen Disziplin.
486 Vgl. dazu oben, Abschn. 6.3.
487 Zu dem damit verbundenen methodologischen Konzept der Problemstufenordnung vgl. unten, Abschn. 8.

gültige Antwort verstanden werden konnte,[488] wie Popper in seiner evolutionären Epistemologie die Entwicklung unseres Wissens[489] und wie Toulmin die Geschichte wissenschaftlicher Disziplinen bzw. rationaler Unternehmungen,[490] so rekonstruiert Luhmann die Geschichte des Gesellschaftssystems als *Genealogie von Problemen*. Ebenfalls wie bei Gadamer, Popper und Toulmin wird die Relation von Problem und Problemlösung in *konsequent objektivierter*, d.h. nicht an die mentalen Repräsentanzen von Akteuren gebundener Fassung gebraucht. Kommunikative Bedeutung wird dabei - wie bei Gadamer die Bedeutung von Texten - nicht auf die Mitteilungsabsichten des Autors gegründet, sondern aus der Perspektive des an eine Äußerung anschließenden Verstehens konzipiert. Der Abhängigkeit kommunikativer Bedeutung von den beobachtungsleitenden Unterscheidungen, die im Verstehen angelegt werden, entspricht bei Gadamer die Abhängigkeit interpretativ aufgeschlossener Sinnbezüge von dem Vorverständnis der Interpreten. Die Entfaltung unterschiedlicher Sinnbezüge eines Textes relativ zu den verschiedenen Deutungsperspektiven seiner Interpreten, die Gadamer diachron und mit Bezug auf den Verständigungszusammenhang der Überlieferung unter dem Titel der Wirkungsgeschichte analysiert, findet bei Luhmann ihr synchron gelagertes Pendant auf der Ebene sozialer Systeme, die kommunikative Ereignisse relativ zu ihren funktionsspezifischen Codierungen unterschiedlich verstehen.[491] Schließlich begreift Luhmann die Relation von Problem und Problemlösung nicht als nur analytische Relation, sondern Probleme werden - auch hier in Übereinstimmung mit Gadamers Begriff der Wirkungsgeschichte sowie Poppers Konzeptualisierung der Evolution von Erkenntnis - als *historisch wirksame Realfaktoren im Prozeß sozialer Evolution* gedeutet. -

Mit der Fundierung funktionaler Analyse im Letztproblem der Reduktion von Komplexität geht Luhmann jedoch in mindestens zweifacher Hinsicht über Gadamer, Popper und Toulmin hinaus: Er eröffnet die Möglichkeit, beliebige Strukturen als äquivalente Lösungen des Komplexitätsproblems darzustellen und damit das traditionelle Fundierungsverhältnis von Problem und Struktur umzukehren. An die Stelle der strukturfunktionalistischen tritt so eine funktionalstrukturelle Systemtheorie. Durch die Wahl des Komplexitätsproblems als Letztproblem, bezogen auf das auch alle anderen Probleme als dessen Spezifikation zu analysieren sind, wird außerdem die Relation von Problem und Problem-

---

488 Vgl. dazu oben, Abschn. 3.4.
489 Vgl. dazu oben, Abschn. 4.1.
490 Vgl. dazu oben, Abschn. 6.
491 Zum Verstehen sozialer Systeme vgl. Luhmann 1986, bes. S.91f. Parallel zu Gadamers These, daß Verstehen immer anders verstehen bedeute, weil jeder Interpret einen Text aus seinem eigenen Frage-Horizont auslegt, formuliert Luhmann (a.a.O., S.91) kompakt, "..daß der Verstehende *eigene Probleme* löst" (Hervorhebung von mir - W.L.S.).

lösung *von der Koppelung an Geltungsbezüge gelöst.* Waren Probleme bei Gadamer, Popper und Toulmin immer als *Probleme objektiver (Wahrheits)- Geltung* unterstellt, so setzt Luhmann *Komplexität an die Stelle von Geltung* mit der Konsequenz, daß *Geltungsprobleme dann ihrerseits funktional zu analysieren sind als Spezifikationen des Komplexitätsproblems.*[492]

Fraglich ist, ob dieses Umarrangement nicht die Einheit der Figur von Problem und Problemlösung sprengt. Konnten die Interpretationen dieser Figur von Gadamer und Collingwood über Popper bis zu Toulmin als konsistente Entfaltung ihrer Gebrauchsmöglichkeiten gedeutet werden, so wirft Luhmanns Privilegierung von Komplexitätsproblemen gegenüber Geltungsproblemen die Frage auf, ob damit nicht eine *Bifurkation der Figur* erreicht ist, an die dann die methodologische Unterscheidung zwischen Hermeneutik und funktionaler Analyse wieder angeschlossen werden könnte. Der Ertrag unserer bisherigen Diskussion würde sich dann auf die Reformulierung der Begründung für die dichotome bzw. komplementäre Beziehung zwischen beiden Methoden beschränken, nach der Maßgabe, daß hermeneutische Interpretation auf die Deutung von Äußerungen und Handlungen mit Bezug auf objektive Geltungsprobleme, funktionale Analyse hingegen auf deren Rekonstruktion mit Bezug auf Komplexitätsprobleme spezialisiert sei. Ein derartiges Ergebnis liefe auf die weitgehende Bestätigung des bei Habermas behaupteten Methodendualismus von funktionaler Analyse und Hermeneutik hinaus.

Offensichtlich ist die Frage nach dem Verhältnis von Geltung und Komplexität also zentral für die Leitthese dieser Arbeit. Ihre Erörterung - soweit sie hier möglich und unabdingbar ist - soll allerdings noch etwas zurückgestellt werden. - Als nächstes zu untersuchen ist die Frage, welchen Stellenwert Luhmann der Relation von Problem und Problemlösung im Kontext der funktionalanalytischen *Methode* einräumt, und welche Rolle hier dem Problem der Komplexitätsreduktion zukommt.

---

492 Deutlich wird dies in der Behandlung von Wahrheit als Kommunikationsmedium und Grundlage für die Ausdifferenzierung des Wissenschaftssystems. Vgl. dazu ausführlich Luhmann 1990a, Kap. 4. - Zur Erörterung des Verhältnisses von Geltung und Komplexität (bzw. Kontingenz als Korrelat von Komplexität) vgl. Luhmann 1971c, S.379ff.

8. Funktionale Analyse als rekursive Anwendung der Figur von Problem und Problemlösung

Der kulturanthropologische Funktionalismus von Malinowski und Radcliffe-Brown verband die Methode funktionaler Analyse mit einer Reihe theoretischer Voraussetzungen, die Merton in seinem bekannten Versuch zur Kodifikation der funktionalen Analyse für die Soziologie einer eingehenden Kritik unterzog.[493] Mertons Beitrag kann gelesen werden als Ablösung und Emanzipation der funktionalen Analyse zu einer empirischen Forschungsmethode, die Wege zur Theoriebildung weist, ohne sich vorschnell an bestimmte theoretische Voraussetzungen zu binden.[494]

Die Auflösung dieser Beschränkungen erzeugt jedoch Folgeprobleme: Der funktionalistische Analytiker muß sich von nun an darüber klar sein, daß er mit Aussagen über Funktionalitäten, Dysfunktionalitäten und funktionale Äquivalenzbeziehungen eines Elementes nurmehr für einen wohlbestimmten Bezugskontext Geltung beanspruchen kann. Jede geringfügige Variation dieses Kontextes kann zu neuen Ergebnissen führen. Wie die einzelnen Bezugskontexte jeweils zu bestimmen sind, wieviele Kontexte untersucht werden müssen, um alle relevanten funktionalen Beziehungen zu erfassen, in denen ein gegebenes Element eine Rolle spielt und wie die dabei ermittelten Ergebnisse zu der von Merton geforderten funktionalen Gesamtbilanz zu aggregieren sind, dafür fehlen allgemeine methodologische Regeln. Eröffnet scheint so ein unübersehbares Feld möglicher Beziehungen und Verknüpfungen, für dessen Ordnung das erforderliche Instrumentarium fehlt.

Eine analytische Lösung dieses Problems enthält die strukturell-funktionale Theorie von Parsons: Indem sie den Funktionsbegriff auf die analytisch

---

493 Vgl. Merton 1957, S.19ff.
494 Drei theoretische Postulate sind es dabei vor allem, gegen die sich Mertons Kritik richtet (vgl. Merton 1957, S.25ff): Es sind dies die Postulate (a) der "funktionalen Einheitlichkeit der Gesellschaft", (b) des "universalen Funktionalismus" und (c) der "funktionalen Unentbehrlichkeit". Merton zeigt, daß es sich bei diesen Postulaten um ungerechtfertigte Dogmatisierungen empirisch falsifizierbarer Annahmen handelt, deren ungeprüfte Unterstellung den Blick des Forschers drastisch einschränkt. Miteinander verknüpft und konsequent zur Voraussetzung empirischer Forschung gemacht, sind die kritisierten Postulate geeignet, mit der Ausblendung möglicher Polyfunktionalitäten, Dysfunktionalitäten und funktionaler Äquivalenzen zentrale Gesichtspunkte funktionaler Analyse überhaupt zu verstellen.

abgeleiteten universellen Bestandsprobleme von Aktionssystemen bezieht, kann sie einen festen kategorialen Rahmen für funktionale Analysen anbieten.[495] Luhmann gibt darauf eine alternative Antwort, die sich als rekursive Anwendung der Figur von Problem und Problemlösung rekonstruieren läßt und die zunächst festhält an der von Merton herausgestellten Unabhängigkeit der funktionalanalytischen Methode von der Verknüpfung mit spezifischen theoretischen Prämissen: das Konzept der "Problemstufenordnung" oder "Problemstufenhierarchie".[496]

8.1 Luhmanns Konzept der Problemstufenordnung

Luhmann hat gezeigt, daß die Variation der Bezugspunkte bei funktionalen Analysen in einem Ablaufschema systematisiert und dadurch forschungstechnisch handhabbar gemacht werden kann. Dieses Schema wird gebildet durch eine Hierarchie von Problemstufen, die in den beiden Richtungen zunehmender Abstraktion bzw. Spezifikation durchlaufen werden können: Beginnend mit einem bestimmten Ausgangsproblem als selektivem Bezugspunkt der Analyse kann zunächst nach verschiedenen Lösungen dieses Problems gesucht werden. Diese Lösungen sind unterrreinander funktional äquivalent im Hinblick auf das Ausgangsproblem. Sie unterscheiden sich voneinander jedoch insofern, als jede einzelne Lösung des Ausgangsproblems darüber hinaus verschiedenartige Folgeprobleme aufwerfen kann. Durch rekursive Anwendung der Relationierungsoperation zwischen dem Ausgangsproblem und seinen Lösungsalternativen auf die Folgeprobleme der einzelnen Lösungsmöglichkeiten, die so ihrerseits zum Bezugspunkt für die Suche neuer, miteinander vergleichbarer Lösungen werden usf. kann die Analyse auf Ebenen mit immer größerem strukturellen Voraussetzungsgehalt (=Stufen höherer Spezifizität) vorangetrieben werden. Wird die Relationierungsoperation in der entgegengesetzten Richtung wiederholt, dann werden Bezugsprobleme als Folgen vorausliegender Strukturentscheidungen durchsichtig, die auf Problembezüge einer allgemeineren Stufe mit geringerem strukturellem Voraussetzungsgehalt antworten. Scheinbar isolierte Bezugsprobleme können so als spezifische Konsequenzen einer bestimmten Lösung eines allgemeineren Problems erkannt werden, für das verschiedene äquivalente Lösungen möglich sind. Auch Probleme werden dadurch untereinander vergleichbar.[497]

---

495 Vgl. dazu u.a. Parsons 1975, Kap. II sowie Habermas 1981, Band 2, S.352ff.
496 Vgl. dazu Luhmann 1974, S.18ff; siehe auch 1990b, S.139.
497 Als Illustration zur Anwendung des Konzeptes der Problemstufenordnung vgl. unten, Abschn. 10.3 sowie Schneider 1991.

Was Luhmann mit dem Konzept der Problemstufenordnung vorschlägt, ist keine Theorie, sondern nur eine *analytische Technik*, die es erlaubt, die unbegrenzt und beliebig erscheinenden Möglichkeiten zur Variation des Bezugskontextes funktionaler Analysen *seriell zu ordnen* und so in eine abarbeitbare Prozeßform zu bringen.[498] Welche Ausgangspunkte für konkrete Analysen zu wählen und welche Abbruchpunkte dabei vorzusehen sind, darüber müssen Auskünfte anderswo gesucht werden. In diesem Sachverhalt steckt für Luhmann die Angewiesenheit der funktionalanalytischen Methode auf Theorie als Selektionshilfe. Entscheidend für den Ansatz- und Endpunkt der Analyse sind die jeweiligen Forschungsziele und die damit verbundenen theoretischen Prämissen. Weil die Erforschung funktionaler Äquivalenzen bezogen auf einen bestimmten Problemkontext auf verschiedenen Stufen der Problemordnung begonnen werden kann, bietet das Konzept der Problemstufenhierarchie gleichermaßen Raum für den Ausbau weitreichender theoretischer Entwürfe wie für einzelfallbezogene Untersuchungen. "Die Forschung kann ohne vorgreifende Gesamtkonstruktion beginnen und in konkrete Probleme vorstoßen; sie kann sich aber auch um eine solche bemühen. Beide Möglichkeiten haben ihr Recht, und beide können sich derselben Methode bedienen."[499]

Durch die Methode präjudiziert ist jedoch die *Form* der Theorien, die mit ihr verknüpft und mit ihrer Hilfe entwickelt werden können: Theorien nehmen idealiter die Gestalt "einer Auslegung der Probleme auf mögliche Antworten hin" an.[500] Die Probleme, um die es dabei geht, hängen ab von bestimmten *sozialen Strukturen*, deren Existenz (bzw. bei konditionaler Formulierung: deren *mögliche* Existenz) sie voraussetzen.

Luhmanns Konzeption berührt sich an dieser Stelle mit den oben dargestellten verstehenstheoretischen Überlegungen von Collingwood, Gadamer und Popper: Wie gezeigt, bindet Popper bereits die rationale Diskutierbarkeit von Theorien *generell* daran, daß sie als Lösungen bestimmter Probleme verstanden werden können.[501] Diese Annahme konnte zurückgeführt werden auf die bedeutungstheoretische Figur von Frage und Antwort, wie sie der Hermeneutik Gadamers und dem Verstehenskonzept Collingwoods zugrunde liegt. Aus der zentralen Stellung von Problemen als Bedingung jeder rationalen Diskussion über die Wahrheit von Theorien entwickelt Popper seine Welt 3-Methode situationslogischen Verstehens, die er an der Rekonstruktion von Galileis Gezeitentheorie

---

498 Oder, um eine neuere Formulierung für diesen Sachverhalt zu zitieren: "Mit Hilfe der Unterscheidung von Problem und Problemlösung wird sachliche Komplexität temporalisiert"; vgl. 1990a, S.422.
499 Vgl. Luhmann 1974, S.23.
500 Vgl. Luhmann 1974, S.260.
501 Vgl. oben, Abschn. 3 und 4 sowie Popper 1981, S.198f.

exemplifiziert[502] und zugleich als die Methode einer "objektiv-verstehenden Sozialwissenschaft"[503] propagiert. Luhmanns Vorschlag kann nun verstanden werden als *reflexive Applikation der Konzeption objektiven Verstehens*: Die rationalitätskonstituierende Relation von Theorie und Problemsituation soll als Konstruktionsanleitung von Theorien genutzt und auf diesem Wege die implizite Bedeutungsstruktur zum expliziten Gestaltungsprinzip von Theorien sublimiert werden. Funktionale Analyse als Methode mündet hier in einen verstehens- und bedeutungstheoretisch begründbaren Vorschlag für die Selbstrationalisierung wissenschaftlicher Theoriebildung.

Wie oben skizziert, folgt Luhmann diesem Postulat in seinem Entwurf einer funktionalstrukturellen Systemtheorie konsequent, indem er systemische Strukturen als Lösungen des Komplexitätsproblems und soziale Evolution als fortschreitenden Prozeß der Spezifikation dieses Problems durch dessen Lösungen, die daraus resultierenden Folgeprobleme und Folgelösungsversuche etc. begreift. Das rekursiv gewendete Schema von Problem und Problemlösung fungiert so einerseits als *analytisches Instrument im Rahmen der Methode funktionaler Analyse*. Zugleich aber wird es als *realer Strukturierungsfaktor sozialer Evolution* unterstellt und als *Schema der Theoriekonstruktion* eingesetzt. Das Postulat einlösend, Theorien als Auslegungen von Problemen auf mögliche Lösungen hin zu konzipieren,[504] kann er auf diesem Wege theoretisch begründete Problembezüge gewinnen, die es erlauben, den unbegrenzten Möglichkeitsspielraum der Methode funktionaler Analyse als Folge der Kontingenz der Bezugspunktwahl auf nicht-arbiträre Weise auf ein handhabbares Format zu reduzieren.[505]

Luhmanns Gedanke der Problemstufenordnung als Prozeßschema funktionaler Analyse und als Bauanleitung für die Konstruktion von Theorien hat jedoch noch eine weitere bedeutsame Konsequenz: Als eine Hierarchie aufeinander auffußender Bezugsprobleme, deren Geltungsreichweite - ausdrückbar in der Variationsbreite konkreter Objekte, die darunter als funktionale Äquivalente gefaßt werden können - mit dem Grad ihrer Abstraktion kontinuierlich wächst,

---

502 Vgl. oben, Abschn. 4.3.1 sowie Popper 1984.
503 Vgl. Popper 1972, S.120.
504 Vgl. dazu auch die folgende metatheoretische Bemerkung Luhmanns (1984, S.33): "Will man die Ergiebigkeit von Verallgemeinerungen kontrollieren, muß man die Begriffe der allgemeinsten Analyseebene, die man benutzt, nicht als Merkmalsbegriffe, sondern als Problembegriffe anlegen. Die allgemeine Systemtheorie fixiert dann nicht die in allen Systemen ausnahmslos vorzufindenden Wesenheiten. Sie wird vielmehr in der Sprache von Problemen und Problemlösungen formuliert, die zugleich begreiflich macht, daß es für bestimmte Probleme unterschiedliche, funktional äquivalente Problemlösungen geben kann."
505 Vgl. Luhmann 1984, S.86: "Die eigentliche Theorieleistung, die den Einsatz funktionaler Analyse vorbereitet, liegt demnach in der Problemkonstruktion. Daraus ergibt sich der Zusammenhang von funktionaler Analyse und Systemtheorie." Vgl. dazu auch Luhmann 1974, S.38ff.

enthält sie ein Modell der Generalisierung von Aussagen, das sich grundlegend von den Verfahren induktiv-statistischer Generalisierung unterscheidet. Die Operation der Generalisierung besteht hier nicht in der Subsumtion einzelner Fälle unter eine Kategorie oder ein Modell und der Aufsummierung der so klassifizierbaren Einheiten. Generalisiert wird vielmehr in der Weise, daß gegebene Einheiten daraufhin analysiert werden, welche Probleme sie lösen, und in eine Reihe mit diesbezüglich funktional äquivalenten Einheiten eingeordnet werden. Mit dem Abstraktionsniveau des gewählten Bezugsproblems erhöht sich dabei die Menge der darunter zu fassenden Serien von Problembezügen stärkeren Spezifikationsgrades (= größeren strukturellen Voraussetzungsgehaltes) und der ihnen zugeordneten Serien funktionaler Äquivalente. Über statistische Häufigkeiten können dabei keine Aussagen gemacht werden. An die Stelle der Generalisierung durch Quantifizierung tritt Generalisierung durch *Abstraktion von Strukturen*. Werden Einzelfälle - dem Vorgehen eines Biologen vergleichbar - als phänotypische Ausprägung eines allgemeinen Strukturtyps analysiert, dann wird damit gleichzeitig ein Bereich möglicher Variation für weitere Exemplare abgesteckt, in dem individuelle Unterschiede keinen Unterschied machen für die Geltung von theoretischen Verallgemeinerungen. Die Operation der "Strukturgeneralisierung"[506] kann also ansetzen an der Rekonstruktion von Einzelfällen, ohne auf statistische Repräsentativität bedacht sein zu müssen. Sie eröffnet die Möglichkeit der *Theoriebildung am Einzelfall* und schlägt damit die Brücke, deren es bedarf, um hermeneutische Interpretation bzw. situationslogische Rekonstruktion einerseits und funktionale Analyse andererseits über die bisher festgestellten methodologisch-kategorialen Übereinstimmungen hinaus auch forschungspraktisch miteinander verknüpfen zu können.[507]

Luhmann selbst wählt allerdings den entgegengesetzten Pol der Problemstufenhierarchie als Ausgangspunkt für die Theoriekonstruktion: Durch radikale Abstraktion von jedem bestimmten strukturellen Voraussetzungsgehalt gelangt er zum denkbar allgemeinsten Problem überhaupt, zum Problem der "Reduktion von Weltkomplexität", das für ihn zugleich den *Indifferenzpunkt von funktionaler Analyse und Systemtheorie* markiert.[508] Wie Luhmann zu diesem Punkt im

---

506 Ich übernehme diesen Begriff von U. Oevermann (1981), ohne damit jedoch als sicher zu unterstellen, daß er in beiden Fällen völlig Identisches bezeichnet. Die Klärung der Frage, inwieweit hier Übereinstimmung besteht, würde eine separate Diskussion erfordern, die über den Rahmen dieser Arbeit hinausführt.

507 Vgl. dazu ausführlicher unten, Abschn. 10.3. - Zum Konzept der Strukturgeneralisierung im Rahmen einer "objektiven Hermeneutik" vgl. bes. Oevermann 1981 und 1983, S.273.

508 Allgemein zum Status dieser und ähnlich hoch generalisierter Problemformeln (auch "Bestandserhaltung" wird dazu gerechnet) als "Abschlußformeln für riesige Forschungsbereiche", welche "nur die Einheit der Differenz von Theorie und Methode" symbolisieren, vgl. Luhmann 1990a, S.425.

methodologischen Kontext der Problemstufenhierarchie gelangt und welchen Status ihm zuzuerkennen ist, dafür läßt sich wiederum bei Collingwood eine instruktive Parallele ausmachen.

8.2 "Reduktion von Weltkomplexität" als Endpunkt der Luhmannschen Problemstufenhierarchie und als "absolute Präsupposition" im Sinne Collingwoods

Luhmanns Konzept der Problemstufenhierarchie findet ein Analogon im Rahmen von Collingwoods Logik von Frage und Antwort. In seinem "Essay on Metaphysics"[509] entwickelt Collingwood den Gedanken, daß jede Feststellung nur als Antwort auf eine Frage verstanden werden kann, daß jede Frage jedoch ihrerseits Voraussetzungen enthält, die in weiteren Feststellungen expliziert werden können und die wiederum nur als Antworten auf vorausliegende Fragen zu verstehen sind usf. Diese Hierarchie verknüpft, wie Luhmanns Problemstufenordnung, unterschiedliche Niveaus der Spezifikation: Je tiefer die Ebene liegt, auf der eine Frage anzusiedeln ist, umso zahlreicher sind die Voraussetzungen, deren Erfüllung sie unterstellt. Jede Antwort auf eine Frage formuliert einen Sachverhalt, der als Präsupposition in unterschiedliche Anschlußfragen eingehen kann.

Die Parallelisierung von Frage- und Problemhierarchie birgt instruktive Möglichkeiten der Rückübertragung:[510] Wie Antworten auf Fragen die Tatsachenunterstellungen daran anschließbarer Folgefragen explizieren können,[511] so geben Problemlösungen strukturelle Voraussetzungen wieder, die in den angeschlossenen Folgeproblemen als Präsuppositionen enthalten sind. *Soziale Strukturen können im Rahmen funktionaler Analysen demnach als Präsuppositionen von Problemvorgaben rekonstruiert werden.*

Collingwood unterscheidet *relative* Präsuppositionen, die zugleich als Voraussetzungen einer Frage und als Antwort auf eine andere Frage stehen, von *absoluten* Präsuppositionen, die nur als Voraussetzungen, dagegen nie als begründungsfä-

---

509 Vgl. Collingwood 1957, S.23ff sowie oben, Abschn. 3.2.
510 Luhmann selbst notiert den engen Zusammenhang zwischen den Schemata Frage-Antwort und Problem-Problemlösung ausdrücklich, wenn er feststellt (1990a, S.422f): "Das Schema Problem/Problemlösung knüpft an die soziale (dialogische) Unterscheidung von Frage und Antwort an, wird aber (wie auch die 'Dialektik' im Laufe der Zeit von Ramus über Kant und Hegel bis Bachelard und Popper) de-sozialisiert."
511 Z.B. "Kommst Du morgen?" - "Ja, ich komme!" - "Um wieviel Uhr wirst Du da sein?" - Die Frage nach *der Zeit* des Eintreffens, setzt voraus, daß der Befragte, wie in der vorhergehenden *Antwort*äußerung zugesichert, kommen wird.

hige oder widerlegbare Antwort auf eine Frage fungieren können. Absolute Präsuppositionen können weder als 'wahr' bewiesen noch falsifiziert, sondern nur als Voraussetzungen in Fragen bzw. Antworten unterstellt werden.[512] Collingwoods Beispiele für absolute Präsuppositionen (z.B. unterschiedliche Voraussetzungen des Kausalbegriffes in verschiedenen historischen Phasen der Physik) überzeugen nicht.[513] Die transzendentalpragmatische Rekonstruktion der Bedingungen der Möglichkeit jeglichen Fragens konnte allerdings Voraussetzungen zu tage fördern, die Collingwoods Kriterien absoluter Präsuppositionen erfüllen. Sie hat u.a. gezeigt, daß Descartes Entdeckung, nach der als Sinnbedingung auch des radikalsten Zweifels vom Zweifelnden noch die Tatsache seiner eigenen Existenz mit unbezweifelbarer Gewißheit vorausgesetzt werden muß, auf exemplarische Weise das zentrale Kriterium einer absoluten Präsupposition erfüllt: Weil kein Zweifel an dieser Voraussetzung möglich ist, kann sie prinzipiell nicht widerlegt werden, ist aber zugleich auch keiner nicht-tautologischen Begründung zugänglich. Die 'Wahrheit' der Descartschen Annahme gründet allein darin, daß sie nicht bestritten werden kann, weil jeder, der sie ernsthaft zu bestreiten versucht, sie zugleich voraussetzen muß und sich so in einen pragmatischen Selbstwiderspruch verwickelt.[514] Sie kann deshalb auch nicht als wirkliche Antwort auf eine offene Frage verstanden werden, weil sie zugleich als gültige Voraussetzung der Frage anerkannt werden muß, die sie beantworten soll. Der Zirkel, in dem sich die Begründung der Voraussetzungen jeglichen Zweifels bewegt, ist nicht vitiöser Art, sondern ein *Zirkel strikter Reflexion* auf die (Sinn-)Bedingungen der Möglichkeit, deren Erfüllung als Voraussetzung für die Vollziehbarkeit der Sprechhandlung des Zweifelns vom Handelnden immer schon unterstellt sein muß, sobald er einen Zweifel - und sei es auch nur in Gedanken - formuliert.

Luhmanns Fundierung seiner Problemstufenordnung im 'Letzt-Problem' der Reduktion von Weltkomplexität kann vor diesem Hintergrund in strikter Analogie interpretiert werden als Explikation der Bedingungen der Möglichkeit für die Formulierung von Bezugsproblemen überhaupt. Daß *Beliebigkeit ausgeschlossen ist*, d.h., daß ein Bereich reduzierter Komplexität innerhalb der Welt existiert, ist die strukturelle Minimalpräsupposition, deren Erfüllung als Voraussetzung jedes beliebigen Bezugsproblemes unterstellt werden muß. Nur wenn ausgeschlossen werden kann, daß alles möglich ist, kann das Problemschema angewendet, kann zwischen möglichen Lösungen und Nicht-Lösungen

---

512 Vgl. Collingwood 1957, S.21f.
513 Vgl. Toulmin 1983, S.100.
514 Zur logischen Struktur transzendentalpragmatischer Begründungen vgl. bes. Kuhlmann 1985, S.71ff. Zur Rekonstruktion transzendentaler Reflexion als Analyse nicht-empirischer Sinnbedingungen von Begriffen und Urteilen vgl. auch Schnädelbach 1977, S.108ff.

differenziert werden.[515]

Die Grenze aller Kontingenz verortet die Transzendentalphilosophie im *Subjekt der Erkenntnis*. Bei Luhmann kommt es nur noch vor als sinnverwendendes System neben anderen sinnverwendenden (sozialen) und nicht-sinnverwendenden Systemen. Es steht als eine von vielen funktional äquivalenten Lösungen für das Problem der Komplexitätsreduktion. Wie das Cartesische "ego cogito" nicht als Anführung eines unabhängigen Real- oder Erkenntnisgrundes in Beantwortung der Frage nach den Beweisgründen für die eigene Existenz verstanden werden kann, so darf auch die Formel von der "Reduktion von Weltkomplexität" nicht als Begründung oder gar Ursachenbenennung für die Existenz von Systemen gelesen werden. In beiden Fällen handelt es sich vielmehr um eine absolute Voraussetzung, deren Erfüllung immer schon unterstellt werden muß, um Fragen stellen bzw. Probleme aufwerfen zu können. Daraus aber folgt, daß die 'Lösung' des Komplexitätsproblems ihren Namen in seiner üblichen Bedeutung nicht verdient: Daß es immer schon gelöst *ist*, bildet zugleich die Voraussetzung des Komplexitätsproblems selbst. Als *offenes*, ohne Lösung bleibendes Problem kann es deshalb nicht einmal konsequent *gedacht* werden.

Auch hierin offenbart sich nur eine weitere Übereinstimmung mit Collingwoods Begriff der absoluten Präsupposition aus seiner Logik von Frage und Antwort. Wie absolute Präsuppositionen nur als erfüllte Voraussetzungen *unterstellt*, nicht dagegen als der Möglichkeit nach wahre oder falsche Antworten von Fragen, d.h. als *empirisch gehaltvolle* Aussagen stehen können, so gilt auch für die Leistung der Reduktion von Weltkomplexität, daß sie nicht als empirisch kontingente Lösung des Komplexitätsproblems aufgefaßt werden darf, sondern schon als erfüllte Voraussetzung für seine Formulierung präsupponiert werden muß. Empirisch kontingent und damit theoretisch interessant sind erst die unterschiedlichen Weisen, auf die diese Voraussetzung tatsächlich erfüllt wird bzw. werden kann. Folgerichtig bestätigt Luhmann den von Habermas vorgetragenen Nachweis der Zirkularität des Versuchs, die Reduktion von Weltkomplexität als Bezugsproblem darzustellen, dessen Lösung als Funktion beliebiger Strukturen verstanden werden könne. Freilich vermag er darin "keinen Einwand zu sehen, wohl aber die Gefahr, daß unter der Hand asymmetrische Verursachungs- oder Begründungsvorstellungen eingeschmuggelt werden, die

---

515 Ohne transzendentale Konnotationen, sondern mit Blick auf die Strukturierungsleistung von Problemen spricht Luhmann diesen Sachverhalt an, wenn er feststellt (1990a, S.424): "Ein Problem funktioniert nur, wenn es die Zahl möglicher Lösungen limitieren kann, und es funktioniert schlecht (Beispiel: das berüchtigte Problem der Bestandserhaltung), wenn die Zahl der Problemlösungen zu groß ist. Ein Problem, kann man daher auch sagen, erscheint nur, wenn es zugleich Beiträge zu einem Plan für die Lösung des Problems mitführt, also Beschränkungen für das enthält, was als 'Lösung' zugeordnet und akzeptiert werden kann."

sich aus dem Ansatz selbst nicht ergeben ".[516] Diese Auskunft wird als zwingende Konsequenz der hier vorgetragenen Interpretation vollkommen einsichtig, derzufolge die Reduktion von Weltkomplexität als *absolute Präsupposition* der Konstitution von Strukturen betrachtet werden muß.

Luhmanns Konzept von 'System', in dem alle spezifischen Bestimmungen in Gestalt bestandswichtiger Strukturen aufgelöst und zur schieren Komplexitätsdifferenz zur Welt bzw. Umwelt verflüchtigt werden, wäre so zu begreifen als objektiviertes Analogon zur sprachpragmatisch rekonstruierbaren Version des transzendentalen Subjektes: Gereinigt von allen empirischen Bestimmungen durch radikale Analyse letzter Präsuppositionen stellt Luhmann die Gesellschaftstheorie auf die Bedingungen der Möglichkeit aller funktionalen Deutung von Strukturen als Problemlösungen, wie andererseits die Transzendentalpragmatik auf gleichem Wege die Subjektphilosophie auf die Bedingungen der Möglichkeit jeglicher Argumentation gründet, welche - als Ensemble nicht zu bestreitender Präsuppositionen jeder Erkenntnis - 'immer schon' als gültig unterstellt werden müssen.

Die Funktionalisierung systemischer Strukturen hin auf das Letztproblem der Komplexitätsreduktion beschreitet insofern den Weg der *'Transzendentalisierung'* *des letzten Bezugsproblems funktionaler Analyse.* Denn nur so kann ein Bezugspunkt gewonnen werden, dessen Allgemeinheit nicht mehr überbietbar ist. Ihr Interesse steht jedoch in diametralem Gegensatz zu jeder Art von Transzendentalismus: Ihr geht es nicht um die positive Auszeichnung unbestreitbarer struktureller Notwendigkeiten, sondern um die Analysierbarkeit beliebiger Strukturen als empirisch kontingente und untereinander funktional äquivalente Lösungen dieses Bezugsproblems, deren spezifische Differenzen sich wiederum analysieren lassen anhand der unterschiedlichen Folgeprobleme, die mit jeder dieser äquivalenten Lösungsmöglichkeiten verknüpft sind (und die dann ihrerseits als Bezugspunkt für die Analyse sozialer Strukturen herangezogen werden können usf.). - Die oben bereits skizzierte universale Lösung des Komplexitätsproblems, die Luhmanns Systemtheorie bereithält, beschreibt das Konzept der *"Autopoiesis".* "Autopoiesis", die Verfertigung der Elemente eines Systems durch die Interaktion seiner Elemente, ist das Verfahren, durch das sich Systeme als selbstreferentiell geschlossene Bereiche reduzierter Komplexität gegenüber einer komplexeren Umwelt abgrenzen.

---

516 Vgl. Luhmann 1971, S.302, Fußn.16.

9. Die Bedeutung funktionaler Beziehungen für die Beschreibung von Handlungen: A.C. Danto

Ziel der vorausgegangenen Abschnitte war es, die theoretische Ablösung der Einheit der Gesellschaft als objektivem Funktionszusammenhang aus ihrer Bindung an kollektiv einheitliche mentale Repräsentanzen nachzuzeichnen. Diese Ablösung wurde möglich durch Luhmanns Einführung des Komplexitätsproblems als letztem Bezugsproblem für die Ausbildung sozialer Strukturen. Ebenfalls im Anschluß an Luhmann wurde sodann die Prozeßform funktionaler Analyse als rekursive Anwendung der Figur von Problem und Problemlösung im Rahmen einer nach Abstraktionsstufen gestaffelten Problemstufenhierarchie rekonstruiert, deren Abschlußproblem das Komplexitätsproblem bildet.

Im folgenden soll nun gezeigt werden, daß auch die Interpretation von Einzelhandlungen nicht in der Rekonstruktion der Intentionen von Akteuren ihren Angelpunkt hat, sondern *Handlungen ebenfalls als objektive Funktionszusammenhänge* zu analysieren sind. Den Ausgangspunkt bildet dabei G.E.M. Anscombes Beobachtung, daß eine Handlung auf unterschiedliche Weise beschrieben werden kann, zugleich aber nur im Hinblick auf wenige Beschreibungen als *intentionale* Handlung zu betrachten ist.[517]

9.1 Handlungen als Funktionselemente "temporaler Strukturen"

Handlungen werden häufig auf eine Weise charakterisiert, die den direkten Wahrnehmungsgehalt der Situationen, in denen diese Handlungen beobachtet wurden oder hätten beobachtet werden können, weit überschreitet:[518] Von jemandem zu sagen, der ein Areal abgrenzt und kleine Gruben aushebt, er pflanze Rosen oder von jemandem, der beginnt, Steine aufzuschichten und mit Mörtel zu verbinden, er baue ein Haus, heißt, sein Handeln in einen größeren Funktionszusammenhang einzuordnen, in dem es als Teilelement fungiert.

Prädikate, mit denen Handlungen so beschrieben werden, nennt Danto *Projekt-*

---

517 Vgl. Anscombe 1957 sowie Danto 1974, S.486, Anmerk. 13 zu Kap.VIII.
518 Vgl. zum folgenden Danto 1974, S.259ff.

Verben. Verben dieser Art können verwendet werden, um eine ganze Reihe verschiedener Handlungen, die zur Realisierung eines bestimmten Resultates nötig sind oder beitragen können, zu bezeichnen. Dabei ist es für die Korrektheit der Beschreibung weder unbedingt erforderlich, daß das entsprechende Gesamtergebnis auch tatsächlich erreicht wird, noch daß sie übereinstimmt mit den Absichten der handelnden Person. Die Beschreibung "A pflanzt Rosen" wird ebenso wenig durch A's irrtümliche Überzeugung, daß er gerade dabei sei, Lilien zu pflanzen, wie durch späteren Nachtfrost, an dem die Rosensetzlinge kurz darauf zugrunde gehen, falsifiziert. Um eine solche Beschreibung zu rechtfertigen, genügt es, daß das, was ein Akteur tat, nach üblichen Kriterien in den Bereich derjenigen Aktivitäten fällt, die normalerweise mit dem Prädikat "Rosen pflanzen" verbunden sind.

Projekt-Verben gliedern eine Fülle unterschiedlicher Aktivitäten in einen einheitlichen Handlungsrahmen, der sich über einen längeren Zeitraum erstreckt, als jede einzelne dieser Tätigkeiten. Um die Subsumtion eines Handlungsablaufs unter ein Projekt zu rechtfertigen, ist es nicht erforderlich, daß jedes einzelne seiner Elemente *notwendiger* Bestandteil des projekttypischen Rahmens ist. Die Auskunft, daß A im Garten Rosen pflanze, trifft auch dann noch zu, wenn er gerade eine Pause einlegt, sein bisheriges Werk mit wohlgefälligen Blicken mustert, eine Zigarette raucht, einige Worte mit dem Nachbarn wechselt etc. Eine derartige diskontinuierliche Anordnung der Handlungen, die sich miteinander zu einem Projekt verbinden, kann eher als Regel- denn als Ausnahmefall betrachtet werden. Ein-Buch-schreiben, ein-Haus-bauen, an-einer-Tagung-teilnehmen, Urlaub-machen; - jedes dieser Prädikate beschreibt einen Handlungszusammenhang, der begleitet oder unterbrochen sein kann von Tätigkeiten, die - für sich genommen - die Verwendung dieser Prädikate nicht rechtfertigen würden, deren Anwendung auf eine solchermaßen diskontinuierliche, von Danto als "temporale Struktur" bezeichnete Handlungsfolge[519] gleichwohl angemessen erscheint.

Eine einzelne Handlung kann nun mehrdeutig in dem Sinne sein, daß es möglich ist, sie mehreren "temporalen Strukturen" zuzuordnen.[520] Wenn A, dem der Arzt viel Aufenthalt an frischer Luft bei leichter körperlicher Tätigkeit verordnet hat, gerade Löcher aushebt, in die er dann Rosen setzt, dann kann dies mit gleichem Recht (wenn auch unterschiedlicher Präzision) beschrieben werden durch die Aussagen "A pflanzt Rosen", "A verschönert seinen Garten", "A erholt sich", vielleicht auch "A frönt seinem Lieblingshobby", "A verbessert seine Chancen, im Wettbewerb 'Mein Garten soll schöner werden' einen der vorderen Plätze zu

---

519 Vgl. Danto 1974, S.267.
520 Vgl. Danto 1974, S.269.

belegen" etc. Je nachdem in welchen Kontext A's Tätigkeit eingebettet wird, kann so eine unbestimmte Anzahl wahrer möglicher Beschreibungen von A's Tun gegeben werden.

Jede dieser Beschreibungen expliziert einen Aspekt der objektiven Bedeutung von A's Handlung und zwar unabhängig davon, ob er *intentional unter diesen Beschreibungen handelt* oder in Anbetracht seines aktuellen Wissensstandes auch nur Handeln könnte. Auch dann, wenn A's Frau heimlich die Teilnahme an der Gartenschönheitskonkurrenz, von deren Ausschreibung A nicht einmal weiß, zugesagt hat, trifft es zu und kann es als Bedeutungsaspekt von A's Aktion gelten, daß er seine Chancen verbessert, einen der vorderen Plätze in diesem Wettbewerb zu belegen. Maßgeblich hierfür ist nur, daß sein Handeln bestimmten Kriterien genügt, deren Erfüllung einen entsprechenden Schluß zuläßt. Der Begriff "Bedeutung einer Handlung" ist hier deckungsgleich mit der Bestimmung *"mögliche Interpretationen einer Handlung"*, wobei der Interpret und der Zeitpunkt der Interpretation beliebig variieren können.[521]

Besonders deutlich treten diejenigen Sinnkomponenten von Handlungen, die prinzipiell nur einem Interpreten - nicht dagegen den Akteuren selbst zugänglich sind, im Kontext historischer Darstellungen hervor. Das Wirkungspotential geschichtlicher Handlungen bleibt den Zeitgenossen notwendig zu einem wesentlichen Teil verborgen und entfaltet sich erst vor den Augen späterer Generationen.[522] Das Eintreten zeitlich wesentlich späterer Ereignisse ist hier eine notwendige Bedingung dafür, daß bestimmte wahre Beschreibungen der vorausliegenden Ereignisse überhaupt möglich sind. Derartige Beschreibungen

---

521 J. Habermas differenziert unter dem Gesichtspunkt der Konstitution einer Handlung zwischen den folgenden Stufen einer Hierarchie möglicher Handlungsinterpretationen: "Der Plan, nach dem S gehandelt hat, konstituiert die Handlung, die S sich selbst zuschreibt. Jede weitere Beschreibung, die diese Handlung unter den Aspekt einer Handlungsfolge bringt, die S hätte intendieren können, konstituiert jeweils eine neue Handlung, die andere S zuschreiben. Wenn aber dieselbe Handlung unter dem Aspekt von Handlungsfolgen, die S hätte nicht intendieren können, beschrieben wird, dann konstituiert diese Beschreibung keine weitere Handlung; sie ist vielmehr die nachträgliche Interpretation einer Handlung. .... Handlungskonstitutiv sind also nur solche Beschreibungen, die S seiner Handlung als Plan mindestens hätte zugrundelegen können." Vgl. Habermas 1984, S.291f.
   Habermas' Unterscheidung zwischen handlungskonstituierenden Beschreibungen und bloßen nachträglichen Interpretationen markiert deutlich den überschießenden Bedeutungsgehalt von Handlungen, dessen hermeneutische Explikation notwendig den Bereich intentionaler Handlungsbeschreibungen transzendiert.
522 So, wenn z.B. der Ausgang der Schlacht bei Marathon und der Perserkriege von Historikern als Entwicklungsvoraussetzung genannt werden für die von theokratisch-religiösen Beschränkungen freie, diesseitig orientierte hellenische Geisteswelt und für deren prägenden Einfluß auf die europäische Kultur. Vgl. dazu Weber 1951, S.273f sowie Danto 1974, S.218. Auch die Feststellbarkeit ausschließlich symbolisch konstituierter Bedeutungsbeziehungen kann an die historische Distanz der Interpretenperspektive notwendig gebunden sein. So z.B. bei der Feststellung, daß Aristarchus die Theorie des Kopernikus antizipierte (vgl. Danto 1974, S.252f) oder der Identifikation romantischer Züge in den Werken von Autoren, die der Klassik zugehören (vgl. Danto, a.a.O., S.271).

überschreiten systematisch die Grenzen der möglichen Situationsdeutungen, die die Akteure ihrem Handeln hätten zugrundelegen können. Die Problemsituation, bezogen auf die einer Handlung retrospektiv eine bestimmte objektive Funktion zugeschrieben werden kann, wird hier durch den Interpreten selbst konstituiert. Davon, in welchen Kontext der Interpret eine Handlung hineinstellt, hängt es ab, zu welchen Deutungen er gelangt.

Selektivität ist dabei unumgänglich, weil die vollständige Beschreibung einer Handlung es verlangen würde, sie auf alle Kontexte zu beziehen, in denen sie eine Rolle spielt. Die Menge dieser Kontexte ist jedoch nicht nur unübersehbar groß, sie ist darüber hinaus über die Gegenwart des Interpreten hinaus zukunftsoffen und damit prinzipiell unabschließbar.[523] Jedes Ereignis und jede Handlung erweitern die Menge möglicher Kontexte, die als Bezugspunkt einer neuen Deutung der bisherigen Ereignisse und Handlungen dienen können. Selbst aus der gedachten Position eines letzten lebenden Menschen, der als letzter Historiker vor dem Hintergrund vollständiger Kenntnis aller Geschehnisse der menschlichen Geschichte einen Bezugsrahmen für deren vollständige Beschreibung entwerfen könnte, wäre deshalb aus *logischen* Gründen die *Durchführung* dieses Vorhabens unmöglich. Durch sein Handeln würden notwendig neue Zusammenhänge geschaffen und damit weitere Gesichtspunkte möglicher historischer Darstellung erzeugt, die er jeweils erst nach Vollendung seines Werkes in einem erneuten Anlauf berücksichtigen und dessen Revision zugrunde legen könnte (etc. ad infinitum).[524] Uneinholbar übersteigt so der objektive Sinn unseres Handelns den Bereich des subjektiv zu erfassenden Sinnes.

Die Bedeutung einer Handlung bestimmt sich, so kann resümiert werden, aus den *objektiven Funktionen*, die sie als Element temporaler Strukturen erfüllt. Auch "rationale Unternehmungen" mit den für sie konstitutiven handlungslogischen Regeln und kollektiven Zielsetzungen repräsentieren temporale Strukturen und bilden so objektive Funktionszusammenhänge, als deren Elemente Handlun-

---

523 "Ein Ereignis vollständig beschreiben zu wollen würde bedeuten, es einzubauen in die Gesamtheit der 'richtigen' Geschichten, und das ist schlechterdings unmöglich. Wir können es nicht, weil wir im Hinblick auf die Zukunft zeitlich provinziell sind." Vgl. Danto 1974, S.230.

524 Vgl. Habermas 1973, S.272f. - Man kann dies als das handlungstheoretische Analogon zur Nicht-Abbildbarkeit von Weltkomplexität lesen, die Luhmann entsprechend begründet (vgl. 1984, S.602): "Nirgendwo in der Welt kann deren Komplexität adäquat abgebildet, aufgearbeitet, kontrolliert werden, weil das diese Komplexität sogleich entsprechend steigern würde." Präziser noch läßt sich dieser Sachverhalt beobachtungstheoretisch reformulieren: Wie oben (Abschn. 7.2.1) dargestellt, bestimmt Luhmann die Operation des Beobachtens als das Anlegen einer Unterscheidung, die als Kontext einer Bezeichnung fungiert. Als vorauszusetzender Kontext, in dem er operiert, bleibt die Unterscheidung für den Beobachter, der sie verwendet (z.B. für Dantos letzten Historiker), notwendig latent. Nur ein anderer Beobachter, der mit einer anderen, für ihn selbst im Vollzug seines Beobachtens ebenfalls latenten Unterscheidung operiert, kann sie beobachten etc.

gen interpretiert werden können.

Die Interpretation einer Handlung durch ihre Zuordnung zu einer temporalen Struktur erstreckt sich sowohl auf ausschließlich *symbolisch-konventional* konstituierte wie auch auf *kausal* vermittelte Bedeutungsbeziehungen. In beiden Fällen ist es für den Bedeutungsgehalt einer Handlung sekundär, unter welcher Beschreibung sie intentional vollzogen wurde: Unter bestimmten Voraussetzungen *gilt* das Betreten eines Raumes durch Unbefugte als 'Schändung eines Heiligtumes', die Erkundigung eines Fremden nach den privaten Lebensumständen als 'Zudringlichkeit', das Einschlagen in eine ausgestreckte Hand als rechtsverbindlicher 'Abschluß eines Pferdekaufs'. Ebenso kann Luthers Thesenanschlag an der Wittenberger Schloßkirche als 'Einleitung der Reformation' oder die Stellungnahme eines Politikers als 'Konfliktverschärfung', als das 'Herbeireden einer Vertrauenskrise' etc. richtig gedeutet werden, unabhängig davon, ob die damit unterstellten Handlungsfolgen von den Akteuren intendiert bzw. antizipiert oder auch nur für möglich gehalten werden konnten. Ob derartige Handlungsbeschreibungen korrekt sind, hängt allein davon ab, daß die unterstellten symbolisch-konventionalen bzw. kausalen Zusammenhänge zwischen bestimmten Verhaltensweisen und den ihnen zugeordneten Folgen tatsächlich existieren. Vorausgesetzt ist dabei, daß gültige *Erklärungen* für die angenommenen Beziehungen bereits vorhanden sind oder wenigstens gefunden werden können. Eine Handlung in dieser Weise auf einen Bezugskontext hin auszulegen, der den Horizont ihres Autors überschreitet, heißt sie *funktional zu interpretieren*. Welche Folgen aus der unbestimmten Anzahl der Konsequenzen einer Handlung als Referent für ihre Interpretation ausgewählt wird, hängt von deren Bedeutsamkeit aus der Perspektive *des Interpreten* ab. Wie bei der Auslegung eines Textes ein Fragehorizont rekonstruiert werden muß, bezogen auf den die einzelnen Aussagen des Textes sich zu einer Antwort zusammenfügen lassen, so muß die Interpretation einer Handlungssequenz (mindestens) eine temporale Struktur identifizieren, in die sich die einzelnen Handlungen als Komponenten einfügen lassen. Durch die Projektion von Handlungen auf eine temporale Struktur wird die Erzeugung dieser Struktur vom Interpreten hypothetisch als Problem vorgegeben, zu dessen Lösung beizutragen den Sinn der verschiedenen Handlungen ausmacht. Wie die einzelnen Teile eines Textes daraufhin miteinander verglichen und danach bewertet werden können, welche relative Bedeutung ihnen innerhalb der Antwort(en) zukommt, die der gesamte Text darstellt, so können Handlungen daraufhin untersucht werden, welchen Leistungsbeitrag sie zur Konstituierung einer temporalen Struktur beisteuern. Weil Handlungszusammenhänge nicht allein sinnlogisch durch Grund-Folge-Beziehungen, sondern auch kausal verknüpft sind, müssen dazu kausale

Zurechnungsurteile getroffen werden.[525] Das gemeinsame Maß für die relative sinnlogische bzw. kausale Bedeutsamkeit einer Aussage oder Handlung als Teil einer Antwort bzw. einer Problemlösung ist der Grad ihrer Ersetzbarkeit durch funktional äquivalente Alternativen: Eine Aussage bzw. Handlung, die ohne Konsequenzen für den Gesamtzusammenhang, in dem sie steht, entfallen oder durch eine Vielzahl anderer denkbarer Aussagen bzw. Handlungen ersetzt werden könnte, ist von vernachlässigbarem Gewicht im Vergleich zu solchen Aussagen bzw. Handlungen, für die keine oder nur wenige äquivalente Alternativen vorstellbar sind. Der gesamte Sinngehalt einer Aussage bzw. Handlung ergibt sich aus der Summe aller Leistungen, die sie zur Lösung (Beantwortung) verschiedener objektiv möglicher Probleme (Fragen) beiträgt. *Textauslegung* und *Handlungsinterpretation* weisen somit eine einheitliche Grundstruktur auf.[526] Die Verfertigung komplexer Handlungsbeschreibungen durch Eingliederung einfacher bzw. primitiver Handlungen[527] in temporale Strukturen geschieht durch kontingente Selektion. Die Reklamation von "Wertideen"[528] als Instanzen der Auszeichnung spezifischer Bezugspunkte, welche die Möglichkeiten der Anwendung konventionalisierter Deutungsschemata zur Interpretation von Handlungen limitieren soll, ändert an diesem Sachverhalt nichts.[529] Dies gilt auch für den historischen Interpreten, der die unterstellte "Kulturbedeutsamkeit" eines Ereignisses oder einer Konstellation zum Ausgangspunkt dafür nimmt, Handlungen daraufhin auszulegen, welchen Beitrag sie dazu geliefert haben.[530] Gleiches gilt schließlich für die intentionalen Handlungsbeschreibungen nach Maßgabe verfolgter Absichten und Zwecke, von denen sich Akteure bei der Ausführung ihrer Handlungen leiten lassen: Die Schematisierung von Handlungen unter dem Gesichtspunkt ihres Zweckes kann analysiert werden als Strategie der Wertspezi-

---

525 Zur logischen Struktur der Operation kausaler Zurechnung vgl. Weber 1951, S.269ff. Die Bedeutung objektiver Möglichkeitsurteile für die historische Kausalbetrachtung in Webers Methodologie diskutieren Turner/Factor 1981 und Wagner/Zipprian 1985.

526 Gadamer kann deshalb das historische Verstehen "als eine Art Philologie im Großen" bezeichnen und zugleich die Reduktion der Historie auf Geistesgeschichte ausdrücklich ablehnen. Vgl. Gadamer 1965, S.322. - Wie Lösungen von Fragen zugleich andere Fragen verschärfen bzw. neue Fragen aufwerfen können und damit auch das Konzept der *dys*funktionalen Folgen im Rahmen texthermeneutischer Analysen seine Entsprechung findet, dazu liefern die Untersuchungen Blumenbergs ein hervorragendes Anschauungsmaterial (vgl. bes. Blumenberg 1983, zweiter Teil).

527 Zur Unterscheidung zwischen primitiven und höherstufigen Handlungen bzw. Handlungsbeschreibungen vgl. Habermas 1984, S.292f. Primitive Handlungen (z.B. 'das Fenster öffnen') werden demnach durch primitive Handlungspläne konstituiert und können nicht in weitere Handlungen, sondern nur in Körperbewegungen bzw. Operationen aufgegliedert werden, die als Bestandteile primitiver Handlungen fungieren. Höherstufige Handlungen basieren auf primitiven Handlungen. Sie ergeben sich aus komplexeren Handlungsplänen bzw. durch Interpretationen Dritter.

528 Vgl. Weber 1951, S.175f.

529 Vgl. in diesem Zusammenhang Luhmann 1977, S.35f und Popper 1965, S.117f.

530 Vgl. Weber 1951, S.175f.

fikation und Neutralisierung aller denkbaren anderen Wertaspekte, die keinen Eingang in die Zwecksetzung gefunden haben, durch die Art der gewählten Mittel aber gleichwohl in Mitleidenschaft gezogen werden.[531]

Handelnde sind angewiesen auf derartig drastische Reduktionsstrategien.[532] Sie schützen vor Überforderung und machen das Risiko des Handelns erst tragbar. Die Situation des Interpreten ist günstiger. Weil er selbst nicht Handeln muß, kann er die Gesichtspunkte der Auslegung einer Handlung beliebig variieren. Der Vollzug einer Handlung kann nur unter bestimmten Bedingungen gelingen. Sie muß im richtigen Augenblick, in der passenden Situation ausgeführt werden. Der Interpretation einer Handlung sind keine derartigen Grenzen gesetzt. Sie kann beliebig lange fortgeführt, d.h. aber auch, niemals definitv beendet, sondern nur nach pragmatischen Erwägungen abgebrochen werden. Letzteres folgt aus der Feststellung, daß dieselbe Handlung bzw. dasselbe Ereignis "konstituierender Bestandteil einer beliebigen Anzahl anderer temporaler Strukturen sein (kann - W.L.S.)", die alle gleichermaßen als mögliche Bezugsreferenten für die Konstruktion von Interpretationen in betracht kommen.[533] Hier wiederholt sich also das Problem der Beliebigkeit der Bezugspunktwahl, wie es oben bereits als Schwierigkeit der funktionalanalytischen Methode herausgestellt wurde. Sofern man transzendentallogische Versuche der Auszeichnung letzter Bezugspunkte für wenig aussichtsreich erachtet,[534] stehen dafür zwei mögliche Antworten zur Verfügung: Die konventionelle Fixierung bestimmter Bezugspunkte[535] oder die Auszeichnung strategisch zentraler Bezüge durch Theorie, wie sie Luhmann der Systemtheorie für die Methode funktionaler Analyse aufträgt.

531 Vgl. Luhmann 1977, S.46ff.
532 Strikt "wertrationales" Handeln, das sich allein am absolut gesetzten Eigenwert einer Handlung orientiert, kann ebenso wie "traditionales" (aus eingelebter Gewohnheit vollzogenes) oder "affektuelles" (durch aktuelle Gefühlslagen geleitetes) Handeln als funktional äquivalente Reduktionsform eingesetzt werden. Vgl. Weber 1951, S.551.
533 Vgl. Danto 1974, S.269.
534 "Wenig aussichtsreich" kann dabei einmal bedeuten, daß eine Auszeichnung solcher Bezüge durch Letztbegründung nicht gelingt, zum anderen, daß selbst dann, wenn sie gelingt, solche Bezugspunkte nicht hinreichend selektiv. sein können, um die Interpretationen von Handlungen instruieren zu können.
535 Die Webersche Antwort, die Auszeichnung relevanter Bezugspunkte durch "Wertbeziehung" (vgl. exemplarisch Weber 1951, S.180ff), ist dazu nur eine Variante, bedeutet doch der Rekurs auf Werte den Verweis auf historisch kontingente Leitorientierungen, deren Kontingenz allenfalls für die Zeitgenossen verborgen bleibt. Erst retrospektiv - wenn "das Licht der großen Kulturprobleme weitergezogen" ist (vgl. Weber 1951, S.214) - enthüllt sich so der konventionelle Kern von Werten und löst sich deren transzendentaler Schein auf.

9.2 "Temporale Strukturen" als Handlungsfunktionen

"Temporale Strukturen" können in Entsprechung zum logisch-mathematischen Konzept der Satz-Funktion als Handlungs-Funktionen verstanden werden. Satz-Funktionen sind unvollständige Sätze, die eine oder mehrere Leerstellen enthalten.[536] Durch entsprechende Füllung dieser Leerstellen kann eine Satzfunktion in eine wahre oder falsche Aussage überführt werden, so z.B., wenn "X ist rot" zu "Diese Rose ist rot" oder "X ist der Bruder von Y" zu "Hans ist der Bruder von Grete" ergänzt wird. Unterschiedliche Werte ("Argumente") können anstelle der Variablen eingesetzt werden, um eine Satzfunktion zu vervollständigen. "Der Wagen von Hans", "Diese Rose" oder "Mein Kugelschreiber" sind drei aus einer unbestimmt großen Zahl von Möglichkeiten, die die Satzfunktion "X ist rot" erfüllen können. Alle Einsetzungsmöglichkeiten, die daraus eine wahre bzw. ein falsche Aussage machen, sind jeweils untereinander funktional äquivalent. Die Satzfunktion kann insofern verstanden werden als "ein regulatives Sinnschema, das einen Vergleichsbereich äquivalenter Leistungen organisiert".[537]

Neben den Einsetzungsmöglichkeiten, die jeweils eine Aussage desselben Wahrheitswertes erzeugen, gibt es andere, die untauglich sind, eine Satzfunktion in eine sinnvolle Aussage zu überführen: "Die Zahnbürste ist der Bruder des Opel Kadett" ist eine sinnlose Aussage.[538] Die Argumente "Zahnbürste" und "Opel Kadett" können nicht mit dem Prädikat "ist Bruder von" verknüpft werden, weil dafür notwendige Voraussetzungen (daß es sich um Lebewesen handelt, die der gleichen Gattung angehören, von denen das für X eingesetzten männlichen Geschlechts sein muß) verletzt sind. Nur wenn sie die spezifischen Voraussetzungen für die Anwendung eines gegebenen Prädikates erfüllen, können Ausdrücke als Argumente dieses Prädikates fungieren. Durch die Verbindung mit einem bestimmten Prädikat wird den Argumentausdrücken innerhalb einer Aussage ein spezifischer Sinn zugewiesen, wobei durch Sprachregeln die Möglichkeiten für die Verknüpfbarkeit eines Ausdrucks mit verschiedenen Prädikaten beschränkt werden (so z.B. ist jeder Ausdruck, der in "X ist rot" eingefügt werden kann, unverträglich mit "X ist ein guter Gedanke"). Umgekehrt ergibt sich der mögliche Sinn eines (Subjekt-)Ausdruckes daraus, mit welchen Prädikaten er zu einer Aussage verbunden werden kann.

Wie der aktuelle Sinn eines Ausdrucks, der für eine Variable innerhalb einer Satzfunktion eingefügt wird, sich aus dem Zusammenhang der Aussage ergibt,

---

536 Zum Funktionsbegriff vgl. Frege 1975, S.28f.
537 Vgl. Luhmann 1974a, S.14.
538 Zur Differenzierung zwischen 'falschen' und 'sinnlosen' Aussagen vgl. die Kritik von Strawson an Russell in Strawson 1950.

die er vervollständigt, so der Sinn eines Verhaltens als Handlung aus der "temporalen Struktur", die es erfüllt. "Welche Bedeutung hat ein Blick bei gleichzeitigem lüften des Hutes?" - so könnte ein Fremder fragen. - "Man grüßt hier auf diese Weise". - "Geht es auch anders?" - "Ja. Man kann mit dem Kopf nicken, 'guten Tag' sagen, sich die Hände schütteln etc." - Der Satzfunktion "X ist rot" entspricht hier die *Handlungs*funktion "X gilt (unter bestimmten Kontextbedingungen) als Begrüßung".[539] Die Variable X kann durch verschiedene, untereinander funktional äquivalente Verhaltensweisen ersetzt werden.

Wie Satzfunktionen sowohl zu wahren als auch zu falschen oder sinnlosen Aussagen vervollständigt werden können, so Handlungsfunktionen zu gültigen, ungültigen oder unsinnigen Handlungen: Ein Soldat, der sich im Dienst befindet und seinen Vorgesetzten mit einem 'Guten Tag' oder dem Ziehen des Helmes zu grüßen versucht, wählt eine in diesem Kontext ungültige Form der Ausführung. Würde er das Ziehen des Helmes mit dem Ausruf "Es springt vom Kopfe mir der Topf" begleiten, so könnte dies - zumindest bezogen auf die Handlungsfunktion des Grüßens - als unsinnig eingestuft werden. Freilich bietet sich hier, und ebenso bei ungültigen Handlungsvollzügen anderer Art, die Möglichkeit der Deutung als gültige Erfüllung anderer Handlungsfunktionen an, z.B. als Provokationsversuch gegenüber dem Vorgesetzten oder als Simulation einer Geisteskrankheit, um die Dienstentlassung zu erreichen. Analoge Deutungsmöglichkeiten stehen aber auch bei sinnlos scheinenden Aussagen zur Verfügung, wenn diese als Metaphern aufgefaßt werden, deren Inhalt jenseits ihrer wörtlichen Bedeutung zu suchen ist.

"Grüßen" ist eine einfache Sprechhandlung. Doch auch nicht-sprachliche Handlungen sowie Handlungen komplexerer Art können analog zu Satzfunktionen aufgefaßt werden. "Rosen pflanzen", "ein Haus bauen", "einen Krieg führen", "eine Regierung stürzen" - wie dargestellt repräsentieren Handlungen dieser Art "temporale Strukturen", in denen der Sinn jeder zugehörigen Verhaltensweise bzw. Teilhandlung sich danach bestimmt, welche *Funktionsstelle* sie innerhalb der Gesamthandlung erfüllt.[540] *Allgemein können "temporale Strukturen" deshalb als Handlungsfunktionen aufgefaßt werden*, bei denen die einzelnen Funktionsstel-

539 Die Formel "X gilt als Y (im Kontext C)" verwendet Searle 1976, S.56 als Standardexplikationsschema für konstitutive Regeln. Wir gebrauchen diese Formel im folgenden insofern abweichend gegenüber Searle, als die Beziehung zwischen X und Y sowohl symbolisch-konventional als auch kausal bedingt sein kann, somit also zwischen "konstitutiv" und "regulativ" geregelten Handlungen *hier* nicht systematisch unterschieden werden muß. - Zur Kritik und Reformulierung der Searlschen Unterscheidung zwischen konstitutiven und regulativen Regeln vgl. Schneider 1981.

540 So, wenn etwa Luthers Thesenanschlag zu Wittenberg (X) im Kontext der Reformation (C) als deren 'Einleitung' (Y) oder das Abstecken eines Areals, die Lockerung des Bodens und die Untermischung von Torf (X) im Kontext des Rosenpflanzens (C) als 'Vorbereitung eines Beetes' (Y) gedeutet wird.

len jeweils einen möglichen Variationsbereich für die Einsetzung funktional äquivalenter Verhaltensweisen bzw. Handlungen definieren.

Insofern Handlungsfunktionen Elemente enthalten, die ihrerseits als Handlungsfunktionen darstellbar sind, können sie als *komplex* bezeichnet werden. Im Gegensatz dazu kann von *einfachen oder primitiven* Handlungsfunktionen gesprochen werden, wenn die darin enthaltenen Elemente nicht weiter in für sich sinnvolle Untereinheiten aufgelöst werden können. Kriterium der 'Einfachheit' ist dabei, daß die Ausführung (bzw. Unterlassung) von bestimmten Körperbewegungen (X) unter bestimmten Kontextbedingungen (C) als Ausführung einer selbständigen Handlung (Y) gilt, jede weitere Zerlegung aber zu Einheiten führt, die nicht mehr als Erfüllung eines sozial gültigen Handlungsschemas zählen.[541] - Welche Elemente im einzelnen als Bestandteile einer Handlungsfunktion auftreten können, kann nicht vollständig und situativ invariant bestimmt werden. Bei wechselnden Umständen können Elemente durch funktionale Äquivalente vertreten werden und kann sich die Anzahl der

---

541 Danto spricht in diesem Zusammenhang von "Basishandlungen"; vgl. dazu sowie zur daran anschließenden Diskussion Danto 1978 (Erstveröffentlichung 1965); Davidson 1971; Goldmann 1970, Habermas 1984, S.273-306. - Abweichend von Danto, der Basishandlungen als selbständig ausführbare Körperbewegungen begreift, gehen wir davon aus, daß eine Körperbewegung erst dann als Basishandlung bezeichnet werden kann, wenn sie auch in isolierter Ausführung als sinnvolle Handlung, d.h. als Erfüllung eines Handlungsschemas der - von Searle (1976,S.56) für die Explikation konstitutiver Regeln eingeführten - Form, 'X gilt als Y im Kontext C' verstanden werden kann. Basishandlungen werden also in jedem Falle als *elementare sozial konstituierte Sinneinheiten* gedacht, die nicht weiter aufgespalten werden können, ohne ihre Elementqualität als Handlung zu verlieren. Nimmt man diese These der sozialen Konstitution ernst, dann wird man auch kommunikative Handlungen zulassen müssen, welche das Niveau subjektiv kontrollierbarer Körperbewegungen *unterschreiten*. Wer z.B. auf eine Frage hin errötet, 'verrät' unabsichtlich aber gleichwohl sozial gültig, daß sie ihm peinlich ist. - Die Auffassung, daß Intentionalität keine notwendige Bedingung dafür ist, um ein Verhalten als Handlung zu beschreiben, vertritt auch Lenk 1978, S.284. Zur These der sozialen Konstitution von Handlungssinn aus hermeneutischer Perspektive vgl. Oevermann 1986, S22f.
Betrachtet man Handlungen als die Elementareinheiten sozialer Systeme, dann kann die These der sozialen Konstitution auch als Implikat des Autopoiesiskonzeptes gewonnen werden, denn "Elemente sind Elemente nur für die Systeme, die sie als Einheit verwenden" (Luhmann 1984, S.43) oder spezifischer - mit bestätigendem Verweis auf den symbolischen Interaktionismus: "Was eine Einzelhandlung ist, läßt sich deshalb nur aufgrund einer sozialen Beschreibung ermitteln" (a.a.O., S.228). - Zur kritischen Diskussion von Dantos Identifikation von Basishandlungen mit Körperbewegungen vgl. bes. Habermas 1984, S.283ff. Habermas argumentiert dort allerdings aus eher traditionell handlungstheoretischer Perspektive bzw. in der Linie der "romantischen Hermeneutik", indem er gegen Danto einwendet, daß die Rede von Basis*handlungen* das Vorliegen eines (durch die Körperbewegung zu realisierenden) Handlungs*planes* bei einem Akteur verlange. Intentional kontrollierte Körperbewegungen, die nicht Teil eines solchen Handlungsplanes sind (z.B. das einfache Heben eines Armes ohne kommunikative oder instrumentelle Handlungsintention), nennt Habermas demgegenüber "Operationen".

Elemente erhöhen bzw. verringern.[542]

Handeln ist demnach als sukzessives Einsetzen von Elementen in "temporale Strukturen" (d.h. Handlungsfunktionen) zu begreifen. Welche "temporale Strukturen" jeweils erfüllt werden, darüber entscheidet die Folge der ausgeführten Handlungen. Handeln vollzieht sich als permanenter Prozeß der Selektion derjenigen Handlungsfunktionen aus dem Möglichkeitsspielraum situativ zugänglicher "temporaler Strukturen", die durch die ausgeführten Handlungen objektiv erfüllt werden. Umgekehrt begrenzt das situativ zugängliche Ensemble "temporaler Strukturen" die möglichen Kombinationen von Handlungen, die miteinander zu einer sinnvollen Einheit verbunden werden können. An jedem Punkt einer Handlungssequenz sind die Anschlußmöglichkeiten deshalb beschränkt. Weil die möglichen Handlungsanschlüsse unmittelbar davon abhängen, in welche "temporalen Strukturen" hinein eine gegebene Handlung verlängert oder besser: als Funktionselement inkorporiert werden kann, kann der Sinn eines Aktes bestimmt werden durch "die Mannigfaltigkeit der Anschließbarkeiten, die er eröffnet".[543] Mit Luhmann kann daher festgestellt werden: "Jeder bestimmte Sinn qualifiziert sich dadurch, daß er bestimmte Anschlußmöglichkeiten nahelegt und andere unwahrscheinlich oder schwierig oder weitläufig macht oder (vorläufig) ausschließt."[544]

Daraus folgt, daß "temporale Strukturen" allgemein als Sinn-Strukturen oder genauer: als sinnkonstituierende Strukturen bestimmt werden können, weil sie darüber entscheiden, welche Folgehandlungen an eine gegebene Handlung anschließbar sind. Zu berücksichtigen ist dabei weiterhin, daß mit jedem neuen Ereignis neue Bezugspunkte für die Planung zukünftiger wie für die Ausdeutung vergangener Handlungen etabliert werden, das Ensemble "temporaler Strukturen" und mit ihm die Bedeutungsmöglichkeiten vergangener Handlungen also *ständig expandieren.*

Wir begegneten diesem Sachverhalt bereits weiter oben unter dem Titel der "Wirkungsgeschichte", den Gadamer wählte, um die reale Einwirkung der Geschichte auf die Veränderung der möglichen Auslegung von Texten bzw. Handlungen hervorzuheben. Danto und Luhmann thematisieren diesen Zusammenhang mit reflexiver Rückwendung auf die Position des historischen Interpreten oder Beobachters: Dantos letzter Historiker erzeugt durch seine Beschreibungstätigkeit einen neuen Kontext, der einen Bezugspunkt für weitere

---

542 So etwa, wenn beim 'Rosenpflanzen' nicht mit dem Spaten, sondern mit einer besonderen Setzmaschine gearbeitet würde oder der Ablauf durch notwendige Zusatzarbeiten aufgrund der Bodenverhältnisse (z.B. steiniger und nährstoffarmer Boden verlangt 'Entfernung der Steine' sowie 'Anreicherung des Bodens' als zusätzliche Handlungselemente) kompliziert wird.

543 Vgl. Frese 1967, S.51.

544 Vgl. Luhmann 1984, S.94.

mögliche Beschreibungen bildet, im Akt des Beschreibens, durch den er erzeugt wird, jedoch nicht zugleich mitbeschrieben werden kann. Luhmanns Beobachter operiert immer im Kontext einer vorausgesetzten Unterscheidung, die nur für einen anderen Beobachter, der mit einer anderen Unterscheidung operiert, als Gegenstand der Beobachtung zugänglich ist.[545] Bei Danto wie bei Luhmann wird das Operieren des Beobachters (bzw. Interpreten)[546] als weiteres Ereignis in die Kette beobachtbarer (beschreibbarer, auslegungsfähiger) Ereignisse einbezogen, und gerade dies macht sichtbar, daß es für den Beobachter aktual unsichtbar bleibt. Jede Beschreibung führt einen *eigenen Latenzbereich* mit sich, durch den neue Sinnstrukturen als *objektiv gegebene Möglichkeiten abweichenden Beobachtens von Beobachtungen* gestiftet werden. "Objektivität" kommt diesen Sinnstrukturen also nicht ontologisch, als beobachtungsunabhängig vorgegebene, an sich seiende Realität, sondern als Resultat der *empirischen Realität unterschiedlicher Beobachtungsperspektiven* zu.

"Beobachter" sind dabei nicht nur wissenschaftliche Beobachter oder allgemeiner, Akteure, die sich unter Bedingungen eigener Handlungsentlastung der Aufgabe widmen, fremdes Handeln zu beschreiben. Jeder, der an ein Verhaltensereignis anschließt, weist ihm dadurch einen spezifischen Sinn (aus anderen Möglichkeiten) zu, typisiert es als Element einer "temporalen Struktur", beobachtet es als Handlung mit bestimmter Bedeutung vor dem Hintergrund seines Erwartungshorizontes. Handlungen, die an Handlungen anderer anschließen, die an Handlungen anderer anschließen, die an ... werden so konstituiert als Elemente rekursiven Beobachtens von Beobachtungen.

9.3 Rekursive Handlungsfunktionen und Autopoiesiskonzept

Im vorstehenden wurde zunächst versucht, "temporale Strukturen" als Handlungsfunktionen in Analogie zum logisch-mathematischen Funktionsbegriff zu deuten. Über die nun mögliche Parallelisierung bestimmter temporaler Strukturen mit rekursiven Funktionen kann darüber hinaus der Anschluß an das Konzept des autopoietischen Systems hergestellt und somit eine Brücke zwischen der analytischen Handlungstheorie Dantos und der neueren Systemtheorie, wie sie im Bereich der Soziologie vor allem von Luhmann vertreten wird, geschlagen werden. Wir müssen uns allerdings auch hier mit einer Skizze behelfen.

Als "rekursiv" ist ein Prozeß zu bezeichnen, bei dem die Ergebnisse jeweils als

---

545 Vgl. dazu oben, Abschn. 7.2.1.
546 Wir ersparen uns im weiteren die Doppelbezeichnung.

Grundlage weiterer Operationen verwendet werden.[547] Dies ist beispielsweise der Fall, wenn die mathematische Operation Op = $\sqrt{}$ auf eine gegebene Ausgangszahl (z.B. $\sqrt{100}$ = 10), dann auf das Ergebnis dieser Operation usf. ($\sqrt{10}$ = 3,162...: $\sqrt{3,162..}$ = 1,778..etc.) angewandt wird.[548] Analog dazu kann eine temporale Struktur oder Handlungsfunktion rekursiv genannt werden, wenn ihre Realisierung die Resultate vergangener Realisierungen anderer Handlungsfunktionen oder - bei stärkerer Spezifikation des rekursiven Prozesses - anderer Handlungsfunktionen gleichen Typs berücksichtigt und in ihrem Ergebnis durch die Berücksichtigung dieser vergangenen Resultate "mitbestimmt"[549] wird. Beispiele typenspezifischer rekursiver Handlungsfunktionen sind 'wissenschaftlich forschen' oder 'Recht sprechen': Wissenschaftliche Forschung verlangt die Berücksichtigung der Ergebnisse vergangener Forschungen in Form angefallener Daten bzw. dabei entwickelter Theorien und Methoden. Rechtsprechung bedeutet Anwendung von Normen zur Entscheidung von Fällen. Dabei sind die angewendeten Normen ihrerseits das Ergebnis eines rechtlich geregelten Verfahrens der Normsetzung und muß die Auslegung der Normen auf die Ergebnisse ihrer vergangenen Anwendungen abgestimmt werden.

Zwar ist die Berücksichtigung vergangener Ergebnisse von Handlungen gleichen Typs auch beim Bauen eines Hauses oder beim Pflanzen von Rosen durch Übernahme bewährter Techniken möglich bzw. als Regel zu erwarten, doch ist dieses rekursive Element im Prinzip *kontingent*. Wie nützlich es auch immer sein mag, sich beim Bau eines Hauses an erfolgreichen Beispielen zu orientieren, man kann versuchen, auf völlig eigene Weise zu verfahren oder 'Bautechniken' von Tierarten nachzuahmen, 'unkonventionelle' Materialien, Formen und Techniken auszuprobieren etc., ohne daß allein deshalb bestritten werden könnte, daß damit die Handlungsfunktion 'ein Haus bauen' erfüllt wird. Der Erfolg der Operation erfordert nicht ein bestimmtes Maß an Rekursivität, sondern hängt nur von der Kompatibilität des Vorgehens mit physikalischen Gegebenheiten ab - sind die Wände zu schwach, um das Dach zu tragen, stürzen sie ein. Demgegenüber verlangen wissenschaftliche Forschung oder Rechtspre-

---

547 Vgl. Luhmann 1990b, S.44.
548 Vgl. dazu von Foerster 1987, S.149ff.
549 Anders als im Falle mathematischen Operierens haben wir es dabei offensichtlich nicht mit *rein* rekursiven Operationen zu tun, weil Handlungsfunktionen sich nur in ritualisierten Grenzfällen wie dem Austausch von Gruß und Gegengruß *ausschließlich* auf die Resultate von Operationen gleichen Typs beziehen (noch die Antwort auf die Frage nach der Uhrzeit hängt von außerkommunikativen Faktoren wie der Verfügung über eine Uhr oder der aktuellen Tageszeit ab). Man kann, wenn man will, deshalb die Verwendung des Rekursionsbegriffs als bloße Methaphorik zurückweisen. Im vorliegenden Zusammenhang kommt es uns jedoch nicht auf Fragen zweckmäßiger Terminologiewahl, sondern auf die Markierung von Anschlußmöglichkeiten zwischen Handlungs- und Systemtheorie an. Wir übernehmen deshalb den Rekursionsbegriff in der Weise, wie ihn Luhmann (vgl. 1990b, S.44) gebraucht.

chung *notwendig typenspezifische* Rekursivität. Werden die für eine Forschungs-
frage relevanten Daten, Theorien und Methoden, die Resultat vergangener
Forschungen sind, ignoriert, dann können die so gewonnenen Ergebnisse das
Prädikat 'wissenschaftlich' nicht beanspruchen.[550] Wird die für einen Fall
relevante Rechtsprechung der Obergerichte nicht berücksichtigt,[551] dann ist dies
ein Fehler, der die Revision des Urteils wahrscheinlich macht.

Die Notwendigkeit der Rekursion ist freilich nicht auf der Ebene der Ausfüllung
der einzelnen Handlungsfunktionen verankert. Sie ist vielmehr mit übergeordneten Strukturen verknüpft, welche die Anschlußfähigkeit einer einzelnen
Handlungsfunktion an spätere Handlungsfunktionen gleichen Typs in spezifischer
Weise von der rekursiven Verknüpfung mit vorausgegangenen gleichartigen
Handlungsfunktionen abhängig machen. Strukturen sichern so die rekursive
Verklammerung von Handlungsfunktionen. Zugleich werden sie im Prozeß
rekursiven Operierens reproduziert bzw. transformiert: Theorien, Methoden[552]
oder Präjudizien sind Resultate vergangener Forschung bzw. Rechtsprechung
und können eine Fülle von Operationen des Forschungshandelns bzw. der
Rechtsprechung instruieren, d.h. durch rekursives Operieren reproduziert, aber
auch durch (jederzeit mögliche) innovative Operationen transformiert werden.
Nicht zeitenthobene Konstanz, sondern nur die geringere Geschwindigkeit ihrer
Änderung, gemessen am Tempo der Abfolge von Operationen, unterscheidet
also Strukturen von Operationen. Strukturen sind das Begleitresultat der
Ausführung rekursiver Operationen (Handlungsfunktionen), deren rekursive
Verknüpfung durch Spezifizierung von Bedingungen der Anschließbarkeit sie
umgekehrt ermöglichen. Ein so verfaßter Komplex rekursiver Operationen
(Handlungsfunktionen) reguliert die Bedingungen seiner Fortsetzung selbst.
Welche Operationen als seine Elemente zukünftig erwartet werden können,
darüber entscheidet letztlich die Serie der jeweils bisher durchlaufenen Operationen. Ein solcher Komplex operiert demnach selbstreferentiell geschlossen,
erfüllt also das zentrale Kriterium eines autopoietischen Systems: das der
autopoietischen Autonomie.[553]

---

550 Was nicht heißt, daß sie nicht trotzdem zutreffend sein können und sich auch in späterer
     Konfrontation mit anerkannten Daten, Theorien und Methoden erfolgreich verteidigen lassen.
     'Obskure Ideen' von Dilettanten können so u.U. in geniale Entdeckungen umgemünzt werden,
     indem die fehlende Rekursivität nachträglich erzeugt, d.h. der Anschluß an den 'Stand der
     Forschung' hergestellt wird.
551 Auch hier meint "Berücksichtigen" nicht notwendig direkte Übernahme, sondern schließt
     die Möglichkeit begründeter Abweichung mit ein.
552 Luhmann (1990a, S.403ff) diskutiert Theorien und Methoden als Programme des Wis-
     senschaftssystems, die Bedingungen der Richtigkeit von Operationen vorgeben.
553 Vgl. dazu Luhmann 1990a, S.289, der in Anschluß an Varelas Konzept der autopoietischen
     Autonomie feststellt: "Autonomie ist, diesem Begriff zufolge, nichts anderes als die
     Herstellung der eigenen Einheit durch die eigenen Operationen des Systems." - Die Frage,
     (Fortsetzung...)

In diesem Sinne selbstreferentiell operiert generell sprachliche Kommunikation. Im Anschluß an die Sprechakttheorie[554] kann sprachliche Kommunikation als eine Form des Handelns verstanden werden, bei der etwas gesagt und das so Gesagte mit einem bestimmten Handlungssinn gekoppelt wird.[555] So etwa kann die Formulierung des Sachverhaltes, "daß es morgen regnet" den Handlungssinn einer Behauptung, einer Warnung oder des Ausdrucks einer Befürchtung erhalten. Der Vollzug eines Sprechaktes etabliert dabei, sofern er vom Adressaten verstanden und akzeptiert wird und solange keine Anullierung diese Bindungswirkung wieder aufhebt, bestimmte Anforderungen für die weitere Kommunikation. Besonders deutlich ist dies bei Sprechakten wie 'Versprechen' oder 'Auffordern', welche den Sprecher oder Hörer zur Ausführung bestimmter Folgehandlungen verpflichten und bei institutionellen Sprechhandlungen wie etwa 'Taufen', 'Heiraten', 'Verurteilen' etc., die neue, kommunikativ folgenreiche Tatsachen von hoher Generalisierungsstufe schaffen.[556] Aber auch andere Sprechakte, bei denen dies weniger offensichtlich erscheint, erzeugen Restriktionen für das weitere Handlungsgeschehen. So verlangt eine akzeptierte Behauptung, daß alle Implikationen des Behaupteten ebenfalls akzeptiert werden und in der Folge keine Handlungen (inklusive nicht-sprachlicher Handlungen) vollzogen werden, die dazu in Widerspruch stehen,[557] ein Ausdruck des Dankes verbietet es, sich später über den erwiesenen Dienst zu beschweren usw., sofern die Geltung der ursprünglichen kommunikativen Handlung dadurch nicht außer Kraft gesetzt werden soll.[558] Grundsätzlich sind Sprechhandlungen mit derartigen "Konformitätsbedingungen" verknüpft, die den Bereich der möglichen angemes-

553 (...Fortsetzung)
   inwiefern das biologische Kozept der Autopoiesis in mehr als nur metaphorischer Weise auf soziale Systeme bezogen werden kann, braucht hier nicht erörtert zu werden. Vgl. dazu jedoch kritisch Hejl 1987, S.323ff.
554 Vgl. dazu Austin 1972, Searle 1976, Wunderlich 1976a.
555 Die terminologischen Unterscheidungen sind hier uneinheitlich. Austin unterscheidet zwischen lokutionärer und illokutionärer Bedeutung, Searle zwischen propositionalem Gehalt und Illokution. - Luhmann (1984, S.196f) unterscheidet parallel dazu Information und Mitteilung als zwei von drei Komponenten jeder Kommunikation. Als dritte Komponente, die bei Austin und Searle unter dem Begriff des perlokutionären Aktes als Folgewirkung einer Sprechhandlung verbucht wird, fungiert bei Luhmann die Annahme einer Kommunikation durch Verwendung der damit verbundenen Selektionen als Prämisse weiteren Handelns (vgl. a.a.O., S.203).
556 Searle spricht in diesem Zusammenhang von "institutionellen Tatsachen" im Unterschied zu "natürlichen Tatsachen". Vgl. Searle 1976, S.78ff.
557 Zu diesem Beispiel vgl. Wunderlich 1976, S.451.
558 Freilich muß die Löschung vergangener Festlegungen prinzipiell möglich sein, weil sich Kommunikation sonst auf Dauer im Dickicht selbsterzeugter irreversibler Bindungswirkungen festfahren würde. Solche Löschungen können implizit aber auch explizit vollzogen werden. Vgl. dazu Wunderlich 1976, S.454, der eine eigene Klasse von Sprechhandlungen zur Löschung kommunikativer Handlungsbedingungen reserviert.

senen Folgenhandlungen mehr oder weniger stark einschränken.[559] Auch für sie gilt, was Luhmann im Hinblick auf Handlungen generell feststellt, daß Handlungen produziert und reproduziert werden, "..indem sie Beziehungen zu anderen Handlungen festlegen, Handlungsspielräume eröffnen oder einschränken und für andere Handlungen die Funktion einer Prämisse übernehmen. Der Sinn des Handelns ..ergibt sich aus dem, was das Handeln als Information für andere Handlungen bedeutet."[560] Kommunikation operiert deshalb *selbstreferentiell.* Der Sinn jedes ihrer Elemente bestimmt sich relational zu den Ergebnissen vergangenen Kommunizierens und mit Blick auf die Folgen für zukünftige Kommunikation.

Die Notwendigkeit selbstreferentiellen Operierens von Kommunikation wird auch daran sichtbar, daß *Verstehen* (für Luhmann neben Mitteilung und Information das dritte für Kommunikation konstitutive Element) nicht anders möglich ist. Weil Gedanken und Absichten nicht unmittelbar zugänglich sind, kann nur an späteren kommunikativen Handlungen geprüft werden, ob das früher Mitgeteilte verstanden wurde.[561] Weichen die Ergebnisse einer solchen Verstehenskontrolle durch Beobachtung des Anschlußverhaltens ab, steht die Möglichkeit der Klärung durch *reflexive Kommunikation*, d.h. durch explizite Kommunikation über Kommunikation offen. Selbstreferenz wird damit von der basalen Ebene der *Einzelelemente* auf die selbstreferentielle Thematisierung des Kommunikations*prozesses* übergeleitet.[562]

Als autopoietisches System, das sich durch den Operationstypus Kommunikation reproduziert, nennt Luhmann - wie oben bereits erwähnt - Gesellschaft. Die Grenzen der Gesellschaft sind daher koextensiv mit den Grenzen füreinander erreichbarer Kommunikation, d.h. Gesellschaft ist heute tendentiell Weltgesellschaft, die kein anderes Gesellschaftssystem neben sich hat. Außerhalb der Gesellschaft gibt es keine Kommunikation, und deshalb gibt es auch keine

---

559 Vgl. dazu Wunderlich 1976a, S.451: "Der Umstand, daß man sich mit einer gewissen Äußerung im allgemeinen dazu verpflichtet, auch alle offensichtlichen Folgerungen aus dem Inhalt der Äußerung zu akzeptieren, sei Konformitätsbedingung genannt."
560 Vgl. Luhmann 1981, Bd.2, S.35f sowie oben Abschn. 7.2.2. - Wenn auch im Kontext unserer Diskussion ohne spezifische Bedeutung, sei hier angemerkt, daß Luhmann zwischen Kommunikation und Handlung unterscheidet (ohne dabei jedoch zu unterstellen, daß sie voneinander zu trennen wären). Er tut dies, indem er die Schematisierung von Kommunikation als Handlung als notwendige Form der Selbstvereinfachung von Kommunikation durch Zurechnung auf Akteure analysiert, deren Kommunikation bedarf, um ihre Anschlußfähigkeit (und damit ihre eigene Fortsetzbarkeit) sicherzustellen. Vgl. dazu bes. Luhmann 1984, Kap.4.
561 Vgl Luhmann 1984, S.198f. Luhmann spricht in diesem Zusammenhang von basaler Selbstreferenz, d.h. von Selbstreferenz auf der Ebene der Elemente des (Kommunikations)Prozesses, als Form der *rekursiven Absicherung jeder Einzelkommunikation* (a.a.O., S.199). Die Gedanken von Sprecher und Hörer gehören dabei zur Umwelt von Kommunikation. Nur im Modus internen Operierens von Kommunikation, durch Kommunikation *über sie*, sind sie für die Kommunikation thematisierbar.
562 Vgl. Luhmann 1984, S.199.

Kommunikation der Gesellschaft *mit* ihrer Umwelt, sondern nur Kommunikation in der Gesellschaft *über* ihre Umwelt. Auch Bewußtsein gehört in diesem Sinne zur Umwelt der Kommunikation, weil Gedanken nicht unmittelbar in die Kommunikation eintreten, sondern nur erraten werden können als etwas, das 'hinter' (und damit außerhalb) der Kommunikation liegt und allenfalls zum *Gegenstand* von Kommunikation gemacht werden kann. Zwischen kommuniziertem Sinn einerseits und dem als Gedanke, Motiv, Interesse o.ä. psychisch repräsentierten Sinn andererseits muß deshalb strikt unterschieden werden.[563]

Luhmanns Konzeptualisierung von Kommunikation als selbstreferentiell geschlossener Zusammenhang von Operationen trifft, wie nun sichtbar wird, zusammen mit Dantos' Konzept der temporalen Struktur: *Kommunikative Handlungen im Sinne Luhmanns können verstanden werden als Elemente temporaler Strukturen.* Der Argumentationsweg, der dies plausibel machen sollte, verlief über die Deutung von *temporalen Strukturen als Handlungsfunktionen* und den Nachweis der Existenz *rekursiver Handlungsfunktionen*, welche die *selbstreferentiell geschlossene Reproduktion eines Operationszusammenhanges* als autopoietisches System (im Falle von Kommunikation: des Gesellschaftssystems) ermöglichen. - Freilich ist Dantos' Konzept der temporalen Struktur nicht deckungsgleich mit Luhmanns Kommunikationsbegriff, sondern übergreift kommunikative wie nicht-kommunikative Handlungen. Dementsprechend enthält es auch keine Angaben über die spezifischen Eigenschaften kommunikativer Handlungen im Unterschied zu anderen Formen des Handelns. Ebensowenig thematisiert Danto die rekursive Verknüpfung von Handlungen. Eine weitere Suche nach möglichen Berührungspunkten erübrigt sich daher und würde auch den Rahmen dieser Untersuchung überschreiten.

Dantos' Konzept der temporalen Struktur wurde hier diskutiert mit dem Ziel, die Bedeutung funktionaler Beziehungen für die Beschreibung bzw. Interpretation von Handlungen zu verdeutlichen. Weil die Beschreibung einer Handlung von unterschiedlichen Beobachtungsstandpunkten aus möglich ist und beobachtungsabhängig variiert, verliert bei Danto die Handlungsintention des Urhebers demgegenüber ihre privilegierte Stellung. Die Selbstbeschreibung, mit der eine Handlung durch die Intention ihres Urhebers u.U. versehen wird, rückt in eine Ebene mit anderen Beschreibungsmöglichkeiten. Allenfalls zu seinen Absichten hat der Handelnde einen privilegierten Zugang.[564] Die Bedeutung seines

---

563 Vgl. Luhmann 1984, S.556f.
564 Was gerade nicht heißt, daß jedes Handelns als Realisierungsversuch eines inneren Vorsatzes zustande kommt, wie das Beispiel gleichsam reflexhaft ausgelösten Grüßens und Wiedergrüßens zeigt. Darüber hinaus kann man, z.B. mit psychoanalytischem Theoriehintergrund, generell an einem solchen privilegierten Zugang aus der Perspektive der ersten Person zweifeln.

Handelns *bleibt davon unberührt.* Sie ergibt sich aus dem Leistungsbeitrag dieses Handelns für die Herbeiführung von Folgeereignissen, d.h. aus seinen *Funktionen* im Rahmen temporaler Strukturen. Weil die Kette der Handlungsfolgen zukunftsoffen und damit im Hinblick auf jeden Beobachtungsstandpunkt unabgeschlossen ist, kann auch die Menge möglicher Handlungsbeschreibungen nie definitiv erschöpft werden.[565] Der spätere Beobachter kann jeweils mehr und anderes sehen, als der frühere und damit auch mehr und anderes als der Handlungsurheber selbst. *Nicht Identität, sondern Differenz des vom Urheber intendierten (bzw. sich selbst retrospektiv zugeschriebenen) und von seinem späteren Interpreten verstandenen Sinnes,* - bei Gadamer formuliert in der These, daß man anders (als der Autor) verstehe, wenn man überhaupt verstehe[566] - folgt daraus als Grundannahme einer Handlungstheorie. Dantos' Theorie der Handlungsbeschreibung kommt an dieser Stelle ebenso mit Gadamer überein wie mit Positionen des Konstruktivismus und der daran anknüpfenden Theorie autopoietischer Systeme, welche die Beobachtungsabhängigkeit jeder Beschreibung behaupten.[567]

Die Auflösung des "romantischen" Junktims von Intention und Bedeutung erweist sich damit als die zentrale Operation, deren konsequente Durchführung den Weg frei macht, um Anschlußmöglichkeiten zwischen Hermeneutik und Handlungstheorie einerseits und Systemtheorie andererseits zu eröffnen. An die Stelle der Deutung von Handlungen als Realisation zu ermittelnder Absichten, Motive oder Interessen tritt dabei die *funktionale Auslegung von Handlungen als Lösungen von Problemen.*

Das jeweilige Bezugsproblem für die Auslegung einer Handlung wird bei kontingent- bzw. unspezifisch rekursiven Handlungen durch Selektion des Beobachters bestimmt. Indem ein bestimmter Folgezustand (z.B. der konfessionellen Spaltung) als zu bewirkende Wirkung hypothetisch gesetzt wird, können Handlungen (z.B. Luthers Thesenanschlag zu Wittenberg) als Elemente dadurch konstituierter temporaler Strukturen ausgelegt, d.h. unter dem Gesichtspunkt ihres Leistungsbeitrages zur Herbeiführung dieses Folgezustandes gedeutet werden. Das Schema von Problem und Problemlösung wird dabei *teleologisch*

---

565 Dies schließt, wie oben bereits erwähnt, den Standpunkt eines letzten lebenden Historikers ein, der vergangene Handlungen beschreibt. Eine Beschreibung von etwas kann sich nicht zugleich selbst beschreiben, Beobachtung von etwas nicht zugleich selbst beobachten; nur durch rekursives Beobachten einer Beobachtung mit Hilfe einer anderen Beobachtung (die dann ihrerseits sich nicht zugleich selbst beobachten kann) ist die Beobachtung von Beobachtungen möglich. Vgl. dazu u.a. Luhmann 1990a, S.85f, 1990b, S.231f sowie 1990c.

566 Vgl. Gadamer 1965, S.280 sowie oben S.64. Die Auswirkung der geschichtlichen Veränderung des Beobachtungsstandpunktes auf das Verständnis von Texten bzw. Handlungen belegt Gadamer mit dem Begriff der Wirkungsgeschichte (vgl. dazu oben S.63f sowie Gadamer 1965, S.284f).

567 Vgl. dazu Luhmann 1990a, S.60ff und 1990c sowie Maturana 1987, S.108 und 1988.

gebraucht. Wie ein (hypothetisch) als Ziel bestimmbarer Zustand erreicht werden kann, ist das Problem. Jeder beliebige Beobachter, also auch der Handelnde selbst, kann eine Handlung als Beitrag dazu beschreiben. Die Intentionen des Handelnden haben dabei den Status einer *antizipierenden Selbstbeschreibung*, welche die faktische Bedeutung der ausgeführten Handlung ebenso treffen oder verfehlen können, wie die Beschreibung durch fremde Beobachter.[568]

Die *teleologische Anwendung* des Schemas von Problem und Problemlösung *wird inadäquat bei der Beschreibung typenspezifisch rekursiven Handelns*. Das Grund- und Generalproblem ist hier, wie die Fortsetzung selbstreferentiellen Operierens gesichert wird,[569] d.h. welche Anforderungen anschließbare Handlungen erfüllen müssen. Weil diese Anforderungen ihrerseits Ergebnis selbstreferentiellen Operierens sind, d.h. selbstreferentiell organisierte Handlungszusammenhänge (autopoietische Systeme) die Bedingungen ihrer Fortsetzbarkeit durch ihre eigene Geschichte jeweils determinieren und im Zeitablauf verändern, können Handlungen als Lösungen des Reproduktionsproblems nur unter der Vorausset- zung beschrieben werden, daß sie bezogen werden auf die beobachteten Ergebnisse der bisherigen Systemgeschichte. Ob eine Handlung bzw. Hand- lungssequenz als 'wissenschaftlich forschen' oder 'Recht sprechen' gültig beschrieben werden kann, hängt nicht einfach davon ab, daß Wahrheits- oder normative Fragen entschieden werden sollen, sondern ist gebunden daran, daß dies unter Anschluß an Theorien, Methoden, Daten bzw. die Regeln und Resultate der bisherigen Rechtsprechungspraxis geschieht, so wie sie als Ergebnis vorausgegangenen rekursiven Operierens sich entwickelt haben. 'Wissenschaftlich wahr' ist, was als Wahrheit im Wissenschaftssystem,[570] 'rechtmäßig' ist, was als rechtsgemäß im Rechtssystem gilt,[571] ist also jeweils

---

568 Der fremde Beobachter, der mit seiner Beschreibung warten kann, hat es dabei offensichtlich leichter als der Handelnde selbst, wenn er absichtsvoll handelt, d.h. eine antizipatorische Selbstbeschreibung riskiert. - Weil Intention und Handlungsergebnis divergieren können, besteht auch die Möglichkeit, die Intention separat von der Handlung zu beschreiben. Gleichgültig, ob der Handelnde selbst oder ein fremder Beobachter versucht, die ursprüngliche Handlungsintention zu rekonstruieren, liegt dabei eine (später vorgenommene) Beschreibung einer (ursprünglich antizipierten) Beschreibung vor. Freilich ist der fremde Beobachter bei der Anfertigung einer solchen Beschreibungsbeschreibung auf 'Erraten' angewiesen, wohingegen der Handelnde selbst (wie unvollständig, unzuverlässig, verzerrt und deshalb durch Erraten ergänzungsbedürftig auch immer) auf 'Erinnern' zurückgreifen kann. In beiden Fällen aber hat diese Beschreibungsbeschreibung den Charakter einer *Rekonstruk- tion.*
569 Vgl. Luhmann 1984, S.62.
570 Vgl. Luhmann 1990a, S.198.
571 Vgl. Luhmann 1987, S.358.

Ergebnis der Autopoiesis des Wissenschafts- bzw. Rechtssystems. [572]
Autopoietische Reproduktion ist das Verfahren, mit dem Systeme sich als Bereiche reduzierter Komplexität gegenüber einer komplexeren Umwelt abgrenzen und damit die generelle Form der Lösung des Letztproblems der Komplexität. Das Problem der Fortsetzbarkeit rekursiven Operierens selbstreferentieller Systeme durch Erzeugung anschlußfähiger Handlungen, die Bedingungen genügen, die ihrerseits Ergebnisse der Systemgeschichte sind, ist also selbst Resultat der Spezifikation des Komplexitätsproblems. Jede Problemformulierung und jeder Lösungsversuch muß sich einfügen in die Autopoiesis des Systems, muß sich demnach bewähren *als eine an seine Geschichte rekursiven Operierens anschließbare Spezifikation des Komplexitätsproblems.*

Im Kontext rekursiv operierenden Handelns stoßen wir damit wiederum auf das bereits oben[573] diskutierte Schema der Problemstufenhierarchie als Prozeßschema funktionaler Analyse und Bauprinzip der Systemtheorie sowie dessen Einmündung in das Abschlußproblem der Komplexitätsreduktion. In dieser Form gedeutet, sind aus der Figur von Problem und Problemlösung sowohl alle fixierbaren *teleologischen Bezüge* wie auch die *Koppelung an die Intentionen von Handelnden* entfernt. Zugleich aber scheint damit auch, wie schon oben vermerkt, die bei Collingwood, Gadamer, Popper und Toulmin anscheinend selbstverständliche Deutung von Problemen als Probleme objektiver Geltung aufgehoben. Wir hatten daran bereits die Frage angeschlossen, ob mit der *Differenzierung zwischen Geltungs- und Komplexitätsproblemen* nicht ein Verzweigungspunkt erreicht ist, an dem sich Hermeneutik und funktionale Analyse, letztlich doch irreduzibel gegeneinander abheben. Die Prüfung dieser, für den Ausgang unserer Untersuchung entscheidenden Frage soll nun abschließend in Angriff genommen werden.

---

572 Das Moment der Rekursivität wissenschaftlichen Handelns betont ebenso Toulmins Darstellung wissenschaftlicher Disziplinen als "Genealogien von Problemen" wie das bereits zitierte Schema Poppers zur Beschreibung von Erkenntnisfortschritt, P_1-VT-FE-P_2... ,(vgl. oben, Abschn. 4.1).
573 Vgl. Abschn. 8.

10. Geltung und Komplexität

Geltung und Komplexität, mit dieser Gegenüberstellung unlösbar verknüpft erscheint die Opposition zwischen dem Habermasschen Programm einer Theorie kommunikativen Handelns und Luhmanns Systemtheorie. Dadurch suggeriert wird die Deutung der Gegenüberstellung als Alternativschema: Entweder bilden Fragen der Begründung von Geltungsansprüchen oder Probleme der Komplexitätsverarbeitung den Angelpunkt einer Theorie der Gesellschaft. Wird für Geltung votiert, dann kommen Formen der Komplexitätsreduktion primär unter dem Gesichtspunkt ihrer "Wahrheitsfähigkeit" in den Blick.[574] Umgekehrt folgt aus der Option für Komplexität, daß Geltungsbegründung als Modus der Komplexitätsreduktion neben anderen analysiert und nach ihrer diesbezüglichen Leistungsfähigkeit beurteilt wird.[575]

Bei Habermas findet die Unterscheidung von Geltungs- und Komplexitätsgesichtspunkten ihre theoretische Verkörperung in der Gegenüberstellung von Lebenswelt und System, an die - wie zu Beginn dieser Arbeit nachgezeichnet[576] - eine entsprechende methodologische Trennlinie zwischen hermeneutischen und funktionalanalytischen Verfahren angeschlossen wird. Unsere Gegenthese, nach der hermeneutische Interpretation und funktionale Analyse als methodologisch konvergente Formen objektiven Verstehens begriffen werden können, ist deshalb nur dann aufrecht zu erhalten, wenn gezeigt werden kann, daß Geltungs- und Komplexitätsgesichtspunkte *nicht* als jeweils methodologisch exklusive Typen von Problembezügen bei der Analyse bzw. Interpretation von Texten, Handlungen, Normen oder Institutionen fungieren.[577] Die dazu zunächst vorzutragende *methodologische Argumentationslinie* wird gleichermaßen die *Symmetrie* und

---

574 Von "Wahrheitsfähigkeit" spricht Habermas in früheren Veröffentlichung sowohl im Hinblick auf die Begründung theoretischer wie auf die Rechtfertigung praktischer Aussagen bzw. von Handlungen und Normen. Vgl. dazu Habermas 1975, S.140.

575 Vgl.dazu exemplarisch Luhmann in Habermas/Luhmann 1971, S.327ff.

576 Vgl. oben, Abschn. 1.

577 Wie zu erinnern, versuchten wir oben (Abschn. 1) zu zeigen, daß Habermas die Rolle hermeneutischen Verstehens auf die Rekonstruktion (und Bewertung) des *intendierten* Geltungssinnes von Sinngebilden beschränkt. Die Möglichkeit der Spezialisierung von Hermeneutik auf die Auslegung im Blick auf *objektiv* (d.h. aus der Perspektive des Interpreten) sich erhebende Geltungsprobleme ohne die Fokussierung auf die Intentionen des Autors bzw. Akteurs (die freilich im Sinne des "Meinungsverstehens", wie Gadamer es nennt, *auch* zum Gegenstand der Interpretation gemacht werden können), würde u.E. schon eine wesentliche Modifikation der Habermasschen Position bedeuten.

Interdependenz der Beanspruchung von Geltungs- und Komplexitätsbezügen herausarbeiten. Sie ist *ebenso gültig*, wenn *andere Bezugsproblemtypen*, wie etwa *individuelle Nutzenmaximierung* im Anschluß an individualistische Theorien rationaler Wahl, als Letztprobleme jeder Deutung von Sinnzusammenhängen vorgeschlagen werden. In jedem Falle verlangt die Behauptung einer solchen Vorrangstellung eines Problemtyps als Letztbezug den Nachweis überlegener Reichweite und explikativer Kraft verglichen mit konkurrierenden Problembezügen. Dies aber setzt voraus, daß ihre Berücksichtigung auf der Ebene der Methodologie möglich ist.

In zwei weiteren Abschnitten soll sodann auf die verbleibende *'Restdifferenz' von Hermeneutik und funktionaler Analyse* eingegangen und die Möglichkeit der Integration beider Formen des *objektiven Verstehens* mit Hilfe des Konzeptes der Problemstufenhierarchie exemplarisch vorgeführt werden.

10.1 Die methodologische Bedeutung von Geltungs- und Komplexitätsproblemen

Reduktion von Komplexität bedeutet Auswahl aus einer Überfülle von Möglichkeiten des Erlebens bzw. Handelns. Wie diese Auswahl ausfällt, ist dabei gleichgültig, sind doch alle Reduktionsformen untereinander funktional äquivalent im Hinblick auf die Lösung des Komplexitätsproblems.[578] Wird Reduktion von Komplexität als allgemeinstes Bezugsproblem bei der Analyse von Texten, Handlungen oder sozialen Zusammenhängen zugrunde gelegt, dann bedeutet dies, daß sie als *kontingente Formen der Ordnung von Selektionen* rekonstruiert werden. Unterschieden werden können dann verschiedene Formen der Komplexitätsreduktion, die unterschiedlichen Gesichtspunkten folgen. Zwischen 'richtigen' und 'falschen' Reduktionen kann dabei nur in Kontexten differenziert werden, in denen die gleichen *Leitunterscheidungen* als Gesichtspunkte zur Ordnung von Selektionen zugrunde gelegt werden.[579] Über diese Grenzen hinaus verlieren solche Bewertungen ihren Sinn. Ob etwa ökonomische Effizienz, kognitive Wahrheit oder ideologische Instruktion von Akteuren durch Auszeichnung spezifischer Handlungsziele mit stillschweigender Inkaufnahme anderweitiger Nebenfolgen, die außerhalb des fokussierten Zielbereichs liegen[580] - in

---

578 Gleichgültig freilich nur im Hinblick auf Komplexität als Problembezug; keineswegs gleichgültig jedoch im Hinblick auf die unterschiedlichen Folgeprobleme, die mit den verschiedenen Lösungsmöglichkeiten des Komplexitätsproblems verbunden sind.

579 Zur Frage "richtiger Reduktionen" im Kontext des Wissenschaftssystems vgl. das so überschriebene Kap. 6 in Luhmann 1990a.

580 Zur entsprechenden Charakterisierung der Funktion von Ideologien vgl. Luhmann 1974, S.54ff.

jedem Falle liegen Ordnungsformen des Erlebens bzw. Handelns vor, denen eine *je spezifische Konsistenz und insofern Rationalität* zukommt. Die Einstellung der Analyse auf Komplexität als Bezugsproblem bedeutet demnach, daß die betrachteten Sinnkonfigurationen als Rationalzusammenhang zu rekonstruieren sind.[581] Als eine Möglichkeit der Lösung (oder besser vielleicht: der Spezifikation) des Komplexitätsproblems unter anderen ist *jede Form der Rationalität kontingent.* Einer *vergleichenden Beurteilung* nach einem einheitlichen Maßstab können unterschiedliche Formen der Rationalität dabei nach Maßgabe ihrer *Leistungskapazität und Geschwindigkeit bei der Verarbeitung von Komplexität* unterworfen werden. Auch die von Habermas als universale Geltungsansprüche der Rede ausgezeichneten Rationalitätsbezüge der Wahrheit und der normativen Richtigkeit können entsprechend ihrer diesbezüglichen Leistungsfähigkeit beurteilt und als kontingente Ordnungsformen neben andere gestellt werden, deren Schnelligkeit oder Verarbeitungskapazität teilweise höher erscheint oder die evolutionär weniger voraussetzungsvoll sind.

Genau umgekehrt verhält es sich, wenn Geltungsprobleme in die Position letzter Problembezüge der Analyse von Sinnkonfigurationen einrücken. Die universalen und diskursiver Prüfung fähigen Geltungsansprüche der Rede, d.h. in erster Linie kognitive Wahrheit und normative Richtigkeit,[582] fungieren dann als *übergeordnete Bezüge* für die Unterscheidung rechtfertigbarer von nicht rechtfertigbaren Ordnungsformen des Erlebens bzw. Handelns.[583] Aus der *Pluralität kontingenter Rationalitätsmuster* sollen so bestimmte Formen der Komplexitätsreduktion als *notwendig,* weil wahr oder gerecht, diskursiv begründet und andere als unwahr bzw. ungerecht verworfen werden können.[584]

Die Frage, ob Geltungs- oder Komplexitätsprobleme (oder auch andere Problembezüge wie z.B. individuelle Nutzenmaximierung) als *Letztbezüge* bei der Analyse von Sinnkonfigurationen zugrunde gelegt werden sollen, ist theoretisch-empirischer Art. Ihre Beantwortung hängt letztlich davon ab, welchen Bezugsproblemen man, darwinistisch formuliert, die Rolle primär selektionsrelevanter Bewährungskriterien zuspricht, die - im Kontext einer Theorie sozialer Evolution - über die Reproduktionschancen sozialer Deutungs- und Handlungsmuster entscheiden. Um die Antwort nicht methodologisch zu präjudizieren

---

581 Eine entsprechende programmatische Charakterisierung mit Blick auf die Wahlverwandtschaft von funktionaler Analyse und Systemtheorie gibt Luhmann 1974, S.45: "Systemtheorie und funktionale Analyse haben einen Hintergedanken, der erst eigentlich erklärt, weshalb sie zusammengehören. Sie sind durchstimmt und zusammengehalten durch eine gemeinsame Annahme: daß das menschliche Verhalten von seinen Möglichkeiten zur Rationalität her expliziert und verstanden werden muß, und zwar auch und gerade dann, wenn es diese Möglichkeiten nicht bewußt zur eigenen Orientierung ergreift."
582 Vgl. Habermas 1981, Bd. I, S.39ff.
583 Vgl. Habermas 1971b, S.220f.
584 Vgl. Habermas 1975, S.153ff und 178ff; 1985, S.404ff.

und damit die Möglichkeit der Gewinnung unabhängiger emprischer Evidenzen zu blockieren, muß die Analyse von Sinnkonfigurationen immer mit beiden Möglichkeiten rechnen. Sie muß sich deshalb von der Vorwegfestlegung auf *einen* Typus von Bezugsproblemen freihalten.

Das Postulat, daß die theoretische Konkurrenz zwischen unterschiedlichen Problembezügen nicht zu entsprechenden Vereinseitigungen auf methodologischer Ebene führen darf, gilt auch immanent aus der Argumentationsperspektive jeder theoretischen Position, welche die Universalität und Vorrangigkeit eines Typs von Bezugsproblemen als Letztbezug der Auslegung behauptet. Mit diesem Anspruch werden andere Bezugsprobleme ja nicht schlechthin ausgeschlossen, sondern nur deren untergeordnete Bedeutung behauptet. Er kann deshalb nur dann eingelöst werden, wenn anderen Typen von Bezugsproblemen, als deren Lösung ein Sinngebilde gedeutet werden kann, *entweder als Spezifikation* von Problemen des vorrangigen Typs rekonstruiert werden können, oder wenn *Störungen, Krisensymptome o.ä.* für den Fall nachweisbar sind, daß Sinnkonfigurationen als Lösungsbeiträge für andere Bezugsprobleme zu deuten sind, deren Lösungsbedingungen mit den Lösungsanforderungen der unterstellten Letztprobleme konfligieren.[585]

Im Kontext einer Gesellschaftstheorie, die Geltungsprobleme als universale Letztprobleme auszeichnet, bedeutet dies: Inwiefern etwa Aussagen als kognitiv wahr oder Zielsetzungen und Handlungsstrategien bzw. institutionelle Regelungen als moralisch vertretbar betrachtet werden können, oder ob sie als Ausdruck ideologischer Deutungsmuster, partikularer Interessen bzw. systemischer Bestandsimperative zu begreifen sind, kann überhaupt nur festgestellt werden, wenn nicht allein Geltungsbezüge bei der Auslegung herangezogen werden. Handlungen oder institutionelle Regelungen, die *nicht unmittelbar* moralischen Zielen, sondern zunächst z.B. Anforderungen der Rentabilität, politischer Machtsicherung oder organisationeller Bestandserhaltung dienen, könnten deshalb auch nicht daraufhin geprüft werden, ob die Erfüllung der entsprechenden Funktionen unter gegebenen Kontextbedingungen *auf indirektem Wege und in letzter Instanz nicht doch* normativen Geltungsanforderungen gerecht wird. Die Werbung für post-materielle Werte kann de facto den Verkauf 'alternativer' Produkte bzw. politischem Machtgewinn ebenso dienen, wie moralisch begründbaren Zielen - oder auch nur einem von beiden. Wohlfahrtsstaatliche Formen der Einkommensumverteilung können als politischer Beitrag auf dem Wege zur Herstellung von Verteilungsgerechtigkeit und als systemstabilisierender Beitrag zur Befriedung der ökonomisch Benachteiligten analysiert werden. Gerade dann,

---

585 Zum generellen theoretischen Stellenwert von *praktischen Inkonsistenzen* zwischen den Lösungsanforderungen unterschiedlicher Bezugsprobleme vgl. oben, Abschn. 6.3.

wenn Geltungsbezüge als *letzten Endes* ausschlaggebende Problembezüge im Rahmen einer Gesellschaftstheorie ausgezeichnet werden, muß die empirische Analyse darauf angelegt sein, Gegenläufigkeiten und Verzahnungen heterogener Problemkontexte am Untersuchungsgegenstand aufzudecken. Gerade dann auch, wenn Geltungsbezügen der Status einer Prüfungs- und Bewährungsinstanz anderer kontingenter Ordnungsformen des Erlebens bzw. Handelns eingeräumt wird, müssen letztere als mögliche Bezugspunkte der Deutung umfassend zum Zuge kommen.[586] - Entsprechendes gilt mutatis mutandis, wenn Komplexität als Letztproblem und "Komplexitätsbewährung"[587] als Kriterium evolutionärer Selektion angenommen wird.

Die methodologische Trennung zwischen Hermeneutik und funktionaler Analyse findet deshalb in der Unterscheidbarkeit verschiedener Typen von Bezugsproblemen, im Hinblick auf die ein Sinngebilde als Lösungsbeitrag gedeutet werden kann, keinen zwingenden Anhalt.

Die Plausibilität dieser Trennung bleibt angewiesen auf externe Vorgaben. Mehr als die Projektion der theoretischen Unterscheidung von System und Lebenswelt auf die methodologische Ebene, ist die historische Verwurzelung der Hermeneutik in der Auslegungspraxis vor allem religiöser und juristischer Texte eine zentrale Quelle solcher Plausibilität, diente doch die Auslegung hier dem Ziel, den nicht (mehr) offensichtlichen aber als vorbildlich anerkannten Geltungssinn der Überlieferung zu tage zu fördern und dessen je aktuelle Applikation zu ermöglichen. Auch die traditionelle geisteswissenschaftliche Hermeneutik hat diese Zentrierung des Auslegungsinteresses auf die Explikation des Geltungssinnes von Sinngebilden mit Vorbildcharakter nicht aufgegeben. Und noch die philosophische Hermeneutik Gadamers entwickelt ihre Reflexion auf die Grundstruktur hermeneutischer Auslegung in derartig engem Kontakt zur

---

586 Der von Gadamer postulierte "Vorgriff der Vollkommenheit" als notwendige Unterstellung im Rahmen hermeneutischer Interpretation meint genau dies, daß jede identifizierbare Ordnungsform *letztlich* unter dem Gesichtspunkt geprüft werden muß, ob sie Anspruch auf Rechtfertigbarkeit im Lichte von Geltungsansprüchen und damit auf Zustimmungsfähigkeit erheben kann. In diesem Sinne bedeutet der Vorgriff der Vollkommenheit die Maxime der Interpretation, das Verstehen bis zu dem Punkt voranzutreiben, an dem die Möglichkeit der Zustimmung durch den Interpreten thematisch wird. *"Funktionales Verstehen"* ist, insofern es bis zu der Möglichkeit des Einverständnisses im Licht vernünftiger Gründe nicht vordringt, demnach ein *reduziertes* Verstehen, wie Apel (1979, S.313) feststellt, und damit aber gerade *nicht* ein gegenüber hermeneutischem Verstehen prinzipiell differenter Verstehenstyp.
587 Von "Komplexitätsbewährung" spricht Luhmann im Kontext der Theorie sozialer Evolution. Im Hinblick auf die Ideenevolution resümiert dieser Begriff "die These der Bewährung von komplexitätsgünstigen semantischen Erfindungen". Vgl. Luhmann 1980, Bd.1, S.313; siehe dazu auch a.a.O., S.303.

hermeneutischen Tradition,[588] daß sie von Habermas ausschließlich als Reflexion über die Möglichkeitsbedingungen der Explikation des Geltungssinnes kultureller Objektivationen gedeutet werden kann.[589]

Neben das Modell geisteswissenschaftlicher Auslegung kanonisierter Texte stellt Gadamer allerdings die Reflexion auf die Bedingungen des Verstehens in der Geschichtswissenschaft. Die hermeneutische Untersuchung historisch bedeutsamer Handlungen und Ereignisse kann sich offensichtlich nicht auf die Dimension des Geltungssinnes beschränken, sondern muß ihre Rolle als Elemente komplexer Handlungsverkettungen betrachten (sie, mit Danto gesprochen, als Funktionselemente "temporaler Strukturen" deuten). Ihr objektiver (d.h. von den Intentionen der historischen Akteure unabhängiger) Sinn zeigt sich erst aus der Perspektive des realisierten Gesamtzusammenhanges, dessen Elemente sie bilden, und dessen historischer Bedeutung, wie sie vom Standpunkt der Gegenwart des Interpreten aus erscheint.[590] *Weder die Reduktion auf intentional repräsentierten noch auf Geltungssinn als ausschließlichem Fokus hermeneutischer Interpretation kann sich deshalb auf Gadamer berufen.*

---

588 Vgl. dazu Gadamer 1965, S.307ff, wo Gadamer es unternimmt, über die Auszeichnung der Applikation als hermeneutisches Grundproblem "die alte Einheit des hermeneutischen Problems wiederherzustellen, in der sich der Jurist und der Theologe mit dem Philologen begegnet" (a.a.O., S.311).

589 Vgl. dazu Habermas 1973, 1971d und 1981, Bd.1, S.188ff. - Wir halten es, wenn auch in anderer Hinsicht als Habermas, für zutreffend, daß "Gadamer .. seine Grundeinsicht (gefährdet- W.L.S.), weil sich hinter dem von ihm bevorzugten Modell der geisteswissenschaftlichen Beschäftigung mit kanonisierten Texten der eigentlich problematische Fall der dogmatischen Auslegung sakraler Schriften verbirgt." Vgl. Habermas 1981, Bd. 1, S.195. Gadamer hat dies selbst bestätigt, wenn er als mögliche Quelle der Fehldeutung seiner Intentionen in "Wahrheit und Methode" anführt (vgl. 1971, S.71): "Der Ausgangspunkt der Entwicklung der hermeneutischen Dimension, den 'Wahrheit und Methode' in der Erfahrung der Kunst und in den Geisteswissenschaften nahm, scheint hier die Würdigung ihres wahren Umfangs zu erschweren." Gegen die Reduktion der Verstehensleistungen hermeneutischer Interpretation auf die Explikation des (Geltungs)sinnes der kulturellen Überlieferung in Abgrenzung "gegen andere, lediglich als Realfaktoren erkennbare Determinanten der gesellschaftlichen Wirklichkeit" (a.a.O., S.70) wendet er sich sodann mit der Feststellung: "Der Sache nach aber erscheint es von der hermeneutischen Problemstellung aus geradezu als absurd, daß die realen Faktoren von Arbeit und Herrschaft außerhalb ihrer Grenzen liegen sollen." Vgl. a.a.O., S71. -Die zusätzliche Reduktion auf die Rekonstruktion und kritische Diskussion des vom Autor jeweils *gemeinten* Geltungssinnes findet bei Gadamer jedoch nicht einmal schwachen Anhalt. Jede Form der Auslegung unter dem Gesichtspunkt des ursprünglich intendierten Sinnes gilt ihm als Ausfluß der "romantischen Hermeneutik", gegen die er seine philosophische Hermeneutik explizit profiliert. Vgl. dazu oben, Abschn. 3.1 und 3.4.

590 Vgl. dazu Gadamer 1965, S.318ff (bes. S.322f) und S.342ff sowie die oben (Abschn. 9) diskutierten Überlegungen Dantos', die - mit Habermas (1973, S.267) - als Bestätigung von Gadamers Prinzip der "Wirkungsgeschichte" durch die sprachanalytische Klärung der Form historischer Aussagen verstanden werden können.

10.2 Hermeneutische Einzelfallrekonstruktion und funktionale Analyse als pragmatisch differenzierbare Formen objektiven Verstehens

Worin aber besteht dann noch die methodologische Differenz zwischen Hermeneutik und funktionaler Analyse? Man mag sie in der Anwendung von Theorien als Fokussierungsinstrumenten der Auslegung suchen, doch auch diese Möglichkeit räumt Gadamer im Rahmen hermeneutischer Auslegung ausdrücklich ein.[591] Umgekehrt unterscheidet Luhmann ausdrücklich zwischen funktionaler Analyse und Systemtheorie, wenngleich er enge Wahlverwandtschaften zwischen beiden konstatiert.[592] Wie für die Methode funktionaler Analyse ausdrücklich reklamiert, so besteht auch für die Hermeneutik die Notwendigkeit, die Zahl der möglichen auslegungsleitenden Problembezüge auf ein jeweils handhabbares Format zu reduzieren.[593] Theorien können die entsprechenden Dienste leisten, indem sie einen eng umrissenen Bezugskontext für die Auslegung auszeichnen.

Bleibt als weiterer möglicher Kandidat für die Ausweisung einer methodologischen Differenz das angestrebte *Abstraktionsniveau* der Problembezüge, auf die hin ein Sinngebilde als Lösungsbeitrag verstanden werden soll. Funktionale Analyse zielt hier typischerweise auf die Identifikation möglichst *allgemeiner Probleme*, deren Lösung Voraussetzung für die Reproduktion größerer sozialer Einheiten bis hin zu ganzen Gesellschaften ist und für deren Lösung funktionale Äquivalente möglich sind. Demgegenüber richtet sich das Interesse hermeneutischer Interpretation typischerweise auf die Deutung individualisierter Sinngebilde, deren Besonderheit sie zu bestimmen sucht. Nicht die Identifikation allgemeiner sozialer Funktionen als Problembezüge, sondern die Rekonstruktion des *einzelfallspezifischen Problemkontextes*, auf den allein das untersuchte Sinngebilde die adäquate Antwort darstellt und für das es infolge dessen keinen vollgültigen Ersatz geben kann, ist hier das Ziel der Analyse. Auch diese Differenz ist jedoch nur *pragmatischer Art*: Sie betrifft nicht die zentralen methodologischen Konzepte, sondern nur das Ziel oder die Richtung ihres Gebrauchs. - Diese These gilt es im folgenden auszuführen.

Zunächst ist es keine Frage der schieren Größe einer Sinneinheit oder eines sozialen Aggregates, ob es als Einzelfall betrachtet werden kann oder nicht. Auch Familien, Organisationen, Typen von Organisationen oder Gesellschaften können als Einzelfälle betrachtet werden, d.h. auf das hin untersucht werden, was für sie, verglichen mit anderen Familien, Organisationen, Organisationstypen

---

591 Vgl. dazu Gadamer 1965, S.181, Anmerk. 1, wo er sagt, es könne "die 'Theorie', z.B. der Musik oder Poetik und Redekunst, sehr wohl ein legitimer Kanon der Auslegung sein."
592 Vgl. Luhmann 1974, S.31ff und 1984, S.83ff.
593 Vgl. dazu oben, Abschn. 8.1 und 9.1

oder Gesellschaften, jeweils spezifisch ist. Umgekehrt können einzelne Elemente einer Klasse, gleichgültig, ob es sich dabei um Kunstwerke, Biographien oder Gesellschaften handelt, unter Gesichtspunkten untersucht werden, die für alle Exemplare der Klasse gültig sind.

Ein Sinngebilde als Einzelfall zu analysieren heißt auch nicht, es von vornherein unter ideosynkratischen Gesichtspunkten zu betrachten. Es bedeutet vielmehr, es als Antwort auf eine spezifische Problemsituation zu deuten. In diesem Sinne spezifisch ist eine Problemsituation idealiter dann, wenn jede Sinneinheit eines Sinngebildes als nicht-kontingentes Antwortelement darauf verstanden werden kann. Wird zu Beginn einer Interpretation ein Sinnelement als Lösung eines Teilproblems gedeutet, für das auch andere Lösungsmöglichkeiten entworfen werden können, dann verlangt einzelfallspezifisches Vorgehen die Anreicherung des Problemkontextes bis zu dem Punkt, an dem keine Alternativen mehr sichtbar werden. Dies kann geschehen, indem weitere Sinnelemente als Lösungsmöglichkeiten anderer Teilprobleme identifiziert werden, für die u.U. jeweils ebenfalls Alternativen angebbar sind, deren Verbindung innerhalb eines Sinngebildes aber ein komplexes Gefüge von Lösungsbeiträgen zu einer Gesamtproblemsituation bildet, bei dem keine Lösung eines Teilproblems ausgetauscht werden kann, ohne Leistungseinbußen an anderer Stelle zu riskieren.

Ihrem regulativen Ideal nach sind Einzelfallanalysen auf die *Maximierung des verständlichen Gehalts* und d.h. auf die *Ausschließung funktionaler Äquivalente* angelegt, die als alternative Problemlösungen an die Stelle des untersuchten Zusammenhanges rücken könnten. Denn nur dann, wenn keine funktional äquivalenten Möglichkeiten mehr sichtbar sind, wird auch die *spezifische Selektivität* eines Sinngebildes verständlich. Daß dies immer möglich ist, dafür gibt es keine apriorische bzw. ontologische Garantie. Es handelt sich bei dieser Forderung vielmehr um eine Maxime der Interpretation, deren Befolgung - wie bereits in Gadamers Postulat des "Vorgriffs der Vollkommenheit" formuliert[594] - die Bedingung der Möglichkeit jeder auf größtmögliche Reichweite des Verstehens ausgehenden Auslegung ist.[595] Ein Sinngebilde als Einzelfall zu untersuchen bedeutet also, es als Antwort auf eine in ihrer Selektivität ein-

---

594 Freilich ist damit der Sinn von Gadamers Postulat nicht erschöpft, besagt es doch, daß die Problemsituation, als deren Beantwortung ein Sinngebilde zu entschlüsseln ist, über diese Spezifizitätsforderung hinaus auch eine *gültige* Problemsituation (gültig aus der Perspektive des Interpreten) sein soll. Vgl. dazu oben, Abschn. 3.4.

595 Daß dieses Postulat ein reales Korrelat im interpretierten Text findet, unterstellt Gadamer vor allem für literarische Texte. Der literarische Text "hat eine neue, einzigartige Richtigkeit, die ihn als Kunstwerk auszeichnet. Jedes Wort 'sitzt', so daß es *fast unersetzbar* scheint und in gewissem Grade *wirklich unersetzbar ist*". Vgl. Gadamer 1983, S.358; Hervorhebungen von mir - W.L.S.

zigartige Problemsitution zu deuten. Diese Beschreibung kommt im wesentlichen ebenfalls überein mit Poppers Konzeption des situationslogischen Verstehens durch Rekonstruktion der *spezifischen* Problemsituation, auf die Theorien bzw. Handlungen antworten, das insofern als Form hermeneutischen Einzelfallverstehens eingestuft werden kann.[596]

Auch im Rahmen funktionaler Analyse kann freilich die Untersuchung auf ein Niveau der Spezifikation von Problemsituationen geführt werden, auf dem kaum noch funktionale Alternativen identifiziert werden können. Ein solches Spezifikationsniveau wird - auf strukturell grundsätzlich analogem Wege, wie bei der hermeneutischen Einzelfallinterpretation - erreicht, wenn die Kompatibilität möglicher Lösungen eines Bezugsproblems mit den Lösungsanforderungen anderer Bezugsprobleme berücksichtigt wird, wie sie etwa charakteristisch für ein konkretes System sind.[597] Die gestellten Kompatibilitätsanforderungen werden wirksam als zusätzliche Restriktionen, denen jede Lösung des eigentlichen Bezugsproblems genügen muß.

Daß dabei alternativlose Lösungen gefunden werden können, ist allerdings kontingent. Funktionale Analyse zielt von Hause aus nicht auf eine derartige Elimination alternativer Lösungsmöglichkeiten, sondern gerade umgekehrt auf die Herstellung von Vergleichbarkeit zwischen unterschiedlichen Erscheinungen als möglichen Lösungen eines Bezugsproblems.[598] Und sie denkt primär aus der Perspektive von Problemen als Bezugspunkt für die Identifikation und Interpretation von Sinngebilden als Lösungsmöglichkeiten. Einer detaillierten Aufklärung der Einzelheiten eines Sinngebildes bedarf es dazu nicht. Es müssen z.B. nicht die genauen Einzelheiten ritueller Praktiken aufgeschlüsselt und auf ihren Sinn hin durchleuchtet werden, um festzustellen, daß sie zur Festigung des sozialen Zusammenhalts der Gemeinschaft beitragen und zugleich der persönlichen Bewältigung schwieriger Situationen dienen.[599] Oder, um die hier maßgebliche Differenz an einem Grenzfall zu erläutern:

Wenn Weber den zarathustrischen Dualismus, den calvinistischen Prädestinationsglauben und die hinduistische Karmanlehre als die drei allein konsequent rationalen Lösungen des Theodizeeproblems deutet,[600] dann betreibt er damit

---

596 Vgl. dazu oben, Abschn. 4.3. - Wird dabei das angestrebte Detaillierungsniveau wie in Poppers Galilei-Rekonstruktion oder den wissenschaftsgeschichtlichen Untersuchungen von Kuhn und Feyerabend auf der Ebene des "historischen Verstehens" (im Sinne Gadamers; vgl. dazu oben, Abschn. 3.4) erreicht, erscheinen also Theorien als angemessene Antwort auf eine für sie jeweils spezifische wissenschaftliche Problemsituation, für die es damals keine vergleichbare Alternative gab, dann ist das Resultat im Hinblick auf die historische Situation der Theoriewahl die *Inkommensurabilität* der so rekonstruierten Theorien.

597 Vgl. dazu Luhmann 1974, S.21 und 38.

598 Vgl. bes. Luhmann 1974, S.13ff.

599 Dieses Beispiel erwähnt Luhmann 1974, S.21.

600 Vgl. Weber 1978, Bd. I, bes. S.248f und S.572f.

funktionale Analyse, bei der ein Geltungsproblem als Bezugspunkt für die Identifikation äquivalenter Leistungen fungiert. Das Theodizeeproblem steht andererseits als Bezugspunkt *hermeneutischer Einzelfallanalyse,* wenn die Annahmen der Allmacht Gottes und der erbsündigen Natur des Menschen als die *spezifischen Prämissen des Theodizeeproblems im christlichen Kontext* identifiziert werden,[601] durch die eine dualistische Lösung ebenso ausgeschlossen ist, wie die Lösung der Karmanlehre, die auf strikt proportionaler Vergeltung individuell zurechenbarer Handlungen und der Möglichkeit der Selbsterlösung gründet.

Funktionale Analyse behandelt eine untersuchte Erscheinung de facto nicht als individuelles Sinngebilde, sondern - zumindest implizit - von vornherein als Element einer Klasse möglicher Problemlösungen. Die Besonderheiten der so ausgemachten Äquivalente sind dabei nur insoweit von Interesse, wie sie sich als Leistungsdifferenzen bzw. in möglichen Folgeproblemen niederschlagen. - Im Kontext der ethnologischen Diskussion hat Sahlins diese Vorgehensweise (am Beispiel des 'naturalistischen' Funktionalismus) auf instruktive Weise kritisiert:[602]

"Zwischen der Fülle und Komplexität kultureller Erscheinungen von der Art einer Intichiuma-Zeremonie und den simplen Vorstellungen des Ethnologen über deren ökonomische Nützlichkeit klafft eine riesige Lücke. Ihre Funktionen erklären einen verschwindenden Bruchteil jener reichen Wirklichkeit und nichts von ihrem besonderen Inhalt. Als Malinowski zeigen wollte, daß 'den Intichiuma-Zeremonien der australischen Ureinwohner mit ihren wilden Tänzen, ihren bemalten Körpern und ihren symbolverzierten Schilden in Wirklichkeit eine Funktion im ökonomischen Leben zukam', daß nämlich durch die vorangestellten Riten die Produktion stimuliert würde (Malinowski 1912), was erfuhren wir da eigentlich über jene wilden Tänze, bemalten Körper und über all die tausend anderen Dinge, die zu einer Intichiuma-Zeremonie gehören? Eine solche begriffliche Verarmung kennzeichnet die theoretische Produktionsweise des Funktionalismus. Sie wird nur noch größer, sobald die Funktion auf der biologischen Ebene gesucht wird, was häufig nicht nur für Malinowski, sondern auch für neuere Spielarten der ökologischen Anthropologie gilt (vgl. Vayda 1965, S.196; Vayda und Rappaport 1967). Denn je weiter der kulturelle Tatbestand von der Sphäre der Nützlichkeit entfernt ist, auf den er bezogen ist - sei es die organische, ökonomische oder soziale - , desto geringer und vermittelter müssen die Beziehungen zwischen diesem Tatbestand und den Phänomenen jener Sphäre sein; und desto geringer und unspezifischer sind demzufolge auch die funktiona-

---

601 Vgl. Blumenberg 1983, S.146ff sowie Weber 1978, Bd. II, S.117ff.
602 Vgl. Sahlins 1981, S.114f; Hervorhebungen von mir - W.L.S.

len Einflüsse auf die Eigenart des betrachteten Brauches. Entsprechend wird auch die Erklärung mit Hinweis auf funktionale Vorteile weniger determiniert sein, oder umgekehrt: *um so größer wird der Bereich alternativer kultureller Praktiken sein, die dem gleichen Zweck ebenso gut (oder besser) dienen könnten. Neben der Inszenierung der Intichiuma-Zeremonie muß es noch viele andere Möglichkeiten zur Stimulierung der Produktion geben.* Tatsächlich vereitelt diese Erklärung geradezu ihr Ziel, den Brauch verständlich zu machen, denn das ist doch wohl eine wunderliche Art, sein Geschäft anzugehen."

Von der problematischen Gleichsetzung zwischen funktionaler Analyse und der Erklärung eines Phänomens abgesehen, ist Sahlins Ausführungen durchgängig zuzustimmen. Doch was er als die Kardinalschwäche eines solchen Funktionalismus wertet, die mangelhafte Berücksichtigung der Besonderheiten und die Ersetzbarkeit der untersuchten kulturellen Praxis durch funktionale Äquivalente, das gerade ist das Spezifikum einer Betrachtungsweise, die Problembezüge als abstrakte Bezugspunkte des Vergleichs unterschiedlichster Phänomene einsetzt und der es dabei auf die Besonderheiten der Phänomene gar nicht anzukommen braucht. Wenn bestimmte Problembezüge als besonders bedeutsam - etwa für die Reproduktion eines sozialen Systems - ausgezeichnet werden können, dann ist es *eine für sich genommen interessante Frage,* welche faktischen bzw. alternativ möglichen Lösungen es für dieses Problem gibt. Daß deren Beantwortung nicht zugleich als Antwort auf *die ganz andere Frage nach dem Sinn der individuellen Eigenheiten eines Phänomens* tauglich ist, kann nicht als Argument gegen die Methode funktionaler Analyse gerichtet werden, sondern trifft allenfalls eine falsche Einschätzung ihrer Leistung. Ihr Ziel muß es eben nicht sein, wie Sahlins unterstellt, den untersuchten Brauch in seinen Besonderheiten verständlich zu machen.

Die von Sahlins eingeklagte Aufgabe entspricht der Zielsetzung hermeneutischer Einzelfallanalyse. Deren Interesse richtet sich auf die Rekonstruktion einer Problemsituation, die hinreichend spezifisch ist, um die besonderen Merkmale des untersuchten Sinngebildes als Antwort darauf verständlich zu machen. Freilich um den anderen Preis, daß Problembezüge der Allgemeinheitsstufe, wie sie für die funktionale Analyse charakteristisch sind, dabei leicht außer acht gelassen werden - und oft auch ignoriert werden können, weil sie eben unspezifisch sind im Hinblick auf den untersuchten Gegenstand.

Die Konzentration funktionaler Analyse auf wenige abstrakte Problembezüge einerseits und die Fokussierung hermeneutischer Einzelfallinterpretation andererseits markiert jedoch eine nur *pragmatische Differenz.* Unterschiedlich ist hier nur *das jeweils zentrale Erkenntnisinteresse,* dessen Verfolgung jedoch in beiden Fällen mit der nicht-intentionalistisch interpretierten und unterschied-

237

liche Rationalitätsbezüge übergreifenden methodologischen Grundrelation von Problem und Problemlösung operiert.

Diese pragmatische Differenz ist nicht unüberbrückbar. Luhmanns Konzeption der Problemstufenordnung bietet einen formalen Rahmen für die Verknüpfung beider Erklärungsziele. Möglich wird diese Verbindung durch die hierarchische Anordnung der für die Interpretation herangezogenen Problembezüge. Weil jedes Problem einerseits zum Ausgangspunkt für die Suche nach Lösungen genommen werden kann, die wiederum jeweils mit besonderen Folgeproblemen verknüpft sind, für die spezifischere Lösungen benötigt werden etc., andererseits jedes Problem als Folgeproblem der Lösung eines allgemeineren Bezugsproblems rekonstruiert werden kann etc., besteht auf jeder Sprosse einer solchen Stufenleiter und nach jedem einzelnen Schritt die Möglichkeit, die Analyse auf Ebenen höherer Allgemeinheit oder höherer Spezifikation fortzusetzen. Die Bewegungsrichtung innerhalb der Problemstufenordnung kann dabei jederzeit verändert werden. An die Relationierung eines Sinnelementes zu einem abstrakteren Bezugsproblem können Respezifikationsschritte anschließen, die zum untersuchten Sinngebilde zurückführen und weitere Sinnelemente als Antwort auf Verzweigungen des allgemeinen Bezugsproblems durchsichtig machen, wieder andere Sinnelemente können zu ihrer Deutung die Einführung neuer abstrakter Bezugsprobleme verlangen, die ihrerseits neue Möglichkeiten der Respezifikation oder auch der forcierten Abstraktion der Analyse eröffnen etc. Die Entschlüsselung eines Sinngebildes kann so gleichsam als eine Zick-Zack-Bewegung innerhalb einer Problemstufenordnung nachgezeichnet werden, die nach und nach die verschiedenen Elemente des Gebildes als Antwortelemente auf einen Problemkomplex rekonstruiert, der unterschiedliche Stufen der Abstraktion übergreift.

10.3 Die Integration von Hermeneutik und funktionaler Analyse im Modell der Problemstufenhierarchie. Analyse eines Interpretationsbeispiels

Ein knappes Beispiel soll dies illustrieren. Es stammt aus einer Untersuchung zu Problemen der Kooperation zwischen Ministerialverwaltungen und Sozialwissenschaftlern bei der Durchführung von Auftragsforschungen.[603] Um abzukürzen, beschränken wir uns auf die Zusammenfassung einer an anderer Stelle durchgeführten Interpretation.

---

603 Vgl. zum folgenden ausführlich Schneider 1991; siehe ergänzend dazu Schneider 1989 und 1986.

In einem Interview berichtet ein Sozialwissenschaftler über ein Auftragsprojekt zum Problem illegalen Drogenkonsums, das er zusammen mit einem Kollegen durchführte. Während der Abwicklung kam es zu Meinungsverschiedenheiten zwischen den Wissenschaftlern und Vertretern der auftraggebenden Ministerialverwaltung über die Forschungsziele. Diese Differenzen seien jedoch letztlich ohne Konsequenzen für den Verlauf der Forschungsarbeit geblieben, weil die Wissenschaftler sich auf den Text ihres Exposés, auf das sie die Verwaltung bei der Auftragsannahme "verpflichtet" hätten, "zurückziehen" konnten. - Wie diese Formulierung nahelegt und die Einbeziehung weiterer Aussagen bestätigte, verfolgten die Wissenschaftler mit diesem Projekt von vornherein eigenständige Ziele, für deren Realisierung sie die Finanzierung durch die Administration benötigten. Vor allem als Resultat persönlichen Engagements für bestimmte Forschungsziele und des erfolgreichen Versuchs, den Forschungsauftrag für die Realisierung dieser Ziele zu nutzen, so ein erster Versuch zur Erklärung der Kooperationsschwierigkeiten, kam es zum Dissens mit der Verwaltung.

Soll diese Auskunft nicht einfach als Merkmal des betrachteten Falles verbucht, sondern daran die Frage nach *strukturellen Generalisierungsmöglichkeiten* angeschlossen werden, dann muß zur weiteren Deutung dieses Merkmals ein *allgemeineres Bezugsproblem* entworfen werden, auf das es als Antwort verstanden werden kann. Die strukturfunktionalistische Theorie der Professionen hält dafür wichtige Anhaltspunkte bereit:

Persönliches Engagement für berufliche Ziele ist für sich genommen nichts Auffälliges, sondern erfüllt *normative Erwartungen*, die an die Haltung eines Wissenschaftlers (oder auch eines Arztes oder Anwalts bzw. anderer Angehöriger der klassischen Professionen) gegenüber seinem Beruf gestellt werden.[604] Für die meisten anderen Berufe gelten derartige Erwartungen allerdings nicht. Von Handwerkern oder Technikern etwa wird sorgfältige Arbeit, nicht aber die persönliche Identifikation mit deren Zielen erwartet. Dies mag damit erklärt werden, daß die Professionen gleichsam als treuhänderische Verwalter zentraler gesellschaftlicher Werte wie der Tradierung und Vermehrung unseres Wissens, von Gesundheit, Gerechtigkeit oder Seelenheil eingesetzt sind, denen gegenüber sich eine nur instrumentelle, auf Erwerb gerichtete Haltung verbietet (bei Strafe des Verlustes von sozialem Ansehen, wie die vielfache öffentliche Kritik an primär profitorientierten Ärzten oder Anwälten

---

[604] Das Erfordernis der Identifikation mit den für professionelles Handeln konstitutiven Werten betont z.B. Münch 1984, S.131f im Rahmen einer ausführlichen Darstellung der Rolle der Professionen in modernen Gesellschaften; vgl. a.a.O., S.127ff.

belegt).[605] Abgesehen von Pietätsbezeugungen aber liefert persönliches Engagement für professionelle Zielsetzungen einen Lösungsbeitrag zu einem zentralen Problem, *zum Problem der Qualitätskontrolle professioneller Leistungen* nämlich, für deren Bewertung es keine standardisierbaren Maßstäbe gibt.[606] Krankheit bedeutet eingeschränkte Fähigkeit zur Wahrnehmung von Rollenverpflichtungen;[607] ungelöste Rechtsstreitigkeiten bedeuten Unsicherheit über die soziale Geltung normativer Erwartungen;[608] mangelndes bzw. unzuverlässiges Wissen bedeutet kognitive Erwartungsunsicherheit und eingeschränkte Möglichkeiten geplanten Handelns. Die Qualität professioneller Leistungen ist deshalb nicht nur ein individuelles Problem Hilfe suchender Klienten, sondern ist zugleich maßgeblich für die Erfüllung *sozialer Funktionen.* Unsere Rekonstruktion eines *generalisierten Bezugsproblems,* von dem her das im vorliegenden Falle festgestellte hohe persönliche Engagement der Wissenschaftler für ihre Forschungsziele als Problemlösung verstanden werden kann, läßt sich knapp resümieren: *Persönliches Engagement für professionelle Ziele entspricht einer generalisierten normativen Normalitätserwartung gegenüber professionellen Akteuren und kann verstanden werden als Lösungsbeitrag zum Problem der Qualitätssicherung professioneller Leistungen.*

Obwohl den Normalitätsstandards professionellen Handelns gemäß, steht das Engagement der Wissenschaftler in Zusammenhang mit den Differenzen über die Forschungsziele, zu denen es im Verlauf des untersuchten Auftragsprojektes zwischen den Wissenschaftlern und den Verwaltungsangehörigen kam. Unklar ist die Art dieses Zusammenhanges. Um diese Frage zu beantworten, muß die Analyse von der Ebene *professionellen Handelns als gesellschaftlich ausdifferenziertem Handlungstypus* mit bestimmten sozialen Funktionen *respezifiziert* werden auf die Ebene *wissenschaftlichen Handelns als Unterfall professionalisierten Handelns,* das in spezifischer Weise zu anderen Formen professionellen Handelns kontrastiert: Bei Ärzten oder Anwälten sind die Kriterien professionellen Erfolgs, die Heilung des Patienten bzw. der Gewinn des Prozesses, mit den Interessen der Hilfe suchenden Klienten synchronisiert. Für wissenschaftliches Handeln gilt dies nicht. Die Erprobung bzw. Entwicklung neuer Methoden, die Entwicklung komplexer Erklärungsmodelle, die Verfolgung theoretisch

---

605 Vorsorglich merken wir an, daß die Rede von zentralen gesellschaftlichen Werten nicht notwendig die oben mit Luhmann verworfene Annahme der Integration moderner Gesellschaften durch kollektiven Wertekonsens einschließt. Werte können weitgehend anerkannt sein und gleichwohl im Falle des Konfliktes mit funktionssystemspezifischen Orientierungen als nachrangig behandelt werden.

606 Zum Problem der Qualitätskontrolle professioneller Leistungen allgemein vgl. u.a. Rüschmeyer 1972, S.168; Marshall 1964, S.162f; für die Bewertung der Qualität von Forschungsleistungen vgl. Schneider 1988.

607 Vgl. dazu z.B. Parsons 1969, S.417.

608 Vgl. Luhmann 1981, S.73ff.

besonders interessant erscheinender Fragen kann das Engagement des Wissenschaftlers auf sich ziehen und - bei Erfolg - seiner fachlichen Reputation innerhalb der 'scientific community' zugute kommen; die Wünsche des Auftraggebers nach Informationen und praktischen Vorschlägen, die seinen Handlungsmöglichkeiten Rechnung tragen, werden dadurch nicht automatisch miterfüllt. Divergieren professionelle Ziele und Klienteninteressen, *dann wird das persönliche Engagement des Wissenschaftlers für den Klienten zur potentiellen Gefahr*, so funktional es weiterhin für den sozialen Problembezug wissenschaftlichen Handelns sein mag. Formal betrachtet ist diese Gefahr also nur *Folgeproblem des Lösungsbeitrages zu einem allgemeineren Problem*, das in der generellen Struktur und sozialen Funktion professionellen Handelns begründet ist.

Der methodologischen Anweisung zur rekursiven Anwendung der Figur von Problem und Problemlösung weiter folgend, schließen wir hier mit der Frage nach *möglichen Lösungen für dieses Folgeproblem* an: Zu seiner Lösung im Kontext sozialwissenschaftlicher Auftragsforschung *reichen rechtliche Regelungen vertraglicher Art allein nicht aus*. Eine verläßliche Koordinierung zwischen professionellen Zielen und Klientenwünschen ermöglichen sie nur bei Aussicht auf Anschlußaufträge und unter der Voraussetzung, daß ein Interesse an weiteren Aufträgen - sei es aus materiellen Gründen oder aufgrund langfristig stabiler Forschungsinteressen - existiert. Werden Aufträge eher ad-hoc, also ohne längerfristige Perspektive vergeben, und sind an der Universität angestellte Sozialwissenschaftler die Auftragnehmer, dann ist beides nicht gewährleistet. Zusätzliche Sicherungen sind unter diesen Bedingungen nötig, um eine verläßliche Abstimmung zwischen professionellen Zielen und Auftraggeberwünschen zustande zu bringen.

Die Ebene der *Interaktion* zwischen Wissenschaftlern und Auftraggebern eröffnet hier besondere Möglichkeiten: Die Forschungsziele können *gemeinsam ausgehandelt*, die Anpassungsfähigkeit und Konzessionsbereitschaft von Wissenschaftlern im *direkten Kontakt besser eingeschätzt, Vertrauen gebildet* und *personenbezogene Verpflichtungsverhältnisse als Abstützung vertraglicher Regelungen* etabliert werden. Diese Möglichkeiten der Absicherung werden von Verwaltungen im Umgang mit Sozialwissenschaftlern durchaus genutzt.[609] Wie eine Nachprüfung im untersuchten Beispiel anhand weiterer Aussagen des befragten Wissenschaftlers jedoch zeigte, versäumte es die Verwaltung, vor der Vergabe des Projektes mit den durchführenden Wissenschaftlern persönliche Kontakte herzustellen und erteilte den Auftrag auf der Grundlage des eingereichten Exposés. Die Verwaltung machte also von den spezifischen Möglichkeiten, die

---

609 Vgl. Schneider 1989.

unter den erwähnten Randbedingungen (Vergabe von ad-hoc-Aufträgen an universitäre Sozialwissenschaftler) für die Lösung des Synchronisationsproblems hätten ergriffen werden können, keinen Gebrauch.

Eine alternative Möglichkeit zur Entschärfung des Koordinationsproblems zwischen den Forschungszielen von Wissenschaftlern und den Informationswünschen des Auftraggebers besteht darin, keine Aufträge an universitäre Sozialwissenschaftler zu vergeben. Werden Aufträge an kommerzielle Forschungsinstitute vergeben, dann tritt das individuelle professionelle Engagement als Gefahrenquelle für den Auftraggeber vermutlich zurück hinter die organisationell verankerte Orientierung an ökonomischer Rentabilität. Es muß aber mit anderen Folgeproblemen gerechnet werden, wie etwa der Neigung, für frühere Untersuchungsaufträge entwickelte Tests in leicht veränderter Form zu verwenden. Für die Institute ist dies kostengünstig und ermöglicht schnelle Auftragserfüllung, die allerdings leicht auf Kosten der Explorationstiefe und Innovativität der Resultate geht.

Das erwähnte Verhalten der Verwaltung bei der Auftragserteilung markiert einen eigenständigen Sinnkomplex im Bericht über das sozialwissenschaftliche Auftragsprojekt. Die Deutung dieses Verhaltens als Verfehlung einer Lösungsmöglichkeit für das Koordinationsproblem bringt es in einen Sinnzusammenhang mit dem späteren Dissens über die Ziele des Forschungsprojektes. Um die zugrunde liegende Sinnstruktur des Handelns der Verwaltung weiter aufzuschlüsseln, wäre nun einerseits zu fragen, als Lösung welchen Problems denn die dysfunktional erscheinende Form der Auftragsvergabe verstanden werden kann. Hatte die Administration zunächst selbst noch keine eigenständigen Zielvorstellungen entwickelt, und hatte das Projekt deshalb ursprünglich quasi 'explorative' Bedeutung? Diente es vielleicht als Handlungsersatz und zielte mehr auf die befristete Legitimation politischer Untätigkeit als auf den Gewinn entscheidungsrelevanter Informationen? Für die Beantwortung dieser Fragen liefert das Interview mit einem der beteiligten Wissenschaftler nur wenige Anhaltspunkte.

Aufschlußreicher ist es, wenn man eine zweite Richtung der Problemspezifikation verfolgt, die hier vorgezeichnet ist, und nach der spezifischen Problemsituation der auftragnehmenden Wissenschaftler fragt. Bezogen auf die institutionellen und persönlichen Rahmenbedingungen mag hier der Hinweis genügen, daß es sich um junge Sozialwissenschaftler kurz nach dem Examen handelte, die ohne feste Anstellung an der Universität waren und für die der Forschungsauftrag die Möglichkeit bot, für eine befristete Zeit Wissenschaft als Beruf zu betreiben. Ohne Aussichten auf Folgeaufträge oder längerfristige Beschäftigung bei der Verwaltung lag hier die Favorisierung spezifisch wissenschaftlicher Forschungsziele besonders nahe, ist die Vermittlung wissenschaftlicher Orientierungen doch Bestandteil der Ausbildung und die Erfüllung entsprechender Anforderungen Voraussetzung für eine mögliche berufliche Karriere im Wissenschaftsbetrieb. Neben diesem 'materiellen' Aspekt ihrer Problemsituation sind jedoch die normativen Implikationen professionellen Handelns zu berücksichtigen, die - anders als im Bereich rein ökonomischen Handelns - einer primär auf die Maximierung des eigenen Nutzens ausgerichteten Verhaltensstrategie entgegenstehen. Die Legitimation professioneller Ziele verlangt es, daß diese Ziele darstellbar sind als Realisierung derjenigen kollektiven Ziele, mit deren Verfolgung die Professionen beauftragt sind. Darin kommt der *Gemeinwohlbezug* zum Ausdruck, der allgemein *als konstitutiv für professionelles Handeln* gilt.[610] Die Durchsetzung professioneller Ziele gegen Klientenwünsche kann unter der Voraussetzung des Strukturmodells professionellen Handelns nur dann legitimiert werden, wenn die eigenen Ziele als gemeinwohldienlich dargestellt und die Gemeinwohlverträglichkeit der Klientenwünsche geleugnet wird. Wie eine weitere Analyse des Interviewmaterials zeigte, wird das konstatierte *Darstellungs- oder Legitimationsproblem* tatsächlich im Sinne des Strukturmodells professionellen Handelns gelöst: Als Ziel der eigenen Forschung wird die *Aufklärung der Öffentlichkeit* über die Zwänge und Interessenverflechtungen genannt, in der sich die administrative Drogenpolitik angeblich festgefahren habe. Der Ministerialverwaltungverwaltung wird dabei unterstellt, durch Rücksichtnahme auf partikulare Interessen gebunden zu sein und mögliche Maßnahmen wider ihr besseres Wissen deshalb nicht durchführen zu können. Die Wünsche der Administration als Klient werden so ins Zwielicht gerückt. Sie selbst erscheint in die Übel verstrickt, deren Bekämpfung ihr Auftrag ist, und jede ernsthafte Bemühung um die Erfüllung dieses Auftrages muß deshalb in Konflikt geraten mit einer solchermaßen korrumpierten Verwaltung. *Die eigenen professionellen Ziele gegen die Wünsche der Verwaltung durchzusetzen erscheint daher aus Gründen des Gemeinwohls geradezu geboten.*

Unsere Interpretationsskizze soll hier abgebrochen werden. Sie zeichnete die Bewegung des Deutungsprozesses über mehrere Stufen einer Problemstufenhierarchie nach. Dabei wurde zunächst eine Äußerung oder Sinneinheit als Erfüllung einer generalisierten Regel identifiziert, nach der persönliches Engagement für professionelle Ziele normativ erwartet wird. Auf der damit erreichten Generalisierungsstufe, welche die Äußerung des befragten Wissenschaftlers als individuellen Ausdruck eines typischen Strukturelementes professionalsierten Handelns erkennen läßt, wird dann das *soziale Bezugsproblem* identifiziert, auf welches dieses Strukturelement antwortet: das *Problem der*

---

610 Vgl. dazu u.a. Parsons 1973, S.162f; Rüschemeyer 1972, S.168; Münch 1984, S.128.

Qualitätskontrolle unter den Bedingungen der Nicht-Standardisierbarkeit professioneller Leistungen.

Die Analyse des betrachteten Einzelfalles reicht hier in den Kontext der strukturfunktionalistischen Theorie professionellen Handelns hinein und könnte durch genauere Untersuchung der Struktur und sozialen Funktion professionellen Handelns sowie der Suche nach denkbaren funktionalen Äquivalenten auf ein höheres Abstraktionsniveau vorangetrieben werden. Die so zu gewinnenden Ergebnisse wären allerdings weitgehend unspezifisch im Verhältnis zum analysierten Einzelfall. Dessen Aufschlüsselung verlangt es nur, die Einbeziehung von Problemstufen höherer Allgemeinheit genau soweit voranzutreiben, wie daraus instruktive Ergebnisse für dessen Deutung gewonnen werden können. Mit anderen Worten: Solange die Analyse des Einzelfalles im Mittelpunkt steht, wird jeweils das oberste Niveau der Allgemeinheit gesucht, bezogen auf das der betrachtete Fall als besondere Ausprägung verstanden werden kann.

Methodologische Regeln, aus denen abgeleitet werden kann, wann ein solches Niveau erreicht ist, existieren nicht. Instruktiv ist eine erreichte Stufe der Allgemeinheit für die Auslegung eines Einzelfalles immer dann, wenn er Ansatzpunkte zur respezifizierenden Konstruktion von (Folge-)Problemen bzw. Lösungsmöglichkeiten bietet, welche unmittelbar zur Deutung weiterer Sinneinheiten herangezogen werden können. Im vorliegenden Beispiel wurde dies möglich, indem aus dem allgemeinen Bezugsproblem der Qualitätskontrolle und der Identifikation persönlichen Engagements für berufliche Ziele als Beitrag zur Lösung dieses Problems das Folgeproblem der Koordination der Ziele von Auftraggeber und professionellem Auftragnehmer abgeleitet und für den besonderen Fall wissenschaftlichen Handelns zusätzlich festgestellt wurde, daß institutionalisierte Formen der Interessenkoordination durch berufliche Erfolgskriterien (wie z.B. Heilung des Patienten bei Ärzten oder Gewinn des Prozesses bei Anwälten) fehlen. Sofern längerfristige Bindungen bzw. Abhängigkeiten organisationeller Art (z.B. durch Aufeinanderfolge mehrerer vertraglich geregelter Kooperationen) fehlen, so die These, muß das Problem normativ verbindlicher Interessenkoordination auf der Ebene direkter Interaktion zwischen Auftraggeber und Auftragnehmer gelöst werden.

Auf diese gedankenexperimentell durch Respezifikation konstruierte Lösungsmöglichkeit konnten weitere Teile des untersuchten Interviews bezogen werden mit dem Ergebnis, daß diese Lösungsmöglichkeit nicht gewählt wurde und es insofern erwartbar war, daß keine völlige Übereinstimmung über die Ziele des Auftragsprojektes hergestellt werden konnte. Deutungsbedürftig erweist sich damit die festgestellte Verfehlung der konstruierten Lösungsmöglichkeit. Als Lösung welchen alternativen Problems konnte das Verhalten der Verwaltung statt dessen begriffen werden? - Nur wenn diese Frage geklärt würde, würde das

Verhalten der Verwaltung tatsächlich verständlich, d.h. nach den Prämissen unserer methodologischen Argumentation: als positive Antwort auf ein Problem ausdeutbar. Die Verfehlung der konstruierten Lösung wäre dann zu begreifen als dysfunktionale Folge der Lösung eines anderen Problems.

Als mögliche Problemkontexte, deren reale Erfüllung am vorliegenden Interviewmaterial allerdings nicht weiter geprüft werden konnte, wurden *organisationstypische Zielsetzungen* (Forschung zu unspezifischen Explorationszwecken oder als bloßer Handlungsersatz) für die Vergabe von Forschungsaufträgen durch Ministerialverwaltungen genannt. Unter diesen Bedingungen hätte es keiner Abstimmung der Forschungsziele zwischen der Verwaltung und den Wissenschaftlern bedurft.[611]

Besseren Aufschluß als über die Problemsituation der auftraggebenden Verwaltung bot das Material im Hinblick auf die beruflichen Rahmenbedingungen sowie die Situationsdeutungen der auftragnehmenden Wissenschaftler. Im Hinblick auf die eigene berufliche Situation der Wissenschaftler konnte deren Konzentration auf spezifisch professionelle Ziele ohne besondere Rücksichtnahme durchaus als rational verstanden werden. Das daraus resultierende Folgeproblem auf der Ebene der Situations*deutung* (betrachtet aus der Perspektive des Interpreten!), wie die ablehnende Haltung gegenüber den Klientenwünschen zugunsten professioneller Ziele mit dem normativ verankerten Gemeinwohlbezug professionellen Handelns zu vereinbaren ist, wurde gelöst mit Hilfe von Annahmen, welche es erlaubten, die Wünsche der Verwaltung als Ausdruck partikularer Interessen zu interpretieren. Die Zurückweisung solcher Wünsche erschien so geboten; die eigenen professionellen Ziele wurden demgegenüber als geeignet für die Aufklärung der Öffentlichkeit dargestellt und ihnen damit per Implikation die Qualität des Gemeinwohlbezuges zugesprochen. Wie die Rekapitulierung der einzelnen Interpretationsphasen zeigt, bewegt sich die Auslegung über mehrere Stufen einer Problemstufenhierarchie, die, ausgehend von einem generalisierten sozialen Bezugsproblem, sich über organisationstypische und typische berufsbiographische Problembezüge bis hin zu Problemen auf der Ebene der Konstruktion konsistenter Situationsdeutungen erstreckt. Dabei werden entlang der sich verzweigenden Problembezüge immer neue Teile des betrachteten Sinngebildes in die Rekonstruktion einbezogen und so dessen Bedeutung als spezifische Antwort auf eine komplexe, intern nach Abstraktionsstufen und Voraussetzungsbeziehungen hierarchisch angelegte Problemkonstellation expliziert.

---

611 Der erwähnte Dissens über die Ziele des Projektes, der in späteren Gesprächen zu tage trat, wäre dann eventuell als Folge *inzwischen* veränderter Ziele der Verwaltung zu betrachten oder gar als persönliche Meinungsäußerung einzelner Verwaltungsvertreter zu werten.

Zur analytischen Bewegung von der allgemeinsten Problemstufenebene zu spezifischeren Problembezügen parallel ergab sich dabei eine *Verschiebung des Problemtyps*: Am Ausgangspunkt stand die Frage nach der Lösung für ein gleichsam sozial-'technisch' formuliertes Problem - die Qualitätssicherung professioneller Leistungen unter Bedingungen der Nicht-Standardisierbarkeit der Erfolgskontrolle. Die Lösung dieses Problems stützt mithin die strukturelle Differenz von professionellem gegenüber nicht-professionellem Handeln, trägt also zur Grenzstabilisierung eines Handlungstyps durch die Reproduktion einer Komplexitätsdifferenz bei und kann deshalb als *Spezifikation des universellen Komplexitätsproblems* betrachtet werden. Die Tatsache, daß die Reichweite der Lösung nicht auf eine einzige Situation begrenzt ist, sondern über unterschiedliche Situationen hinweg generalisiert werden kann und entsprechende normative Erwartungen sozial institutionalisiert sind, verleiht der Lösung dabei den Status einer Handlungs*regel*.[612]

Im Gegensatz zur Rekonstruktion der *sozialen Funktion* von normativen Erwartungen, die charakteristisch sind für professionelles Handeln, thematisiert die Frage nach der Rechtfertigung der Wissenschaftler für ihre ablehnende Haltung gegenüber den Wünschen der Verwaltung ein *Geltungsproblem*.[613]

Beide Ebenen sind hier jedoch unauflöslich miteinander verklammert. Inwiefern das zuvor explizierte Strukturelement professionellen Handelns, die normative Erwartung persönlichen Engagements für berufliche Ziele bei gleichzeitiger Gemeinwohlpflichtigkeit dieser Ziele, im gegebenen Fall erfüllt ist, konnte nur durch die *Evaluation der vorgebrachten Gründe* festgestellt werden, die der befragte Wissenschaftler als Erklärung für die Nichtberücksichtigung der Verwaltungswünsche angab. Nur insofern diese Gründe *geeignet* erschienen, die Abweisung der Klientenwünsche als Erfordernis für die Erfüllung des Gemein-

---

612 Problemlösungen nehmen zwangsläufig die Gestalt von Lösungsverfahren oder -regeln an, wenn sie auf Probleme antworten, die sachlich generalisiert und permanent sind, wie dies vor allem in funktional ausdifferenzierten Handlungsfeldern der Fall ist. Vgl. dazu oben, Abschn. 6.1 und 6.2.

613 Dabei ist es wichtig, im Blick zu behalten, daß sich dieses Geltungsproblem aus der *Perspektive des Interpreten und dem von ihm als Deutungsfolie verwendeten idealisierten Modell professionalisierten Handelns* stellt. Daß dazu eine Entsprechung auf der *Ebene mentaler Repräsentanzen* des befragten Wissenschaftlers existiert, kann vermutet werden. Ausdrücklich festgestellt werden soll hier vor allem, daß bestimmte Äußerungen des Befragten als Antworten auf diese Problem gedeutet werden können und *das Modell professionalisierten Handelns auf objektiv-struktureller Ebene* insofern erfüllt ist.
Theoretische Modelle fungieren im Rahmen einer Interpretation als explizit gemachte verständnisleitende Vorurteile, die am Text zugleich "ins Offene gestellt" (Gadamer), d.h. nicht subsumtionslogisch angewendet werden. Sie werden eingesetzt für die Lösung der Hauptaufgabe der Interpretation: die Konstruktion des Problemkontextes. Vom Text her werden dann die jeweils passenden Problembezüge seligiert bzw. - bei mangelnder Kompatibilität - neue Problementwürfe provoziert, Problemspezifikationen vorgenommen und u.U. bisher nicht bekannte Lösungsmöglichkeiten sowie eventuelle Folgeprobleme von Lösungen aufgedeckt.

wohlbezuges plausibel zu machen, konnte der untersuchte Fall als Repräsentant des Strukturtyps professionellen Handelns betrachtet werden. Allgemeiner formuliert: Die Identifikation eines Einzelfalles als Exemplar eines sozialen Strukturtyps, der konstituiert wird durch einen Komplex generalisierter Verhaltenserwartungen,[614] macht es unumgänglich, *Deutungszusammenhänge unter Geltungsgesichtspunkten* zu untersuchen. Nur so nämlich kann sichergestellt werden, daß Abweichungen von diesen Erwartungen, die der Interpret beobachtet, auf die Nicht-Erfüllung des Strukturtyps zurückgeführt werden können und nicht etwa durch die unerwartete Ausdeutung institutionalisierter Anforderungen vor dem Hintergrund besonderer Annahmen über die Handlungssituation bedingt sind. Umgekehrt verlangt die Feststellung der Erfüllung strukturtypspezifischer Erwartungen eine Prüfung des Deutungskontextes, in dem sie verankert sind, weil sonst eine nur zufällige Übereinstimmung eines Verhaltens mit diesen Erwartungen fälschlich als Indiz für dessen Zugehörigkeit zum Strukturtyp gewertet würde. Bloße Koinzidenz zwischen beobachtetem und strukturtypkonformem Verhalten aber reicht nicht aus, um eine solche Zurechnung zu tragen. Darüber hinaus müssen Anzeichen dafür vorliegen, daß das untersuchte Verhalten *generiert* wurde durch die (implizite) *Orientierung an* diesen Erwartungen.

Die analytische Verknüpfung zwischen Funktions- und Geltungsbezügen erweist sich nicht nur aus der funktionalanalytischen, sondern auch aus der geltungs-analytischen Perspektive als unauflöslich: Wenn die Frage beantwortet werden soll, inwieweit es als *legitim* betrachtet werden kann, daß Wissenschaftler mit einem Auftragsprojekt eigene Ziele verbinden und diese u.U. sogar auf Kosten des Auftraggebers durchsetzen, dann kann darauf nur eine adäquate Antwort gefunden werden, wenn über die Feststellung entsprechender institutionalisierter normativer Erwartungen hinaus auch deren soziale Funktion für die Sicherung der Qualität professioneller Leistungen mit berücksichtigt wird. Nur so kann die *sachliche Tiefe* des Geltungsproblems ausgelotet werden.

Diese Überlegungen zeigen: Wie die funktionalanalytische Untersuchung eines sozialen Strukturtyps nicht ohne die Berücksichtigung von Geltungszusammenhängen auskommt, so muß auch die Thematisierung von Geltungsproblemen soziale Funktionszusammenhänge mit einschließen. Die Anlage der Analyse entlang einer Problemstufenordnung ermöglicht dabei zwanglos den Übergang vom einen zum anderen Problemtyp. Die Verzahnung von Funktions- und Geltungsbezügen auf der Ebene empirischer Analyse erscheint deshalb zu eng, um der Unterscheidung von Geltungs- und Komplexitätsproblemen die Rolle eines

---

614 Zur Definition der Struktur sozialer Systeme als "generalisierte Verhaltenserwartungen" vgl. Luhmann 1984, S.139.

methodologischen Abgrenzungskriteriums zumuten zu können.

An verschiedenen Stellen unseres Interpretationsbeispiels wurden Annahmen über vermutliche Ziele und Situationsdeutungen der beteiligten Akteure formuliert. Welchen Platz die hypothetische Rekonstruktion subjektiver Deutungen und Motive im Kontext objektiven Verstehens einnimmt, wurde bis jetzt allerdings noch nicht zureichend geklärt, galt doch die gesamte bisherige Diskussion gerade dem Nachweis, daß die Bedeutung von Sinnkonfigurationen von den subjektiven Sinnvermeinungen ihrer Urheber analytisch grundsätzlich unterschieden werden muß. Der Erörterung dieser Frage soll deshalb der letzte Abschnitt unserer Überlegungen gewidmet sein.

11. Zur Funktion der Rekonstruktion von subjektiven Deutungen und Motiven im Rahmen objektiven Verstehens

Wird ein Sinngebilde (ein Text, eine Handlung, ein institutioneller Ablauf etc.) als Antwort auf eine Problemsituation gedeutet, dann kann daran die Frage angeschlossen werden, inwiefern die vom Interpreten zugrunde gelegte Problemdefinition mit der Problemwahrnehmung des bzw. der Produzenten dieses Gebildes übereinstimmt. Im funktionalistischen Kontext ist diese Perspektivendifferenz mit der Unterscheidung zwischen *"latenten"* und *"manifesten"* Funktionen angesprochen. In der Diktion der Gadamerschen Hermeneutik bewegt sich das Verstehen mit der Untersuchung dieser Frage von der Ebene des *Sachverstehens*, die für jede hermeneutische Interpretation konstitutiv ist, auf die Ebene des *Meinungsverstehens*, die nur betreten werden muß, wenn der Interpret kein *wirkliches* (d.h. auch aus seiner Perspektive sich stellendes) Problem entdecken kann, auf das eine Sinnkonfiguration antwortet.[615] Um dennoch verstehen zu können, ist der Interpret dann auf die Rekonstruktion der besonderen Deutungs- und Handlungsschemata des Autors oder Akteurs verwiesen, um vor deren Hintergrund dessen vermutliche Schematisierung der Problemsituation zu ermitteln. Notwendig ist die Rekonstruktion der subjektiv repräsentierten Problemsituation natürlich auch dann, wenn es um die Aufklärung der Deutungen, Annahmen, und Absichten geht, die zu bestimmten Wahrnehmungen, Äußerungen oder Handlungen führten. Zum Sachverstehen tritt hier - wie etwa ansatzweise im zuletzt skizzierten Interpretationsbeispiel - der Versuch einer (quasi-kausalen ex post actu-) Erklärung[616] der untersuchten Sinnkonfigu-

---

615 In alltäglichen Dialogen etwa wird die Ebene des Meinungsverstehens erst dann relevant, wenn Verständigungsschwierigkeiten auftauchen, die auf Vorverständnisdifferenzen verweisen. Störungsfreie Kommunikation verbleibt demgegenüber auf der Ebene des Sachverstehens. Sie hält sich an das, was der andere sagt und den Sinn, der seinen Äußerungen im gegebenen Kontext abzugewinnen ist. Daß der andere auch meint, was er sagt, ist dabei nur unter bestimmten zusätzlichen Voraussetzungen relevant, so etwa, um sein zukünftiges Verhalten kalkulieren zu können. In anderen Fällen, wie z.B. im Rahmen höflicher Konversation, ist das, was der andere tatsächlich meint, wenig bedeutsam. Geht es darum zu entscheiden, ob das, was jemand sagte, als Beleidigung, Taktlosigkeit etc. zu bewerten ist, sind die Absichten des Sprechers praktisch ohne Bedeutung.

616 *"Quasi*-kausal" ist eine solche Erklärung, weil Deutungen und Motive nicht ohne weiteres als Humesche Ursachen betrachtet werden können. Ex ante kann aus ihrer Verwendung im Rahmen eines praktischen Syllogismus nur abgeleitet werden, daß etwa eine Handlung unter
(Fortsetzung...)

ration. Dabei kommt der Rekonstruktion der bewußten und/oder der - im psychoanalytischen Sinne - unbewußten Motive, die im Vollzug einer Äußerung oder Handlung kausal effektiv wurden, eine nur beschränkte Bedeutung zu, die mit Hilfe des strukturalen Paradigmas des implizit regelgeleiteten Handelns spezifiziert werden kann.

Wie beim Sprechen einer Sprache zwischen der Beherrschung der grammatischen Regeln und den Kommunikationsintentionen unterschieden werden kann, die einen Sprecher dazu veranlassen, von seiner Regelkompetenz aktiven Gebrauch zu machen, so kann auch in anderen Handlungsbereichen zwischen Regelbeherrschung einerseits und handlungsauslösenden Motiven andererseits differenziert werden. So mag das Motiv, einen Konkurrenten zu schlagen, zu einer besonderen wissenschaftlichen Leistung, zu einer interessanten technischen Innovation oder zu vorausschauender Investition für die Erschließung neuer Märkte anspornen. Wie diese Ziele erreicht werden konnten, darüber besagt dieses Handlungsmotiv ebensowenig, wie aus der Absicht eines Sprechers, jemand um Auskunft nach der Uhrzeit zu fragen, abgeleitet werden kann, welche grammatischen, semantischen und pragmatischen Regeln er befolgt, um diese Absicht zu realisieren.

In all diesen Fällen ist der *motivationale* Teil einer Handlungsinterpretation bzw. einer darauf gegründeten Handlungserklärung trivial verglichen mit dem Teil, der erklärt, warum der faktisch gewählte Weg beschritten und andere Möglichkeiten ignoriert wurden. Wenn man das Beispiel der Grammatik generalisiert, dann kann dieser nicht-triviale Teil einer Handlungsrekonstruktion nicht einfach den Handlungsmotiven als 'technische' Komponente zugeschlagen werden. Ihre Eigenständigkeit zeigt sich zum einen daran, daß in einer gegebenen Situation verschiedene Motive u.U. auf demselben Weg bzw. dasselbe

---

616 (...Fortsetzung)
bestimmten Bedingungen und bei Erfüllung vollständiger Rationalität ausgeführt werden müßte. Gleichwohl ist es freilich möglich, daß eine entsprechende Handlung de facto nicht aufgeführt wird, ohne dadurch die Geltung der Prämissen notwendig in Frage zu stellen. Nur ex post, wenn also ein deduktiv ableitbares Handlungsereignis tatsächlich eingetreten ist, kann zu recht angenommen werden, daß die als Ableitungsprämissen eingesetzten Deutungen und Motive *kausal effektiv* geworden sind. (Vgl. dazu von Wright, 1974, bes. S.110ff sowie Apel 1979, Teil II; zum weiteren Diskussionskontext siehe u.a. Davidson 1963, Toulmin 1970 sowie Searle 1986, Kap IV.) Dies gilt freilich nur unter der zusätzlichen Voraussetzung, daß keine alternativen Deutungen und Motive angenommen werden können, aus denen das gleiche Handlungsereignis logisch folgen würde. Um schließlich erklären zu können, warum statt der ausgeführten Handlung keine gleichgeeignete andere gewählt wurde, muß außerdem die Kenntnis verfügbarer funktional äquivalenter Handlungsmöglichkeiten zum Zeitpunkt der Ausführung ausgeschlossen werden können.
Einer solchen Erklärung von Handlungen durch ihre Angemessenheit in Relation zur subjektiv repräsentierten Problemsituation auf Seiten des Akteurs entspricht im wesentlichen Drays Konzept der "rationalen Erklärung"; vgl. Dray 1961, S.122ff).

Motiv auf verschiedenen Wegen realisiert werden kann. Zum anderen differiert die Ebene der subjektiven Repräsentation: Weder sind die befolgten Regeln bzw. eingesetzten Strategien in jedem Falle wie bewußte Motive abfragbar, noch sind sie auf dieselbe Weise unbewußt, wie psychodynamisch abgespaltene Motive. Als Folge intuitiver Aneignung oder durch Routinisierung sind sie häufig vielmehr im *kognitiven* Sinne unbewußt. Sie werden dann quasi 'instinktiv' befolgt, d.h. ohne ein reflexives Begleitbewußtsein, welches die Übereinstimmung von Handlung und Regel explizit mitvollzieht. Alle Versuche des Handelnden, sich die Struktur der selbst befolgten Regeln ausdrücklich vor Augen zu führen, bilden diese Regeln nicht unmittelbar ab, sondern nehmen die Form von theoretischen Hypothesen über die vermutliche Struktur dieser Regeln an. Zwischen Regelbeherrschung und expliziter Regelkenntnis gibt es keine direkte, durch Introspektion herstellbare Verbindung. Zum expliziten Wissen um die Struktur der Regeln, die er in seinem Handeln intuitiv befolgt, hat der Akteur daher keinen privilegierten Zugang. Seine Lage unterscheidet sich diesbezüglich nicht von der jedes anderen Beobachters und Interpreten.

Darüber hinaus kann nicht immer ein besonderes Motiv gegenüber den befolgten Regeln, ein angestrebtes Handlungsziel von den dazu angewandten Strategien unterschieden werden. Einen Bekannten im Vorübergehen zu grüßen, jemandem die Tür aufhalten oder den Vortritt lassen sind z.B. Handlungsweisen, die Konventionen der Höflichkeit und des guten Benehmens erfüllen, und die häufig völlig automatisch ausgeführt werden. Allein die Wahrnehmung einer Situation, für die bestimmte Verhaltensregeln sozial konventionalisiert sind, kann genügen, entsprechende Handlungen auszulösen. Handlungen dieser Art, die sich scheinbar dem behavioristischen Stimulus-Response-Modell nähern, sind zwar regelgeleitet, darüber hinaus jedoch nicht spezifisch motiviert. Diese Form des Handelns nennt Weber "traditional", d.h. bestimmt "durch eingelebte Gewohnheit", (wobei er die Regelgeleitetheit dieses Handelns allerdings vernachlässigt).[617] Zu sagen, die Erfüllung der Regel oder genauer: der Wunsch, sich regelkonform zu verhalten, sei hier das Motiv, läuft auf eine unangemessene Intellektualisierung (wenn dieses Motiv als bewußtes unterstellt wird) bzw. Psychologisierung (wenn es als unbewußter Hang zu 'sozialer Konformität' ausgelegt wird) eingeschliffener Reaktionsweisen hinaus, für deren Ablauf es ausreicht, daß keine *entgegenstehenden* Motive vorhanden sind. Damit soll *nicht* behauptet werden, daß solche Handlungen *immer* als quasi bewußtlose Exekution routinisierter Regeln ausgeführt werden. Mit diesen Überlegungen soll vielmehr die These begründet werden, daß menschliches Handeln zwar durchgängig *regelgeleitet*, keineswegs aber durchgängig *spezifisch motiviert* ist, wie eine

---

617 Vgl. Weber 1951, S.551.

Konzeption des Verstehens unterstellen muß, die die Ausführung beliebiger Handlungen vollständig aus den Motiven und Überzeugungen der Akteure glaubt erklären zu können.

Obwohl gerade Weber die "kausale Deutung" von Handlungen ausdrücklich an die Rekonstruktion der Handlungsmotive bindet,[618] weist auch er eine solche Voraussetzung de facto zurück, wenn er "die Masse alles eingelebten Alltagshandelns" dem Typus des "traditionalen Handelns" zuordnet.[619] Weil Weber jedoch die Struktur rationalen Verstehens nicht auf den Begriff der Regelgeleitetheit gründet, sondern vom Typus zweckrationalen Handelns her konzipiert, rückt für ihn das gleichsam motivlose "traditionale" Handeln den "nur biologisch begreifbaren .. Hergängen mit unmerklichen Übergängen sehr nahe".[620]

Die Gegenüberstellung von Motiven und Regeln als Komponenten einer Handlung suggeriert vor dem Hintergrund des Zweck-Mittel-Schemas eine bestimmte Rollenverteilung: Das Motiv definiert das Ziel einer Handlung, zu dessen Erfüllung situationsangemessene und daher zweckdienliche Regeln gewissermaßen 'in Dienst' genommen werden. Motive erscheinen so als unabhängige, Regeln als abhängige Variablen. Die utilitaristische Formel von der "randomness of individual ends" dogmatisiert die Wünsche, Absichten und Ziele der Akteure zu ersten Prämissen, hinter die eine Handlungserklärung nicht zurückfragen kann. Der Prozeß der Motivationsgenese bleibt ausgeblendet, deklariert als unzugängliche 'black box'. Diese Beschränkung ist keineswegs zwingend. Welchen Preis sie darüber hinaus fordert, haben Durkheim und Parsons in ihrer Kritik des Utilitarismus gezeigt.[621] Handlungsmotive als letzten Bezugspunkt für die Erklärung von Handlungen zu betrachten ist nur so lange plausibel, wie unterstellt wird, daß Motive nicht selbst Produkte der Regelbefolgung bzw. regelabhängiger Konstituierung sein können. Diese Voraussetzung jedoch ist falsch. Soziale Normen regulieren nicht nur Handlungen, sie können auch Motive als erwünscht oder gefordert deklarieren bzw. aktzeptable von unzulässigen Motiven sondern. Ein guter Christ hat nach einem tugendhaften Lebenswandel zu streben, von einem guten Arzt wird erwartet, daß ihm das Wohl seiner Patienten nicht gleichgültig ist, ein guter Geschäftsmann darf seinen Vorteil nie aus dem Auge verlieren etc. Normen dieser Art gehen ein in den

---

618 "Eine *richtige* kausale *Deutung* eines konkreten Handelns bedeutet: daß der äußere Ablauf und das Motiv *zutreffend* und zugleich in ihrem Zusammenhang sinnhaft *verständlich* erkannt sind." Vgl. Weber 1951, S.537; Hervorhebungen im Original.

619 Vgl. Weber 1951, S.551.

620 Vgl. Weber 1951, S.543. Das Zitat lautet vollständig: "Alles 'traditionale Handeln' (§ 2) und breite Schichten des 'Charisma' als des Keims psychischer 'Ansteckung' und dadurch Trägers soziologischer 'Entwicklungsreize' stehen solchen nur biologisch begreifbaren, nicht oder nur in Bruchstücken verständlich deutbaren und motivationsmäßig erklärbaren, Hergängen mit unmerklichen Übergängen sehr nahe."

621 Vgl. dazu bes. Parsons 1968, S.344ff.

Prozeß der Generierung von Handlungsmotiven, die so selbst zu regelhaft erzeugten Gebilden werden.

Die Generalisierung dieses Modells führt zur Umkehrung der Anhängigkeitsbeziehung zwischen Motiven und Regeln: Motive erscheinen nunmehr als regelabhängig erzeugte *Mediatoren*, die *motivgenerierende Regeln* mit *motivabhängig befolgten Regeln* verknüpfen und somit gleichsam als Bindeglieder in einem Stufenbau aufeinander bezogener Regeln fungieren. Damit ändert sich der Zielpunkt von Handlungserklärungen: Eine Handlung kann unter diesen Voraussetzungen nicht als hinreichend erklärt gelten, wenn das Motiv identifiziert worden ist, das ihrer Ausführung wahrscheinlich zugrunde lag. Angestrebt werden muß nunmehr die Explikation der Regel, als deren Erfüllung das handlungsleitende Motiv seinerseits verstanden und erklärt werden kann. War ursprünglich die motivlose Handlung als Grenzfall von Handlungserklärungen zu betrachten, so rückt nun die von regellos erscheinenden Motiven geleitete Handlung in diese Position ein. Erst dann, wenn die Suche nach einer Regel, die ein Motiv erklären könnte, ergebnislos bleibt, darf dieser Grenzfall als erfüllt angenommen werden.

Dieser Führungswechsel von den Motiven zu den Regeln und dabei besonders zu den *implizit* handlungsleitenden Regeln als letztem Bezugspunkt von Handlungserklärungen markiert die Schwelle zwischen unterschiedlichen Paradigmen des Verstehens. Er markiert den Übergang von einer *intentionalistischen* zu einer *strukturalistisch* geprägten Auffassung, welche die Motive der Handelnden tendentiell zum Epiphänomen von (historisch offenen und evolutionsfähigen!) Regelsystemen anonymisiert und im Gegenzug das Subjekt als biographisch konstruiertes Ensemble generativer Regeln begreift.

Paradigmatisch für dieses strukturalistische Konzept des Verstehens und der darauf gegründeten kausalen Erklärung von Handlungen steht Bourdieus "Entwurf einer Theorie der Praxis".[622] Handeln ("Praxis") erscheint hier als "das Produkt der dialektischen Beziehung zwischen einer Situation und einem als System dauerhafter und versetzbarer Dispositionen begriffenen *Habitus*.., der, alle vergangenen Erfahrungen integrierend, wie eine *Handlungs-, Wahrnehmungs- und Denkmatrix* funktioniert und der dank der analogischen Übertragung von Schemata, die Probleme gleicher Form zu lösen gestattet..".[623] Die Aneignung des Habitus geschieht durch Verinnerlichung der objektiven Struktur sozial typischer Erfahrungen, die sich zu einer "systematischen Biographie" integrieren. "Da die Geschichte des Individuums nie etwas anderes als eine gewisse Spezifizierung der kollektiven Geschichte seiner Gruppe oder Klasse wiedergibt,

---

622 Vgl. Bourdieu 1979 sowie ergänzend dazu 1987.
623 Vgl. Bourdieu 1979, S.169; Hervorhebungen im Original.

können in den Systemen der individuellen Dispositionen *strukturelle Varianten* des Gruppen- oder Klassenhabitus gesehen werden...".[624] Die Ausbildung von Handlungsmotiven vollzieht sich so unter dem Einfluß eines gruppentypischen "Corpus halb-formalisierter Weisheiten", von "sprichwörtliche(n) Redewendungen, Gemeinplätze(n), ethische(n) Vorschriften ('das ist nichts für uns')" sowie den "unbewußten Prinzipien des *Ethos*, dieser allgemeinen und versetzbaren Disposition, die, als Ergebnis einer umfassenden, von einem bestimmten Typ von Regelmäßigkeiten beherrschten Lehrzeit, die 'vernünftigen' wie 'unvernünftigen' (die 'Verrücktheiten') Verhaltensweisen eines jeden diesen Regelmäßigkeiten unterworfenen Individuums bestimmt".[625] - Um die Handlungen eines Individuums zu erklären, reicht es deshalb nicht aus, die zugrunde liegenden Motive aufzudecken. Eine zureichende Ebene der Erklärung ist vielmehr erst dann erreicht, wenn die transsubjektiven Regelsysteme bzw. sozialen Strukturen freigelegt sind, die sie erfüllen.[626] Die von den Akteuren befolgten Regeln leiten ihr Handeln dabei weitgehend implizit. Symbolische Interpretationen, in denen Akteure ihr eigenes Handeln auslegen und Explikationen der befolgten Regeln zu geben versuchen, haben - in gleicher Weise wie entsprechende Deutungen Dritter - hypothetischen Status und unterliegen u.U. der Verzerrung durch Bedürfnisse der Legitimation.

Weil die Gestalt der im Habitus verinnerlichten Regeln historisch-genetisch auf

---

624 Vgl. Bourdieu 1979, S.189, Hervorhebung im Original; siehe entsprechend 1987, S.113.
625 Vgl. Bourdieu 1979, S.167, Hervorhebung im Original; siehe auch 1987, S.104.
626 Die Annahme einer Korrespondenz zwischen psychischen und sozialen Strukturen teilt Luhmanns Systemtheorie nur auf der Ebene der *Form*, die zur Bildung dieser Strukturen benutzt wird. Für beide Systemtypen spricht Luhmann von *Erwartungen* bzw. *Erwartungsstrukturen*. Vgl. dazu Luhmann 1984, S.362ff.
Die wechselseitigen Beziehungen zwischen psychischen und sozialen Strukturen, die Bourdieu (1979, S.164) als "Dialektik zwischen Interiorität und Exteriorität, d.h. zwischen der Interiorisierung der Exteriorität und der Exteriorisierung der Interiorität" bestimmt, konzipiert Luhmann als Verhältnis der "Interpenetration": Interpenetration liegt generell dann vor, wenn zwei "Systeme sich wechselseitig dadurch ermöglichen, daß sie in das jeweils andere ihre vorkonstituierte Eigenkomplexität einbringen" (vgl. Luhmann 1984, S.290). Dieser Vorgang darf *nicht* als wechselseitige Übernahme und Einbau fremder Systemstrukturen gedacht werden. "Die interpenetrierenden Systeme bleiben füreinander Umwelt. Das bedeutet: die Komplexität, die sie einander zur Verfügung stellen, ist für das jeweils aufnehmende System unfaßbare Komplexität, also Unordnung. ... Die Eigenselektion und Autonomie der Systeme wird durch Interpenetration also nicht in Frage gestellt." (Luhmann, a.a.O., S.291). Vor diesem Hintergrund wird *Sozialisation* als Vorgang bezeichnet, "der das psychische System und das dadurch kontrollierte Körperverhalten durch Interpenetration (mit dem sozialen System - W.L.S.) formt" (Luhmann, a.a.O., S.326). Sozialisation "erfolgt nicht durch 'Übertragung' eines Sinnmusters von einem System auf andere, sondern ihr Grundvorgang ist die selbstreferentielle Reproduktion des Systems, das die Sozialisation an sich selbst bewirkt und erfährt" (a.a.O., S.327). - Das Konzept der autopoietischen Geschlossenheit psychischer wie sozialer Systeme schließt die Vorstellung einer unmittelbaren subjektiven Verinnerlichung sozialer Strukturen aus. Der eigenkonstruktive Komplexitätsaufbau psychischer Systeme wird demnach durch soziale Strukturen nachhaltig beeinflußt, *aber nicht spezifisch instruiert und dirigiert*.

homologe soziale Strukturen zurückverweist, schiebt sich der Erklärungshorizont über die Grenzen gegebener Handlungsmotive und deren individualspezifische Bildungsgeschichte hinaus in den Bezirk der Rekonstruktion dieser Stukturen vor. Individuelles Handeln erscheint so als implizit regelgeleitete Form der Entäußerung 'unbewußt' verinnerlichter sozialer Strukturen, seine Wirkung als funktionalistisch zu entschlüsselnder Beitrag zur Reproduktion bzw. Transformation dieser Strukturen. Subjektivität wird gleichsam zum Ort der Vermittlung des Sozialen mit sich selbst.

"Individualität" muß dabei dennoch nicht als bloßer 'Schein' entlarvt werden. Sie erhält vielmehr einen wohl bestimmten Sinn: "Individualität" ergibt sich *objektiv* aus der einzelfallspezifischen Kombination objektiver Strukturen zu einem "historischen Individuum". *Subjektiv* konstituiert sie sich als biographische Folge spezifischer Selektionsvollzüge aus objektiv vorgegebenen Möglichkeitsspielräumen, die sich untereinander zu einer konsistenten Ordnung verknüpfen. Welche Gestalt eine solche Ordnung annehmen wird, kann nicht prognostiziert werden. Für jede neue Situation der Wahl kann nur angegeben werden, aus welchem Möglichkeitsbereich die jeweils realisierte Alternative voraussichtlich stammen wird. Erst retrospektiv wird durch die Vollzugsgeschichte bisher aneinandergereihter Selektionsinstanzen die objektive Struktur erkennbar, die sich in ihr konstituiert. Dabei können definitive Anfangspunkte völliger Unstrukturiertheit oder Endzustände, in denen keine offenen Optionen und weitere Entwicklungsmöglichkeiten mehr vorhanden sind, nicht angegeben werden. Jede Genese einer neuen Struktur vollzieht sich unter dem Einfluß präexistierender Strukturen; jede existierende Struktur ist in einem ständigen Prozeß der Bildung begriffen, der eine völlig unveränderte Reproduktion nur als kontrafaktischen Grenzfall einschließt. In jeder Phase der Strukturgenese *strukturieren* frühere Selektionen spätere Wahlen nach Prinzipien der Konsistenz oder Anschließbarkeit und *spezifizieren* spätere Wahlen die ihnen zugrundeliegenden Strukturen.[627] Gleiches gilt für die Beziehung zwischen verschiedenen in einer übergreifenden Bildungsgeschichte miteinander verbundenen Strukturen.[628] - Strukturgenese erscheint so als sich weitgehend bewußtlos vollziehender autoregulativer Prozeß, in dem den Motiven von Akteuren nur abgeleitete Bedeutung zukommt,

---

627 Wie diese Skizze zeigt, darf die Interiorisierung von Strukturen also nicht einfach als Übernahme eines invariant Vorgegebenen verstanden werden. Wir betrachten es als eine *offene Frage*, ob ein in der dargestellten Richtung weiter ausgearbeitetes Interiorisierungskonzept mit dem systemtheoretischen Konzept der Interpenetration inkompatibel ist. Von der Beantwortung dieser Frage hängt es auch ab, inwiefern Piagets Theorie der Subjektkonstitution, in der dem Konzept der Interiorisierung eine zentrale Bedeutung als Erwerbsmechanismus für die Ontogenese der Kognition und des moralischen Urteils zukommt, mit Luhmanns Systemtheorie verknüpft werden kann.

628 Vgl. Bourdieu 1979, S.188.

gleichgültig, ob es sich dabei um Persönlichkeitsstrukturen, Deutungsmuster oder um makrosoziale Strukturen handelt, die eine bestimmte Gesellschaftsformation kennzeichnen.[629]

Die kurze Referierung von Bourdieus Version eines genetischen Strukturalismus kann programmatisch gelesen werden. Sie markiert einen möglichen Fluchtpunkt der Überlegungen, die im Rahmen dieser Arbeit nur als Seitenthema anklingen konnten:[630] die Integration der Konzeption objektiven Verstehens mit dem strukturalistischen Paradigma. Die Diskussion über dieses Thema, die auch die neueren Entwicklungen der Systemtheorie mit ihren Affinitäten und Differenzen zu (neo)strukturalistischen Positionen einzuschließen hätte, kann hier nicht mehr geführt werden.

Die nachstehende Zusammenfassung resümiert den Argumentationsgang und die Ergebnisse unserer Untersuchung.

---

629 Dem bewußten Ablauf der Strukturgenese entsprechend können die Erzeugnisse des Habitus auch ohne Rekurs auf spezifische Absichten der an der Erzeugung beteiligten Personen verstanden werden. Bourdieu kommt von dort zur *Unterscheidung zwischen objektivem Sinn und subjektiver Intention* ("Weil die Handelnden nie ganz genau wissen, was sie tun, hat ihr Tun mehr Sinn, als sie selber wissen"; vgl. 1987, S.127) und leitet daraus die folgende Kritik an jeder auf 'Einfühlung' oder 'Nacherleben' gründenden Verstehenskonzeption ab: "Mit dem Habitus können die Praktiken und Werke mit einem geringeren Aufwand an Absicht nicht nur erzeugt, sondern auch entziffert werden. Da sie automatisch und nicht personengebunden, bezeichnend ohne Bezeichnungsabsicht sind, ist mit den gewöhnlichen Praktiken ein nicht weniger automatisches und personengebundenes Verstehen möglich, wobei die Absicht, die sie objektiv ausdrücken, aufgegriffen wird, ohne daß dafür ein 'Aufleben' der 'erlebten' Absicht dessen erforderlich wird, der sie ausführt, und auch kein 'bewußtes Hineinversetzen in den anderen' ... Die Entzifferung der objektiven Absichten von Praktiken und Werken hat nichts mit einer (vom frühen Dilthey so bezeichneten) *'Nachbildung'* der erlebten Erfahrungen und mit der nutzlosen und ungewissen Rekonstruktion der persönlichen Eigentümlichkeiten einer 'Absicht' zu tun, die ihnen in Wirklichkeit gar nicht zugrunde liegt." Vgl. 1987, S.108f; Hervohebung im Original. - Bourdieus Kritik am frühen Dilthey trifft hier offensichtlich zusammen mit Gadamers Zentraleinwand gegen die "romantische Hermeneutik".

630 Vgl. dazu oben, Abschn. 5.1.2, 6.2 und 6.4. - Den bisher ausformuliertesten Entwurf einer hermeneutischen Methodologie, die die Annahme der Subjektunabhängigkeit von Bedeutungen mit dem von Chomsky entlehnten strukturalen Konzept des implizit regelgeleiteten Handelns (das übrigens enge Parallelen zum Bourdieuschen Habitusbegriff aufweist, vgl. dazu bes. Bourdieu 1979, Kap. II.1. sowie 1987, Kap. I.3.) verbindet, bildet die von Oevermann und seiner Forschungsgruppe entwickelte Methodologie einer "objektiven Hermeneutik" (in neueren Veröffentlichungen auch als "strukturale Hermeneutik" apostrophiert); vgl. bes. Oevermann 1973, Oevermann u.a. 1979 sowie Oevermann 1981, 1983 und 1986.

12. Resümee

Die durchgeführten Rekonstruktionen maßgeblicher Beiträge zur Hermeneutik, zur wissenschaftstheoretischen Diskussion, zur System- und Handlungstheorie verfolgten die Absicht, einen Argumentationsstrang freizulegen, der die methodologische Integration von Hermeneutik und funktionaler Analyse erlaubt. Ausgangspunkt der Argumentation war der Nachweis, daß mit der philosophischen Hermeneutik Gadamers das Verstehen von Texten (und Handlungen) sich löst von dem Postulat der "romantischen Hermeneutik", demzufolge es die vornehmliche Aufgabe jeder Interpretation sein sollte, die *subjektiven* Bedingungen des Erzeugungsprozesses eines Sinngebildes zu rekonstruieren. Der Bedeutungsgehalt eines Textes wird bei Gadamer ausdrücklich abgehoben von den subjektiven Bedeutungsintentionen seines Autors. Nicht als Entäußerung eines verborgenen Inneren, das sich darin ausdrückt und nach Entschlüsselung verlangt, sondern als Antworten auf objektiv mögliche Fragen, die mit den Gedanken des Autors nicht übereinstimmen müssen, sollen Texte ausgelegt werden. Gadamer knüpft hier an Collingwoods "Logik von Frage und Antwort" an, die er aus ihren historistischen Beschränkungen befreit.

Poppers Methode der situationslogischen Rekonstruktion kann als konsequente Fortführung dieses Grundgedankens aufgefaßt werden: Sind Texte bzw. Handlungen nicht mehr vorrangig als Symptome für dahinter verborgen liegende Intentionen, sondern als Antworten auf nicht ausdrücklich formulierte Fragen bzw. Probleme zu verstehen, dann tritt die Rekonstruktion der Problemsituation in den Mittelpunkt jeder Interpretation. Dabei bleibt auch hier die subjektive Wahrnehmungsperspektive des Autors bzw. Akteurs im Hintergrund. Zu rekonstruieren ist die *objektive* Struktur der Problemsituation, auf die Äußerungen und Handlungen als *objektiv angemessene* Reaktionen bezogen werden können. Inwieweit die subjektive Situationswahrnehmung des Handelnden mit den objektiven Anforderungen der Situation übereinstimmt, bleibt eine davon unabhängig zu beantwortende Frage. Der Interpret ist demnach ausdrücklich gehalten, sich *nicht* an die "Binnenperspektive" der Handelnden zu binden, sondern sich in die Perspektive eines Beobachters zu begeben, die es ihm ermöglicht, die *objektive Situationsangemessenheit* von Äußerungen und Handlungen unabhängig vom Selbstverständnis der jeweiligen Akteure zu beurteilen. Seine Aufgabe ist die "objektiv richtigkeitsrationale" bzw. funktionale Deutung von Äußerungen und Handlungen.

In seiner Drei-Welten-Lehre dramatisiert Popper den subjekt-unabhängigen Charakter der Relation von Problemen und Problemlösungsversuchen schließlich noch über Gadamer hinaus. Probleme gelten ihm dort als Bewohner einer autonomen Welt 3 objektiver Sinnstrukturen, in der sie als "ökologische Nischen" die Bedingungen der "Anpassung" für andere objektive Sinngebilde auf analoge Weise festlegen, wie die zur Welt 1 gehörenden Bedingungen der natürlichen Umgebung Erfordernisse der Anpassung für die biologische Reproduktion von Organismenpopulationen etablieren. Die darin angelegten Möglichkeiten einer evolutionstheoretischen Konzeptualisierung objektiver Sinnstrukturen, die auch soziale Institutionen systematisch miteinbezieht, wird allerdings erst bei Toulmin weiter entfaltet.

Popper veranschaulicht seine Methode der situationslogischen Analyse an der Interpretation von Galileis Gezeitentheorie. Dabei verwendet er die Methodologie des Falsifikationismus als theoretischen Hintergrund für die Rekonstruktion von Galileis Problemsituation sowie für den Nachweis der objektiven Situationsangemessenheit von Galileis wissenschaftlichem Handeln. Lakatos knüpft an diese Vorgehensweise an, wenn er normative Methodologien als theoretischen Kern historiographischer Forschungsprogramme zur rationalen Rekonstruktion der Wissenschaftsgeschichte behandelt. Das Verhältnis von normativer Rekonstruktionsgrundlage und empirischem Gegenstand erfährt dabei jedoch eine eigentümliche Wendung: Die Fähigkeit, einen möglichst großen Teil der "Basiswerturteile" der wissenschaftlichen Elite rational zu rekonstruieren, wird von Lakatos zum empirischen Bewährungskriterium bei der Entscheidung zwischen konkurrierenden normativen Methodologien erklärt. Methodologien der Wissenschaft erhalten dadurch - so kann diese Wendung interpretiert werden - einen analogen Status wie Grammatiken in der linguistischen Theorie Chomskys. Sie können verstanden werden als hypothetische Explikationen des implizit handlungsleitenden Regelwissens "kompetenter" Wissenschaftler. Das Verfahren der situationslogischen Analyse der Wissenschaftsgeschichte verbindet dadurch *funktionale Interpretation* mit *strukturaler Rekonstruktion*.

Werden Methodologien als "Grammatiken" wissenschaftlichen Handelns gedeutet, dann eröffnet dies die Möglichkeit einer Integration der Positionen von Lakatos und Kuhn: Mit universalem Geltungsanspruch auftretende methodologische Regeln wissenschaftlichen Handelns können in Analogie zur Chomskyschen Konzeption der Universalgrammatik interpretiert werden. Wie die allgemeinen Merkmale menschlicher Sprachen in den verschiedenen Sprachgemeinschaften unterschiedlich konkretisiert werden, so werden auch die allgemeinen Regeln wissenschaftlichen Handelns in verschiedenen Disziplinen und paradigmatischen Gemeinschaften in Abhängigkeit von den besonderen Anforderungen der dort auftretenden Probleme unterschiedlich spezifiziert. Allgemeiner Geltungsanspruch und kontextrelativ unterschiedliche Ausdeutung methodologischer Regeln sind deshalb miteinander vereinbar. Aufgegeben werden muß dabei allerdings die Annahme, daß aus allgemeinen methodologischen Regeln kategorische Handlungsanweisungen deduzierbar sind, die unabhängig von den variierenden Anforderungen wechselnder Problemsituationen absolute Geltung beanspruchen könnten. Jede Anwendung methodologischer Regeln enthält vielmehr eine *irreduzible hermeneutische Komponente*, die sich aus der Notwendigkeit ergibt, die in ihrer Allgemeinheit zugleich unterbestimmten Regeln situationsbezogen zu spezifizieren. Durch situationsbezogene Spezifizierung werden allgemeine methodologische Regeln zu anwendungsfähigen Regeln geringerer Reichweite konkretisiert, die gleich impliziten Grammatiken das Handeln von Wissenschaftlern leiten. Auch hier jedoch gilt, daß die situative Anwendung der Regeln durch die Regeln selbst nicht vollständig determiniert, sondern offen ist für Variationen und daran anschließende Evolution. Regelbefolgung bedeutet also nicht völlig identische Reproduktion eines geschlossenen (und damit evolutionsunfähigen) Regelsystems, sondern enthält in jedem Akt zugleich die Möglichkeit zu evolutionärer Transformation.

Die am Modell wissenschaftlicher Methodologien entwickelten Überlegungen lassen sich auf andere funktionsspezifische Handlungstypen übertragen. Auch für juristisches, medizinisches oder ökonomisches Handeln können funktionsspezifische Standards der Bewertung rekonstruiert werden, die die Struktur dieser Handlungstypen definieren und als implizite Grammatiken das Handeln professioneller Akteure leiten. - Die Grammatik einer Sprache legt jedoch nur deren *formale* Struktur fest und bedarf der Ergänzung durch semantische und pragmatische Regeln, um als Mittel der Verständigung dienen zu können. In glcicher Weise müssen auch die *funktionsspezifischen Bewertungsstandards*, die die eigenlogische Kernstruktur eines Handlungstyps definieren, durch *substantielle Verfahren* der Problemlösung vervollständigt werden. Funktionsspezifische Handlungstypen können so bestimmt werden als offene, d.h. evolutionsfähige *Konstellationen formaler und substantieller Regeln*, die als Lösungsverfahren auf bestimmte Problembestände bezogen sind.

Die vorstehende Formulierung umreißt zugleich den zentralen Gedanken, der Toulmins Theorie der Struktur und Entwicklung "rationaler Unternehmungen" zugrunde liegt:[631] "Konstellationen regelhafter Verfahren" zur Bearbeitung objektiver Problembestände bestimmen für Toulmin die "disziplinäre" Kernstruktur "rationaler Unternehmungen". Objektive Problembestände ergeben sich dabei

---

631 Toulmin macht keinen systematischen Gebrauch vom Konzept des impliziten Regelwissens. Dessen Integration in Toulmins Modell ist jedoch zwanglos möglich.

als Folge der Differenz zwischen kollektiven Zielen ("Idealen") und gegenwärtigen Lösungsmöglichkeiten. Die kollektiven Ziele "rationaler Unternehmungen" wiederum können betrachtet werden als Verkörperung universaler Werte, die als allgemeinste Rationalitäts- oder Problembezüge die funktionale Spezifizierung des Handelns und die soziale Autonomisierung der dadurch sich bildenden Handlungstypen tragen. - Toulmins Konzept der Disziplin entspricht dabei weitgehend Poppers Welt 3 objektiver Sinngebilde. Neben Handlungserzeugnissen rechnet Toulmin dazu jedoch auch und vor allem die Erzeugungs*regeln* objektiver Sinnstrukturen. Analog zu Poppers Welt 2 führt Toulmin die "professionsbezogene" Seite rationaler Unternehmungen als Ebene der *kausal* wirksamen und insofern "externalistisch" zu rekonstruierenden Faktoren ein, die die Entwicklung einer Disziplin beeinflussen. Zur professionsbezogenen Seite rationaler Unternehmungen rechnet Toulmin sowohl institutionelle Strukturen wie auch Machtverhältnisse zwischen professionellen Gruppierungen und die Handlungsorientierungen professioneller Akteure. Wie die praktischen Verfahren einer Disziplin unmittelbar nach ihrer funktionalen Angemessenheit für die Lösung von Problemen hin untersucht, miteinander verglichen und bewertet werden können, so auf indirekte Weise auch die institutionellen Einrichtungen im Hinblick darauf, ob sie die Entwicklung und Durchsetzung leistungsfähigerer Problemlösungsverfahren begünstigen oder beeinträchtigen. - Die Binnenstruktur professioneller bzw. sozialer Institutionen jedweder Art charakterisiert Toulmin dabei grundsätzlich analog zur Struktur einer Disziplin: Auch Institutionen können betrachtet werden als Konstellationen kollektiver Ziele, daraus ableitbarer Problembestände sowie darauf bezogener Bewertungsstandards und regelhafter Verfahren. Das Disziplinen-Modell wird dadurch zu einem allgemeinen Konzept für die Analyse institutioneller Strukturen und Wandlungsprozesse generalisiert.

Mit Popper begreift Toulmin Probleme als "ökologische Nischen", die Anpassungszwänge erzeugen. Diese Anpassungszwänge - obzwar sie zunächst an den Resultaten von Handlungen angreifen - erstrecken sich bis auf die Ebene der Handlungsregeln. Mangelnder Problemlösungserfolg im Vergleich zu anderen Verfahrensweisen mindert, relative Leistungsüberlegenheit dagegen erhöht die Chancen der Reproduktion und "Auswahl zum Fortbestand" durch fortgesetzte Anwendung. Durch Institutionalisierung neuer Zielvorgaben und funktionsspezifischer Bewertungsstandards werden neue "ökologische Nischen" eingerichtet. Neue Probleme entstehen daraus als Folge neuer Möglichkeiten der Interpretation empirischer Bedingungen im Lichte allgemeiner institutionalisierter Zielsetzungen. Probleme existieren objektiv, wenn sie aus der Anwendung kollektiver Zielprojektionen auf empirische Bedingungen abgeleitet werden können. Dabei ist unmaßgeblich, ob entsprechende Interpretationen von den

260

Handelnden selbst realisiert oder nur von wissenschaftlichen Beobachtern vollzogen werden. Es genügt daher eine minimale Basis der (inter)-subjektiven Anerkennung allgemeiner Ziele und Standards,[632] die gleichsam als Kristallisationskern für die Anlagerung ständig neuer, durch veränderte Bedingungen entstehender Probleme dient, für die keine äquivalente Entsprechung auf der Ebene subjektiver Repräsentanzen angenommen werden muß.

Gesellschaftlicher Wandel kann in Anschluß an dieses Konzept verstanden werden als Prozeß der sozialen Ausdifferenzierung und kontinuierlichen Transformation *objektiver Funktionszusammenhänge*, die sich entlang der institutionellen Verkörperung universaler Werte in kollektiven Zielprojektionen, der Anlagerung daraus durch Interpretation empirischer Bedingungen konstruierter Problembestände und der Entwicklung darauf bezogener funktionsspezifischer Bewertungsstandards und Regeln der Bearbeitung vollzieht.

Wie gezeigt erhält der Funktionsbegriff unter diesen Voraussetzungen eine Deutung, die in mehrfacher Hinsicht von älteren Weisen seines Gebrauchs in den Sozialwissenschaften abweicht: Als basale Einheit der Reproduktion bzw. Transformation sozialer Strukturen gelten hier nicht Akteure oder größere sozial standardisierte Konfigurationen, sondern bereits einzelne Handlungen und die ihnen zugrunde liegenden Regeln. Die Analyse von Wandlungsprozessen kann also grundsätzlich auf der Ebene der Untersuchung nicht-standardisierter Handlungssequenzen beginnen. Völlig identische Reproduktion regelhafter Strukturen wird dabei nicht als Normalfall oder Gleichgewichtsbedingung unterstellt, sondern als besonderer Erklärung bedürftiger empirischer Grenzfall ständiger Transformation durch Variation regelhafter Verfahren und durch Selektion der am besten angepaßten Verfahrensvarianten angenommen. Feststellungen über die Angepaßtheit oder Funktionalität einzelner Regeln gelten dabei nicht absolut, sondern nur relativ zur Leistungsfähigkeit der konkurrierenden Varianten. Funktionale Analysen erhalten dadurch historischen Charakter: Eine gegebene Konstellation regelhafter Verfahren kann funktional nur durch den Nachweis "erklärt" werden, daß in den vorangegangenen Reproduktionsperioden keine besser angepaßten Verfahrensvarianten aufgetreten sind. Die Funktionalität einer Struktur wird so (unter idealisierten Bedingungen) darstellbar als Ergebnis des rational rekonstruierbaren Ausschlusses anderer Möglichkeiten.

Die Verwendung des Funktionsbegriffes bleibt in diesem Rahmen gebunden an die Existenz von Problembeständen bzw. an die Reichweite der dafür konstitu-

---

632 Die Verankerung von Bewertungsstandards auf der Ebene des Handelns verlangt freilich nicht unbedingt deren *explizite* Anerkennung. Es reicht vielmehr, daß sie als *implizite Maßstäbe* bei der Beurteilung von Handlungen mit Hilfe *intuitiver Angemessenheitsurteile* faktisch zugrunde gelegt werden.

tiven institutionalisierten Ziele und Bewertungsstandards. Über die Grenzen einzelner Institutionen hinausgehend kann von *sozialen* Funktionen deshalb nur insoweit gesprochen werden, als eine allgemeinere Ebene institutionalisierter Problembezüge existiert, bezogen auf die die Erzeugnisse verschiedener Institutionen als Leistungsbeitrag gedeutet werden können. Gesellschaft wird nicht als ein System konzeptualisiert, für das bestimmte Gleichgewichtswerte als Voraussetzung der Integration und stabilen Reproduktion angegeben und als Bezugspunkt funktionaler Analysen zugrunde gelegt werden, sondern als historisch veränderliche Population von Institutionen, zwischen denen Beziehungen der praktischen Konsistenz, Inkonsistenz oder Subsidiarität bestehen können. Unklar bleibt bei Toulmin, wie bzw. inwiefern sich Gesellschaft *als Einheit* oberhalb von Institutionen und rationalen Unternehmungen konstituiert. Einige Äußerungen dazu legen die Annahme nahe, daß Toulmin hier auf die strukturfunktionalistische Annahme eines Wertekonsenses der Gesellschaftsmitglieder zurückgreifen muß.

Eine Alternative dazu, die Toulmins Vorstellung der Gesellschaft als einer Population von Institutionen eher affin ist, bietet die *funktionalstrukturelle Systemtheorie Luhmanns* an. Sie löst die Konstitution gesellschaftlicher Einheit oder Ordnung von der Vorstellung eines Wertekonsenses der Gesellschaftsmitglieder und denkt Gesellschaft als *objektiven*, durch die verschiedenen sozialen Funktionssysteme perspektivisch gegliederten Sinnzusammenhang, dem kein einheitliches subjektiv-intentional repräsentiertes Korrelat auf der Seite individueller Akteure entspricht. Luhmann erreicht dies durch den *radikalisierten Gebrauch der Figur von Problem und Problemlösung*, indem er soziale Strukturen nicht als letzte Entitäten betrachtet, deren Erhaltung den allgemeinsten Problembezug von funktionaler Analyse und Systemtheorie bildet, sondern *soziale Strukturen selbst noch als Lösungen des Komplexitätsproblems analysiert*. Reduktion von Weltkomplexität bedeutet Ausschluß von Beliebigkeit durch Restriktion von Möglichkeiten. Das Gesellschaftssystem reduziert unbestimmte Weltkomplexität durch Transformation in die Relation von systeminterner Komplexität und systemrelativ bestimmbarer Umweltkomplexität. Es gibt damit letzte grundlegende Reduktionen für alle sozialen Teilsysteme vor. Der Operationsmodus, der diese Reduktionsleistung ermöglicht, ist Kommunikation. In Abgrenzung von ihrer Umwelt, zu der Luhmann auch die psychischen Systeme rechnet, konstituiert sich Gesellschaft als selbstreferentiell geschlossener Kommunikationszusammenhang. Umwelt existiert für die Gesellschaft dabei nur insofern über sie kommuniziert wird, d.h. als kommunikative Projektion. Gesellschaft erhält sich durch Kontinuierung von Kommunikation. Voraussetzung für die Fortsetzung von Kommunikation ist, daß eine hinreichende Wahrscheinlichkeit für ihre Annahme besteht. Annahme bedeutet dabei, daß die reduzierte

Komplexität einer Kommunikation vom Adressaten als Grundlage eigenen Anschlußhandelns akzeptiert wird. Mit der Ermöglichung anonymer Kommunikation durch Schrift und Buchdruck steigt zugleich die *Unwahrscheinlichkeit der Annahme von Kommunikation*. Um die Fortsetzung der Kommunikation und damit den eigenen Fortbestand auf dem so erreichten Niveau sozialer Evolution unter Bedingungen zunehmender Unwahrscheinlichkeit des Kommunikationserfolges sichern zu können, muß die Gesellschaft deshalb Einrichtungen entwickeln, die das Unwahrscheinliche wahrscheinlich machen. Ihre *Einheit* erhält Gesellschaft *durch dieses Problem*, indem Einrichtungen, die zu seiner Lösung beitragen, mit der Möglichkeit der Evolution prämiert werden. Luhmann gelingt es damit, die Einheit der Gesellschaft auf eine Spezifikation des Komplexitätsproblems zu gründen, das in dieser Form als wirksamer Realfaktor im Prozeß sozialer Evolution fungiert. Zugleich führt er damit vor, wie es möglich ist, einer Theorie die Form der Auslegung eines Problems auf mögliche Lösungen hin zu geben. Die Annahme von Gadamer und Popper, nach der die Bedeutung eines Textes bzw. einer Theorie oder Handlung sich daraus ergibt, auf welche Fragen bzw. Probleme sie tatsächlich (d.h. unabhängig von den Ansichten ihrer Urheber) eine Antwort geben, geht so in einer *reflexiven Wendung als explizites Bauprinzip in die Theoriekonstruktion selbst* ein.

Mit dem Problem der Komplexitätsreduktion ist zugleich das abstrakteste Bezugsproblem der Methode funktionaler Analyse gekennzeichnet. Sein Status ist transzendentaler Art, ist doch seine Lösung, die Etablierung von Selektivität (= der Ausschluß von Beliebigkeit) Voraussetzung dafür, daß etwas zum Problem werden und Lösungen von Nicht-Lösungen unterschieden werden können. *Reduktion von Weltkomplexität* bezeichnet also die *Bedingung der Möglichkeit für die Anwendung der Figur von Problem und Problemlösung* überhaupt. Von der Ebene dieses abstraktesten Bezugsproblems können funktionale Analysen auf konkretere Problemniveaus vordringen, wie auch umgekehrt mit hoch spezifischen Problembezügen operierende Analysen auf dem Wege sukzessiver Abstraktion an das Komplexitätsproblem herangeführt werden können. Mit dem Konzept einer solchen *Problemstufenordnung*, in der jede Problem*lösung* als Ausgangspunkt von Folgeproblemen höherer Spezifizität und jedes *Problem* als Konsequenz der Lösung eines abstrakteren Bezugsproblems analysiert werden kann, offeriert Luhmann ein Prozeßschema für die Durchführung funktionaler Analysen, das eine systematische Einbeziehung dysfunktionaler Effekte ebenso erlaubt wie die Verknüpfung von Analysen, die auf unterschiedlichen Ebenen der Problemspezifikation operieren. Die Möglichkeit der Überbrückung unterschiedlicher Problemniveaus ist dabei von besonderer Bedeutung für die von uns angestrebte Verbindung der Leistungen von hermeneutischer (Einzelfall)Interpretation und funktionaler Analyse.

Von der makrostrukturellen Ebene des Gesellschaftssystems wendete sich die Untersuchung mit der Rekonstruktion des handlungstheoretischen Ansatzes von Dantos analytischer Philosophie der Geschichte zurück zur mikrostrukturellen Ebene individueller Handlungen. Mit Dantos Konzept der "temporalen Struktur" konnte gezeigt werden, daß auch Interpretationen von Einzelhandlungen, die nicht in "disziplinäre" bzw. institutionelle Kontexte eingebunden sind, systematisch auf der Beobachtung funktionaler Relationen gründen. Über die Deutung von "temporalen Strukturen" als Handlungsfunktionen und die Identifikation einer Klasse typenspezifisch rekursiver Handlungsfunktionen haben wir schließlich versucht, Dantos Theorie der Handlungsbeschreibung an die systemtheoretische Vorstellung selbstreferentiell geschlossenen Operierens heranzuführen. Der *Sprechakttheorie* wurde dabei die Rolle eines *Bindegliedes zum systemtheoretischen Kommunikationsbegriff* zugemutet. Unsere Ausführungen dazu blieben sicherlich äußerst skizzenhaft. Sie sind aber - wie wir glauben - ausreichend, um mögliche Anschlußpunkte zwischen Handlungs- und Systemtheorie freizulegen, die sich dann ergeben, wenn die *subjektivistische Bindung der Bedeutung einer Handlung an die Bedeutungsintentionen ihres Urhebers aufgegeben* und statt dessen durch die Verknüpfung mit der *Perspektive möglicher Beobachter und Interpreten ersetzt* wird (unter der dann auch die Selbstbeschreibungen und -interpretationen des Urhebers ihren - allerdings nicht mehr privilegierten - Platz finden). Mit dieser *bedeutungs- und verstehenstheoretischen Umbesetzung* ist die gemeinsame Basis gekennzeichnet, die Gadamers philosophische Hermeneutik, Dantos Handlungstheorie, Poppers Verstehensbegriff und Drei-Welten-Lehre, Toulmins Theorie rationaler Unternehmungen sowie Luhmanns systemtheoretische Kommunikationstheorie miteinander teilen. Es ist diese Umbesetzung die letztlich ausschlaggebende Operation, welche die hier angestrebte Verknüpfung von Hermeneutik und funktionaler Analyse ermöglicht. Der Versuch zur definitiven Bewerkstelligung dieser Integration sah sich zunächst einer Schwierigkeit gegenüber, die sich aus der Diskussion von Luhmanns Systemtheorie ergab. Luhmanns Auszeichnung des *Komplexitäts*problems als gemeinsames Abschlußproblem der Systemtheorie und der Methode funktionaler Analyse machte darauf aufmerksam, daß Probleme - anders als bei Gadamer, Collingwood, Popper und Toulmin vorausgesetzt - nicht notwendig Probleme der Geltung sein müssen. Aus der *Unterscheidung zwischen Komplexitäts- und Geltungsproblemen* folgte die Frage, inwiefern daraus nicht doch auf eine unaufhebbare Differenz zwischen hermeneutischer Interpretation und funktionaler Analyse geschlossen und die Habermassche Vorstellung eines entsprechenden Methodendualismus damit bestätigt werden müßte. Die Prüfung dieser Frage zeigte jedoch, daß Geltung- und Komplexität (oder auch: Nutzen, wie von rational-choice Theoretikern vertreten, Reproduktion von Handlungsstrategien, wie in der evolutionären Spieltheorie oder gar maximaler Reproduktionserfolg von Genen, wie in der Soziobiologie diskutiert) als Problembezüge bei der Deutung von Sinnkonfigurationen einander keineswegs grundsätzlich ausschließen. Auch als wahr oder normativ richtig anerkannte Aussagen sind Selektionen aus anderen Möglichkeiten, reduzieren also Komplexität, oder können geeignet sein, individuellen Nutzenkalkülen bzw. der Reproduktion von Handlungsstrategien zu dienen. Unter *theoretischen* Gesichtspunkten *kontrovers* ist vielmehr, *welchem Typ von Problemen dabei der Status von Letztproblemen zukommt*, ob also Selektionen etwa primär nach Geltungskriterien, Nützlichkeitserwägungen, Reproduktionsfunktionalität oder ihrer komplexitätsreduzierende Leistung geordnet werden. Mit empirischer Abstützung entschieden werden kann diese Kontroverse nur durch Analysen, die zeigen, welche Problemtypen sich als leitende Bezüge bei der Auslegung am besten bewähren. Dazu ist es aber notwendig, *die methodologische Ebene von der Präjudizierung dieser Frage durch Entscheidung für die Verwendung nur eines Typs von Bezugsproblemen freizuhalten.* Nicht im ausschließlichen Gebrauch eines Typs von Problembezügen kann deshalb ein maßgebliches Unterscheidungsmerkmal zwischen hermeneutischer Interpretation und funktionaler Analyse gefunden werden.

Ein solches - allerdings nur *pragmatisches* - *Unterscheidungsmerkmal* besteht u.E. vielmehr in den *primären Erkenntniszielen beider Methoden*, deren Differenz ihren Niederschlag in einer *unterschiedlichen Form des Gebrauchs der Figur von Problem und Problemlösung findet:* Funktionale Analyse denkt *von der Seite des Problems* her. Sinneinheiten werden als Problemlösungen betrachtet und mit anderen funktional äquivalenten Möglichkeiten verglichen. Nicht die spezifischen Besonderheiten der einzelnen Lösungsmöglichkeit steht im Vordergrund, sondern ihre prinzipiell vergleichbare Leistungsfähigkeit. Die Feststellung äquivalenter Alternativen ist dabei wesentlicher Bestandteil des Erkenntnisinteresses, erhöht sie doch die Chance für die Lösung eines Problems bei unterschiedlichen Randbedingungen und demonstriert zugleich die analytische Leistungsfähigkeit des gewählten Problembezuges durch die Herstellung von Vergleichbarkeit zwischen unterschiedlichen Sinnkonfigurationen. - Im Gegensatz dazu zielt die hermeneutische Interpretation auf das Verstehen der *Besonderheit eines Sinnzusammenhanges*, der von vornherein gedacht wird als *Antwort auf eine spezifische Problemsituation, aus der heraus er seine Bedeutung erhält.* Gesucht werden muß deshalb nach einer Problemsituation, die geeignet ist, möglichst viele Einzelheiten des untersuchten Zusammenhanges als Lösungselemente einsichtig zu machen. Die Möglichkeit der Konstruktion äquivalenter Lösungsalternativen kann dabei nur als Indiz dafür dienen, daß die entworfene Problemsituation noch zu unspezifisch ist, um ein adäquates Verständnis des Sinnzusammenhanges in seiner Besonderheit zu ermöglichen. Als methodologische Regel läßt sich dies auch aus Gadamers "Vorgriff der Vollkommenheit" ableiten, der Implikat der idealisierenden Unterstellung ist, daß ein individuelles Sinngebilde für uns in allen seinen Einzelheiten verständlich werden kann.

Die spezifische Leistung funktionaler Analyse, einen Vergleich zwischen heterogenen Sinngebilden durch deren Relationierung zu einem generalisierten Bezugsproblem zu ermöglichen, erscheint so im Kontext hermeneutischer Interpretation als Indikator mangelnder analytischer Tiefe. Umgekehrt kann die nach hermeneutischen Anforderungen gelungene Deutung einer Sinnkonfiguration als Antwort auf eine für sie spezifische Problemsituation, für die es keine äquivalente Lösung gibt, aus der Perspektive funktionaler Analyse u.U. als Folge der Wahl eines nicht hinreichend allgemeinen Bezugsproblems kritisiert werden. Dem Vorwurf mangelnder Problemspezifikation auf der einen tritt so die komplementäre Kritik zu geringer Abstraktion von den Besonderheiten des Deutungsgegenstandes bei der Bestimmung der Problembezüge auf der anderen Seite gegenüber.

Die scheinbar antithetische Entgegensetzung der Erkenntnisziele von hermeneutischer (Einzelfall)Interpretation und funktionaler Analyse läßt sich jedoch in ein *einheitliches analytisches Prozeßschema* übersetzen. Dieses Prozeßschema ist das *Luhmannsche Modell der Problemstufenordnung. Es erlaubt, unterschiedliche Niveaus der Problemspezifikation sequentiell miteinander zu koppeln und dadurch hohe Auflösung mit hoher Generalisierungsleistung in einem übergreifenden Rahmen zu verbinden.* Zugleich reguliert es die *kombinierte Verwendung verschiedener Problemtypen* und gewährleistet so die systematische Verknüpfbarkeit von *Geltungs- und Komplexitätsbezügen.* Wie dies möglich ist, führte die Skizze eines Interpretationsbeispiels vor Augen.

Am Schluß unserer Diskussion stand die Frage, welcher Stellenwert den *subjektiven Deutungen und Motiven von Akteuren bzw. Autoren* im Rahmen objektiven Verstehens zukommt. Aus ihrer Rolle als Garanten der Bedeutung von Äußerungen, Handlungen, Texten, Artefakten und Institutionen verdrängt, wird ihre Rekonstruktion zum eigenständigen Forschungsgegenstand. Für die Interpretation von Sinngebilden nicht mehr konstitutiv bleibt ihre Aufklärung allerdings unerläßlich, wenn das Zustandekommen eines Sinngebildes erklärt werden soll. Auch dann freilich ist den subjektiven Sinnvermeinungen der Urheber nicht der Status letzter Erklärungsgründe zuzubilligen. Aus einer *strukturalistischen Perspektive*, die hier nur angedeutet werden konnte, wären sie zu dechiffrieren als raum-zeitliche Besonderungen sozialer Regelsysteme, die sich durch sie hindurch reproduzieren, dabei aber zugleich je spezifisch gebrochen und auf unvorhersehbare Weise transformiert werden.

Literatur

Achinstein, P., The Nature of Explanation, New York/Oxford 1983.
Adorno, Th.W. u.a., Der Positivismusstreit in der deutschen Soziologie, Darmstadt/Neuwied 1972.
Agassi, J., "The Lakatosian Revolution", in: R.S. Cohen et al. (Hrsg.) 1976, S.9-22.
Albert, H. (Hrsg.), Theorie und Realität, Tübingen, 2. Aufl., 1972.
Alexander, J., Giesen, B., Münch., R. (Hrsg.), The Micro-Macro Link, Berkeley 1987.
- Turner, J. (Hrsg.), Neofunctionalism, Beverly Hills/ London/ New Delhi 1985.
Anscombe, G.E.M., Intention, Oxford 1957.
Apel, K.O., Die Erklären : Verstehen-Kontroverse in transzendentalpragmatischer Sicht, Frankfurt/M. 1979.
- Transformation der Philosophie, 2 Bde, Frankfurt/M. 1976, 1. Aufl., 1973.
- "Comments on Farr's Paper (II). Some Critical Remarks on Popper's Hermeneutics", in: Philosophy of the Social Sciences, Vol. 13, 1983, S.183-193.
- "History of Science and the Problem of Historical Understanding and Explanation", Vortrags-manuskript 1981.
- "Sprechakttheorie und transzendentale Sprachpragmatik zur Frage ethischer Normen", 1976a, in: K.O. Apel (Hrsg.) 1976, S.10-173.
- "Szientistik, Hermeneutik, Ideologiekritik. Entwurf einer Wissenschaftslehre in erkenntnisan-thropologischer Absicht", 1971a, in: K.O. Apel u.a. 1971, S.7-44.
- (Hrsg.), Sprachpragmatik und Philosophie, Frankfurt/M. 1976.
- Bormann, C. v., Bubner, R., Gadamer, H. G., Giegel, H. G., Habermas, J., Hermeneutik und Ideologiekritik, Frankfurt 1971.
- (Hrsg.), Charles S. Peirce. Schriften I. Zur Entstehung des Pragmatismus, Frankfurt/M. 1967.
Aufenanger, S., Lenssen, M. (Hrsg.), Handlung und Sinnstruktur. Bedeutung und Anwendung der objektiven Hermeneutik, München 1986.
Austin, J.L., Zur Theorie der Sprechakte (How to do things with words), dt. Bearbeitung von E. v. Savigny, Stuttgart 1972.
Baumgartner, H.M., Rüsen, J. (Hrsg.), Geschichte und Theorie, Frankfurt/M. 1976.
Beckermann, A., "Intentionale versus kausale Handlungserklärungen. Zur logischen Struktur intentionaler Erklärungen", in: H. Lenk (Hrsg.) 1979, Bd. II.2, S.445-490.
Betti, E., Die Hermeneutik als allgemeine Methodik der Geisteswissenschaften, Tübingen 1962.
Binkley, R., Bronaugh, R., Marras, A. (Hrsg.), Agent, Action, and Reason, Oxford 1971.
Blumenberg, H., Sekularisierung und Selbstbehauptung, Frankfurt/M. 1983, 1. Aufl., 1966.
Böhler, D., "Philosphische Hermeneutik und hermeneutische Methode", in: M. Fuhrmann/ H.R. Jauß/ W. Pannenberg (Hrsg.) 1981, S.483-511.
- "Konstituierung des Handlungsbegriffs. Teleologisches und quasi-dialogisches Rekonstruk-tionsmodell", in: H. Lenk (Hrsg.) 1979, Bd.II.2, S.161-198.
Bollnow, O.F., Studien zur Hermeneutik, 2 Bde., Freiburg/München 1982
- "Was heißt einen Schriftsteller besser zu verstehen als er sich selber verstanden hat?", in: Deutsche Vierteljahresschrift 18, 1940, S.117-138.
Borger, R., Cioffi, F. (Hrsg.), Explanation in the Behavioural Sciences, Cambridge 1970.
Bourdieu, P., Sozialer Sinn. Kritik der theoretischen Vernunft, Frankfurt/M. 1987 (franz. Originalausgabe 1980).
- Entwurf einer Theorie der Praxis, Frankfurt/M. 1979 (franz. Originalausgabe 1972).
- Zur Soziologie der symbolischen Formen, Frankfurt/M.1974, 1. Aufl., 1970.
- "Der Habitus als Vermittlung zwischen Struktur und Praxis", 1974a, in: ders. 1974, S.125-158.
Campbell, C., "A dubious distinction? An inquiry into the value and use of Merton's concept of manifest and latent function", in: American Sociological Review, Vol. 47, 1982, S.29-44.
Campbell, D.T., "Evolutionary Epistemology", in: P.A. Schilpp 1974 (Hrsg.), Bd. 1, S.413-463.
Chisholm, R.M., "Der Handelnde als Ursache", in: H. Lenk (Hrsg.) 1979, Bd. II.2, S.399-429.
Chladenius, Einleitung zur richtigen Auslegung vernünftiger Reden und Schriften, 1742.
Chomsky, N., Reflexionen über die Sprache, Frankfurt/M. 1977 (engl. Originalausgabe 1975).
- Thesen zur Theorie der generativen Grammatik, Frankfurt/M. 1974 (engl. Originalausgabe 1966).
- Aspekte der Syntax-Theorie, Frankfurt/M. 1972 (engl. Originalausgabe 1965).
Claessens, E.M. (Hrsg.), Les fondements philosophiques des système économiques, Paris 1967.

Cohen, R.S., Feyerabend, P.K., Wartofsky, M.W. (Hrsg.), Essays in Memory of Imre Lakatos, Boston Studies in the Philosophy of Science XXXIX, Dordrecht 1976.
Collingwood, R. G., Philosophie der Geschichte, Stuttgart 1955a (engl. Originalausgabe 1946).
- Denken. Eine Autobiographie, Stuttgart 1955b (engl. Originalausgabe 1940).
- An Essay on Metaphysics, Oxford 1957, 1. Aufl. 1940.
- The Principles of the Art, Oxford 1938.
Dallmayr, F.R., McCarthy, Th.A. (Hrsg.), Understanding and Social Inquiry, Notre Dame 1977.
Danto, A. C., Analytische Philosophie der Geschichte, Frankfurt/M. 1974 (engl. Originalausgabe 1965).
- "Basishandlungen und Basisbegriffe", in: H. Lenk (Hrsg.) 1978, Bd. II.1, S.373-391.
Davidson, D., "Agency", in: R. Binkley et al. (Hrsg.) 1971, S.3-25.
- "Events as Particulars", in: Nous 4, 1970, S.25-32.
- "Actions, Reasons, and Causes", in: The Journal of Philosophy, Vol. 60, 1963, S.685-700; (übersetzt in B. Giesen/M. Schmid (Hrsg.) 1975, S.310-324).
Demerath III, N.J., Peterson R.A., System, Change and Conflict, New York 1967.
Dilthey, W., Gesammelte Schriften, Bd. V, Stuttgart 1961, 1. Aufl., 1957.
Döbert, R., Systemtheorie und die Entwicklung religiöser Deutungssysteme. Zur Logik des sozialwissenschaftlichen Funktionalismus, Frankfurt/M. 1973.
Donagan, A., The Later Philosophy of R.G. Collingwood, Oxford 1962.
- "Die Popper-Hempel-Theorie der historischen Erklärung", in: B. Giesen/ M. Schmid 1975, (Übersetzung des Originalbeitrags "Historical Explanation: The Popper-Hempel-Theory Reconsidered", aus: History and Theory 4, 1965, S.3-25).
Dray, W.H., Laws and Explanation in History, Oxford 1964, 1. Aufl., 1957.
- "Narrative versus Analysis in History", in: Philosophy of the Social Sciences, Vol. 15, 1985, S.125-145.
- "Historische Erklärungen von Handlungen", in: B. Giesen/ M. Schmid (Hrsg.) 1975, S.261-283; (Übersetzung des Originalbeitrags "The Historical Explanation of Actions Reconsidered", aus: S. Hook (Hrsg.), Philosophy and History, New York 1963, S.105-135).
- (Hrsg.), Philosophical Analysis and History, New York 1966.
Dummet, M., "What is a Theory of Meaning?", in: G. Evans/ J. McDowell (Hrsg.) 1979, S.67-137.
Durkheim, E., Über die Teilung der sozialen Arbeit, Frankfurt/M. 1977 (franz. Originalausgabe 1893).
Eder, K., Die Entstehung staatlich organisierter Gesellschaften, Frankfurt/M. 1976.
Emmet, D., Function, Purpose, and Powers, London/New York 1958.
Ervin-Tripp, S., "Soziale Herkunft und sprachliche Fähigkeiten", in: H. Leuninger/ M.H. Miller/ F. Müller (Hrsg.) 1974, S.185-197.
Evans, G., McDowell, J. (Hrsg.), Truth and Meaning, Oxford 1979, S.67-137.
Farr, J., "Poppers Hermeneutics", in: Philosophy of the Social Sciences, Vol. 13, 1983, S.157-176.
Feyerabend, P., Wider den Methodenzwang. Skizze einer anarchistischen Erkenntnistheorie, Frankfurt/M. 1976 (engl. Originalausgabe 1975); revidierte und erweiterte Fassung Frankfurt/M. 1983.
- "Kuhns Struktur wissenschaftlicher Revolutionen - ein Trostbüchlein für Spezialisten, in: I.Lakatos/ A. Musgrave (Hrsg.), S.191-222.
Fillmore, C.J., Langendoen, D.T. (Hrsg.), Studies in Linguistic Semantics, Ohio 1971.
Foerster, H.v., Sicht und Einsicht: Versuche zu einer operativen Erkenntnistheorie, Braunschweig 1985.
- "Erkenntnistheorien und Selbstorganisation", in: S.J. Schmidt (Hrsg.) 1987, S.133- 158.
Follesdal, D., "Handlungen, ihre Gründe und Ursachen", in: H. Lenk (Hrsg.) 1979, Bd. II.2, S.431-444.
Frege, G., Funktion, Begriff, Bedeutung, Göttingen 1975, 1. Aufl., 1962.
- "Funktion und Begriff", 1975a, in: ders. 1975, S.18-39.
Frese, J., Prozesse im Handlungsfeld, Regensburg 1985.
- "Sprache als Metapher für Handeln", in: H.G. Gadamer (Hrsg.) 1967, S.45-55.
Freyer, H., Theorie des Objektiven Geistes. Eine Einleitung in die Kulturphilosophie, Leipzig 1928.
Friedeburg, L. v., Habermas, J. (Hrsg.), Adorno-Konferenz 1983, Frankfurt/M. 1983.
Fuhrmann, M., Jauß, H.R., Pannenberg, W., Text und Applikation. Theologie, Jurisprudenz und Literaturwissenschaft im hermeneutischen Gespräch, Poetik und Hermeneutik IX, München 1981.
Gadamer, H.-G., Gesammelte Werke, Bd.2, Hermeneutik II, Wahrheit und Methode, Ergänzungen

und Register, Tübingen 1986.
- Wahrheit und Methode, Tübingen 1965, 1. Aufl., 1960.
- "Text und Interpretation" (1983), in: ders. 1986, S.330-360.
- "Zwischen Phänomenologie und Dialektik - Versuch einer Selbstkritik" (1985), in: ders. 1986, S.3-23.
- "Rhetorik, Hermeneutik und Ideologiekritik. Metakritische Erörterungen zu 'Wahrheit und Methode'", in: K.O. Apel u.a. 1971, S.57-82.
- (Hrsg.), Das Problem der Sprache. Achter Deutscher Kongreß für Philosphie - Heidelberg 1966, München 1967.
- Boehm, G. (Hrsg.), Seminar: Philosophische Hermeneutik, Frankfurt/M. 1976.
Garner, R., "Presuppositions in Philosophy and Linguistics", in: C. J. Fillmore/ D. T. Langendoen (Hrsg.) 1971, S.22-52.
Geraets, Th.F., Rationality To-Day, Ottawa 1979.
Giddens, A., Interpretative Soziologie. Frankfurt/M. 1984 (engl. Originalausgabe 1976).
Giesen, B., Makrosoziologie. Eine evolutionstheoretische Einführung, Hamburg 1980.
- Probleme einer Theorie struktureller Inkonsistenz. Ein Beitrag zur systemtheoretischen Interpretation sozialen Wandels, Gersthofen 1975.
- "Gesellschaftliche Identität und Evolution. Ein Vergleich soziologischer Theorietraditionen", in: Soziale Welt, 31. Jg., Heft 3, 1980, S.311-332.
- Legnaro, A., Schneider, W.L., Heitbrede-Florian, V., Lehmann, R.D.L., Schlußbericht zum DFG-Projekt: "Transfer- und Anwendungsbedingungen soziologischen Wissens in sozialpolitischen Administrationen. Das Beispiel des Drogenproblems", unveröff. Manuskript, Gießen 1984.
- Schmid, M., Basale Soziologie: Wissenschaftstheorie, München 1976.
- Schneider, W., "Von Missionaren, Technokraten und Politikern. Deutungsmuster als Determinanten der Interaktion von Wissenschaftlern und Praktikern", in: Soziale Welt, Jg. 35, Heft 4, 1984, S.458-479.
- Lau, Ch., "Zur Anwendung darwinistischer Erklärungsstrategien in der Soziologie", in: Kölner Zeitschrift f. Soziologie u. Sozialpsychologie, 33. Jg., Heft 2, 1981, S.229-256.
- Schmid, M., "System und Evolution. Metatheoretische Vorbemerkungen zu einer soziologischen Evolutionstheorie", in: Soziale Welt, 26.Jg., Heft 4, 1975, S.385-413.
- Schmid, M., "Rationalität und Erkenntnisfortschritt. Kritische Bemerkungen zur Methodologie der wissenschaftlichen Forschungsprogramme", in: Zeitschrift f. allgemeine Wissenschaftstheorie, Bd. V., Heft 2, 1974.
- Schmid, M. (Hrsg.), Theorie, Handeln und Geschichte. Erklärungsprobleme in den Sozialwissenschaften, Hamburg 1975.
Glanville, R., Objekte, Berlin 1988.
Goldmann, A.J., A Theory of Human Action, Englewood Cliffs 1970.
Habermas, J., Der philosophische Diskurs der Moderne, Frankfurt/M. 1985.
- Vorstudien und Ergänzungen zur Theorie des kommunikativen Handelns, Frankfurt/M. 1984.
- Theorie des kommunikativen Handelns, 2 Bde, Frankfurt/M. 1981.
- Zur Rekonstruktion des Historischen Materialismus, Frankfurt/M. 1976.
- Legitimationsprobleme im Spätkapitalismus, Frankfurt/M. 1975, 1. Aufl., 1973.
- Zur Logik der Sozialwissenschaften, Frankfurt/M. 1973, 1. Aufl., 1967.
- "Entgegnungen", in: A. Honneth/ H. Joas (Hrsg.) 1986, S.327-405.
- "Was heißt Universalpragmatik?", 1976a, in K.O. Apel (Hrsg.) 1976, S.174-272.
- "Gegen einen positivistisch halbierten Rationalismus", in: Th.W. Adorno u.a. 1972, S.235-266.
- "Vorbereitende Bemerkungen zu einer Theorie der kommunikativen Kompetenz", 1971a, in: J. Habermas/ N. Luhmann 1971, S.101-141.
- "Theorie der Gesellschaft oder Sozialtechnologie? Eine Auseinandersetzungs mit Niklas Luhmann", 1971b, in: J. Habermas/ N. Luhmann 1971, S.142-290.
- "Zu Gadamers Wahrheit und Methode", 1971c, in: K.O. Apel u.a. 1971, S.45-56.
- "Der Universalitätsanspruch der Hermeneutik", 1971d, in: K.O. Apel u.a. 1971, S.120-159.
- Luhmann, N., Theorie der Gesellschaft oder Sozialtechnologie, Frankfurt/M. 1971.
Hartmann, H., Moderne amerikanische Soziologie, Stuttgart 1973, 1. Aufl., 1967.
Heidegger, M., Sein und Zeit, Tübingen 1967, 1. Aufl., 1927.
Hejl, P.M., "Konstruktion der sozialen Konstruktion: Grundlinien einer konstruktivistischen Sozialtheorie", in: S.J. Schmidt (Hrsg.) 1987, S.303-339.
Hempel, C.G., Aspects of Scientific Explanation and other Essays in the Philosophy of Science,

New York 1965.
- "Scientific Rationality: Analytic versus Pragmatic Perspectives", in: Th. F. Geraets 1979, S.46-66.
- "The Logic of Functional Analysis",1965a, in: ders. 1965, S.297-330; (übersetzt in B. Giesen/M. Schmid (Hrsg.) 1975, S.134-168).
Holenstein, E., "Zur Semantik der Funktionalanalyse", in: Zeitschrift f. allgemeine Wissenschaftstheorie, Bd. XIV, Heft 2, 1983, S.292-319.
Honneth, A., Joas, H., (Hrsg.), Kommunikatives Handeln. Beiträge zu Jürgen Habermas' "Theorie kommunikativen Handelns", Frankfurt/M. 1986.
Jarvie, I.C., Die Logik der Gesellschaft, München 1974.
- The Revolution in Anthropology, London 1967.
- "Toulmin and the Rationality of Science", in: R.S. Cohen et al. (Hrsg.) 1976, S.311-334.
Kairat, H., "Professions" oder "Freie Berufe"? Professionelles Handeln im sozialen Kontext, Berlin 1969.
Kanitscheider, B. (Hrsg.), Materie-Leben-Geist. Zum Problem der Reduktion der Wissenschaften, Berlin 1979.
- "Begriffliche und materiale Einheit der Wissenschaft", in: ders. (Hrsg.) 1979, S.149-183.
Kant, I., Kritik der reinen Vernunft, Werkausgabe Bde. III und IV, hrsg. von W. Weischedel, 5.Aufl., Frankfurt 1981.
Koertge, N., "Rational Reconstructions", in: R.S. Cohen et al. (Hrsg.) 1976, S.359-370.
- "Popper's Metaphysical Research Program for the Human Sciences", in: Inquiry, Vol. 18, 1975, S.437-462.
- "On Popper's Philosophy of the Social Sciences", in: K. Schaffner/ R.S. Cohen (Hrsg.) 1974, S.195-204.
Kuhlmann, W., Reflexive Letztbegründung, München 1985.
- Reflexion und kommunikative Erfahrung, Frankfurt/M. 1975.
Kuhn, Th.S., Die Entstehung des Neuen, Frankfurt/M. 1978.
- Die Struktur wissenschaftlicher Revolutionen, Frankfurt/M. 1981 (engl. Originalausgabe 1962).
- "Postscriptum - 1969", in: ders. 1981, S.186-221.
- "Neue Überlegungen zum Begriff des Paradigma", 1978a, in: ders. 1978, S.389-420; (engl. Originalveröffentlichung 1974).
- "Objektivität, Werturteil und Theoriewahl", 1978b, in: ders. 1978, S.421-445; (engl. Originalveröffentlichung 1973).
- "Logik der Forschung oder Psychologie der wissenschaftlichen Arbeit?", 1974a, in: I. Lakatos/ A. Musgrave (Hrsg.) 1974, S.1-24.
- "Bemerkungen zu Lakatos", 1974b, in: I. Lakatos/A. Musgrave (Hrsg.) 1974, S.313-321.
Lakatos, I., "Falsifikation und die Methodologie wissenschaftlicher Forschungsprogramme", 1974a, in: I. Lakatos/ A. Musgrave (Hrsg.) 1974, S.89-189.
- "Die Geschichte der Wissenschaft und ihre rationale Rekonstruktion", 1974b, in: I. Lakatos/ A. Musgrave (Hrsg.) 1974, S.271-311.
- "Popper on Demarcation and Induction", 1974c, in: P. Schilpp (Hrsg.) 1974, Bd.1, S.241-273.
- Musgrave, A. (Hrsg.), Kritik und Erkenntnisfortschritt. Abhandlungen des Internationalen Kolloquiums über die Philosophie der Wissenschaft, London 1965, Bd. 4, Braunschweig 1974 (engl. Originalausgabe 1970).
Lenk, H., "Handlung als Interpretationskonstrukt. Entwurf einer konstituenten-und beschreibungstheoretischen Handlungsphilosophie", in: ders. (Hrsg.) 1978, Bd.II.1, S.279-350.
- (Hrsg.), Handlungstheorien - interdisziplinär, Bde. II.1, II.2 und III.2 Handlungserklärungen und philosophische Handlungsinterpretation, München 1978, 1979 und 1984.
Lessnoff, M., The Structure of Social Sciences, London 1974.
Leuninger, H., Miller, M.H., Müller, F. (Hrsg.), Linguistik und Psychologie. Ein Reader. Band 2: Zur Psychologie der Sprachentwicklung, Frankfurt/M. 1974.
Luhmann, N., Die Wissenschaft der Gesellschaft, Frankfurt/M. 1990a.
- Soziale Systeme. Grundriß einer allgemeinen Theorie, Frankfurt/M.1984.
- Soziologische Aufklärung, Opladen, 5 Bde: Bd.1 1974, 1. Aufl., 1970; Bd.2 1975; Bd.3 1981; Bd.4 1987; Bd.5, 1990b.
- Gesellschaftsstruktur und Semantik, Frankfurt/M., 3 Bde: Bd.1 1980; Bd.2 1981; Bd.3 1989.
- Ausdifferenzierung des Rechts, Frankfurt 1981.
- Zweckbegriff und Systemrationalität, Frankfurt/M. 1977, 1. Aufl., 1968.
- "Stenographie" (1990c), in: N. Luhmann/ H. Maturana u.a., Beobachter. Konvergenz der

Erkenntnistheorien, hrsg. vom Graduiertenkolleg Siegen, München 1990,S.119-137.
- "Systeme verstehen Systeme", in: N. Luhmann/ K.E. Schorr (Hrsg.), Zwischen Intransparenz und Verstehen. Fragen an die Pädagogik, Frankfurt/M. 1986, S.72-117.
- "Moderne Systemtheorie als Form gesamtgesellschaftlicher Analyse", 1971a, in: J. Habermas/ N. Luhmann 1971, S.7-24.
- "Sinn als Grundbegriff der Soziologie", 1971b, in: J. Habermas/ N. Luhmann 1971, S.25-100.
- "Systemtheoretische Argumentationen. Eine Entgegnung auf Jürgen Habermas", 1971c, in: J. Habermas/ N. Luhmann 1971, S.291-405.
Malinowski, B., Eine wissenschaftliche Theorie der Kultur. Und andere Aufsätze, Frankfurt/M. 1975 (engl. Originalausgabe 1944).
Mandelbaum, M., "Functionalism in Social Anthropology", in: S. Morgenbesser et al. (Hrsg.) 1969, S.306-332.
Marshall, T.H., "The recent history of professionalism in relation to social structure and social policy", in: ders., Class, Citicenship and Social Policy, The University of Chicago Press 1963, S.158-179.
Masterman, M., "Die Natur eines Paradigmas", in: I. Lakatos/ A. Musgrave (Hrsg.) 1974, S.59-88.
Maturana, H.R., Erkennen: Die Organisation und Verkörperung von Wirklichkeit. Ausgewählte Arbeiten zur biologischen Epistemologie, Braunschweig 1982.
- Varela, F., Der Baum der Erkenntnis: Die biologischen Wurzeln des menschlichen Erkennens, Bern/München/Wien 1987.
- "Kognition", in: S.J. Schmidt (Hrsg.) 1987, S.89-118.
- "Elemente einer Ontologie des Beobachtens", in: H.U. Gumbrecht/ K.L. Pfeiffer (Hrsg.), Materialität der Kommunikation, Frankfurt 1988, S.830-845.
McCarthy, Th., "Komplexität und Demokratie - die Versuchungen der Systemtheorie", in: A. Honneth/ H. Joas (Hrsg.) 1986, S.177-215.
Merton, R.K., Social Theory and Social Structure, London 1964, 1. Aufl., 1957.
- "Sozialstruktur und Anomie", in: F. Sack/ R. König (Hrsg.) 1974, S.283-313.
- "Funktionale Analyse", in: H. Hartmann 1973, S.169-214.
Morgenbesser, S., Suppes, P., White, M. (Hrsg.), Philosophy, Science, and Method, New York 1969.
Münch,R., Die Struktur der Moderne, Frankfurt 1984.
- Theorie des Handelns, Frankfurt 1982.
Musgrave, A.E., "The Objectivism of Popper's Epistemology", in: P.A. Schilpp (Hrsg.) 1974, Bd.1, S.560-596.
Nagel, E., Logic without Metaphysics, New York 1957.
- "Der sozialwissenschaftliche Funktionalismus", in: B. Giesen/M. Schmid (Hrsg.) 1975, S.169-184; (Übersetzung aus E. Nagel, The Structure of Science, New York 1961, S.520-535).
- "A Formalization of Functionalism", in: ders. 1957, S.247-283.
Oevermann,U., Sprache und soziale Herkunft, Frankfurt/M. 1972.
- "Kontroversen über sinnverstehende Soziologie. Einige wiederkehrende Probleme und Mißverständnisse in der Rezeption der 'objektiven Hermeneutik'", in: S. Aufenanger/ M. Lenssen (Hrsg.) 1986, S.19-83.
- "Zur Sache. Die Bedeutung von Adornos methodologischem Selbstverständnis für die Begründung einer materialen soziologischen Strukturanalyse", in: L.v. Friedeburg/ J. Habermas (Hrsg.) 1983.
- "Fallrekonstruktion und Strukturgeneralisierung als Beitrag der objektiven Hermeneutik zur soziologisch-strukturtheoretischen Analyse", unveröff. Manuskript, Frankfurt/M. 1981.
- "Die Architektonik von Kompetenztheorien und ihre Bedeutung für eine Theorie der Bildungsprozesse", unveröff. Manuskript, Berlin 1973.
- Allert, T., Konau, E., Krambeck, J., "Die Methodologie einer 'objektiven Hermeneutik' und ihre allgemeine forschungslogische Bedeutung in den Sozialwissenschaften", in: H.G. Soeffner (Hrsg.) 1979, S.352-434.
- Allert, T., Konau, E., "Zur Logik der Interpretation von Interviewtexten. Fallanalyse anhand eines Interviews mit einer Fernstudentin", in: Th. Heinze/ H.W. Klusemann/ H.G. Soeffner (Hrsg.), Interpretationen einer Bildungsgeschichte: Überlegungen zur sozialwissenschaftlichen Hermeneutik, Bensheim 1980.
Parsons, T., Gesellschaften, Frankfurt/M. 1975.
- The Social System, Glencoe 1951.
- The Structure of Social Action, 2 Bde, New York/London 1968, 1. Aufl., 1937.

- "Die akademischen Berufe und die Sozialstruktur", in: ders., Soziologische Theorie, hrsg. von D. Rüschemeyer, Darmstadt und Neuwied 1973, S.160-179.
- "Einige theoretische Betrachtungen zum Bereich der Medizinsoziologie", in: ders., Sozialstruktur und Persönlichkeit, Frankfurt 1969, S.408-449.
- "Definition von Gesundheit und Krankheit im Lichte der amerikanischen Werte und der Sozialstruktur Amerikas", in: ders., Sozialstruktur und Persönlichkeit, Frankfurt 1969, S.323-366.
- "Professions", in: International Encyclopedia of the Social Sciences, vol. 12, New York 1968, S.536-547.
- "A Paradigm for the Analysis of Social Systems and Change", in: N.J. Demerath III/ R.A. Peterson (Hrsg.) 1967, S. 189-212.
- "A sociologist looks at the legal profession", in: ders., Essays in Sociological Theory, The Free Press of Glencoe 1964, S.370-385.

Polanyi, M., Implizites Wissen, Frankfurt/M. 1985 (engl. Originalausgabe 1966).
- Personal Knowledge. Towards a Post-Critical Philosophy, London/Henley 1978, 1. Aufl., 1958.

Popper, K.R., Objektive Erkenntnis. Ein evolutionärer Entwurf, Hamburg 1984 (engl. Originalausgabe 1972).
- Conjectures and Refutations. The Growth of Scientific Knowledge, London/Henley 1981, 1. Aufl., 1963.
- Logik der Forschung, Tübingen 1966, 1. Aufl., 1935.
- Das Elend des Historizismus, Tübingen 1965 (engl. Originalausgabe 1960).
- Die Offene Gesellschaft und ihre Feinde, 2 Bde, Bern 1957 und 1958 (engl. Originalausgabe 1945).
- "Replies to My Critics", 1974a, in: P. Schilpp (Hrsg.) 1974, Bd. 2, S.961-1197.
- "Die Normalwissenschaft und ihre Gefahren", 1974b, in: I. Lakatos/ A. Musgrave (Hrsg.) 1974, S.51-58.
- "Die Logik der Sozialwissenschaften", in: Th.W. Adorno u.a. 1972, 1. Aufl., 1969, S.103-123.
- "La rationalite et le statut du principe de rationalite", in: E.M. Claessens (Hrsg.) 1967, S.142-150.
- Eccles, J.C., Das Ich und sein Gehirn, Heidelberg/Berlin/London/New York 1982 (engl. Originalausgabe 1977).

Potter, J., "Testability, Flexibility: Kuhnian Values in Scientists Discourse Concerning Theory Choice", in: Philosophy of the Social Sciences, Vol. 14, 1984, S.303-330.

Rüschemeyer, D., "Ärzte und Anwälte: Bemerkungen zur Theorie der Professionen", in: Th. Luckmann/ W. Sprondel (Hrsg.), Berufssoziologie, Köln 1972, S.168-181.

Ryle, G., Der Begriff des Geistes, Stuttgart 1969 (engl. Originalausgabe 1949).

Sack, F., König, R. (Hrsg.), Kriminalsoziologie, Frankfurt/M. 1974.

Sahlins, M., Kultur und praktische Vernunft, Frankfurt/M. 1981 (engl. Originalausgabe 1976).

Schaffner, K., Cohen, R.S. (Hrsg.), PSA. Proceedings of the 1972 Biennal Meeting of the Philosophy of Science Association, Dordrecht 1974.

Schilpp, P.(Hrsg.), The Philosophy of Karl Popper, 2 Bde, La Salle 1974.

Schleiermacher, F.D.E., Hermeneutik und Kritik (herausgegeben und eingeleitet von M. Frank), Frankfurt/M. 1977.

Schmid, M., Sozialtheorie und soziales System. Versuche über Talcott Parsons, München 1989.
- Handlungsrationalität. Kritik einer dogmatischen Handlungswissenschaft, München 1979.
- "Rationalitätsprinzip und Handlungserklärung", 1979a, in: H. Lenk (Hrsg.) 1979, Bd. II.2, S.491-533.

Schmidt, S.J. (Hrsg.), Der Diskurs des radikalen Konstruktivismus, Frankfurt/M. 1987.

Schnädelbach, H., Reflexion und Diskurs. Fragen einer Logik der Philosophie, Frankfurt/M. 1977.

Schneider, W.L., "Hermeneutische Einzelfallrekonstruktion und funktionalanalytische Theoriebildung. Ein Versuch ihrer Verknüpfung, dargestellt am Beispiel der Interpretation eines Interviewprotokolls", in: J. Hoffmeyer-Zlotnik (Hrsg.), Analyse qualitativer Daten, Opladen 1991 (in Vorbereitung).
- "Kooperation als strategischer Prozeß. Administrative Auftragsforschung im Spannungsfeld zwischen professionellem Interesse und politischer Instrumentalisierung", in: U. Beck/ W. Bonß (Hrsg.), Weder Sozialtechnologie noch Aufklärung? Analysen zur Verwendung sozialwissenschaftlichen Wissens, Frankfurt/M. 1989.
- "Auf dem Weg zurück zur Gemeinschaft? Überlegungen zu Richard Sennets Buch 'The Fall of the Public Man'", in Annali di Sociologia/Soziologisches Jahrbuch 4. 1988 - II, Universitá

degli Studi di Trento, S.135-168.
- "Grenzen der Standardisierbarkeit bei der Bewertung von Forschungsergebnissen. Einige Überlegungen aus der Sicht der Wissenschaftstheorie", in: H.-D. Daniel/ R. Fisch (Hrsg.), Evaluation von Forschung: Methoden, Ergebnisse, Stellungnahmen, Konstanz 1988, S.433-447.
- " 'Nun sag mir mal, wie ich's denn anwenden kann'- Sozialwissenschaftler contra Verwaltung. Analyse einer Diskussion", in: S. Aufenanger/ M. Lenssen 1986, S.229-275.
- "Interaktion zwischen Wissenschaftlern und Verwaltungsbeamten", in: B. Giesen u.a. 1984, S.170-447.
- John R. Searle und George H. Mead: Zwei Entwürfe einer Theorie der Interaktion, unveröff. Diplomarbeit, Frankfurt/M. 1981.
Searle, J.R., Geist, Gehirn und Wissenschaft, Frankfurt/M. 1986 (engl. Originalausgabe 1984).
- Ausdruck und Bedeutung, Franfurt/M. 1982 (engl. Originalausgabe 1979).
- Sprechakte. Ein sprachphilosophischer Essay, Frankfurt/M. 1976 (engl. Originalausgabe 1969).
- "Wörtliche Bedeutung", 1982a, in: ders. 1982, S.139-159.
Skirbekk, G., "Wahrheit und Voraussetzungen", in: ders. (Hrsg.) 1977, S.449-482.
- (Hrsg.), Wahrheitstheorien. Eine Auswahl aus den Diskussionen über Wahrheit im 20. Jahrhundert, Frankfurt/M. 1977.
Smelser, N.J., "Depth Psychology and the Social Order", in: J. Alexander u.a. (Hrsg.) 1987, S.267-286.
Soeffner, H.G.(Hrsg.), Interpretative Verfahren in den Sozial- und Textwissenschaften, Stuttgart 1979.
Spencer Brown, G., Laws of Form, New York 1979.
Stegmüller, W., Probleme und Resultate der Wissenschaftstheorie und Analytischen Philosophie, Bd.2, Teilbd.3, Theorie und Erfahrung, Berlin/Heidelberg/New York/Tokyo 1986.
- Neue Wege der Wissenschaftsphilosophie, Berlin/Heidelberg/New York 1980.
- Probleme und Resultate der Wissenschaftstheorie und Analytischen Philosophie I. Wissenschaftliche Erklärung und Begründung, Berlin/Heidelberg/New York 1974.
- "Der sogenannte Zirkel des Verstehens", in: ders., Das Problem der Induktion: Humes Herausforderung und moderne Antworten./Der sogenannte Zirkel des Verstehens, Darmstadt 1975, S.63-87.
Steinthal, H., Einleitung in die Psychologie und Sprachwissenschaft, Berlin 1881.
Strawson, P.F., "On Referring", in: Mind, LIX, 1950, S.320-344.
Sztompka,P., System and Function. Toward a Theory of Society, Berkeley 1974.
Tarski, A., "Die semantische Konzeption der Wahrheit und die Grundlagen der Semantik", in: G. Skirbekk (Hrsg.) 1977, S.140-188.
Toulmin, St., Kritik der kollektiven Vernunft, Frankfurt/M. 1983 (engl. Originalausgabe 1972).
- Voraussicht und Verstehen, Frankfurt/M. 1981 (engl. Originalausgabe 1961).
- Der Gebrauch von Argumenten, Kronberg/Ts. 1975 (engl. Originalausgabe 1958).
- "History, Praxis and the 'Third World'", in: R.S. Cohen et al. (Hrsg.) 1976, S.655-675.
- "Ist die Unterscheidung zwischen Normalwissenschaft und revolutionärer Wissenschaft stichhaltig?", in: I. Lakatos/ A. Musgrave 1974 (Hrsg.), S.39-47.
- "Reasons and Causes", in: R. Borger/F. Cioffi (Hrsg.) 1970, S.1-26; (übersetzt in B. Giesen/ M. Schmid (Hrsg.) 1975, S.284-309).
- Rieke, R., Janik, A., An Introduction to Reasoning, New York/London 1979.
Tugendhat, E., Vorlesungen zur Einführung in die sprachanalytische Philosophie, Frankfurt/M. 1976.
Tuomela, R., "Social Action-Functions", in: Philosophy of the Social Sciences, Vol. 14, 1984, S.133-147.
Turner, St.P., Factor, R.A., "Objective Possibility and Adequate Causation in Webers's Methodological Writings", in: The Sociological Review, 1981, S.5-28.
Vanberg, V., Die zwei Soziologien, Tübingen 1975.
Varela, F.J., Principles of Biological Autonomy, New York 1979.
- "On Being Autonomous", in: G.J. Klir (Hrsg.), Applied General System Research: Recent Developments and Trends, New York 1978, S.77-84.
Wach,J., Das Verstehen. Grundzüge einer Geschichte der hermeneutischen Theorie im 19. Jahrhundert, 2 Bde, Tübingen 1926 und 1929.
Wagner, G., Zipprian, H., "Methodologie und Ontologie: Zum Problem kausaler Erklärung bei Max Weber", in: Zeitschrift f. Soziologie, Jg. 14, Heft 2, 1985, S.115-130.
Watkins, J.W.N., "Gegen die 'Normalwissenschaft'", in: I. Lakatos/ A. Musgrave (Hrsg.) 1974, S.25-38.

- "Idealtypen und historische Erklärung", in: H. Albert (Hrsg.,)2. Aufl., 1972, S.331-356.
- "Imperfect Rationality", in: R. Borger/ F. Cioffi (Hrsg.) 1970, S.167-217.
- "Confirmable and Influential Metaphysics", in: Mind 67, 1958, S.344-365.
- "Between Analytic and Empirical", in: Philosophy 32, 1957, S.112-131.

Weber, M., Gesammelte Aufsätze zur Wissenschaftslehre, Tübingen 1951.
- Gesammelte Aufsätze zur Religionssoziologie, 3 Bde., Tübingen 1978.

Winch, P., Die Idee der Sozialwissenschaft und ihr Verhältnis zur Philosophie, Frankfurt/M. 1974 (engl. Originalausgabe 1958).
- "Popper and Scientific Method in the Social Sciences", in: P. Schilpp (Hrsg.) 1974, S.889-904.

Wittgenstein, L., Philosophische Untersuchungen, Frankfurt/M. 1977 (engl. Originalausgabe 1958).

Wright, G.H.v., Erklären und Verstehen, Frankfurt/M. 1974.
- "Das menschliche Handeln im Lichte seiner Ursachen und Gründe", in: H. Lenk (Hrsg.) 1979, Bd. II.2., S.430-443.

Wunderlich, D., Studien zur Sprechakttheorie, Frankfurt/M. 1976.
- "Über die Konsequenzen von Sprechhandlungen", 1976a, in: K.O. Apel (Hrsg.) 1976, S.441-462.

Aus dem Programm
Sozialwissenschaften

Niklas Luhmann
**Soziologische
Aufklärung 1**
Aufsätze zur Theorie sozialer
Systeme.

6. Aufl. 1991. 268 S. Kart.
ISBN 3-531-11161-2

Die funktional-strukturelle Theorie
sozialer Systeme gewinnt immer
größere Bedeutung für Soziologie und
Politikwissenschaft.

Eine instruktive Einführung in die
theoretischen Aspekte und die Probleme der Theorie bietet dieser Band,
der zehn bereits veröffentlichte Arbeiten und zwei bisher nicht publi-
zierte Beiträge des Autors vereinigt.

Behandelt werden unter anderem:
Die Methode funktionaler Analyse –
Die Systemtheorie in Anwendung auf
soziale Systeme – Das Ideologiepro-
blem – Ziele und Grenzen soziologischer Aufklärung – „Reflexive Mechanismen" – Gesellschaftstheorie
und in deren Rahmen: eine soziologische Theorie der Politik, der Wirtschaft und der Wissenschaft.

Niklas Luhmann
**Soziologische
Aufklärung 2**
Aufsätze zur Theorie der Gesellschaft.

4. Aufl. 1991. 261 S. Kart.
ISBN 3-531-11181-3

Dieser Band faßt eine Reihe z.T. bisher
unveröffentlichter Studien zu Problemen der Gesellschaftstheorie zusammen. Die Auswahl der Aufsätze
konzentriert sich auf globale Aspekte
des Gesellschaftssystems und seiner
Unterscheidung von anderen Systemtypen. Betont wird insbesondere die Bedeutung von Reflexions-
strukturen unter Abgrenzung gegen
Organisationstheorie und Interak-
tionstheorie.

Niklas Luhmann
**Soziologische
Aufklärung 3**
Soziale Systeme, Gesellschaft,
Organisation.

2. Aufl. 1991. 415 S. Kart.
ISBN 3-531-11394-1

Mit „Soziologischer Aufklärung" ist
nicht einfach „Praxisbezug" oder
„gesellschaftliche Relevanz" gemeint.
Die theoretische Ambition geht einerseits darüber hinaus, trägt andererseits aber auch den gesellschaftlichen Bedingungen, die sie einschränken, stärker Rechnung. Zu
diesen Bedingungen gehört vor allem: daß die Soziologie es mit einem
Gegenstand zu tun hat, der mit der
Fähigkeit zur Selbstbeobachtung in
Form der Kommunikation in sich
selbst über sich selbst ausgestattet
ist. In der hier vorgelegten Aufsatz-
sammlung geht es vor allem um die
Weiterentwicklung der soziologischen
Theorie selbst. Der Band ist geglie-
dert in Studien zur allgemeinen
Theorie sozialer Systeme, zur Theorie der Gesellschaft und ihrer Funktionssysteme und zur Theorie der
Organisation. Die einzelnen Beiträge
können das begriffliche Instrumentarium, das ihnen gemeinsam zu Grunde liegt, jeweils nur sehr selektiv heranziehen. An der Stelle der allgemeinen Theorie steht einstweilen der
Beitrag „Unverständliche Wissenschaft. Probleme einer theorie-eige-
nen Sprache", der die Schwierigkeiten ihrer Formulierung behandelt.

**WESTDEUTSCHER
VERLAG**
OPLADEN · WIESBADEN

Aus dem Programm
Sozialwissenschaften

Niklas Luhmann
Soziologische Aufklärung 4
Beiträge zur funktionalen Differenzierung der Gesellschaft.

1987. 276 S. Kart.
ISBN 3-531-11885-4

Dieser Band setzt eine Reihe fort, die im Interesse an „soziologischer Aufklärung" gesellschaftstheoretische Grundlagen mit Analysen sehr verschiedenartiger Probleme der modernen Gesellschaft zu vermitteln sucht. Er enthält Aufsätze und Vorträge des Verfassers aus den Jahren 1981–1986 mit der Absicht, schwer zugängliche Publikationen sowie unpublizierte Arbeiten im Zusammenhang sichtbar zu machen.

Die Auswahl konzentriert sich auf Arbeiten zu den Funktionssystemen für Politik, Erziehung und Religion. Ihre Themen reichen von soziologischen Analysen des Staatsbegriffs und Problemen der rechtsstaatlichen Demokratie über Fragen der Ausdifferenzierung eines besonderen Systems für Erziehung in Schulen und Universitäten bis hin zu Problemen, die die Kontinuierung der Gottesvorstellung in der modernen Gesellschaft betreffen und die, sei es durch Anpassung, sei es durch Anpassungsverweigerung, im Religionssystem zu lösen sind.

Niklas Luhmann
Soziologische Aufklärung 5
Konstruktivistische Perspektiven.

1990. 234 S. Kart.
ISBN 3-531-12094-8

Aus konstruktivistischer Sicht behandelt der Autor unterschiedliche philosophische und soziologische Probleme: Sie reichen vom Konzept der ontologischen Weltbeschreibung über theologische Definitionen bis zur gesellschaftlichen Kommunikation und Strukturen innerhalb des Sozialsystems Familie. Die Leitfrage ist durchgehend: Wie betrachten Systeme Systeme?

Niklas Luhmann
Ökologische Kommunikation
Kann die moderne Gesellschaft sich auf ökologische Gefährdungen einstellen?

2. Aufl. 1988. 275 S. Kart.
ISBN 3-531-11775-0

Die Gesellschaft kann nur unter den sehr beschränkten Bedingungen ihrer eigenen Kommunikationsmöglichkeiten auf Umweltprobleme reagieren. Das gilt auch für Umweltprobleme, die sie selbst ausgelöst haben. Ökologische Kommunikation kann sich daher nur nach Maßgabe der wichtigsten Funktionssysteme wie Politik, Recht, Wirtschaft, Wissenschaft, Erziehung, Religion entwickeln – oder im Protest gegen diese Systeme. In beiden Fällen besteht die doppelte Gefahr von zuwenig und zuviel Resonanz.

WESTDEUTSCHER
VERLAG
OPLADEN · WIESBADEN

MIX
Papier aus verantwortungsvollen Quellen
Paper from responsible sources
FSC® C105338

If you have any concerns about our products,
you can contact us on
ProductSafety@springernature.com

In case Publisher is established outside the EU,
the EU authorized representative is:
Springer Nature Customer Service Center GmbH
Europaplatz 3, 69115 Heidelberg, Germany

Printed by Libri Plureos GmbH
in Hamburg, Germany